U0904947

高等学校教材

Neihe Yinhang Jishu

内河引航技术

范晓飚　主编
刘明俊　主审

人民交通出版社

内 容 提 要

本教材共11章，分别为：内河水道；水文要素；河流的演变；内河助航标志；航行图；气象常识；内河引航要领；平原河流的引航技术；山区河流的引航技术；特殊条件下的引航技术；雷达引航技术。本教材较系统地阐述了与内河船舶引航有关的基础理论和引航操作技术，体现了理论与实践的结合，强化了技能训练力度。

本教材可作为航海技术专业三年制高等职业技术学院教学用书，也可作为航海技术专业四年制本科和内河船员的考证培训教材，还可供内河船舶驾驶人员和船舶管理人员阅读参考。

图书在版编目(CIP)数据

内河引航技术/范晓飚主编.—北京：人民交通出版社，2003(重印2008.9)

ISBN 978-7-114-04701-5

Ⅰ.内…　Ⅱ.范…　Ⅲ.内河航道-引水

Ⅳ.U697.31

中国版本图书馆CIP数据核字(2003)第043653号

高等学校教材

书　　名：内河引航技术

著 作 者：范晓飚

责任编辑：刘永芬

出版发行：人民交通出版社

地　　址：(100011)北京市朝阳区安定门外外馆斜街3号

网　　址：http://www.ccpress.com.cn

销售电话：(010)59757969，59757973

总 经 销：北京中交盛世书刊有限公司

经　　销：各地新华书店

印　　刷：北京宝莲鸿图科技有限公司

开　　本：787×1092　1/16

印　　张：16

字　　数：395千

版　　次：2003年8月　第1版

印　　次：2008年9月　第1版　第2次印刷

书　　号：ISBN 978-7-114-04701-5

印　　数：3001~5000册

定　　价：30.00元

前　言

《内河引航技术》是为了贯彻中共中央国务院关于深化教育改革全面推进素质教育的决定，落实《面向21世纪教育振兴行动计划》中提出的“职业教育课程改革和教材建设规划”，根据教育部关于加强高职高专教育人才培养工作的意见，高等职业技术教育培养目标是以培养适应生产、建设、管理、服务第一线需要的高等技术应用性人才的精神，按照航海技术学科委员会新编的《内河引航技术》大纲编写。

本教材立足实际，突出实用，加强实践，以“思想性、先进性、科学性、启发性、适应性”为目的，以“全面素质为基础，能力为本位”培养技术应用性人才实际出发，以行业的法规和标准为依据，以必需和够用为原则，组织教材内容。该教材吸取了目前我国内河船舶驾驶方面的最新的科研成果，在理论体系、组织结构、内容编写上有较大特色。

本教材是针对航海技术专业三年制高等职业技术教育编写的，也可作为航海技术专业四年制本科和内河船员的考证培训教材，也可供内河船舶驾驶人员和船舶管理人员阅读参考。

本教材着重介绍了内河船舶引航的基础理论和基本方法。第一、九章由重庆交通学院刘元丰编写，第二、八章由重庆交通学院范晓飚编写，第三、四、七章由重庆交通学院丁继民编写，第五、六、十、十一章由武汉理工大学熊锡龙编写，全书由重庆交通学院副教授范晓飚担任主编，武汉理工大学副教授刘明俊担任主审。

本教材在编写过程中，曾得到重庆交通学院职业技术学院领导大力支持和帮助，在此表示衷心感谢。限于编者的理论知识和实践经验，错误和不妥之处在所难免，恳切希望各位读者批评指正。

编　者

2003年5月

目　录

第一章　内河水道 …… 1
第一节　内河水道 …… 3
第二节　内河航道 …… 12
第二章　水文要素 …… 26
第一节　水位 …… 26
第二节　比降 …… 33
第三节　水流 …… 38
第四节　流态 …… 41
第五节　潮汐 …… 54
第三章　河流演变 …… 74
第一节　泥沙运动的基本知识 …… 74
第二节　河床演变的基本原理 …… 80
第三节　山区河流的演变 …… 83
第四节　平原河流的演变 …… 85
第四章　内河助航标志 …… 105
第一节　概述 …… 105
第二节　内河航标的分类及特征 …… 106
第三节　内河航标配布 …… 112
第四节　航标维护管理 …… 120
第五节　中国海区水上助航标志简介 …… 122
第五章　航行图 …… 124
第一节　制图基本原理 …… 124
第二节　比例尺与图式 …… 126
第三节　航行图的种类 …… 129
第四节　图的使用、保管和改正 …… 133
第六章　气象常识 …… 136
第一节　大气概况 …… 136
第二节　气象要素 …… 138
第三节　气团与锋 …… 153
第四节　气旋和反气旋 …… 157
第五节　天气预报 …… 162
第七章　引航基本要领 …… 165
第一节　航行条件的综合分析 …… 165
第二节　引航基本要领 …… 166

第八章　平原河流引航技术 …… 175
第一节　顺直河段的引航技术 …… 175
第二节　弯曲河段的引航技术 …… 178
第三节　浅滩河段的引航技术 …… 185
第四节　河口段引航技术 …… 191
第九章　山区河流引航技术 …… 202
第一节　急流滩河段的引航技术 …… 202
第二节　险槽河段的引航技术 …… 212
第三节　碛坝型河段的引航技术 …… 215
第四节　峡谷河段的引航技术 …… 219
第十章　特殊条件下的引航技术 …… 222
第一节　平流河段的引航技术 …… 222
第二节　桥区河段的引航技术 …… 225
第三节　船闸河段的引航技术 …… 227
第四节　流冰期的引航技术 …… 230
第五节　高洪水期的引航技术 …… 234
第六节　能见度不良时的引航技术 …… 236
第十一章　雷达引航技术 …… 239
第一节　雷达引航基本原理 …… 239
第二节　雷达引航的技术 …… 243
附录　中国海区水上助航标志种类及其特征 …… 246

第一章 内河水道

［内容提要］ 航道条件分析，是内河引航技术的重要组成部分，是实现船舶在内河航道中安全、经济航行的前提条件。本章主要介绍了天然水道、人工水道的组成和特征；天然航道标准尺度、限制性航道标准尺度的构成和确定方法以及内河航区划分和内河通航标准的有关规定，以便对航道条件分析有一个基本的认识。

内河运输是利用船舶、排筏和其他浮运工具，在江、河、湖泊、水库及人工水道从事的运输。它是现代综合运输体系中必不可少的运输方式。在我国，幅员辽阔，江河纵横，湖泊棋布，自然条件优越，主要有长江水系、珠江水系、黑龙江水系、黄河水系、淮河水系、钱塘江水系及海河、闽江和东南沿海各独自入海的河流。在这些河流中，流域面积在 $100km^2$ 以上的河流有5600余条，面积在 $1000km^2$ 以上的河流也有1500多条，河流总长达43万多公里，大小湖泊900多个。根据1993年统计，我国现有内河航道 10.9×10^4km；通航50t级以上船舶航道 5.5×10^4km，占通航里程的50.9%，其中通航1000t级以上船舶航道5838km，占通航总里程的5.4%，通航300t级以上船舶的航道 1.68×10^4km，占通航总里程的15.4%。到1996年底，内河通航里程达到 11.1×10^4km，其中水深1m以上的为 6.5×10^4km。见表1-1、1-2。

我国主要河流 表1-1

编号	河流名称	河流全长(km)	流量(m^3/s)	通航里程(km)	其中分段通航(km)	季节性通航(km)	备注
1	长江	6300	31060	3538.5	640.0	716.5	
2	大渡河	1070	2033		34.0		
3	岷江	793	2870	348.0		71.0	
4	嘉陵江	1119	2165	797.0			
5	乌江	1050	1650	452.0			
6	汶江	1153	2158	996.0			
7	资江	736		640.0			
8	湘江	969	2010	826.0	31.0		
9	汉江	1567	2000	1313.0	115.0	65.0	
10	黄河	5460	1820	1646.0			
11	黑龙江	2820	8600	1890.9		1890.9	
12	松花江	1840	2530	1226.0		1226.0	
13	嫩江	1369	824	950.0	296.0	950.0	
14	乌苏里江	890		495.0		495.0	

续上表

编号	河流名称	河流全长(km)	流量(m^3/s)	通航里程(km)	其中分段通航(km)	季节性通航(km)	备注
15	珠江	2128	11070	1956.0	99.0	73.0	珠江水系主要由西江、北江、东江和珠江三角洲组成
	其中正干	72		72.0			
	西江	348		348.0			
	北江	460		399.0			
	东江	517		429.0			
	珠江三角洲	731		731.0			
16	红河水	1534		807.0	42.0		
17	柳江	830		753.5			
18	淮河	1050	1110	515.0			
19	钱塘江	489		372.3			
20	澜沧江	4500	2354	158.0	190.4		
21	闽江	616.8	1740	563.8			
22	辽河	1430	302	157.0			
23	鸭绿江	859		444.0	444.0	366.0	
24	京航运河	1747		1044.0	730.0	75.9	
25	塔里木河	2137					
26	和田河	1090					
27	叶尔羌河	1037					
28	黑河	780					
29	乌伦左河	715					

我国主要湖泊 表 1-2

序号	名称	水质	海拔(m)	面积(m^2)	备注
1	鄱阳湖	淡水	21.00	3583	
2	洞庭湖	淡水	34.50	2820	
3	太湖	淡水	3.14	2425	
4	洪泽湖	淡水	12.25	1960	
5	呼伦湖	淡水	539.00	2135	
6	兴凯湖	淡水	69.00	4380	
7	青海湖	咸水	319600	4583	
8	纳木湖	咸水	4718.00	1920	

虽然我国河流众多，水源丰富，但大多数通航河流仍处于自然状态，各水系之间互不沟通，没有形成统一的航道网；干支流直达通航受到一定限制，造成航运中断，增加运输成本，使水运优势未能充分发挥，规划中的航道建设是把各水系、湖泊沟通联网，形成四通八达的运输网。

第一节　内河水道

一、天然水道

内河水道(inland waterway)是指陆地上经常性或周期性集中下泄较大地表径流及地下水补给水流的通道。航运管理部门有时将内河通航水域某一具体区段称其为水道,并冠以地名,如长江的界牌水道、珠江的东平水道等。内河水道可分为天然水道和人工水道,天然水道包括河流和湖泊;人工水道包括运河(渠道)和水库。

1. 河流

1)河流的形成

河流(river)是陆地表面的一种自然水体,它必须具备两个基本要素:一是有经常性地或作周期性地流动着的水;二是有能让水在其中流动的槽。河流是在地壳构造运动的基础上,水流与河床不断相互作用形成的。河水是一种天然水体,在重力作用下,起初沿着陆地斜坡及低洼的线性凹地流动,冲刷地表形成干沟,干沟受水流不断地冲刷侵蚀、切穿水层后,得到地下水的补给,成为终年有水的沟谷,流动的水流使沟谷不断壮大而成小河,小河汇集成大河,一直流向最低的地点或海洋。

河流的形成与发展与地壳、气候、土壤和植被等各种自然要素密切相关。由于各条河流所流经地方的自然、地理条件不同,因此,每条河流都具有各自的特征。

2)水系与流域

(1)水系(water system, river system):水系又称河系,它是流域内的干流、支流、湖泊、运渠、沼泽等构成的脉络相通的水流系统。如岷江、嘉陵江、乌江、汉水、湘江、赣江、洞庭湖等与长江干流组成长江水系。

干流(main river, trunk stream)与支流(tributary, side stream)是指凡不与本河同出一源而流入本河的河流称支流,本河称干流。流入干流的支流,称一级支流;流入一级支流的支流,称二级支流,以此类推。

(2)流域(river basin):流域是指地表水及地下水分水线所包围的集水区域。习惯上将河流地表水的集水区域称流域。河流地表水与地下水分水线一致的流域,称为闭合流域,反之,称为非闭合流域。分水岭是划分相邻水系、河流的山岭或河间高地,分水线则是分水岭上最高点的连线,又称分水界。如秦岭就是长江与黄河的分水岭。如图 1-1 所示。

流域面积(water-shed area)是地面分水线所包围的积水面积,它是各支流流域面积的总和,以平方公里(km^2)计算。如长江流域面积为 $180 \times 10^4 km^2$,它是由岷江流域面积 $13.25 \times 10^4 km^2$、大渡河流域面积 $7.74 \times 10^4 km^2$、嘉陵江流域面积 $16.0 \times 10^4 km^2$、乌江流域面积 $8.79 \times 10^4 km^2$、湘江流域面积 $9.466 \times 10^4 km^2$ 等总和而成的。

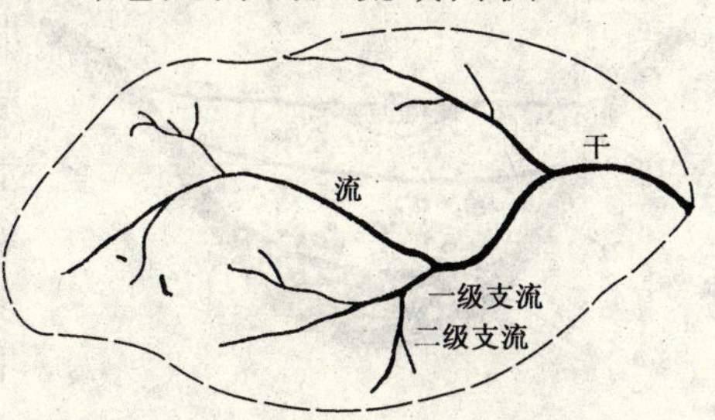

图 1-1　流域分水界示意图

3)河流的分段

(1)根据地质地貌,水文特征和航行条件,通常将较大的河流划分为山区河流与平原河流两大类。

①山区河流(mountain river):山区河流流经地势高峻,地形复杂的山区,河床多为原生基岩、乱石或沙卵石

所组成，河床抗冲性能强，且稳定少变；山区河流沿程多为开阔地段与峡谷段相间，平面形态复杂，两岸与河心常有巨石突出，岸线极不规则，急弯、卡口比比皆是；河床纵剖面陡峻，床面上礁石林立，河底起伏不平，急滩深槽上下交错，形态极不规则，且常出现台阶形；山区河流的峡谷河段，其横断面谷身的形状狭窄多呈“V”字型，有的峡谷两岸岸壁垂直，断面形态呈“U”字型，在宽谷河段和宽浅形河段，横断面变化剧烈，有抛物线型、不对称三角型或“W”型，如图 1-2 所示；由于山区坡面陡峻，降雨强度较大，汇流时间短，洪水猛涨猛落是山区河流重要的水文特点，受其影响山区河流的流量和水位变幅大，洪峰过境时，上行船舶常绞滩航行，严重时上、下行船舶均需抛锚“扎水”；山区河流的纵比降一般较大，绝大多数均在 0.1%以上，而且受河床形态的影响，绝大部分落差集中在局部河段；与此相对应的山区河流的水流流速较大，流态十分紊乱，常有回流、泡水、横流、漩水、夹堰水、旺水、走沙水、剪刀水等不正常水流出现；山区河流易受地震、滑坡或跨岩等强烈的外界因素的影响，能在极短时间内将大量的岩石滑入江中，堵塞河道，剧烈改变水流和河床形状，使其过水断面与上游来水量严重不相适应，而形成蹦岸急流滩。

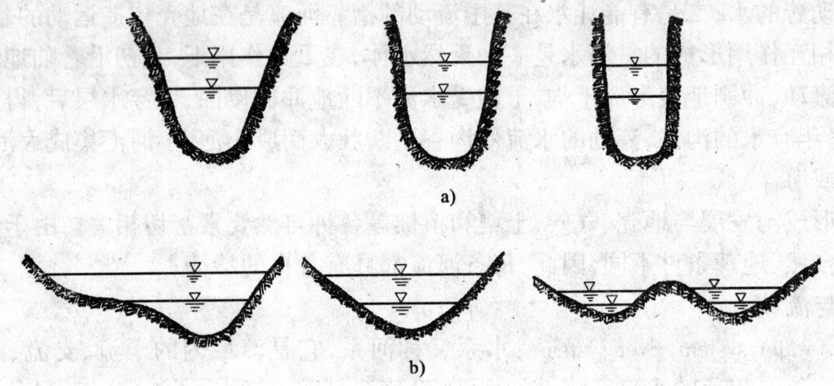

图 1-2　山区河流横断面形态

总之，山区河流航道尺度小、比降大、流速大、水位变幅大、流态紊乱、航行条件差。

②平原河流(plain river)：平原河流流经地势平坦、土质松软的平原地区。河床的组成为深厚的堆积层，最深处为卵石层，其上为夹沙卵石层，再上为粗纱、中沙和粘土，如图1-3所示；平原河流的纵断面，平均纵比降较小，没有明显的台阶状，但由于水流与河床相互作用，常出现波浪形的台阶状，沿程浅滩与深槽相互交错，呈起伏不平和缓波状曲线形式；平原河流具有广阔的河漫滩，在洪水时淹没，而中枯水时露出水面，在水流与河床的相互作用下，河流往往在广阔的河漫滩上左右摆动，形成一系列泥沙堆积体，如边滩、浅滩、沙嘴、江心洲等，平面形态主要表现为顺直、微弯河段、蜿蜒河段、分叉河段和游荡性河段等四种类型；平原河流的横断面形态视不同河段而异，在顺直过度段多为对称抛物线形或矩形，在蜿蜒河段弯顶部分多为不对称三角形或抛物线形，在江心洲分叉河段呈“W”型，在散乱(游荡性)河段呈不规则形态，如图 1-4 所示；平原河流由于集水面积大，坡度小，汇流时间长，洪水期没有猛涨猛落现象，水位变幅较小；由于河床纵向坡度小，水面纵比降小，多在 0.1%以下，因而流速相应较小，一般在 2 ~ 3m/s 以下，水流较为平稳，不正常流态少且弱。

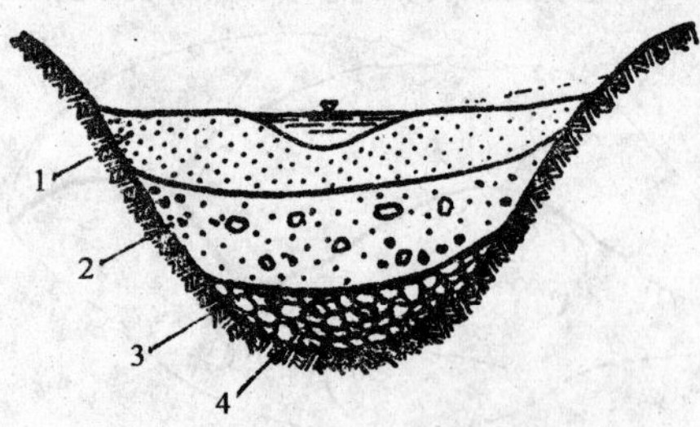

图 1-3　平原河流冲积层

1-中细纱；2-粗纱；3-卵石；4-基岩

总之，平原河流相对于山区河流而言，航道尺度较大，水位变幅小，流速小，流态平稳，航行条件较为优越。

但河床演变剧烈，航道不稳定，有的河段在冲淤变化期出浅碍航。

(2)根据航运管理、地质研究、水文分析和防洪等不同的需要可将河流划分为河源段、上游段、中游段、下游段和河口段。但对较小的河流或支流并不适合，有的各段差别不大，没有严格的界限，有的全部处于山区，这类河流通常不分段。

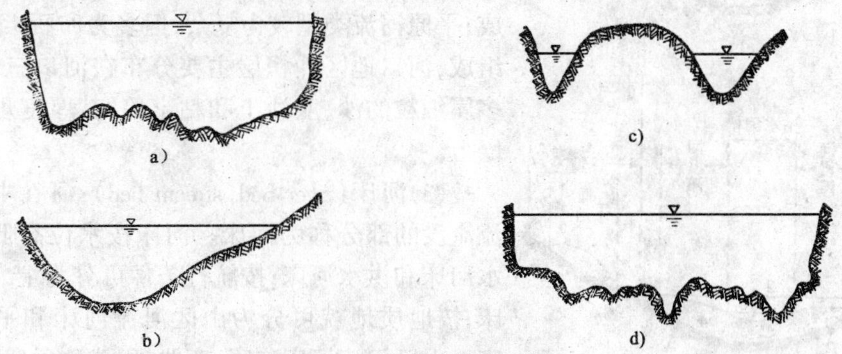

图 1-4　平原河流横断面形态

a)顺直过渡段横断面；b)弯顶横断面；c)分叉河段横断面；d)散乱河段横断面

①河源(river head, river source)段：是河流的发源地。它可能发源于雪地、冰川、深山、沟谷、湖泊、沼泽等。如果发源地是由多条支流汇合而成，则按照“河流唯远”的原则，将最长的支流河源作为该河流的河源。由于河源段是河流的初始段，因此水流分散多汊，游荡于深山峡谷之中，河谷横断面呈“V”字型，河道狭窄、弯曲、水浅、险陡等特点，属于未开发的河段。

②上游(upper reach)段：介于河源与中游之间的河段。一般位于山区峡谷和丘陵地区，具有山区河流的基本特征。河床由基岩、沙卵石组成，河床稳定少变，航道弯曲、狭窄，礁石林立，纵比降大，流速大，水位变幅大，流态紊乱，航行条件差。

③中游(middle reach)段：介于上游与下游之间的河段。一般流经平原地区，也间有山区或丘陵地区，具有山区河流和平原河流的共同特征。河床主要由卵石和泥沙组成，冲淤变化明显，泥沙堆积显著，常有沙洲、浅滩和汊道，航道弯曲多变，水位变幅较大，坡度平缓，流速较小，流态较为平稳，航行条件较好。

④下游(lower reach)段：介于中游与河口之间的河段。一般位于冲积平原地区，河床多为泥沙质，地势低平，坡度平缓，河道宽广，水量丰富，比降小，流速缓慢，水流的侵蚀能力弱，水流自上游带来的泥沙在此大量沉积，河槽中浅滩、沙洲和岛屿较多，形成分汊河道，河道周期性变化相对稳定，航行条件较上、中游优越。

⑤河口(river mouth, estuary)段：是河流流入海洋、湖泊、水库或另一河流的出口处。根据河口的注入状态，可将河口分为外流河和内流河。凡直接注入海洋的河流，称为外流河，这类河口受径流、潮流和风浪等影响，同时又受河口形态、河床边界条件(boundary condition)、径流含沙量和潮流强弱等因素的制约，常形成三角洲河口或三角港河口；凡注入湖泊、水库或另一河流出口的支流河口或没有河口的河流，均称为内流河，如塔里木河。某些流量较小的河流，由于水流下渗或水分大量蒸发，以至于在下游河水逐渐全部消失而没有河口，这种河流称为瞎尾河。

4)河谷

河谷(river valley)是河流流经或曾经流经的长条形凹地。河谷按有无阶地可分为有阶地河谷与无阶地河谷，如图 1-5 所示；按地质地貌可分为山区河流河谷与平原河流河谷，一般山区河流河谷狭窄、坡降大，水流急。平原河流河谷较宽阔，坡降小，流速小，形态规则。

(1)谷底：谷底是指河谷的最下部分。一般由原生基岩构成，即由地壳的基本岩体和岩层

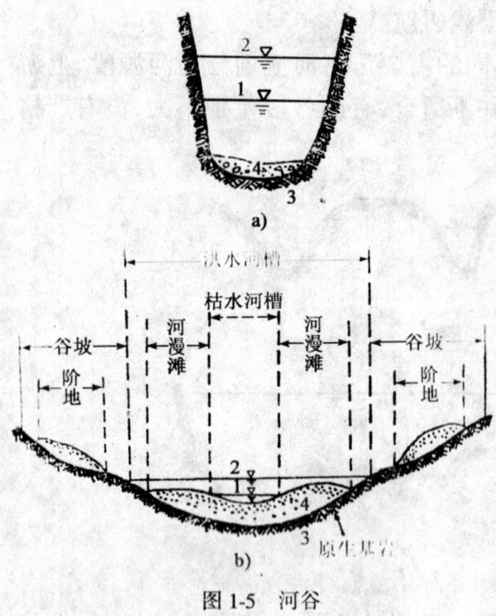

图 1-5　河谷

a)无阶地河谷；b)有阶地河谷

1-枯水期；2-洪水期；3-谷底(原生基岩)；4-河漫滩

构成。

(2)冲积层(wash over)：沉积与谷底的泥、沙、砾石、石块等物质。山区河流由于坡度陡、水流流速大，水流挟沙能力强，冲积层主要由含沙的石块和卵石组成；平原河流类型较为复杂，但多为卵石、细沙及粘土组成；河口地区冲积层主要分布在河口三角洲，成分多属细粒的沙、亚沙土和粘土等，其厚度可达数十米以上。

(3)河床(river bed, stream bed)：河谷中经常被水流淹没的部分称为河床。河床按水位高低可分为枯水河床和洪水河床；按航行条件可分为上、中、下游河床；按地质地貌可分为山区河流河床和平原河流河床。山区河流河床狭窄、弯曲，组成物质坚硬，抗冲性能强，河床相对稳定。平原河流河床平坦宽阔，土质松软，河床可动性大。

(4)河漫滩(flood plain, valley flat)：是指在洪水期被水流淹没，枯水期露出水面的冲积层部分，它是河流侧侵蚀展宽过程中，由水流挟带的泥沙沉积而成。河漫滩包括边滩、洲滩、碛坝、江心洲和冲积扇等。山区河流河漫滩一般不发育，主要分布在丘陵地区的宽浅型河段和宽谷、峡谷河段的溪沟口处(洪水冲积扇)，宽度较小，但相对高程大大超过平原河流的河漫滩。平原河流河漫滩宽广阔、发育，有的在河床两侧对称分布，有的在河床两侧交叉分布，有的在弯曲河段附着在凸岸一侧。

(5)谷坡：河漫滩以上两侧的陆地部分称为谷坡。山区河流的峡谷和宽谷河段的谷坡陡峻，丘陵宽浅形河段谷坡相对较为平缓；平原河流谷坡平缓，尤其是下游广阔的冲积性平原地区，没有明显的谷坡。

(6)阶地(river terrace, fluvial terrace)：河流下侵蚀和堆积作用交替进行，在河谷两岸形成的台阶状，一般不再为洪水所淹没的地貌，称为阶地。阶地是地壳上升、河流下侵蚀和侧侵蚀作用下形成的，实质上它反映了老河谷的谷底和一条河流的发育历史，代表河流侧侵蚀作用和沉积作用较为明显的时期。根据阶地的组成物质和形成作用的性质可划分为：侵蚀阶地，即由于地质岩石抗风化，抗水流侵蚀的强度不同而形成；滑坡阶地，即谷坡上不稳定的岩石在重力和表层水、地下水的作用下，发生跨岩、滑动，滑坡体堆积部分河床；洪积扇阶地，即河谷两侧的溪沟口，在山洪爆发时常带出大量泥石堆积于溪沟口而形成的溪沟扇形堆积体。在山区河流，阶地较为常见，如嘉陵江两岸有的地方阶地可达十几层之多。

2. 湖泊

湖泊(lake)是陆地上蓄水的天然洼地。湖泊是湖盆和湖水的矛盾统一体。湖盆是在内力(地壳运动、火山活动)和外力(水流、风等)相互作用下形成的。从湖泊形成起，湖盆与湖水之间就发生相互的作用，并受外界条件的影响促进湖泊的演变。湖泊按其结构和通航特点，可分为：过流湖、内流湖、外流湖、内陆湖等四种类型，如图 1-6 所示。

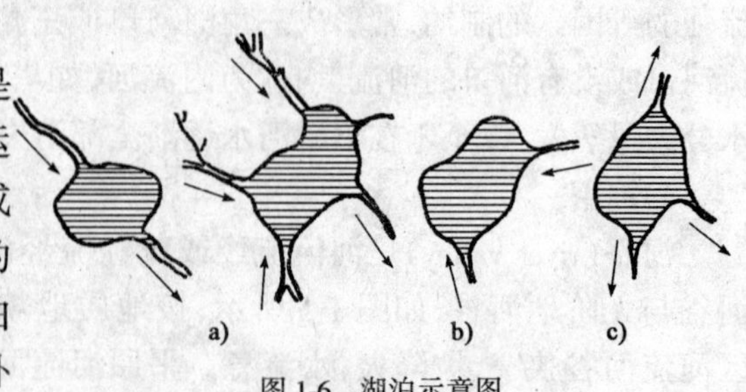

图 1-6　湖泊示意图

a)过流湖；b)内流湖；c)外流湖

过流湖是船舶通航能力较大的湖泊,如洞庭湖、鄱阳湖等,它可视为河流的展宽段,对河流的水位、流量起调节作用。水位的变化随季节及各水源来水量而变化,雨季及汛期,水位上涨,水面浩瀚,一片汪洋,湖面宽敞,航线四通八达;枯水季节洲滩毕露,航道弯曲浅窄,水流流向顺逆不定;受外流河影响的湖泊,由于外河水位的涨落,使湖泊内产生壅水、倒流或滞流现象;湖水流速一般较小,水流输沙能力较弱,泥沙淤积严重,河床不断抬高,尤其湖口处冲淤变化较大,航道极不稳定,船舶航行受到一定影响和制约。

二、人工水道

人工水道,即渠化工程(canalization project)的渠道,是指人工开挖或在天然河流上修建拦河建筑物所渠化的河道。人工水道包括运河(渠道)和水库。

1. 运河

(1)运河的分类

运河(canal)是人工开挖的渠道,满足于船舶通航要求的人工渠道称为通航运河。

运河按照建造形式的差异,可分为开敞式和封闭式运河。开敞式运河(open canal)的起止点的水位基本上相等,船舶可在其中畅行无阻,如苏伊士运河,全长161.6km,运河宽度160~198m,水深15m,它使地中海和红海得以沟通;封闭式运河(closed canal)起止点水位相差极大,要分整条运河为若干水级,中间必须设置船闸,如我国的南北大运河、俄罗斯的莫斯科运河都是封闭式运河。

运河按开凿运河的目的,可分为连接型运河、迂回型运河和引导型运河。连接型运河主要用于连接相邻的两条河流、湖泊或城镇;迂回型运河是为了使船舶避开河流某一河段的大浪区而绕开航行的渠道;引导型运河是用于船舶进港、城镇或工矿企业的人工通航渠道。

运河按补给方式,可分为自给和人工补给运河。自给运河是水流直接从河流或湖泊注入;人工补给运河的水源是用泵将水注入高水级,再流向运河。

(2)运河的作用及特征

运河主要用以沟通不同的河流、水系、海洋,连接重要的城镇,发展水上运输;解决灌溉、排涝、泄洪和发电。运河河槽较为规则、航道尺度较小、障碍物较少,航行条件比天然河流优越;运河在长距离单线河段中,往往设有供船舶会让的加宽河段,如图1-7所示;运河流量稳定、流速均匀、流态平稳,只有在洪水期或泄洪时,局部河段比降、流速稍大,在中枯水期,流速缓慢,几乎成静水。

2. 水库

1)水库的基本概念

水库或称渠化河段(canalized section of river, canalized river stretch)是在天然河流上修建拦河建筑物和闸坝等设施,提高上游水位,坝上回水范围内的河段,称为水库,如图1-8所示。水库的回水范围是随坝前蓄水位和入库流量变化而变化的,如表1-3所示,当坝前蓄水位一定时,其回水长度随入库流量的增加而减小;当入库流量一定时,库区沿程水位的抬高值随距坝里程的延长而减小。因此,水库按水位变化可分为常年回水段和回水变动段两个区段:

(1)常年回水段:即在坝前水位一定时,设计最大入库流量的回水河段,称为常年回水段。入葛洲坝水库,香溪至葛洲坝坝前为常年回水段,见表1-3所示。常年回水段比降小、流速小、航道尺度大,航行条件好,但泥沙淤积严重。

(2)回水变动段:即在坝前蓄水位一定时,设计最大入库流量与最低入库流量之间的回水河段，称为回水变动段，如表 1-3 所示，香溪至孔明灯为回水变动段。回水变动段兼有库区和天然河流的特点，当处于坝前回水影响时，比降、流速减小，滩、险河段碍航程度减弱；当处于坝前非回水影响时，即为天然河流。

图 1-7

图 1-8 渠化河段示意图

h-渠化前水深；H-渠化后水深

长江上游葛洲坝水库回水里程表 表 1-3

站名 / 水位增值(m) / 流量(m^3/h)	南津关	平善坝	三斗坪	太平溪	香溪	秭归	巴东	官渡口	青石洞	巫山	宝子滩	油榨碛	黛溪	孔明灯	奉节
5000	22.4	22.2	20.8	18.5	15.2	13.6	5.7	4.8	2.7	1.9	0.6	0.5	0.3	0.0	
10000	19.2	19.1	15.8	13.2	10.7	8.8	3.6	3.0	1.6	0.9	0.3	0.2			
20000	15.7	15.4	10.2	7.6	5.3	4.2	1.7	1.4	0.7	0.4	0.2				
30000	12.9	12.4	6.7	4.7	3.1	2.5	1.0	0.8	0.3						
40000	11.0	10.1	4.5	3.0	2.1	1.7	0.7	0.5							
50000	9.5	8.4	3.3	2.3	1.1	0.6	0.2								
60000	8.2	6.9	2.6	1.8	1.2										
距坝里程(km)	2.4	9.8	37.3	43.7	68.1	76.9	105.9	117.0	148.0	163.0	177.3	184.7	188.1	195.5	225.5

2)水库的作用

(1)为了达到综合利用水利资源，根据生产和生活的需要，在时间和空间上妥善地进行径流调节(run-off regulation)或称流量调节，即对径流量的重新分配。

天然河流的流量，因受水源、气候、地形等因素的影响，在一个水文年周期内分布极不均匀，对防洪、航运、发电、灌溉等产生不利影响，使河流天然流量的分配规律和我们主观上的用水要求存在矛盾。因此，在天然河流上修建拦河建筑物，对河流天然流量加以控制和调节，按我们的需要重新分配流量，以适应各部门的需要。其调节方法是，当入库流量减小时，水库开始蓄水以保证通航水深和发电能力；当入库流量增大时，则充分利用库容量进行调节和控制，预防坝下因洪流激增成洪涝。如长江三峡水利枢纽建成后，电站装机 1768×10^4kW，年发电量 840×10^9kW·h，相当于 15 座装机 120×10^4kW 的火力发电站和三个年产 1500×10^4t 规模的特大型煤矿及相应的运输工程。从防洪的角度看，它能直接控制荆江河段洪流量的 95% 以上，武汉以上洪水来水量的 2/3 左右，可防止荆江两岸毁灭性洪灾，可将荆江的防洪标准由目前的十年一遇提高到百年一遇，若配合荆江分洪和其他分蓄工程的应用，可抵御千年一遇的洪水，因此，极大地提高了长江防洪调度的可靠性和灵活性。

(2)提高坝前河段的水位，增大航道尺度，减小比降和流速，改善回水段的航行条件。三峡水利枢纽建成后，可改善长江上游航道里程 570 ~ 650km(初期 500 ~ 570km)的航行条件，重庆以下航道的年单向下水通过能力由目前的 1000×10^4t 提高到 5000×10^4t，万吨级船队可以汉渝直达，三峡库区万吨级船队直达重庆的通航保证率达 50%，船舶运输效益明显提高，运输周转加快，运输成本降低 35%～37%。同时，经三峡水库调节，增加了宜昌下游的枯水流量，结合河势控制，中游浅滩河段枯水流量可增加 $1000\sim2000m^3/s$，提高了航道深度，有利于航道维护与船舶安全航行。

(3)其他方面。如促进库区渔业、旅游业的发展，改善坝下枯水期的水质等等。

3)拦河建筑的通航设施

河流渠化后，以航运开发为主的渠化工程，需修建通航设施，如船闸、升船机等一系列的综合水利枢纽工程，如图 1-9 所示。

(1)船闸

船闸(navigation lock)是拦河建筑物的重要通航设施，它能使船舶通过有集中水位差的航道，上下有闸首，中间有闸室的过船建筑物。

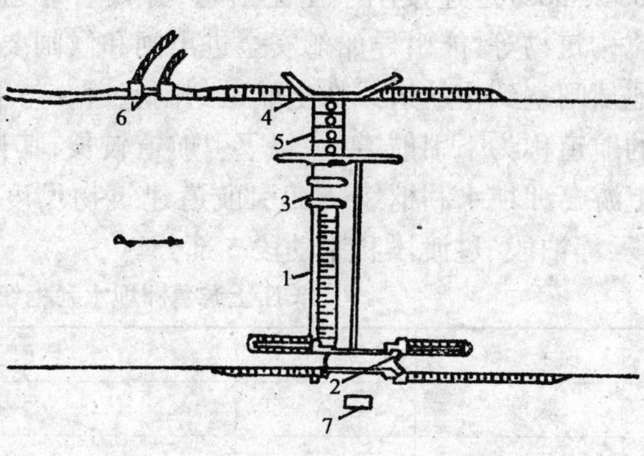

图 1-9 渠化枢纽组合示意图

1-雍水建筑物；2-船闸；3-泄洪闸；4-坝岸连接建筑物；5-水力发电站；6-支流；7-船闸管理处

①船闸的分类：船闸的类型多种多样，按照地理位置和使用性质分为，海船闸、河船闸和运河船闸；按照闸室横向平行排列数目分为，单线船闸、双线船闸和多线船闸；按照闸室数目纵向排列分为，单级船闸、双级船闸和多级船闸(又称为单室船闸、双室船闸和多室船闸)，单级船闸构造简单、使用广泛，它的上下游落差一般由几米到 20m，最大可达 40m，当船舶需要通过集中水位落差很大的航道时，一般采用多级船闸，使全部落差分配于多级船闸的几个闸室上，如三峡水利枢纽通航建筑物永久船闸，采用双线连续五级船闸，船闸水级划分，如图 1-10 所示；另外，按照船闸所在地区的特殊条件或特殊要求可分为，具有中间闸首的船闸、广室船闸、井式船闸、闸梯和省水船闸等。

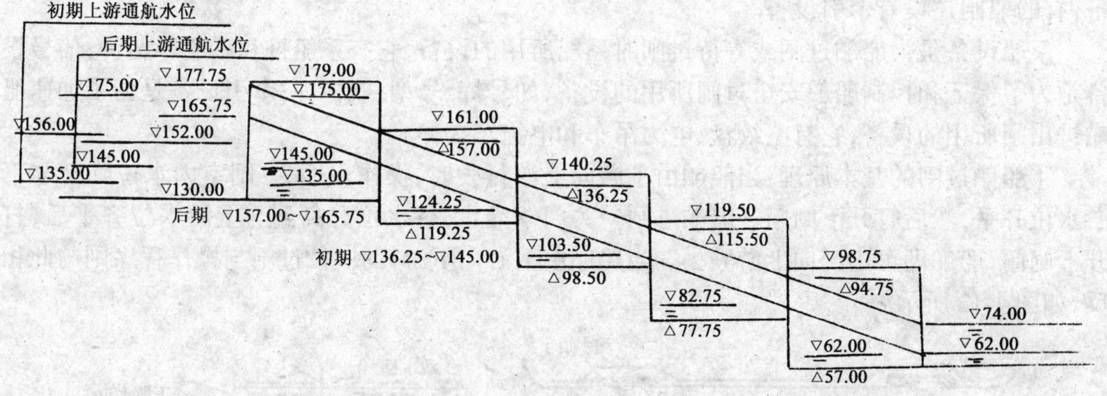

图 1-10 三峡大坝连续五级船闸水级划分示意图

②船闸的组成：船闸主要由闸室、闸首(包括上、下闸首)和引航道(包括上、下游引航道)三部分组成，如图 1-11 所示。

闸室(lock chamber)也称闸厢，是船闸上、下闸首和左、右闸墙之间的空间，是供过闸船舶停泊、通航使用的。闸室主要由闸室墙、闸室底板和闸门组成，并相应配备有灌泄水、系船和其他辅助设备。船舶过闸时在区间内随水面作垂直升降，使船舶或船队安全平稳地从下游进入上游或从上游进入下游。

闸首（lock head, gateb lock）是将闸室与上、下引航道隔开的挡水建筑物。位于上游的称上闸首；位于下游的称下闸首；位于多室船闸中间的称中闸首。主要由边墩、底板和闸门构成，并设有输水设备、启闭机械、操纵管理室、交通桥等。

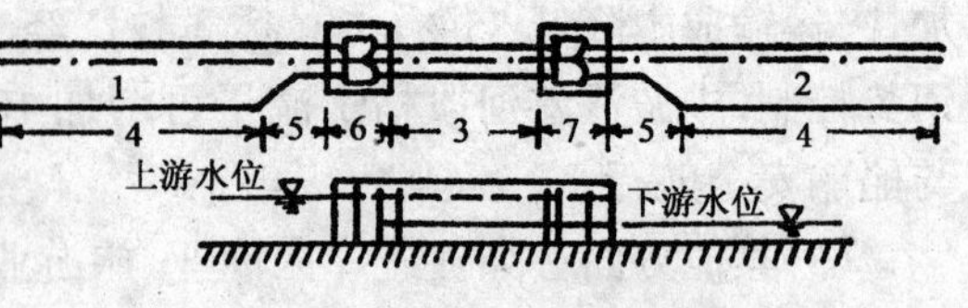

图 1-11　水利枢纽平面布置图

1-上游引航道；2-下游引航道；3-船闸；4-引航墙；5-导航建筑物；6-上闸首；7-下闸首

船闸引航道（approach channel, lock approach, lock guide）是连接闸室至主航道，并设有导航、隔流构筑物等，能引导船舶安全进出闸和候闸要求的一段限制性航道。能保证船舶迅速而安全地从闸室到主航道或从主航道到闸室道。与上闸首相连的航道称为上引航道；与下闸首相连的航道称为下引航道，一般下引航道较长，其长度由 500 ~ 8000m，水面宽度 70 ~ 200m。如长江上游葛洲坝水利枢纽三江引航道建筑物尺度，如表 1-4 所示。船闸引航道包括导航段、调顺段、停泊段、过渡段和制动段 5 部分。

长江上游葛洲坝水利枢纽三江引航道建筑物尺度见表　　表 1-4

项　目	单　位	上引航道		下引航道	
长度	m	2 500		3 900	
航道最小底宽	m	180		120	
口门底宽	m	230		150	
船闸		二号船闸	三号船闸	二号船闸	三号船闸
闸前直线长度	m	960	≥360	≥650	≥360
航道弯曲半径	m	1 000	600	≥720	600
航道水深	m	4.5	3.5	4.5	3.5

③船闸设备：为了便于船舶迅速和安全的通过船闸，一般的船闸都设有系船设备、信号设备，有的船闸还设有牵引设备。

系船设备是为船舶过闸或等待过闸时系船所用的设备，它有系船桩和系船环两种；信号设备是为了保证和控制船舶安全过闸所用的设备，如号灯、号型、航标等；牵引设备是为了加速船舶进出闸所用的设备，它有电绞盘、电力吊车和电拖车 3 种。

④船舶过闸的基本原理：当船舶由下游向上游行驶时，操作程序为：闸室内水位降至与下游水位齐平，然后打开下闸门→船舶进闸→关门→灌水，待水位升高到与上游水位齐平后，打开上闸门，船舶即可出闸向上游驶去。当船舶由上游向下游行驶时，过闸与操作程序则与此相反，如图 1-12 所示。

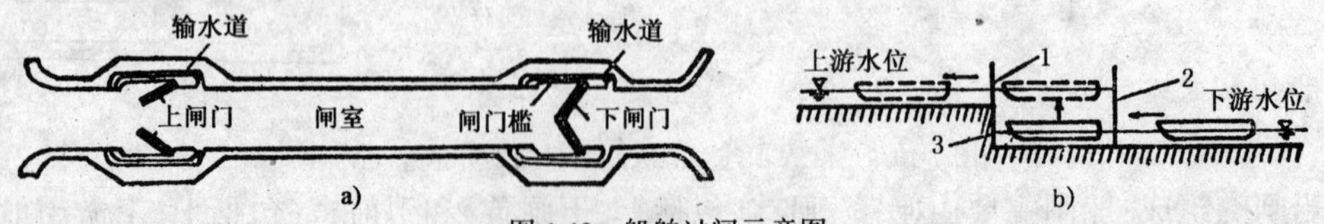

图 1-12　船舶过闸示意图

⑤船闸河段的碍航因素：在上引航道内，因受坝前水位的顶托，比降、流速减弱或成静水，局部水域泥沙落淤变浅；在下引航道与干流交汇处，汛期干流挟沙水流与引航道内静水存在重率差，干流浑水以异重流形式潜入下引航道内淤积，使河床变浅，水深不足，如葛洲坝船闸三江

下引航道，设计水深4.5m，实际只能维护到3.7～3.8m。在上引航道的分水坝端，每当泄水闸放水分流时，其分流量随流量的变化，产生强弱不同的横流，对船舶进出闸操作产生不同程度的影响。在下引航道内，当闸室放水时，产生水面波动，使下游引航道内等待进闸船舶产生摆荡和垂荡，导致碰撞或擦浅。当闸室内充水或放水时，闸室内水位变化急剧，水流紊动，易使船舶碰擦闸壁。若闸室中线与引航道轴线存在较大交角，船舶进闸遇强横风，因船舶航速低，控制能力差，极易造成碰擦闸门或进不了闸室等现象。

(2)升船机

①升船机(ship lift)是用机械将承船厢或承船车装载的船舶升降通过航道上有集中水位落差的区段的过船建筑物。升船机分为斜面升船机(包括纵向斜面升船机、横向斜面升船机和水坡式升船机)和垂直升船机(包括平衡重式垂直升船机、浮筒式垂直升船机、水压式垂直升船机和桥式垂直升船机)两种。

斜面升船机(inclined ship lift):用机械驱动承船厢(承船车)沿斜坡轨道移动的升船机。它有干运和湿运之分。干运斜面升船机是平车中没有水，船放在平车上用动力牵曳平车，沿轨道由一级水域过渡到另一级水域，它不足之处是容易使船舶结构变形损坏；湿运斜坡式升船机是在平板车上装有水箱，水箱两侧有门，当水箱升高时就和坝上水面相接，下降时则与坝下水面相接，它的优点是船体在升船机的水箱里，不会产生变形。

垂直升船机(vertical ship lift):是装载船舶的承船厢可垂直升降的升船机。垂直升船机一般由承船厢、垂直支架、平衡系统和驱动、事故、栓锁、密封、充泄水等装置以及上、下闸首等组成。如长江三峡水利枢纽升船机，采用的是平衡重垂直升船机，其主要参数如表1-5所示。

长江三峡水利枢纽升船机主要参数 表1-5

项　目	单　位	参　数
船箱悬吊总重量	t	11 800
船箱自重	t	2 800
箱内水重	t	9 000
最大升降高度	m	113
最大提升力	kN	6 000
提升速度	m/min	12
正常起制动加速度	m/s^2	+0.01或-0.01

②过船基本原理:船舶由下游航道进入承船厢；然后关闭闸首和承船厢的闸门，松开承船厢与闸首之间的栓锁和密封装置，泄去厢头门与闸首工作门之间缝隙水；在驱动装置作用下，承船厢上升，并停在上闸首；待完成承船厢与上闸首之间的拉紧、密封、充缝隙水等操作后，打开承船厢与闸首的闸门，船舶随即驶进上游航道。依上述程序反向操作一次，船舶即可由上游航道进入下游航道。如系干运升船机，则无栓锁、密封、充泄水等操作程序。

③升船机与船闸比较有以下特点:首先，在运驶时基本不耗水，因此对需要节省水量和需要咸淡、清混分离，防止咸水或浊水的地方，升船机显得更加优越。由于升船机不需要充、泄水，在与承船厢衔接的航道内，水面不致产生波动，既改善了船舶在引航道内的停泊条件，也降低了引航道的防护要求。其次，由于升降速度远较船闸灌、泄水速度快，特别是在高水头，则需建造多级船闸，而升船机只要一级，这就使船舶通过升船机所需时间较通过船闸的时间短。但升船机的建造、安装和维修复杂，技术水平要求较高。

复习思考题

1. 试解释:水系、流域、河床、水库、径流调节。
2. 试比较山区河流与平原河流的一般特点。
3. 试述河流的分段。
4. 试述河流和河谷的基本组成部分。
5. 湖泊按其结构和通航特点可分为几类?其中过流湖有何特点。
6. 试述船闸的组成。
7. 试述升船机的分类和过船基本原理。

第二节 内河航道

一、航道的基本概念

在河流、湖泊、运河、水库以及港口等水域中,具有一定深度、宽度、弯曲半径和净空高度,能供船舶、排筏等安全航行的那部分通道,称为航道(waterway, navigation channel)。航道分为天然航道和人工航道;按使用条件和特性的不同又可分为沿海航道(coastal navigation)、内河航道(inland waterway)、山区航道(mountain channel)、平原航道(plain channel)、湖区航道(navigation channel in lake area)、库区航道(channel in reservoir area)、人工航道(artificial channel)、通航渠道(navigable canal)、渠化航道(canalized channel)等等;根据我国《航道管理条例》,按我国航道管理的归属,将内河航道又分为国家航道(national waterway)、专用航道(special-purpose waterway)和地方航道(local waterway)。

内河船舶驾驶员习惯上将分汊河段中水深大、流量大的航道,称为主航道(main channel, main route),其他汊道或缓流航道,称为副航道(sub-channel)。在特定季节或特定水位,才能通航的航道,称为季节性航道(seasonal channel);航行条件(navigation condition)较差,不允许船舶对驶、追越和并驶的狭窄航道,称为单行航道(one-way channel);反之,称为双行航道(two-way-channel);能缩短船舶航程,减少航行时间,提高航速和船舶经济效益的航道,称为经济航道(economic channel)。经济航道有三种:上行船舶经常选择的流速较主流缓慢的缓流航道;航程较主航道短的短捷航道;航程虽较主航道长,但由于流速小,上行船舶仍能缩短航行时间的经济迂回航道。

二、内河航道尺度

航道尺度(channel dimensions)是指一定水位下的航道深度、航道宽度、航道弯曲半径和通航净空高度的总称。航道尺度随季节的不同,水位的涨落变化而变化。通常,洪水期航道尺度大,枯水期航道尺度小,但架空建筑物的通航净空高度则与之相反。同一条河流,根据河段、船舶流量、密度等条件,可分段制定各自的航道标准尺度,通常下游河段航道标准尺度大于上游河段。

1. 天然河流航道标准尺度

航道标准尺度(standard dimensions of channel),又称航道维护尺度或航道保证尺度,它是指在一定保证率的设计最低通航水位下，为保证标准船舶安全通航，航道所必须维护的最小航道尺度。它包括航道标准深度、航道标准宽度和最小弯曲半径。

在天然河流中，根据通航标准规定的设计最低通航水位(designed minimum navigable stage)，即设计所采用的允许标准船型或船队正常航行的最低水位。设计最低通航水位是航道标准尺度的起算水位，是航道整治工程进行规划，设计及施工的主要技术指标，是维护航道标准尺度的依据，它关系到通航标准的保证程度，整治工程的规模和维护措施等方面。设计最低通航水位定得高，航道整治、维护工程量小，但通航期短，通航保证率低；设计最低通航水位定得低，虽然通航保证率高，能延长通航期，但航道整治维护工程量却相应增大。因此，它的确定应从营运经济和航道条件(channel condition)两个方面进行分析论证。对于大型河流或航行条件较好的河段应从河流整治的可能性和经济的合理性进行综合的分析论证；对于中小型河流多偏重航道条件的分析，即根据航道整治可能达到的尺度来确定设计最低通航水位。

1)航道标准深度(H)

航道标准深度(standard depth of channel)又称最小保证水深，它是设计代表船型在设计最低通航水位时，须保证的航道最小水深。航道标准深度是通航标准的主要指标，其标准值不小于设计代表船型的最大吃水加上富余水深，如图1-13所示。

$$H \geqslant T + \Delta h$$

试中：H——航道标准深度(m)；

T——设计代表船型的最大吃水(m)；

Δh——富余水深(m)。

(1)富余水深(Δh)及作用

富余水深(under-keel clearance)或称剩余水深，是指自船舶平板龙骨外缘最低点至相应河底是垂直距离。富余水深的作用是保证船舶的航行安全。

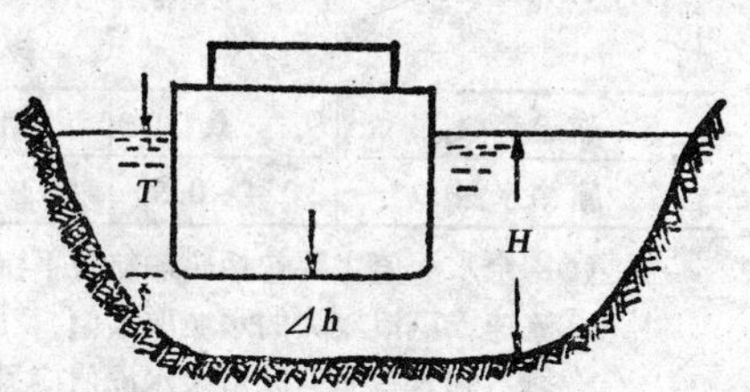

图1-13 航道标准深度

(2)确定富余水深的依据

①船舶航行时，因船体下沉需增加的水深：船舶航行时，一般均有下沉量，有时它占富余水深的2/3。影响船舶下沉量的因素很多，在理论上有不少半经验公式，其中以霍密尔公式较为简便；

$$\Delta T_{cp} = m\sqrt{\frac{T}{h}}V^2$$

式中：ΔT_{cp}——平均吃水增量，即船舶动吃水量(m)；

h——航道深度(m)；

V——船舶对水速度(m)；

T——船舶吃水(m)；

m——与船型(L/b)有关的系数，见表1-6；

L——船长(m)；

b——船宽(m)。

吃水增量系数 *m* 表 表1-6

L/b	3.5	4.0	5.0	6.0	7.0	8.0
m	0.0038	0.0029	0.0023	0.002	0.0016	0.00145

这个公式较好地反映了 m、T、V 三个方面的变化及对 ΔT_{cp}的影响。用霍密尔公式计算而

得的 ΔT_{cp} 值与相似船型的实测 ΔT_{cp} 值比较接近。目前在理论上计算船舶动吃水量的公式虽然较多,但都有一定的局限性,只能作为参考。在一般河流中,主要还是靠实船试验来确定。

②保证船舶推进器的安全而增加的吃水;

③保证船舶舵效应,以达到操纵灵活、安全而增加的吃水;

④为防止船舶因波浪或其他原因偶然触及河底需增加的水深;

一般将第②项至第③项共需增加的水深用 Δh_1 表示,其中只需某一项满足时,另一项也能满足,因此各项需增加的水深不需叠加。一般情况下 $\Delta h_1 = 0.1$m 左右;当河底为岩石时,$\Delta h_1 = 0.1 \sim 0.5$m;当河底为沙卵石时,$\Delta h_1 = 0.1$m。但有些河段为了避免卵石上吸而打坏螺旋桨,$\Delta h_1$ 也应与岩石河底相同。在沙质河床,Δh_1 一般小于 0.1m。

⑤顶推船队编队后的吃水增值 Δh_2:根据实船试验,山区河流大型顶推船队,编队后船舶吃水量略有增加,一般为 0.06m 左右,中小型河流船队较小,可以不考虑。

综上所述,船舶所需富余水深为

$$\Delta h = \Delta T_{cp} + \Delta h_1 + \Delta h_2$$

(3)富余水深的有关规定

我国建设部颁布的《内河通航标准》(GB 50139—20040)规定船舶富余水深值,见表 1-7①。

富余水深值(单位:m) 表 1-7①

航道等级	I	II	III	IV	V	VI	VII
富裕水深	0.4~0.5	0.3~0.4	0.3~0.4	0.2~0.3	0.2~0.3	0.2	0.2

注:①富余水深值主要包括船舶航行下沉量和触底安全富余量;

②流速或风浪较大的水域取大值,反之取小值;

③卵石和岩石质河床富余水深值应另加 0.1~0.2。

交通部长江港航监督局 1988 年 2 月 25 日颁布的《船舶航行长江富余水深的规定(试行)》中,对长江枯水期航行船舶富余水深作了如下规定:

长江船舶:川江富余水深,不小于 0.3m;中、下游富余水深,不小于 0.2m;装载危险货物另加 0.1m。

进江海船:如表 1-7②所示。

进江海船富余水深规定表(单位:m) 表 1-7②

T	Δh	T	Δh
$T<4$ $L<80$	$\geqslant 0.3$	$5 \leqslant T < 7$	$\geqslant 0.5$
$T<4$ $L>80$	$\geqslant 0.4$	$7 \leqslant T < 9.5$	$\geqslant 0.7$
$4 \leqslant T < 5$	$\geqslant 0.4$	$T \geqslant 9.5$	$\geqslant 0.8$

注:L 为船舶总长;T 为淡水吃水。

2)航道标准宽度(B)

航道标准宽度(standard width of channel)是指在设计最低通航水位时,设计代表船型或船队满载吃水航行所需的航道最小宽度。即整个通航期内航道中应保证的最小宽度,如图 1-14 所示。

图 1-14 航道标准深度与宽度示意图

航道标准宽度是由有关部门经过综合分析、计算得出的，并以指令性的形式颁布执行。在制定航道标准宽度时必须综合考虑代表船型或船队的尺度、代表船队的队形、船舶(队)的航行和操纵性能、航道条件、水流流态、气象要素等因素。

(1)直线航道宽度计算

船舶(队)在航道中作直线航行时，因受风、流等外界因素的作用以及船舶(队)本身两侧阻力和推力不均，将产生一定的漂角(β)，一般在3°~5°以内变化。由于漂角β的存在，船舶(队)的航迹带宽度总比船舶(队)自身宽度宽，β越大，航迹带宽度越宽，所占航道宽度越宽，航道富余宽度越少，安全系数越小。

如图1-15所示，在内河航道中，若不计入风、流压等外界因素引起船体偏摆的影响，只考虑船舶到航道边界安全距离d，在双向航道中，考虑船与船之间的安全距离c，则有：

单线航道　$B_{单} = L\sin\beta + b\cos\beta + 2d$

双线航道　$B_{双} = L_1\sin\beta_1 + b_1\cos\beta_1 + L_2\sin\beta_2 + b_2\cos\beta_2 + 2d + c$

式中：L_1、L_2——上行和下行船舶(队)的长度(m)；

b_1、b_2——上行和下行船舶(队)的宽度(m)；

β_1、β_2——上行和下行船舶(队)的漂角。

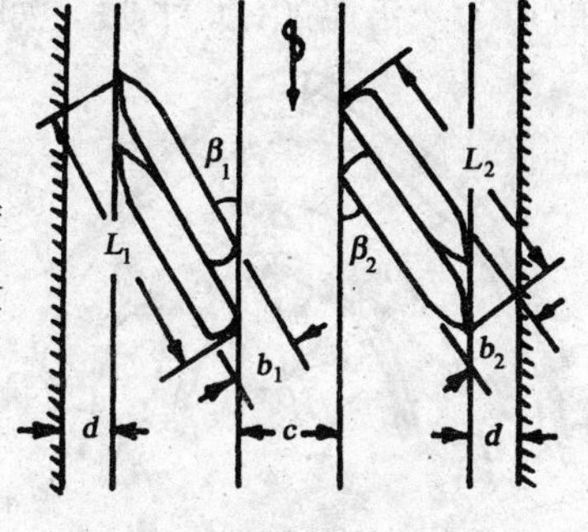

图1-15　航道标准宽度示意图

在具体航道中，一般以该航道设计代表船型或船队的尺度为计算标准。若$L_1 = L_2 = L$；$b_1 = b_2 = b$；$\beta_1 = \beta_2 = \beta$。为更安全起见，取$\cos\beta = 1$，一般规定$c = \frac{1}{2}(b + L\sin\beta)$；$d = \frac{1}{4}(b + L\sin\beta)$；则上述航道标准宽度计算公式可改写为：

单线航道宽度　$B_{单} = 1.5(b + L\sin\beta)$

双线航道宽度　$B_{双} = 3(b + L\sin\beta)$

(2)弯曲航道宽度计算

船舶(队)在弯曲航道中航行，其航迹带宽度比顺直航道中航行要宽，而且是一个半径不断变化的多边形航迹带。这不仅仅是由于几何上的关系，更重要的是受风、流、船队队形、引航操纵技术等多种因素的制约。在弯曲航道上，船舶(队)航行受航道弯曲半径(R)所控制，而航道弯曲半径的作用又通过漂角(β)反映出来，当R增大，则β变小，当R减小，则β变大。因此，弯曲航道双线航道宽$B_{双}$度可用下试计算：

$$B_{双} = B_1 + B_2 + 2d + c$$

式中：B_1——上行船舶(队)的航迹带宽度(m)；

B_2——下行船舶(队)的航迹带宽度(m)；

d——船舶到航道边界的安全距离(m)；

c——船与船之间的安全距离(m)。

根据以上公式，不同国家、地区在不同的河流、航区，由于各自通航船舶(队)、航道特征、水流条件和气象情况各异，通过综合分析及实船试验分别得出计算航道标准宽度的不同公式，其主要差别在船舶到航道边界的安全距离d和船与船之间的安全距离c的选取上，而d和c在内河船舶驾驶员中习惯用船宽的倍数来衡量，在弯曲航道还要考虑上、下行船舶沿程β_1、β_2的变化值。在我国通航标准中，最小航宽按不同航道等级来确定。对于驾驶员来说，在编组船队和排筏时，应根据航道的实际航道尺度等来确定船舶(队)尺度。

3)航道最小弯曲半径(R)

弯曲航道的弯曲程度通常用航道弯曲半径(curvature radius of channel, radius at bend)或弯曲系数(coefficient of curvature)来表示。航道弯曲半径是指航道弯曲处,其轴线圆半径长度,又称为航道曲率半径或航道曲度半径;航道弯曲系数是指弯曲航道的实际长度与起止点之间的直线长度之比,用 K 表示。从理论上讲,弯曲航道其弯曲系数往往大于1.5,若为1.0~1.5称为微弯航道,近似于1.0称为顺直航道。航道弯曲半径越小,弯曲系数越大,航道条件越差,船舶航行越困难。

(1)航道最小弯曲半径:航道最小弯曲半径是指在设计最低通航水位时,应保证航区设计代表船型或船队,下行安全通过弯曲河段所必须的航道弯曲半径。航道最小弯曲半径的确定除与船长有关外,还与航道条件、水流条件、船宽与航宽、航速与流速、船队尺度与系结方式、船舶操纵性能与引航技术等因素有关。对各航区或各河段应作具体分析,最好选择几种代表船型(船队),进行实船试验,从中确定出几组标准的最小弯曲半径。按照我国通航标准规定,船舶(队)航行所需要的航道最小弯曲半径,在1~4级航道为4~5倍船舶(队)长度;在5~6级航道为4倍船舶(队)长度。如长江干线各河段航道最小弯曲半径如表1-8所示。

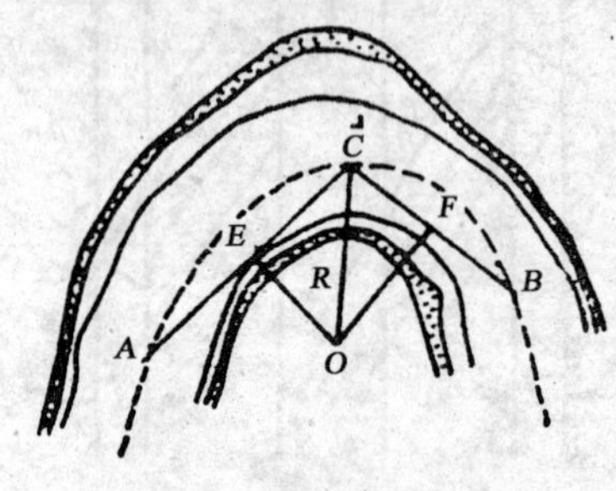

图1-16 航道弯曲半径

航道弯曲半径,一般可以从资料中得知,也可以从航行图或航道图上量取获得,其方法和步骤如下(如图1-16所示):

在航道中心线上的最弯曲部分截取一线段,从线段上取上、下起止点和顶点 A、B、C 视作圆弧线上的三点;联结 AB、AC,并于 AB、AC 两线段各作其垂直平分线交于 O 点;OC 即为弯曲半径,实际长度可从该图的比例尺上量取。

目前,长江航道局制定的长江干线各航区的航道标准尺度,见表1-8。

长江干线各航区航道标准尺度表 表1-8

航　　区	航道标准深(m)	航道标准宽度(m)	航道最小弯曲半径(m)
宜宾——兰家沱	1.8	40~60	400
兰家沱——重庆	2.5	50	560
重庆——宜昌	2.9	60	750
宜昌——临湘	2.9	80	750
临湘——汉口	3.5	80	1000
汉口——安庆	4.0	100	1100
安庆——南京	4.5	100	大于1100
南京以下	10.5	200	大于1100

(2)弯曲航道加宽(curve widening):船舶在弯曲航道中航行,长直的船身与航道中心线的弯曲半径相切,首尾线偏斜,占用航道宽度较大;同时,由于水流在弯曲航道中作离心运动,漂角增大,航迹带增宽,为了保证船舶航行安全,弯曲航道需要适当加宽。其加宽值一般采用实船试验方法来确定,也可以用经验公式计算。如图1-17所示。

设 $AB = L$(船长)为满足航道增宽后的理论最大长度。

在 ΔOBD 中,
$$R^2 = (R - \Delta B)^2 + \left(\frac{L}{2}\right)^2$$

$$(R - \Delta B)^2 = R^2 - \left(\frac{L}{2}\right)^2$$

$$R - \Delta B = \sqrt{R^2 - \left(\frac{L}{2}\right)^2}$$

$$\Delta B = K\left(R - \sqrt{R^2 - \frac{L^2}{4}}\right)$$

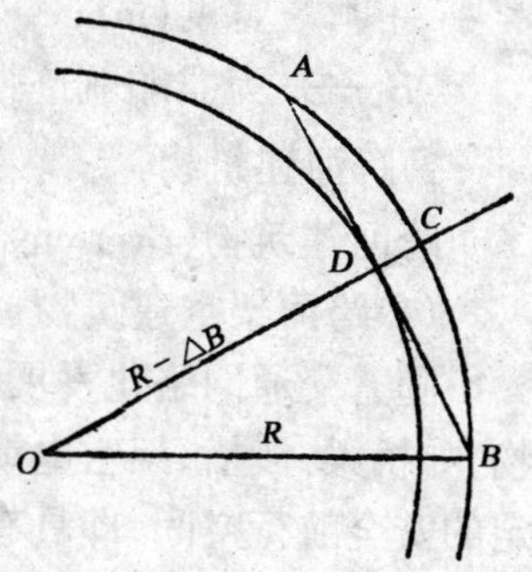

图 1-17

因此，弯曲航道加宽值表达为： $\Delta B = K\left(R - \sqrt{R^2 - \dfrac{L^2}{4}}\right)$

式中：ΔB——航道增加宽度(m)；

R——航道弯曲半径(m)；

L——计算船舶(队)长度(m)；

K——系数，当$\dfrac{R}{L}=3$时，$K=3.85$；当$\dfrac{R}{L}=6$时，$K=3.89$。

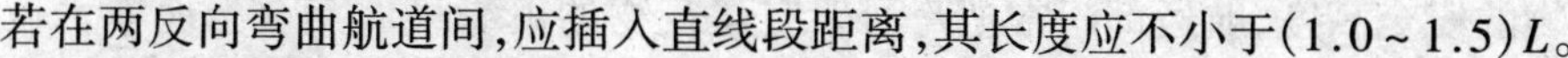

若在两反向弯曲航道间，应插入直线段距离，其长度应不小于$(1.0\sim1.5)L$。

2. 限制性航道标准尺度

1)运河(包括渠道)

运河(渠道)的特点是：河道狭窄、河床平坦、水流平缓、水位变幅小、断面形状比较规则，对船舶(队)航行有明显限制性作用(如阻力、航速等)，如图 1-18 所示。运河(渠道)横断面尺度的确定要满足下列三个条件：

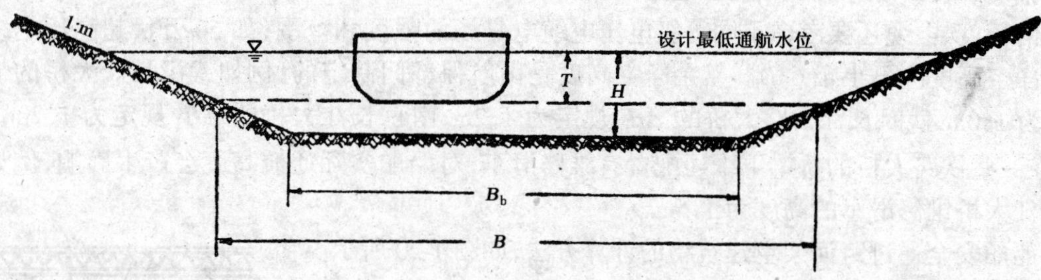

图 1-18 人工渠道横断面尺度示意图

(1) $\mu = \dfrac{F}{f} \geqslant 6 \sim 7$

式中：μ——航道断面系数；

航道断面系数(cross-section factor of channel)是指在设计最低通航水位时，航道过水断面面积 F 与设计船舶中横剖面浸水面积 f 之比，如图 1-19 所示。航道断面系数是决定运河(渠道)航道断面尺度的主要因素之一，它关系到航行阻力、航行速度、工程量以及船行波对航道边坡的冲刷作用。

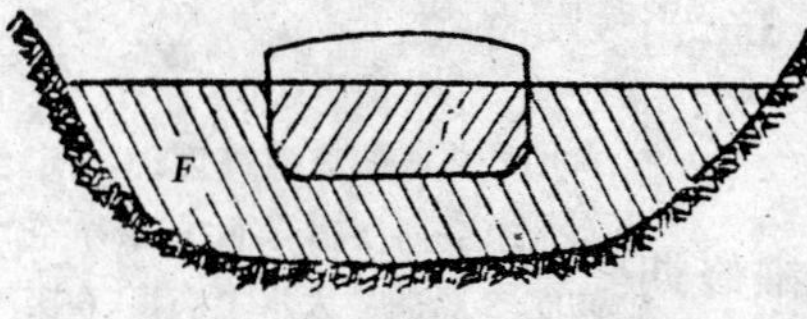

图 1-19 航道断面系数示意图

(2) $\dfrac{H}{T} = 1.5 \sim 1.6$

式中：H——航道深度，是设计最低通航水位至断面底边的最小水深(m)；

T——船舶吃水(m)。

(3) $B = (2.6 \sim 2.8)B_h$

式中：B——航道宽度，即设计最低通航水位时，代表船型或船队标准吃水的船底处断面水平

宽度(m);

B_k——为船舶航迹带宽度(m)。

2)跨河建筑物

跨河建筑物(river-crossing structure)包括跨河架空建筑物和跨河水底建筑物。

(1)跨河架空建筑物

随着交通网络化发展和河流的综合开发利用,在河流上将出现越来越多的跨河架空建筑物,如桥梁、渡槽、架空电缆和架空管道等。要保证船舶安全航行,就必须使这些建筑物下有一定的安全航行空间,即具有一定的通航净空(navigation clearance),它包括通航净空高度和通航净空宽度。

①通航净空高度(navigation clearance height)(H_m):是适应船舶安全通过的最低高度。航道部门和桥梁工程部门通常把桥梁或架空电缆下缘最低点到设计最高通航水位(designed maximum navigable stage)面的垂直距离,称为通航净空高度;为了驾驶员便于计算和掌握船舶通过跨河净空建筑物的安全高度,航运部门常把跨河架空建筑物的下缘最低点至当地零水位面的垂直距离,称为通航净空高度。船舶航行中因考虑各种因素的影响,须留一定的富余净空高度。

富余净空高度(surplus net height)(ΔH_f)是指船舶在通过跨河架空建筑物时,其最高点至跨河架空建筑物的下缘最低点之间的垂直距离,或称剩余净空高度或安全系数。它是保证跨河架空建筑物及船舶在各种情况下的航行安全。富余净空高度的确定必须考虑当地水位涨落变化的幅度、航区风浪的大小、船舶吃水的变化、跨河架空建筑物设计和安装的误差、热胀冷缩或下垂的幅度、电缆还要考虑不同等级电压电缆电磁场的强度和范围(如50万伏超高压电缆的富余净空高度应不小于6m)。富余净空高度是由航保部门制定的,例如武汉长江大桥的规定ΔH_f为1.0m,武汉长江公路大桥的ΔH_f规定为1.2m,南京长江大桥的ΔH_f规定为1.2m。此外,在一些铁路大桥的桥梁下缘还配置有维修滑车,对船舶实际通航高度会产生影响,例如武汉长江大桥维修滑车的高度为1.5m。

船舶安全通过跨河架空建筑物的计算方法,如图1-20所示。

$$H_c + \Delta H_f + H \leqslant H_m$$

式中:H_c——船舶最大水上高度(m);

ΔH_f——规定富余净空高度(m);

H——水位(m);

H_m——通航净空高度(m)。

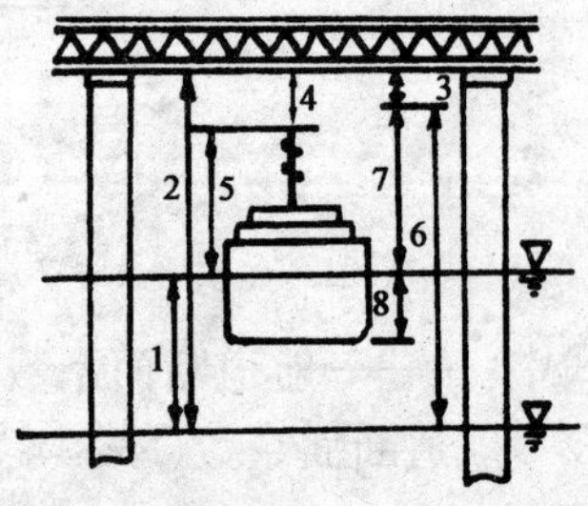

图 1-20

1-水位;2-通航净空高度;3-规定富余净空高度;4-实际富余净空高度;5-船舶最大水上高度;6-实际通航最大高度;7-自由通航最大高度;8-吃水

例:某轮最大高度为23.5m,首吃水为4.5m,尾吃水为5.3m,当南京水位为8.2m时,问该轮能否安全通过南京长江大桥?

解:船舶水上最大高度　$H_c = 23.5 - 4.5 = 19(\mathrm{m})$

南京长江大桥规定富余净空高度 $\Delta H_f = 1.2(\mathrm{m})$,大桥维修期间还应加上2.0m的脚手架高度,但此处不考虑。

南京大桥通航净空高度　$H_m = 30.03(\mathrm{m})$

南京当地水位　$h = 8.2(\mathrm{m})$

$$H_c + \Delta H_f + H = 19 + 1.2 + 8.2 = 28.4(\mathrm{m})$$

$$H_c + \Delta H_f + H \leqslant H_m$$

因此，当日船舶能安全通过南京长江大桥。

②通航净空宽度(navigable clear width)(H_m)：是指跨越航道建筑物通航孔相邻两墩内侧，可供设计船舶或船队安全航行的有效宽度。对于天然河流和渠化河流是按单向船舶或船队通过所需要的宽度来确定的。为了保证通航安全，须使船舶或船队宽度与跨河架空建筑物两墩内缘之间留有一定的富余宽度。船舶或船队的实际最大通航宽度必须小于净空宽度与富余宽度的差值。如果桥墩(墩桩)的顺水面与水流流向的偏角超过5°，通航净空宽度还须相应增大。

单向船舶或船队通过时所需通航净空宽度的表达式如下：

$$B_m = b + L\sin\beta + \Delta B_1 + \Delta B_m$$

式中：B_m——通航净空宽度(m)；

b、L——设计标准船舶或船队的宽度和长度(m)；

ΔB_1——航道富余宽度(m)；

ΔB_m——墩、架的安全富余宽度(m)；

β——船舶或船队与航线所成的航行偏角，一般取2°~3°。

(2)跨河水底建筑物

跨河水底建筑物是指跨越河道的水下电缆、涵管、管道、隧道等建筑物。这些建筑物的设计必须远离浅滩、锚地，选择在较深的河段；电缆、管道顶部的设置深度，一至五级航道应不小于规划航道底标高以下2m，六至七级航道不小于1m，尺寸较大的需注意不使产生涡流而引起河床的变化。

3)船闸有效尺度

(1)船闸有效尺度(effective dimensions of lock)：是指船闸闸室内能够满足设计通航标准的有效尺度。该尺度包括船闸有效长度、闸室有效宽度、门槛水深和净空高度。

①船闸有效长度(effective length of lock)：是指闸室内允许船舶(队)安全停泊的长度。船闸有效长度按下试计算：

$$L_k = \sum_{k=1}^{n} l_k + \Delta l$$

式中：L_k——船闸有效长度(m)；

n——为同次过闸纵向排列的船舶(队)数；

$\sum_{k=1}^{n} l_k$——为同次过闸纵向排列的船舶(队)在闸室同一航线上停泊的总长度(m)；

Δl——为闸室富余长度(m)。

②闸室有效宽度(effective width of lock)：是指闸室或闸首边墩墙迎水面最突出部分之间的最小距离。为过闸设计代表船型或船队最大总宽度加富余宽度，按下式计算：

$$B_k = \sum_{k=1}^{n} b_k + \Delta B_C$$

式中：B_K——船闸有效宽度(m)；

n——为同次过闸横向排列的船舶(队)数；

$\sum_{k=1}^{n} b_k$——为同次过闸横向排列的船舶(队)并列停泊的最大总宽度(m)；

ΔB_C——为闸室富余宽度(m)。

③门槛水深(water depth aboves ill,lock significant depth)是指设计最通航水位至门槛顶部的垂直距离。按下式计算:

$$H_k = T + \Delta T$$

式中:H_k——门槛最小水深(m);

T——设计代表船型或船队满载吃水深度(m);

ΔT——满载吃水龙骨下的富余水深(m)。

(2)船闸富余尺度

船舶过闸时应根据闸室中的尺度来决定船舶(队)的最大或限制尺度,并考虑船舶(队)左、右两舷与首尾的富余距离或安全距离。其富裕尺度,见表1-9。

船闸尺度与安全距离 表1-9

闸室尺度(m)	首尾安全距离(m)	船闸宽度(m)	船舶两舷安全距离(m)
<50	1	≤10	0.2
50~100	2	≤18	0.4
100~150	4	>18	0.5
150~200	6		
>200	10		

长江上游已建葛洲坝水利枢纽和在建三峡水利枢纽船闸和升船机有效尺度,见表1-10;船舶(队)通过葛洲坝船闸限制尺度,见表1-11。

葛洲坝和三峡大坝船闸、升船机有效尺度表 表1-10

船闸名称 / 有效尺度	葛洲坝水利枢纽			三峡水利枢纽	
	一号船闸	二号船闸	三号船闸	双线五级船闸(每个单闸室)	升船机
船闸有效长度(m)	280	280	120	280	120
闸室有效宽度(m)	34	34	18	34	18
门槛水深(m)	6.5	5.0	3.5	5.0	3.5

船舶(队)通过葛洲坝船闸限制尺度表 表1-11

船闸名称 / 船舶(队)最大尺度	一号船闸	二号船闸	三号船闸
最大长度(m)	266.0	266.0	115.0
最大宽度(m)	32.6	32.6	16.5
最大高度(m)		17.0	17.0

三、内河航道等级

1. 内河航区分级规范

1)内河航区级别

(1)根据水文和气象条件,将内河船舶航行区域划分为 A、B、C 三级,其中某些水域,依据水流情况,又划分为急流航段,即 J 级航段。

(2)航区级别按 A 级、B 级、C 级高低顺序排列,不同的 J 级航段分别从属于所在水域的航区级别。

2)内河航区划分标准

(1)各级航区的计算波浪尺度和波高范围,见表 1-12。

表 1-12

航 区 级 别	计算波高(m)×计算波长(m)	波高范围(m)
A 级	2.5×30.0	1.5 以上至 2.5
B 级	1.5×15.0	0.5 以上至 1.5
C 级	0.5×5.0	0.5 及以下

(2)在峡谷河流中,滩上流速超过 3.5m/s 的航段,定为急流航段。

(3)急流航段按滩上流速大小划分为 J_1、J_2 两级:

J_1 级航段——航区内滩上流速为 5m/s 以上但不超过 6.5m/s 的航段;

J_2 级航段——航区内滩上流速为 3.5m/s 以上至 5m/s 的航段。

3)内河航区划分说明

(1)航区级别划分未考虑局部地区出现的特殊暴风、台风、潮汐及山洪爆发的影响,船长应注意航区水文和气象的变化,谨慎驾驶。

(2)低等级航区的船舶不得在高等级航区内航行。各级航区的船舶,如不满足急流航段的特殊要求,不得航经该急流航段。当船舶需要航行于较原定航区为高的航区时,应符合有关规范的规定。

(3)位于两个航区等级的分界线上的港口,被当作处于船舶到达或驶离的航行区域内。

2. 内河航道等级划分

为统一我国内河通航技术要求,促进内河通航的标准化、现代化,发挥内河水运优势,适应交通运输发展的需要,我国建设部于 2004 年重新发布了《内河通航标准》(GB 50139—2004),该标准于 2004 年 5 月 1 日实施。

《内河通航标准》适用于天然河流、渠化河流、湖泊、水库、运河和渠道等通航内河船舶的航道、船闸和过河建筑物的规划、设计和通航论证。升船机的规划和设计可参照执行。国际河流的航道,除与邻国有航运协定并在协定中对通航标准有明确规定者外,可参照执行。现将《内河通航标准》中通航内河船舶的航道有关标准摘要如下:

1)内河航道应按可通航内河船舶的吨级划分为 7 级,见表 1-13。

航道等级划分 表 1-13

航道等级	I	II	III	IV	V	VI	VII
船舶吨位(t)	3000	2000	1000	500	300	100	50

注:①船舶吨级按船舶设计载重吨确定;

②通航 3000 吨级以上船舶的航道列入 I 级航道。

2）天然和渠化河流航道尺度不得小于表 1-14 所列数值。

天然和渠化河流航道尺度 表 1-14

航道等级	船舶吨级（t）	代表船型尺度（m）（总长×型宽×设计吃水）	代表船舶、船队	船舶、船队尺度（m）（长×宽×设计吃水）	航道尺度（m）			
					水深	直线段宽度		弯曲半径
						单线	双线	
I	3000	驳船 90.0×16.2×3.5 货船 110.0×16.2×3.0	(1) 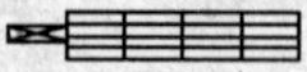	406.0×64.8×3.5	3.5~4.0	125	250	1200
			(2) 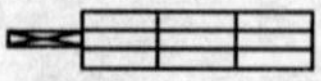	316.0×48.6×3.5		100	195	950
			(3) 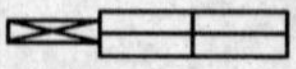	223.0×32.4×3.5		70	135	670
II	2000	驳船 75.0×16.2×2.6 货船 90.0×16.2×2.6	(1) 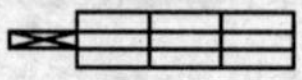	270.0×48.6×2.6	2.6~3.0	100	190	810
			(2) 	186.0×32.4×2.6		70	130	560
			(3)	182.0×16.2×2.6		40	75	550
III	1000	驳船 67.5×10.8×2.0 货船 85.0×10.8×2.0	(1) 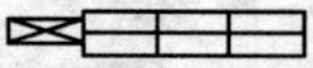	238.0×21.6×2.0	2.6~2.4	55	110	720
			(2) 	167.0×21.6×2.0		45	90	500
			(3)	160.0×10.8×2.0		30	60	480
IV	500	驳船 45.0×10.8×1.6 货船 67.5×10.8×1.6	(1) 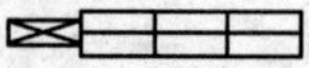	167.0×21.6×1.6	1.6~1.9	45	90	500
			(2) 	112.0×21.6×1.6		40	80	340
			(3) 	111.0×10.8×1.6		30	50	330
			(4) 	67.0×10.8×1.6				
V	300	驳船 35.0×9.2×1.3 货船 55.0×8.6×1.3	(1) 	94.0×18.4×1.3	1.3~1.6	35	70	280
			(2)	91.0×9.2×1.3		22	40	270
			(3) 	55.0×8.6×1.3				
VI	100	驳船 32.0×7.0×1.0 货船 45.0×5.5×1.0	(1) 	188.0×7.0×1.0	1.0~1.2	15	30	180
			(2) 	45.0×5.5×1.0				
VII	50	驳船 24.0×5.5×0.7 货船 32.5×5.5×0.7	(1) 	145.0×5.5×0.7	0.7~0.9	12	24	130
			(2) 	32.5×5.5×0.7				

3）限制性航道尺度不得小于表 1-15 所列数值。

限制性航道尺度 表 1-15

航道等级	船舶吨级（t）	代表船型尺度（m）（总长×型宽×设计吃水）	代表船舶、船队	船舶、船队尺度（m）（长×宽×设计吃水）	航道尺度（m）		
					水深	直线段双线底宽	变曲半径
II	2000	驳船 75.0×14.0×2.6 货船 90.0×15.4×2.6	(1)	180.0×14.0×2.6	4.0	60	540
III	1000	驳船 67.5×10.8×2.0 货船 80.0×10.8×2.0	(1)	160.0×10.8×2.0	3.2	45	480
IV	500	驳船 42.0×9.2×1.8 货船 45.0×7.3×1.9	(1)	108.0×9.2×1.9	2.5	40	320
			(2)	45.0×7.3×1.9			
V	300	驳船 30.0×8.0×1.8 货船 36.7×7.3×1.9	(1)	210.0×8.0×1.9	2.5	35	250
			(2)	82.0×8.0×1.9			
			(3)	36.7×7.3×1.9			
VI	100	驳船 25.0×5.5×1.5 货船 28.0×5.5×1.5	(1)	298.0×5.5×1.5	2.0	20	110
			(2)	28.0×5.5×1.5			
VII	50	驳船 19.0×4.5×1.2 货船 25.0×5.5×1.2	(1)	230.0×4.7×1.2	1.5	16	100
			(2)	25.0×5.5×1.2			

4）天然和渠化河流水上过河建筑物通航净空尺度不得小于表 1-16 所列数值。

天然和渠化河流水上过河建筑物通航净空尺度（m） 表 1-16

航道等级	代表船舶、船队	净高	单向通航孔			双向通航孔		
			净宽	上底宽	侧高	净宽	上底宽	侧高
I	(1)4 排 4 列	24.0	200	150	7.0	400	350	7.0
	(2)3 排 3 列	18.0	160	120	7.0	320	280	7.0
	(3)2 排 2 列		110	82	8.0	220	192	8.0
II	(1)3 排 3 列	18.0	145	108	6.0	290	253	6.0
	(2)2 排 2 列		105	78	8.0	210	183	8.0
	(3)2 排 1 列	10.0	75	56	6.0	150	131	6.0
III	(1)3 排 2 列	18.0☆ 10.0	100	75	6.0	200	175	6.0
	(2)2 排 2 列	10.0	75	56	6.0	150	131	6.0
	(3)2 排 1 列		55	41	6.0	110	96	6.0

续上表

<table>
<tr><th rowspan="2">航道等级</th><th rowspan="2">代表船舶、船队</th><th rowspan="2">净高</th><th colspan="3">单向通航孔</th><th colspan="3">双向通航孔</th></tr>
<tr><th>净宽</th><th>上底宽</th><th>侧高</th><th>净宽</th><th>上底宽</th><th>侧高</th></tr>
<tr><td rowspan="4">IV</td><td>(1)3 排 2 列</td><td rowspan="4">8.0</td><td>75</td><td>61</td><td>4.0</td><td>150</td><td>136</td><td>4.0</td></tr>
<tr><td>(2)2 排 2 列</td><td>60</td><td>49</td><td>4.0</td><td>120</td><td>109</td><td>4.0</td></tr>
<tr><td>(3)2 排 1 列</td><td rowspan="2">45</td><td rowspan="2">36</td><td rowspan="2">5.0</td><td rowspan="2">90</td><td rowspan="2">81</td><td rowspan="2">5.0</td></tr>
<tr><td>(4)货船</td></tr>
<tr><td rowspan="3">V</td><td>(1)2 排 2 列</td><td>8.0</td><td>55</td><td>44</td><td>4.5</td><td>110</td><td>99</td><td>4.5</td></tr>
<tr><td>(2)2 排 1 列</td><td rowspan="2">8.0 或 5.0▲</td><td rowspan="2">40</td><td rowspan="2">32</td><td rowspan="2">5.5 或 3.5▲</td><td rowspan="2">80</td><td rowspan="2">72</td><td rowspan="2">5.5 或 3.5▲</td></tr>
<tr><td>(3)货船</td></tr>
<tr><td rowspan="2">VI</td><td>(1)1 拖 5</td><td>4.5</td><td rowspan="2">25</td><td rowspan="2">18</td><td>3.4</td><td rowspan="2">40</td><td rowspan="2">33</td><td>3.4</td></tr>
<tr><td>(2)货船</td><td>6.0</td><td>4.0</td><td>4.0</td></tr>
<tr><td rowspan="2">VII</td><td>(1)1 拖 5</td><td>3.5</td><td rowspan="2">20</td><td rowspan="2">15</td><td rowspan="2">2.8</td><td rowspan="2">32</td><td rowspan="2">27</td><td rowspan="2">2.8</td></tr>
<tr><td>(2)货船</td><td>4.5</td></tr>
</table>

5)限制性航道水上过河建筑物通航净空尺度不得小于表 1-17 所列数值。

限制性航道水上过河建筑物通航净空尺度 表 1-17

<table>
<tr><th rowspan="2">航道等级</th><th rowspan="2">代表船舶、船队</th><th rowspan="2">净高</th><th colspan="3">双向通航孔</th></tr>
<tr><th>净宽</th><th>上底宽</th><th>侧高</th></tr>
<tr><td>II</td><td>(1)2 排 1 列</td><td>10.0</td><td>70</td><td>52</td><td>6.0</td></tr>
<tr><td>III</td><td>(1)2 排 1 列</td><td>10.0</td><td>60</td><td>45</td><td>6.0</td></tr>
<tr><td rowspan="2">IV</td><td>(1)2 排 1 列</td><td rowspan="2">8.0</td><td rowspan="2">55</td><td rowspan="2">45</td><td rowspan="2">4.0</td></tr>
<tr><td>(2)货船</td></tr>
<tr><td rowspan="3">V</td><td>(1)1 拖 6</td><td>5.0</td><td rowspan="3">45</td><td rowspan="3">36</td><td>3.5</td></tr>
<tr><td>(2)2 排 1 列</td><td rowspan="2">8.0</td><td rowspan="2">5.0</td></tr>
<tr><td>(3)货船</td></tr>
<tr><td rowspan="2">VI</td><td>(1)1 拖 11</td><td>4.5</td><td>22</td><td>16</td><td>3.4</td></tr>
<tr><td>(2)货船</td><td>6.0</td><td>30</td><td>22</td><td>3.6</td></tr>
<tr><td rowspan="2">VII</td><td>(1)1 拖 11</td><td>3.5</td><td>18</td><td>13</td><td>2.8</td></tr>
<tr><td>(2)货船</td><td>4.5</td><td>25</td><td>18</td><td>2.8</td></tr>
</table>

6)内河航道尺度的确定,除应满足表 1-14 ~ 表 1-17 的要求外。尚应满足下列要求:

(1)天然和渠化河流航道水深应根据航道条件和运输要求通过技术经济论证确定。对枯水期较长或运输繁忙的航道,应采用表 1-14 所列航道水深幅度的上限;对整治比较困难的航道,可采用表列航道水深幅度的下限。但在水位接近设计最低通航水位时船舶应减载航行。当航道底部为石质河床时,水深值应增加 0.1 ~ 0.2m。

(2)内河航道的线数应根据运输要求、航道条件和投资效益分析确定。除整治特别困难的局部河段可采用单线航道外,均应采用双线航道。当双线航道不能满足要求时,应采用三线或三线以上航道。其宽度应根据船舶通航要求研究确定。

(3)内河航道弯曲段的宽度应在直线段航道宽度的基础上加宽,其加宽值可通过分析计算或试验研究确定。

(4)内河航道的最小弯曲半径,宜采用顶推船队长度的3倍或货船长度、拖带船队最大单船长度的4倍。在特殊困难河段,航道最小弯曲半径不能达到上述要求时,在宽度加大和驾驶通视均能满足需要的前提下,弯曲半径可适当减小,但不得小于顶推船队长度的2倍或货船长度、拖带船队量大单船长度的3倍。流速3m/s以上、水势汹乱的山区性河流航道,其最小弯曲半径宜采用顶推船队长度或货船长度的5倍,同时直线段航道宽度应在表1-14所列宽度的基础上适当加大。

(5)限制性航道的断面系数不应小于6,流速较大的航道不应小于7。

复习思考题

1. 解释:内河航道、主航道与副航道、经济航道、季节性航道、内河航道尺度、通航保证率、航道标准尺度、航道标准宽度、航道标准深度、航道弯曲半径、航道弯曲系数、通航净空宽度、设计最低通航水位、设计最高通航水位、船闸有效尺度。

2. 内河航道如何分类?

3. 何谓富余水深?其作用和确定的依据是什么?

4. 写出航道标准深度和航道标准宽度的表达式。

5. 何谓最小弯曲半径?在航行图上如何量取航道的弯曲半径?并注明作图方法和步骤。

6. 如何判断船舶能否安全通过跨河架空建筑物?试述其计算方法和步骤。

7. 何谓富余净空高度?其作用和确定的依据是什么。

8. 当汉口水位12.5m时,武汉长江大桥下可供船舶利用的净空高度是多少?

9. 已知某大桥的设计净空高度、设计最高通航水位、规定富余净空高度、当地当日水位、船舶最大高度、船舶吃水。试绘图标明上述各量及当日桥下的:实际富余净空高度、自由通航最大高度、船舶水上高度、实际最大通航高度。

10. 试述船闸有效尺度的组成及其确定方法。

11. 试述航区及急流航段的划分依据、意义及标准。

12. 天然河流设计最高通航水位及设计最低通航水位如何确定?

第二章 水文要素

［内容提要］ 航道尺度是反映航行条件的主要指标，而水文则是构成航行条件的主要因素。水文条件包括多种要素，主要有比降、流速、流量、流向、水位、流态、波浪及潮汐等。它们在某一时刻的综合反映，表征着河流的水流情况及其对船舶航行的影响。本章着重介绍水位要素的概念，对船舶航行的影响以及如何采取相应措施。

第一节 水 位

一、水位的基本概念

河道中某时某地的自由水面至某一基准面的垂直距离，称为水位（water stage，water level）。单位用“m”表示。水位的高低表示河水的涨落，水位是表征河槽水深的特征数值。水位随时间、地点和河水的涨落而变化。测量任何高度，都要有一定的零点作为起算的标准。水位是以基准面为零值。高于基准面者为正值，低于基准面者为负值，如图 2-1 所示。

1．水位基准面（water stage plane）

用于起算水位值的基准面称为水位基准面。由于该基准面的水位值为零，故又称为水位零点。根据需要的不同，水位零点又分为基本零点和当地零点。

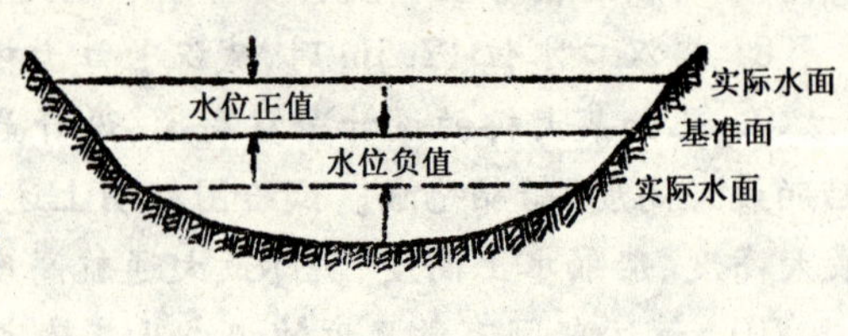

图 2-1

（1）基本零点（basic zero，fundamental zero）

以某一河口附近海域的某一较低的海平面作为零点，称为基本零点，又称绝对零点或绝对基准面。它是某流域（或河段）所有水位站（测站）的统一标准，是为了了解全流域或河段每个测站的水位高度，用于比较和分析整个河段的情况。如长江用的吴淞零点，珠江用的珠江零点，黄河用的大沽零点。

我国自 1957 年起，全国统一采用“黄海平均海平面（mean sea level of Huanghai）”作为陆地标高的起算面。这个基准面是起算全国“高程”的基本零点，所以该面又称“大地基准面”。该面是根据黄海胶洲湾青岛验潮站 1950～1956 年的潮汐观测资料取其平均值确定的。它位于青岛验潮站零点之上 2.38m。在此基准面以上叫绝对高度，又称为海拔（altitude）。

由于历史上形成的习惯和管理上的方便，并为保持资料的严肃性，长江上有时仍采用吴淞零点。黄海零点和吴淞零点的关系，可按佘山基点两种基面的高程差来求取。如佘山基点黄海高程 44.435m，吴淞高程 46.0647m，其差值 1.6297m。

（2）当地零点（local zero）

以当地历年来最低水位或接近于该水位的水平面作为零点，称为当地零点，又称测站零点，或各港零点。它是根据各河流通航保证率的要求，通过各种方法如最低平均水位法、多年保证率法和频率法等测算出来的。它是为了通航的要求和航运部门应用上的方便而设立。通常采用每隔一段距离设立一个作为起算当地附近水位的基准面，作为该地的当地零点。我国多数河流各地水位及航行图上所注的水深都是以此面作为起算面，只是各河流根据当地具体情况规定其具体名称和零点高程。例如长江的当地零点是按以下规定的。

1)重庆—宜昌段用的当地零点叫"水尺基准面"或叫"航行水尺零点(navigation water gauge zero)"。它是以当地多年平均最枯水位水面作为零点起算的。

2)宜昌—江阴段用的当地零点叫"航行深度基准面"或叫"航行基准面(navigation sea level datum)"。它是以历年来大略最枯枯水面作为基点起算的，是当地设计的最低通航水位。

3)江阴—吴淞口段用的当地零点叫"理论深度基准面(theoretical sea level datum)"。它是以理论上推算出该河段的最低低潮面作为零点起算的，它相当于历年来平均最低低潮面。

(3)基本零点与当地零点的关系

以基本零点起算的水位，称为绝对水位，以该零点确定的高程称绝对高程。以当地零点起算的水位，称当地水位，以该零点确定的高程称相对高程。基本零点与各个当地零点有个高程差，即为各当地零点的高程，如图2-2所示。我们只要了解这个差数，就能在实际中加以运用，其表达式如下：

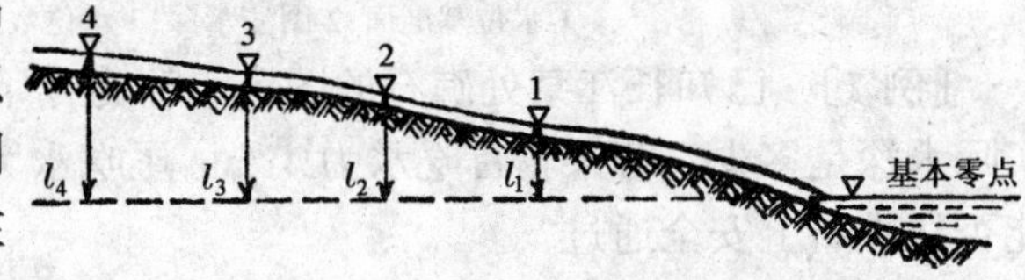

图2-2　当地零点与基本零点关系

绝对水位 = 当地水位 + 高程差

绝对高程 = 相对高程 + 高程差

〔例〕　已知某日重庆的当地水位为7.20m，试求当日重庆的吴淞水位？

解：　因为重庆的吴淞高程为160.20m

所以重庆的吴淞水位为7.20 + 160.20 = 167.40m

航运上以当地零点应用最广，长江航道局通过中央人民广播电台每天播送的水位公报以及由船舶单位每天直接向各船舶电台发出的水位通电，除湘江长沙和汉江汉川两地的水位数值用的是基本零点位，其余各站上至重庆下至镇江的水位数值用的全是当地零点。

二、水位与水深

1．水深(water deeps)

水面至河底的垂直距离称水深。因内河河底起伏不平，河槽经常变迁，水位经常涨落不定，故各观测点的实际水深也经常发生变化。因此，水深必须以某一基准面为标准起算。某一基准面至河底的深度称为图示水深，或图注水深。该基准面称为深度基准面，又称为绘图基准面。以基准面为零值，凡在基准面以上的水深取负值，一般称为干出高度(drying height)，凡在基准面以上的水深取正值，称为深度(depth)，如图2-3所示。

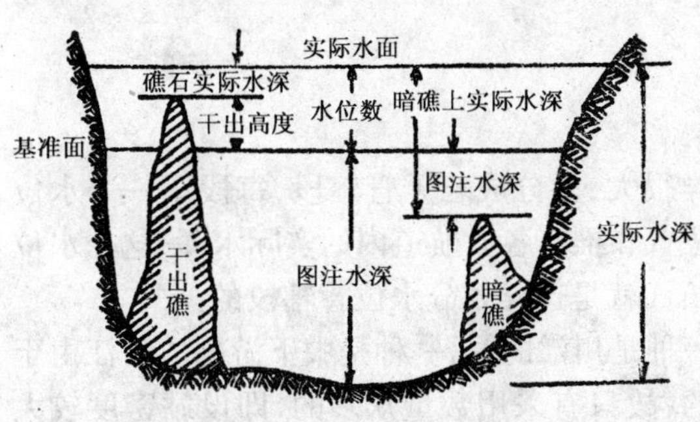

图2-3　水深与水位关系

2．实际水深的求法

为便于计算，我国内河的水位和水深基准面已统一。这样我们只要知道某日的水位和图示水深，即可求实际水深，其关系式为：

实际水深 = 图示水深 ± 水位值

当某些河流的水位基准面与绘图基准面不一致时，其实际水深就等于图注水深加当时当地水位，再加一个修正数。如图2-4所示，其关系式为：

$$实际水深 = 图示水深 \pm 水位值 \pm \Delta h$$

式中：Δh——水位零点与绘图基面的高程差，当绘图基面高于水位零点时为负值，反之为正值。

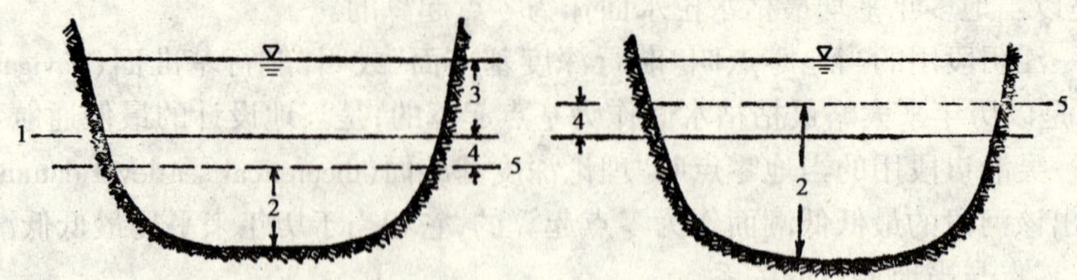

图2-4 实际水深求法示意图

1-水位基准面；2-图注水深；3-水位数；4-差值(Δh)；5-绘图基准面

〔例1〕 已知长江某处礁石的图示水深为零下1.2m，当时当地水位为4.0m，求礁石上的实际水深是多少？若某轮首吃水为4.5m，尾吃水为5.0m，当地剩余水深规定为0.3m，问该轮能否从礁石上安全通过？

解： 该礁石的实际水深(H) = 图注水深 ± 水位值 = 1.2 + 4.0 = 5.2m

船舶通过时需要最小安全水深(h) = 船舶最大吃水 + 剩余水深 = 5.0 + 0.3 = 5.3m

因为 $H < h$，所以，该轮不能从礁石上安全通过。

〔例2〕 已知某地水位基准面的黄海高程为80m，而该地的绘图基准面的黄海高程为81m，又知该地的当地水位为10m，该地图示水深为零上2m，则该地水位和绘图基准面之间的高程差和当地实际水深分别为多少？

解： Δh = 当地零点高程 - 绘图基准面高程 = 80 - 81 = -1m

当地实际水深 = 当地水位 ± 水位值 ± Δh = 10 - 2 - 1 = 7m

在内河航道测量图中的水深，通常以设计最低通航水位即航行基准面作为绘图基面。绘图基面的计算方法很多，常用的有综合历时曲线法、频率保证法和多年最低水位平均法等。在求某处实际水深利用其航行时要注意：

(1)冲淤变化较大的河段，因图注水深仅代表航行图出版时的情况，故利用图注水深求实际水深，可能与实际情况不符仅作参考。

(2)沉船等障碍物，残存河底上时间已久，也会有变动现象。

(3)暗礁一般比较稳定，但其面上与周围往往淤积一层泥沙，改变了原有的高度，航行时应放大剩余深度，以保安全。

三、水位管辖的方法

每条较长的河流，从上游至下游各地高程差异很大，常分成若干管辖段，每段用一个水位表示，这样就能较为正确地反映各段的实际水面位置和推算各段航道内的实际水深，这个水位就叫做该段的关系水位(correlated water level)，如长江就是这样划分水位管辖段的。

以长江而言，实际水深的计算，有两种类型，一种是川江的，另一种是中下游的。川江由于比降大，各河段水面比降的变化亦不是均匀一致的，故只有采用数量众多的，即设站密度较大的多把水尺来标示，才能正确地反映出川江各地的水位情况，并据之以计算和反映出各地的实际情况。长期来，川江以重庆、万县、奉节、宜昌水位站作为基站，辅以各地航行水尺（navigation water gauge），形成了川江的航行水尺系列。这些航行水尺就直接清楚而醒目地标划在沿江两边的岸坡、岸壁或悬崖上。驾引人员可以清楚地从水尺上直接读出当时当地的水位，从而迅速地心算出该水尺所辖地段内的航道水深及障碍物的深（高）度。由于川江设水尺密度大，每一水尺所管辖的范围或距离较小，故从水尺揭示的水位而算出的航道水深及碍航物深（高）度，是比较准确的。但长江中、下游则不同，由于中下游水面比降小，各河段水面比降亦比较均匀一致，故设站密度小，全段只设水位站，而不设立航行水尺。宜昌～汉口，全段设立水位站仅6处；汉口～吴淞口全段设站仅7处。故长江中、下游各水位站所管辖的范围或距离是很大的（各水位站的管辖范围见表2-1），若仍按原划分的段落使用水位站（港口）水位，则其精度较差。为了提高精度，各船换算实际水深时应采用插入法。举例如下：

某地航行图上水深为3.4m，求某月某日实际水深。推算前，先查得某地的上下港埠当天水位，如在汉口与黄石之间，该日汉口水位为8.99m，黄石水位为8.78m。汉口至黄石间距133km。某地至黄石间距为35km，某地至汉口间距为98km。汉口与黄石水位落差为0.21m。

解： 某地与黄石水位差为：$(0.21/133)\times 35=0.06$m

某地与汉口水位差为：$(0.21/133)\times 98=0.15$m

用上港埠汉口求某地实际水深：$8.99-0.15+3.4=12.24$m

用下埠港黄石求某地实际水深：$8.78+0.06+3.4=12.24$m

其他各河流的水位与水深关系，则应根据其具体情况进行推算和运用。

长江中、下游各水位站管辖范围 表2-1

水位站名称	管辖范围	水位站名称	管辖范围
宜昌	宜昌—兴隆村	九江	武穴—吉阳矶
枝城	兴隆村—枝江	安庆	吉阳矶—大通
沙市	枝江—石首	芜湖	大通—下三口
监利	石首—反嘴	南京	下三口—天河口
城陵矶	反嘴—嘉鱼	镇江	天河口—江阴
汉口	嘉鱼—汉口	吴淞口	江阴以下
黄石	汉口—武穴		

四、水位期的划分

由于水位受季节、流量大小变化的影响，使水位在一个水位年内呈现有规律的周期性变化，从而引起航行条件的改变，故航道部门及有关单位将一年中的水位变化过程划分为若干具有代表性的典型水位期如图2-5所示。

低水位——为多年最低水位的平均值，又称枯水位（low water level）。

高水位——为多年最高水位的平均值，又称洪水位（flood level）。

中水位——为多年一切水位的平为值，（median water level）。

最高水位——为多年观测中所得的实际最高水位。

最低水位——为多年观测中所得的实际最低水位。

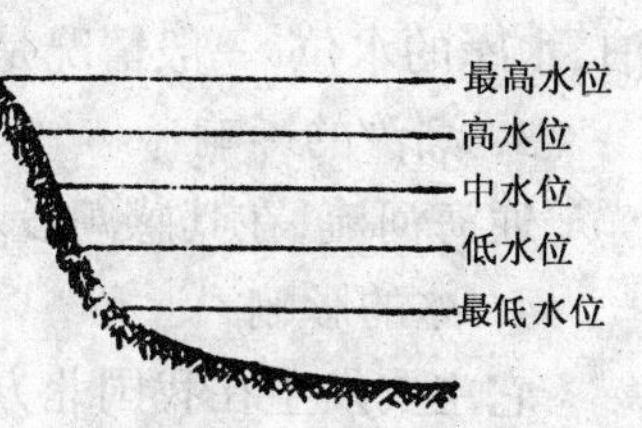

图2-5 典型水位名称示意图

水位期(water level period)是指出现某一水位值这段时期,如出现枯、洪及中水位这段时期就叫枯、洪及中水位期。每条河流及各河段都有它自己的自然特征,因而在水位期的划分上也各有不同。如按月份划分,一般12月至来年3月为枯水期,其中1~2月水位最枯;4~6月和10~11月为中水期;6~9月为洪水期,其中高洪水期多在8月。如按水位数划分,则不同河流在不同的河段上,根据各自的航道水文情况,以某些特定的水位数来划分各水位期。如长江干流水位期的划分见表2-2。

长江干流水位期的划分表　　表2-2

河段	水位期 港名及出现月份	枯水期(m)	中水期(m)	洪水期(m)	高洪期(m)
上游	重庆	2.0↓	2.0~7.0	7.0↑	
	万县	2.0↓	2.0~11	11↑	
	奉节	3.3↓ 流量:5000m^3/s以下	3.3~.18.9 流量:5000~20000m^3/s	18.9↑ 流量:20000m^3/s以上	
	宜昌	2.0↓	2.0~7.0	7.0↑	
	出现月份	2~3	4~6,10~12	7~9	
中游	沙市	2.5↓	2.5~8	8~10	10↑
	城陵矶	3.5↓	3.5~9	9~13	13↑
	出现月份	12~3	4~5,10~11	6~9	8
下游	汉口	4↓	4~10	10~13	13↑
	出现月份	12~3	4~6,10~11	7~9	8

水位变幅一般在山区河流较大,可达10~40m,有些河段在一昼夜时间,水位涨落可达10m以上。在平原河流的中、下游水位变幅一般不超过10m。

五、影响水位变化的因素

1. 河水补给的影响

水位的涨落,主要是受河水补给的影响,当河水的来源充足,流到河里的水量很大时,由于来不及流走而使水位上涨,反之,水位就下落。

河水的补给,虽然主要依靠降水,但根据降水的形式及到达地面后流向河流时所经路径的不同,可分为地面水补给、地下水补给、混合补给及人工补给四种基本类型。

2. 风的影响

当风向与流向相反或一致时,将使水位抬高或下降。在河口段,这一影响较为显著。湖泊、水库的水位,一般情况是在下风地区水位上升,上风地区水位下降。

3. 潮汐的影响

通海河流,在其感潮段水位会随着潮汐而发生周期性的涨落变化。

4. 冰的影响

它主要发生在我国北方河流的流冰期,如松花江、黄河等。特别是南北流的河流,流冰期还可能形成冰坝,造成水位的巨大变化。

5. 河槽宽窄、深浅的影响

当两地过水断面不同，若增减同等流量，则河水流过宽深的河槽时，其水位的变化比浅窄河槽要小，这是河槽过水断面发生变化造成的。

6. 支流水位变化的影响

当支流涨水时，会使交汇口附近干流水位提高。支流的水位低于干流时，就会引起向支流倒流现象，而使交汇口附近的干流水位下降，不过由这种情况所引起的水位变化，一般都不大显著。

六、水位变化与船舶航行的关系

水位期不同，航道尺度、供船舶定位的目标就发生变化，影响着船舶航行安全。

1. 枯水期(low water period)，有良好的地形凭借，天然标志多；流速慢，不正常水流减少；航道尺度减少。但槽窄水浅，礁石外露，会让困难，不慎就会吸浅吃沙包，搁浅触礁。

2. 洪水期(flood period)，航道尺度大，但岸坪淹没，引航中失去极其重要的岸形凭借，人工标志也常漂失移位，流速大，不正常水流增多，航行操作难度大。

3. 中水期(median water period)，一般来说是航道的黄金水道。

由于不同水位期，航行条件各异，引航和操作方法也不一样，驾驶人员应密切注意水位的变化情况。

七、船舶驾驶员了解水位的目的

1. 水位变化直接影响航道尺度，特别是航道水深、船舶可据此决定载量和调整吃水。

2. 水位变化影响着设标水深，根据水位涨落的情况还能预计航标可能产生变化和航槽是否改变。

3. 根据水位变化航路选择也不同，引航操作方法也可能作相应的改变。

4. 水位变化影响流速和流态，而且流速会影响航速，流压会使船位偏移，流态紊乱时会影响船舶操纵，均要采取相应的操作措施加以克服。

5. 水位变化关系到礁石，沉船障碍物等碍航程度及码头水性变化。

6. 由于水位影响航速，能根据不同水位预计运行时刻和决定使用车速大小。

7. 不同的水位大桥通航桥孔，通航高度及通航船队尺度的规定有所不同；架空电缆的通航高度也有所不同。

8. 选择锚地时既要考虑船舶吃水，锚地水深，也要考虑水位涨落带来的影响。

9. 长期记录水位，还能分析水位涨落的趋势，航道有否淤沙或走沙的可能，以便采取相应的措施。

10. 船舶在山区河流航行，上行船可根据水位确定自行通过滩槽的能力。

八、水位通电与水位观测

1. 水位通电

水位的涨落，不仅直接影响航道尺度，航行条件的改变，而且还影响到沿岸人民的生活。当汛期洪峰到来，水位高涨到某一水位界限，再上涨将严重威胁沿岸堤防和建筑物以及人民生命财产的安全时，定为“警戒水位(warning water level)”。为使沿岸人民及有关单位能及时了解河流沿程水位及涨落情况，沿岸各主要城市的水利及航道、航运部门每天按规定时间将主要各港(站)的水位及涨落情况通过广播电台、电视台和电讯台发布水情预报。这种发布水位情报的形式，称为水位通电(报)。

2. 水位观测

水位是河流水文要素中最基本的要素之一，是航运、水工建筑、水利建设等重要的水文资料。观察水位的方法，是在江河中某一断面上安装一种设备，利用这种设备可以经常地观测不断变化着的水面高度。目前各地水文站及各港(站)一般采用的方法有水尺法，自记水位计两种。

(1)水尺法就是用水位标尺来量读河流的水面高度。通常采用的水尺有直立式、倾斜式、矮桩式、悬垂式或浮子式等，各有不同效用。

(2)自动记录式(即自记水位计)可分就地记录式和远传记录式两种。

自记水位计的结构由记录转筒、记录笔、时钟和感应水位等 4 个基本部分组成，如图 2-6 所示。

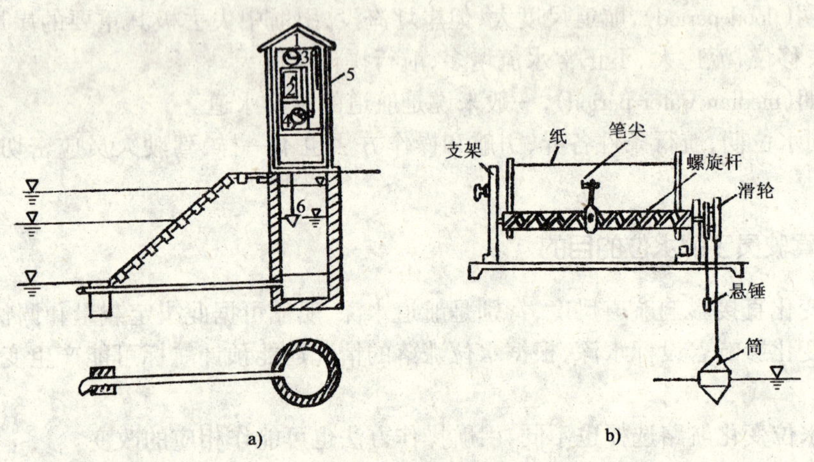

图 2-6

a)直立式自记水位计；b)横式自记水位计

1-时钟；2-记录笔；3-记录转筒；4-滑轮；5-平衡锤；6-浮筒

记录转筒部分可随时钟转动，记录笔横向位置受时钟控制，感应水位部分的结构是浮在水面上的浮筒用绳与平衡锤相连，水位涨落带动记录笔尖在转筒的坐标记录纸上划出水位的变化过程线。

远传记录式的自动水位计，如电传水位计。它是将仪器感应的水位通过转换为某种电能，再通过输送线或无线电波将野外测量装置与室内指示部分联接起来达到远距离传送的目的。

自记水位计可取得完整的连续的水位记录，最适应于水位变化频、急剧，且不便于观测的测站上。

3. 水位资料的整理

观察得水位资料经过整理统计绘成水位过程线、水位历时曲线等特征水位以供航运、建设等各部门使用。

(1)水位过程线(curve of water level)

水位过程线是水位随时间而变化的过程线。以水位为纵坐标，时间为横坐标，将逐日(时)平均水位点依次连接绘诸坐标点，即为水位过程线，如图 2-7 所示。当遇到一年中最高水位和最低水位的转折点，仍采用最大和最小的观测数值。从图上可以反映出最高水位、最低水位、水位变幅等特征数值。绘制多年水位过程线可以了解河道冲淤变化的情况。

(2)水位历时曲线(stage duration curve)

水位历时曲线，是表示一年中各级水位经历时间的长短曲线。水位过程线仅能表示出最高水位和最低水位的高度及发生日期，但不能看出一年内超过某个水位高度出现的总天数。因此，必须绘制水位历时曲线。绘制方法是，先将一年(或多年)内各逐日平均水位按大小顺序分级排列，找出各级水位出现的次数，根据其次数算出相应频率，填制水位频率表。然后以纵坐标表示各级水位的平均数据，横坐标表示频率(以百分比表示，根据频率表在图上列出点子，连成曲线，即为水位历时曲线(或多年平均保证率曲线)。水位历时曲线常与水位过程线绘在一起，如图 2-8 所示。

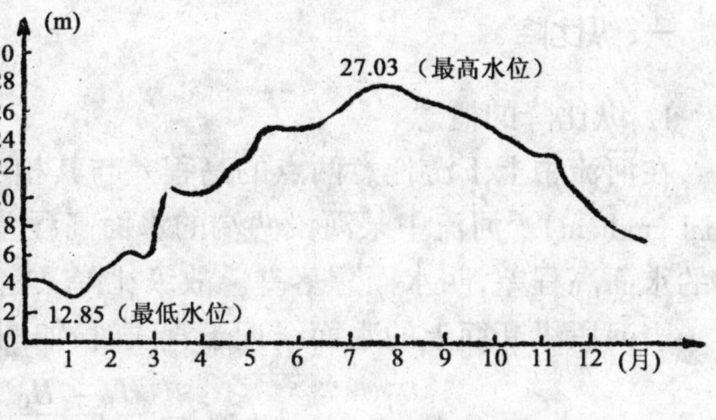

图 2-7 水位过程线

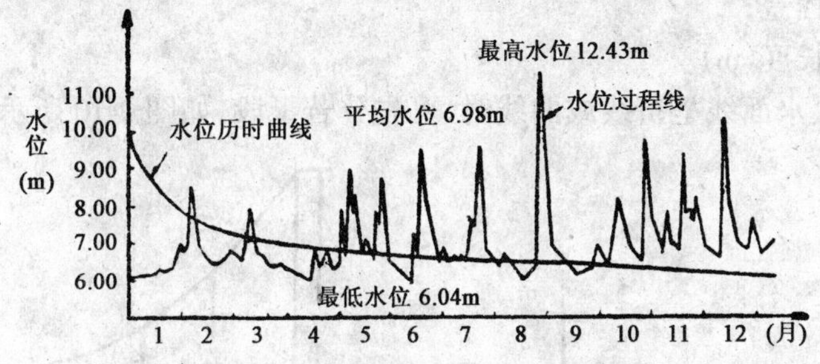

图 2-8 水位过程线与历时曲线图

复习思考题

1. 试解释水位、基本零点、当地零点、图注水深、关系水位。
2. 如何求航道中的实际水深?
3. 长江的当地零点如何确定的?
4. 如何用插入法求实际水深?
5. 一年中分为哪几个水位期? 它们是如何确定?
6. 绘制水位过程曲线和水位历时曲线有何作用?
7. 影响水位变化的因素有哪些?
8. 为什么驾驶员要随时了解水位?

第二节 比　　降

任意两端点间的高程差与两点间的水平距离之比称比降(gradient)。其值甚小，一般用千分比(‰)或万分比表示。

河流的比降分为河底(或床面)比降和水面比降。河底比降，用以表示河床纵断面地形的变化；水面比降(surface gradient of stream)即河流中任意两端点间的瞬时水面高程差与其相应距离之比，用以表明河流全程或分段的水面坡度，故又称水力坡度，通常说的河流比降就是河流水面比降，它可分为纵比降与横比降。

一、纵比降

1．纵比降的概念

在河流中上下游任意两点的高程差与其相应流程的水平距离的比值，称为纵比降（longitudinal gradient）。河流中某河段两端的水面高程差叫水面落差（stream fall）。河源和河口两处之间的水面高程差，叫水面总落差。故纵比降又定义为水面落差与河长之比。

当河段纵断面上的水面线近于直线时，如图 2-9 所示，纵比降可按下式计算。

$$J = \frac{H_1 - H_0}{L} = \frac{\Delta H}{L} = \text{tg}\alpha$$

式中：J——河段水面纵比降；

H_1、H_0——河段上、下游两端水面高程（m）；

ΔH——水面高程差；

L——河段的长度（m）。

当河段纵断面上水面线呈折线或曲线时，可先分若干段，如图 2-10 所示，再按下式计算。

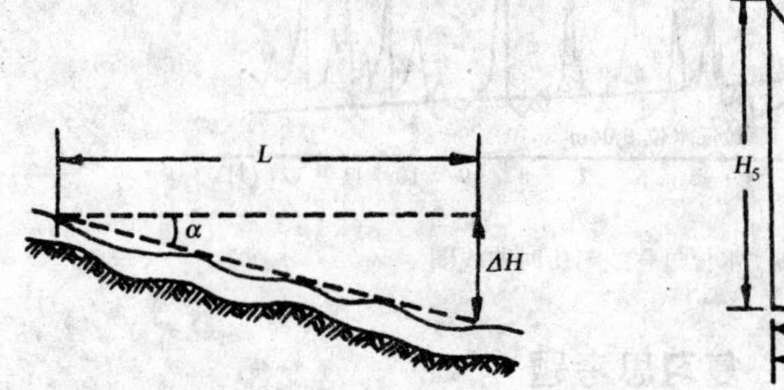

图 2-9　水面线近于直线时的纵比降

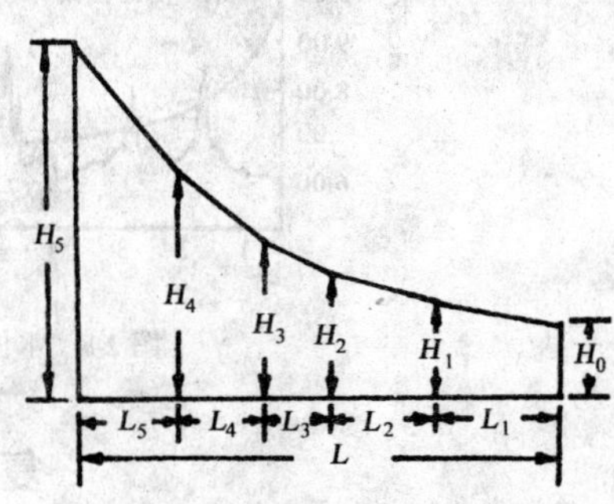

图 2-10　水面呈折线时的纵比降图

$$J = \frac{(H_0 + H_1)L_1 + (H_1 + H_2)L_2 + \cdots + (H_{n-1} + H_n)L_n - 2H_0L}{L^2}$$

式中：$H_1, H_2, \cdots, H_n$——自下游到上游沿流程各点的水面高程（m）；

$L_1, L_2, \cdots, L_n$——各点间的距离（m）；

L——河段全长（m）。

河流纵比降，一般采用平均值。例如宜昌至重庆段水面落差 120m，距离为 660km，其纵比降 $J = \frac{120}{660 \times 1000} = 0.18‰$，若以 km 表示，则 $J = 18\text{cm/km}$。

2．影响纵比降变化的因素

（1）河槽床面纵比降的影响

河槽床面（即河底）纵比降的大小分布决定着河流水面纵比降的大小。在山区河流，由于床面坡度大，其水面纵比降也较大，而平原河流由于床面平缓，坡度小，则水面纵比降也相对较小，在一条河流中，河槽床面纵比降总趋势是由上游向下游递减的，所以河流水面纵比降一般是上游较大，中、下游较小。如长江纵比降见表 2-3。

（2）水位的影响

枯水期流量小，水位低，浅滩阻滞水流的作用较大，使浅槽段纵比降大于深槽段；洪水期流量增大，水位上升，河槽平面形状的影响大于河底地形对水面的影响，因深槽常位于弯、窄河段，易造成壅水，故使深槽段纵比降大于浅槽段；中水期因流量适中，水位均匀，深槽与浅槽的

长江干流纵比降 表 2-3

段别	起讫点	比降(‰)
上游	唐古拉山—宜宾	7.10~0.28
	宜宾—重庆	0.24
	重庆—宜昌	0.18
中游	宜昌—城陵矶	0.057
	城陵矶—汉口	0.024
下游	汉口—九江	0.026
	九江—芜湖	0.030
	芜湖—吴淞口	0.011

比降区别不大。

(3)河槽断面的影响

河槽断面大,纵比降就小;断面小,纵比降则大。

(4)干支流汇合的影响

在干支流汇合处,常产生壅水现象,使干支流汇合处的上游纵比降减少,下游则增大。当干流涨水时,有时还会形成向支流倒灌,即反比降(reverse gradient))现象。

(5)潮汐的影响

在与海洋相通的河口段,其纵比降随潮汐涨落而发生周期性的变化。

(6)风的影响

在平原河流的宽阔河段,当风向与流向的作用方向一致时,纵比降会增大,反之会减少,其影响程度视风向及风力大小而定。

3. 纵比降对船舶航行的影响

纵比降增大,流速增大,航行困难。在纵比降大的地段,水流急,下行船舶不易控制,易偏航,出现险情;上行船舶除要克服急速水流产生的水流阻力(water resistance)外,还要克服来自水面纵比降产生的坡降阻力(grade resistance)(指船舶重量在水面斜坡上向下游方向的分力)增大了航行的阻力。

二、横比降

河流中横断面两端点的水面高程差与相应河宽的比值称为横比降(traverse gradient),如图 2-11 所示。可用下式表示:

$$i = \frac{\Delta h}{B} = \mathrm{tg}\beta$$

式中:Δh——两端点的水面高程差;

B——相应的河宽;

i——水面横比降。

产生横比降的原因如下:

(1)惯性离心力的影响

在顺直河段上,作用在水质点上的重力 G 等于水质点的质量和重力加速度 g 的乘积即 $G = mg$。如果不计算其他因素的影响,横断面的水表面处于水平状态 ab,如图 2-12 所示。

在弯曲的河道,作用于水质点上的力除重力外,还有惯性离心力 f,可用下式表达:

$$f = \frac{mv^2}{R}$$

式中：m——水质点的质量；

v——流速；

R——河槽弯曲半径。

假定水流没有内摩擦阻力，并忽略不计水流底部的摩擦阻力，则图 2-15 中 r 为f和G的合力。在离心力的作用下，部分水质点向凹岸推移，由此产生横比降，水面成 cd 位置，与合力 r 方向垂直。横比降的大小可以由下式求得：

$$i = \mathrm{tg}\beta = \frac{f}{G} = \frac{V^2}{Rg}$$

由图可见，三角形 dob 和三角形 dce 相似，且 ce 边等于河床宽度 B。根据三角形相似的原理，可以得出的另一个表达式：

$$i = \mathrm{tg}\beta = \frac{db}{ob} = \frac{de}{ce} = \frac{\Delta h}{B}$$

由上述两式可得凹岸水位的提高量为：

$$\Delta h = i \cdot B = \frac{V^2}{Rg}B$$

如果河宽 100m，流速 2m/s，弯曲半径 200m，根据上式计算，凹岸水位的升高约 20cm。

(2)水位急涨急落的影响

由于河床中间的摩擦阻力比两岸小，当流量剧增水位急涨时，使顺直河段中间的水面提高，水位急落时，河床中央部分流速大，阻力小，河心表面呈凹状，均形成横比降。如图 2-13 所示。

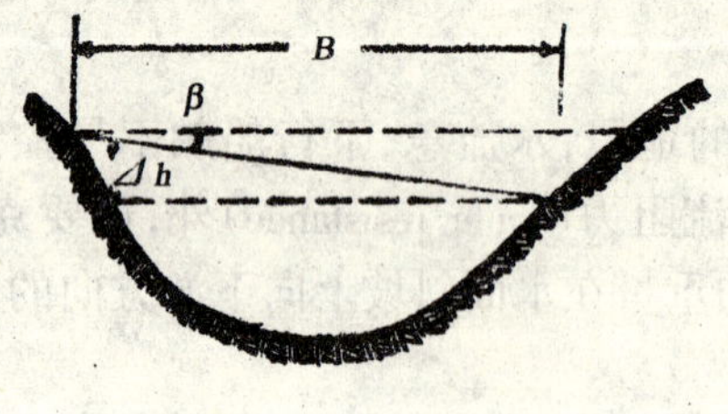

图 2-11 横比降示意图

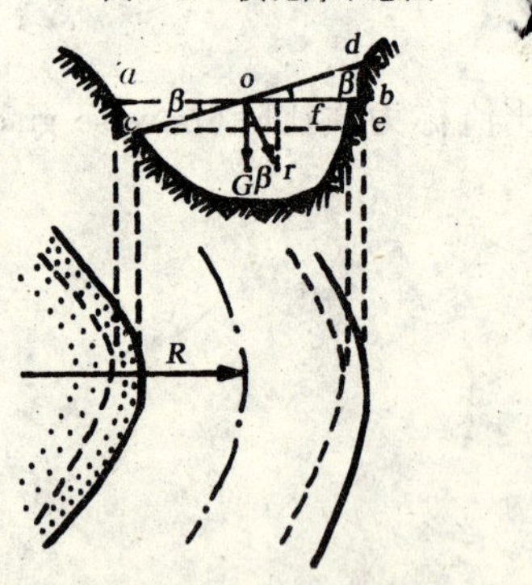

图 2-12 离心力对横比降影响

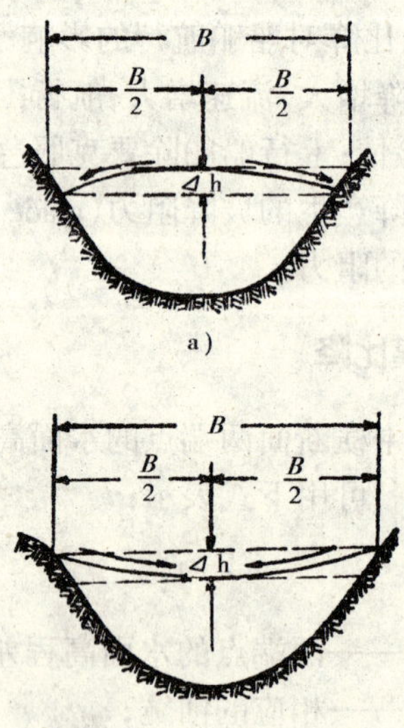

图 2-13 水位涨落对横比降影响

a)水位急涨时；b)水位急落时

(3)地球自转偏心力的影响

因地球自转，在地球表面的水质点会受到自转偏向力（又称科里奥利力）的作用，而产生横比降。这是因为,当地球自转时,其表面各点所划过的圆形轨迹半径大小不一,决定了点运动速度的差异,在北半球由南向北流动的河流,水质点由高速度区向低速度区移动。而由北向南流的河流,水质点由低速区向高速区移动。当出现加速度时,产生惯性力,其方向与加速度方向相反。同样任何一水质点速度增加时,惯性力的方向与质点运动方向相反,减速时惯性力的方向与质点运动方向一致。

下面我们来研究北半球的两条河流如图 2-14 所示。

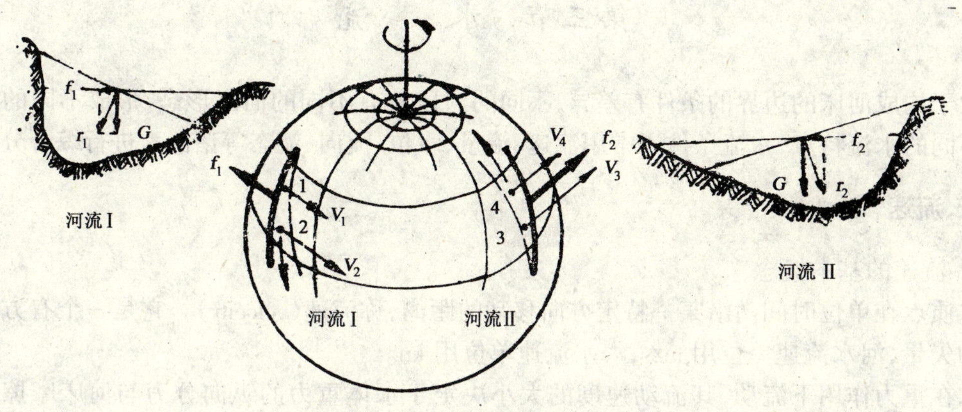

图 2-14 科氏力对横比降的影响

图中河流 I 由北向南流动。水质点由点 1 流向点 2,由低速(V_1)区流向高速(V_2)区;水质点加速度指向左岸,则惯性力 f_1 指向右岸。将作用在质点上的两种力换算成两力的等量作用力 r_1,水位按垂直方向线分布,其结果使右岸边水位抬高,左岸边水位下降。

图中 II 自南向北流动。水质点由点 3 向点 4 移动,由高速(V_3)区向低速(V_4)区移动;加速度指向左岸,而惯性力指向右岸;右岸边水位升高,左岸边水位下降。

由上面分析可知,与河流的地理走向无关,在北半球的河流中,水质点所受到的自转偏向力总是自左指向右的,造成右岸水面高于左岸水面,横比降由右岸指向左岸,水流长期冲刷右岸,故大多数右岸高陡,节点较多,左岸沉积沙滩。南半球相反。

(4)风的影响

当风向与流向成一定交角时,也会产生横比降,其影响程度视交角及风力大小而定。

(5)产生横比降的河段

①弯道凹岸弯顶附近水面高于凸岸;

②突出的岸嘴,河心石梁等障碍物阻水挑流;

③滑梁地段;

④分汊河段及干支流汇合处;

⑤河槽缩窄处,水流集中变形或嘴下展宽段,水流分离扩散,产生横向水流。

⑥凡存在环流,产生横向水流的地段。

此外,在特殊条件下,下游水位高于上游水位,形成河水倒流现象,这时两端点间的水面高程差与相应流程水平距离之比,称反比降(reverse gradient)。这种现象多出现于干支流汇合的河口、感潮河段、岸形突出的岸嘴上下游及凹岸顶冲点的上游,水上建筑物,如闸、坝的上下游等地段。

复习思考题

1. 试解释纵比降、水面落差、横比降、坡降阻力。

2. 纵比降大小与船舶航行有何关系？产生横比降的原因有哪些？

3. 哪些地段易出现横比降？

第三节 水 流

由于构成河床的边界的条件有差异，不同的河段就有不同的河岸形态，形成不同的比降，出现不同的水流特点，水流条件通常用流速、流量、水位、流向、流态等诸因素进行综合分析。

一、流速

1. 流速的基本概念

水质点在单位时间内沿某一特定方向移动的距离，称流速(velocity)。它是一个有方向，有大小的矢量，河水流速单位用 m/s，海水流速单位用 kn。

水在重力作用下流动，其流动速度的大小决定于水体重力的纵向分力与河床摩擦阻力。在天然河道中，由于水流流经河床的倾斜度与粗糙度以及断面水力条件的不同，流速分布十分复杂，几乎都是紊流运动。所以，流速就时间和运动状态来讲，有瞬时流速 u，脉动流速 u' 和时均流速 $\overline{u}$ 之分，其关系为 $u = u' \pm \overline{u}$。如图 2-15 所示。就空间来讲有点流速、垂线流速和断面流速之分。瞬时流速系指某一瞬间的流速，它时大时小很不稳定；时均流速系指在一段时间内流速的平均值；脉动流速系指瞬时流速与时均流速的差值；点流速系指水流中某一固定测点的水流速度；垂线流速系指从水面至河底沿铅垂线上各点流速的总称。垂线流速与断面流速一般均取其平均值。

流速的大小与河流的纵比降、河床的粗糙度、水力半径、风向、风速、冰情及河流水深等有密切关系。流速可以用仪器或漂浮物直接测定，也可以用理论公式来计算。通常用谢才公式来表示：

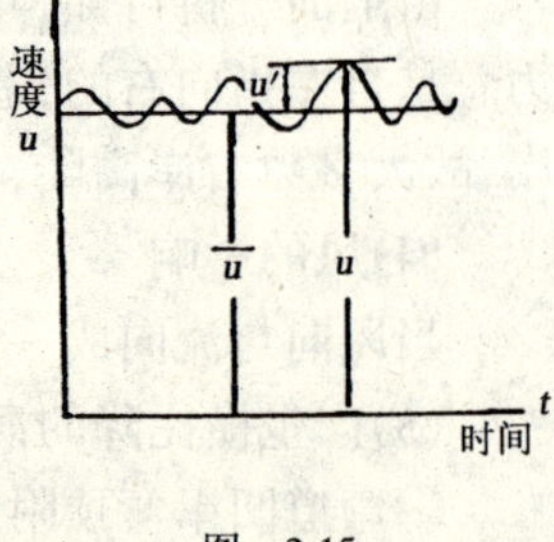

图 2-15

$$V = c\sqrt{RJ}$$

式中：c——谢才系数；

R——水力半径(m)，$R = \dfrac{W}{X}$ 其中 W 为过水断面面积(m^2)，X 为湿周(m)；

J——水面纵比降。

一般情况下，河宽远大于水深。在宽浅型河道，湿周可用平均河宽 B 来代替($X = B$)，将 W 除以 B 时，得到的是平均水深，即 $\overline{h} = \dfrac{W}{B}$，因此 $R \approx \overline{h}$。

由公式中可见，流速随比降的增加而增大；当流量增加时，断面积增大，而 $R \approx \overline{h}$，由此类推随水深的增加，流速增大。

谢才系数是一个具有量纲的系数，它反映了河床壁面粗糙度对水流的影响，可用满宁公式计算：

$$C = \frac{1}{n}R^{1/b}$$

式中：n——糙率或粗糙系数，可由实测或查表来确定。

2．天然河流中的流速分布

由于天然河槽的几何形态，河床粗糙度和断面水力条件的变化，流速在河槽内的分布是变化的，过水断面上各点流速随着在宽度上和深度上的位置不同，分布情况一般可分为流速的平面分布与垂线流速分布。

1)流速的平面分布(如图2-16所示)

(1)在河底两岸附近，流速最小；

(2)水面流速从两岸最小处向最大水深处增大；

(3)陡岸边或靠近凹岸边流速大，坦岸边或靠近凸岸边流速小。

2)流速的垂直分布

流速沿深度的垂直方向上分布，叫垂线流速分布，以水深 H 为纵坐标，点流速 V 为横坐标，连接各点流速向量的末端，可得垂线流速分布图。

(1)天然河流的一般河段，垂线流速分布曲线多呈抛物线或对数曲线形式，一般河底的流速近于零，垂线平均流速与离水面 $2H/3$ 处的点流速相等，最大流速位于离水面 $H/3$ 深度范围内，如图2-17所示。

(2)河底有隆起的障碍物时，垂线流速分布曲线在障碍物顶部附近向下开始急剧收缩，而向上急剧增大，最大流速位置较一般河槽偏深一些，河底流速可能近于零，如图2-18所示。

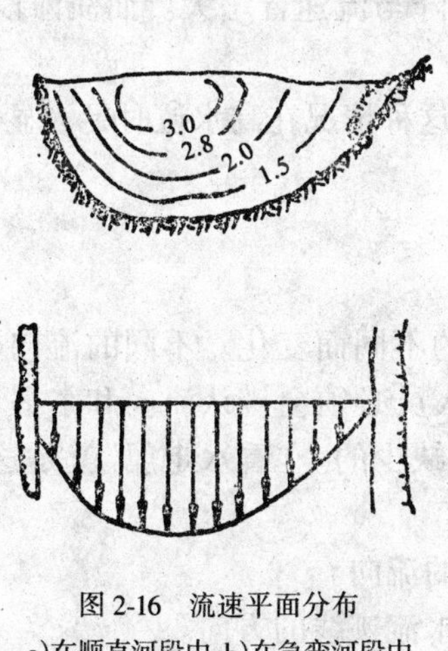

图2-16 流速平面分布

a)在顺直河段中，b)在急弯河段中

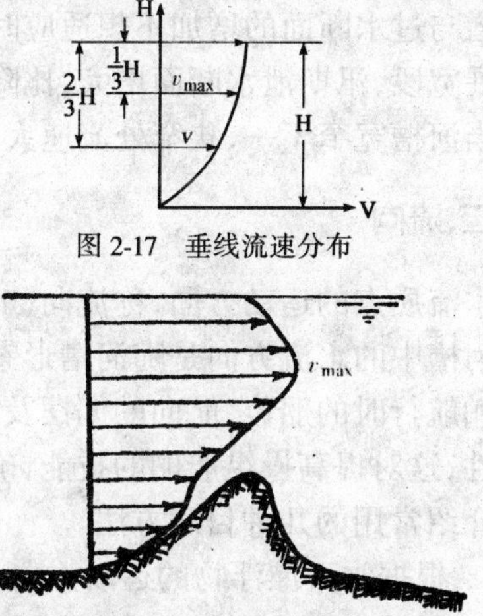

图2-17 垂线流速分布

图2-18 河底有障碍物的垂线流速分布

(3)在深槽中或浅滩上，深槽比浅滩的深度愈大，则深槽中的流速分布曲线愈向下愈弯曲，最大流速接近水面，而浅滩上的最大流速则距水面较深，如图2-19所示。

(4)当河流封冻时，流水像被限制在水管中流动着，由于冰盖底面粗糙度影响，使最大流速从表面向深处移动，冰盖底部愈粗糙移动的距离也愈大，如图2-20所示。

3．水流动力曲线(dynamic axis of flow)

河流中各过水断面上最大流速点的连线，称水流动力轴线，又称主流线，如图2-21所示。由于河槽形态和水流动力因素的相互作用直接影响着水流动力轴线在平面上或垂直方向上沿程的变化，时而靠近此岸，时而靠近彼岸，有时潜入水下，有时涌升水面。

在天然河流中，由于水位、流量的改变，水流动力轴线也随之改变，呈摆动弯曲状态。在低水位期，浅滩或河心障碍物相继露出，水流动力轴线随河槽左弯右曲，水流归槽，它和溪线（河床各横断面最大水深点的连线，又称深泓线）在平面上投影基本一致，在河弯处靠近凹岸；在洪水期，河槽内障碍物相继淹没，控制水流能力减弱，水流依其运动惯性，水流动力轴线取直循河心而下，故有“枯水傍岸，洪水趋中”之说。

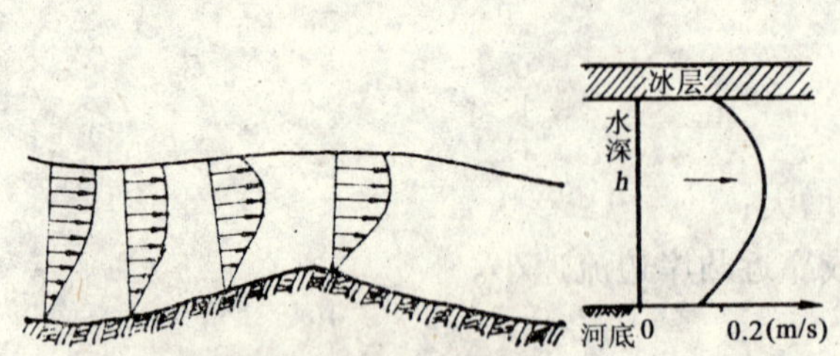

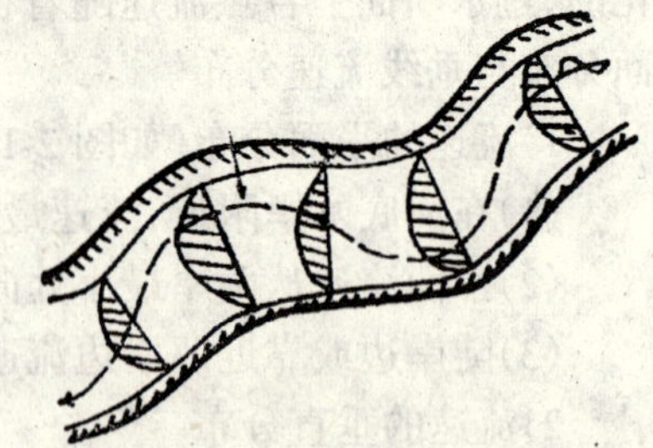

图 2-19　深槽与浅滩垂线流速分布　　图 2-20　河流封冻时垂线流速分布　　图 2-21　水流动力轴线

水流动力轴线上的水流动能最大，冲刷力强，其上下左右摆动，导致洲滩变形，河岸崩塌，浅槽交替和鞍槽位移，它是影响河床变形或浅滩演变的主要因素之一。

4．流速在不同水位期的分布。

（1）枯水期：深槽处过水断面大，流速小；而浅滩则相反，流速大。因为这时浅滩好似溢流坝，提高了水面比降，使流速增加。

（2）洪水期：深槽处流速大，浅滩上流速小。因深槽处一般常是弯窄或峡谷河段，洪水期流速激增与过水断面的增加不想适应时，水流壅阻不畅，比降与流速皆增大。而浅滩段，一般是河槽展宽段，汛期泄水断面增大，比降与流速皆减小。

当河槽宽窄不一，狭窄处流速大，宽阔处流速较小。这种情况在高水位时更为显著。

二、流向

水流质点的运动方向，称流向（flow direction）。

河槽中的水流方向是随河槽形态、河底地形及水位的不同而变化。不同的流向会直接影响船舶航行时的船位、航向的偏摆及船舶的操纵。驾引人员必须会辨认流向和掌握所处的水文特性，这对提高操纵船舶的技能，确保航行安全是不可缺少的。“看水走船”就是这个道理。下面介绍常用的几种目测方法。

1．根据水面漂浮物的运动方向，判断该处表层水流的流向。

2．根据水流流经航标时，观察标船的船向及其尾部水流迹线的方向。

3．船舶抛单锚时，观察锚链及船舶的首尾方向。

4．从河岸岸形判断，在顺直河段，流向基本与岸形平行一致；弯曲河段，一般是凸岸水势高，凹岸低，水流扫弯，水流从凸岸流向凹岸。弯顶以下，由于超高现象，水流自凹岸流向凸岸。

5．根据河岸水生植物被水流冲击的倾倒方向而判断流向。

6．在宽阔或水流较缓的河段，不易识别流向时，可根据船舶压舵的情况及偏航的程度或前船尾迹线水流的偏摆来估计流向。

三、流量

1．流量的概念

单位时间内通过河槽某过水断面的水量,称流量(discharge)。单位以 m 表示。按时段不同可分为瞬时流量,日平均流量、年平均流量等。瞬时流量是指某一时刻的流量,日、月、年平均流量为相应时间内的平均流量。

$$Q = VW = VBh$$

式中: Q——流量(m^3);

V——平均流速(m/s);

W——过水断面面积(m^2);

B——平均河宽(m);

h——平均水深(m)。

2. 流量与水位的关系

河流水位的变化主要取决于流量的增减,在同一断面上通过的流量愈大,则水位愈高,反之则变低。因此,水位的变化是流量大小的反映,即流量的大小,决定了水位的高低,它不仅是一个重要的水文要素,而且直接影响到航道尺度的改变。我国大多数河流一般是冬季流量小,水位低;夏季(汛期)流量大,水位高。山区河流由于洪枯流量相差悬殊,水位变幅大,平原河流则平缓得多。

复习思考题

1. 什么是流速? 流速分布有何规律?
2. 什么是水流动力轴线? 其有何特点?
3. 什么是流向? 如何判别河槽中的流向?
4. 什么是流量? 它与水位有何关系?

第四节　流　　态

水流运动的形态称流态(flow pattern, flow state),通常所指的流态是水流的表面形态。

一、主流与副流

流态从宏观角度看,可分为主流和副流两种流态。

1. 主流(mainstream, thread of channel)

河流中的水体,有部分沿河槽轴线总的方向流动,面流层流线基本平行运动,这部分水流称主流。它是在重力作用下产生的。

2. 副流(secondary flow)

河流中除主流外,各种规模较大、范围较广、力量较强的绕竖轴或横轴或斜轴等形式旋转的水流,即内部旋转的或横向流动的或上升的水流,统称为副流。它可能是因重力作用产生,也可能受其他力(水体内力、外力)作用产生。

河流中副流的运动形式是多种多样的。如果用直角坐标来表示,使 ox 轴与总的水流方向重合称纵轴,使 oy 轴沿横向称横轴,使 oz 轴垂直于此两轴称竖轴,则根据副流的旋转轴,可以将副流分为纵轴副流(环流)、横轴副流(滚流)、竖轴副流(回流)和斜轴副流。以下着重介绍环流有关知识。

在天然河流中，河水中的水质点并不是呈直线运动，而是呈各种螺旋式的前进运动，这种螺旋流向在河槽断面上的投影，成为一个或数个闭合圆圈，称环流(circular flow)。

产生水内环流的原因是极其复杂的，在水体较大范围内基本上是由于内力和外力的作用下产生的。内力方面，主要是由于水体本身流速分布不均，如重力、离心力、摩擦力、科里奥利力及涨落水等；外力方面，主要是受风力、波浪、含沙量或含盐度而产生重率差等。由于内外力的相互作用都可以产生水内环流，水内环流对于泥沙冲淤、再造床、水工建筑等都有极大影响。

环流大致有以下几种形式：

1)双向环流(two-way circular flow)

(1)水面对流、水底背流

它是指表层水流由两岸向河心集聚与主流成一交角顺江而下，水质点相互撞击下沉，在河底则由河心向两岸分散的环流。它通常出现在河道较顺直河段水位急落时期。当两岸水面高，河心低，断面上成下凹曲线，也产生自两岸向河心的横比降。这种环流的作用是河底被冲刷，两岸淤积，如图 2-22 所示。

(2)水面背流、水底对流

它与第一类环流相反，出现在陡涨水时的顺直河段和漫坪滑梁地段，或因河心主流线高，两侧低，水面成上拱曲线，主流两侧产生较强的横向分速，形成河心向两岸的横比降。在其作用下，河槽两岸受到冲刷，河底中心淤积，如图 2-23 所示。

图 2-22　水面对流

图 2-23　水面背流

2)单向环流(one-way circular flow)

在弯曲河段中的环流都呈单向环流。因水流受到离心力的作用，表层水流指向凹岸。水流到岸边受阻下沉，由凹岸的河底流向凸岸，构成单向环流(或称弯道环流)。这种横向水流与主流叠加在一起，形成螺旋流。在其作用下造成凹岸冲刷，凸岸淤积，如图 2-24 所示。

3)混合环流(composite circular flow)

混合环流是上述环流的混合形式。这种环流常出现在双汊道的汇合处或从上河弯的环流转到下河弯形成另一种环流的转换过程中，必然产生复杂的环流形式，故混合环流使河槽极不稳定，产生了无规律的冲淤变化现象，如图 2-25 所示。

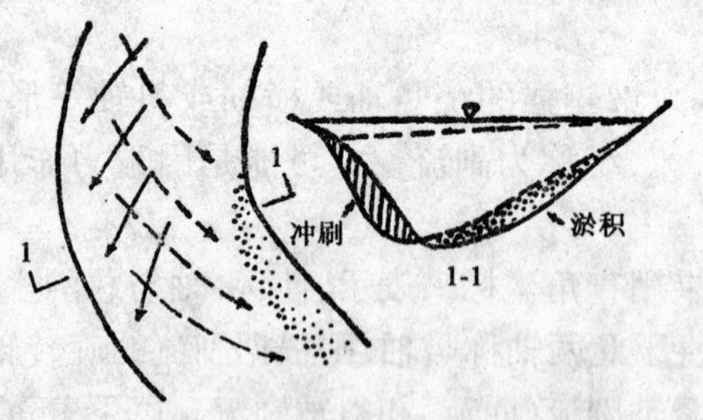

图 2-24　单向环流

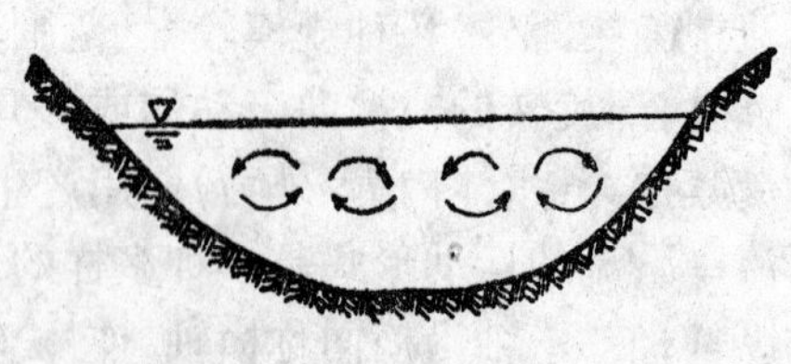

图 2-25　混合环流

二、层流与紊流

流态从微观角度看，可分为层流和紊流两种流态。

1. 层流(laminar flow)

液体流层彼此平行，层与层之间液体质点，互不干扰，它们流动的速度和方向均保持不变，这种液体运动状态称层流。

天然河流中，层流是几乎不存在的，它主要存在于流速很小的土壤孔隙中的地下水。在何槽中，它仅在流速很小时才有存在的可能。根据计算，水深 1m 的沙质河床中的水流，当水温为 20℃和流速不超过 0.5mm/s 时，才出现层流。这就是说，在天然河流中，水流运动总是呈紊流的状态。

2. 紊流(turbulent flow)

液体各流层之间不断发生质点的相互渗混、干扰，运动速度和方向随时都在改变这种液体运动状态称紊流。

紊流流速大小和流向随时改变，并呈现脉动现象，使水流内部产生能量交换和泥沙的转移过程。河床中的侵蚀、冲刷程度及水流的挟沙能力均与紊流的强度密切相关。

三、面流流态

在天然河流中，由于河槽边界条件和粗糙度不同，以及自然因素等的影响，水流的运动状态和所伴生的水力、水文特性也不尽相同。流态的好坏不仅关系到航道的变化，还直接影响到船舶的航行。从驾驶的角度出发，着重讲述对船舶运动产生作用和影响的各种表层的水流流态。

1. 主流(main stream)

河槽中表层流速较大并决定主要流向的一股水流称主流。

主流在河槽中的位置和流速的大小，随河槽的形态，水位的高低、比降的大小而定，它在河槽中的位置常常与河槽的最大水深线(称深泓线)相对应。在不同类型的河段中，主流所处的位置是不一样的。

1)主流位置判断的方法

(1)岸形陡缓：陡岸水深，主流靠近陡岸。对比两岸陡缓程度，可估计主流位置是分心、四六分心、三七分心等。

(2)河道弯直：顺直宽阔河段，主流带基本位于河心或略偏水深一侧；微弯河段，水流受河床形态的约束，主流稍偏于凹岸；急弯河段，由于弯道环流作用，在凸岸上半段主流偏靠凸岸，至凸阻受阻折向凹岸后，紧沿凹岸下半段扫弯下流。

(3)水面色泽、波纹：在晨昏微光斜射水面情况下涨水时主流水面光滑如镜；退水时水色发暗。在流速较大河段，主流两侧波纹对称相似，从两岸向河心细心观察对比就可找到主流所在。

2)主流对船舶航行的影响

主流是选择航路的依据，由于主流带有宽、窄、弯、直、急、缓，随河槽形态的变化而变化。在宽阔顺直河段，下行船舶应“认主流、走主流”，上行船舶应“认主流、丢主流”，利用主流以提高航速；在弯曲狭窄河段，主流带随河形弯曲，主流两侧出现横向分速水流扫弯而成强横流，同时出现了流势高低。一般指向凸岸一侧横向分速较低，为高流势侧。因此，无论上下水航行，应将航路(航迹线)选择在主流上侧航行,即稍靠凸岸一侧航行。

2. 缓流(tranquil flow)

主流两侧流速较缓的水流称缓流。

由于主流带随河槽弯曲而摆动,使两侧的缓流带宽窄不一,且出现强弱不同的横向水流。通常凹岸(或陡岸)一侧缓流较窄,流速稍大,凸岸(或坦岸)一侧缓流流带较宽,流速较缓、流势较高,上行船常利用这侧缓流航行,以提高航速,挂高船位。

3. 急流(rapid stream)与埂水(ridged flow)

(1)急流——这里所指的急流是指阻滞和妨碍船舶航行的湍急水流,而水力学中的"急流"系指河渠中过水断面上的水深小于临界水深,而平均流速大于临界流速的水流,如图 2-26 所示,两者的内涵是有区别的。

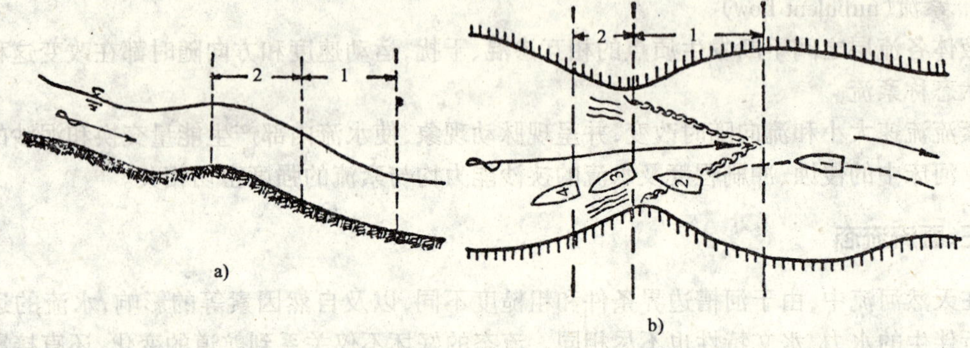

图 2-26 急流与埂水

a)急流与埂水纵断面示意图;b)急流与埂水平面示意图

1-急流段;2-埂水段

(2)埂水——水流受河床形状影响或受礁石等障碍物所阻,在障碍物顶部或稍上处水面隆起成埂状的水流称"埂水"。是一种局部的壅水现象。

(3)急流和埂水产生的原因和出现的地段

急流和埂水均由于水流受突出地形或水下障碍物阻束,缩小过水断面,形成极短距离内较显著的落差,上游水面平缓,下游呈较大的纵比降,形成跌水及急流。如洪水期峡谷河段中的急流滩段。枯水期宽谷河段中的溪口冲积扇处,即枯水急流滩段。

(4)急流和埂水对船舶航行的影响

根据模型试验证明,船舶通过急流和埂水河段,上行困难,一般不在最大流速段处,而在埂水段处。因为最大流速处,可以通过走沱区躲开急流,但埂水段处除了受水流阻力影响外,还受坡降阻力的影响。上行船舶出角转嘴,船首到达埂水的所在处习称"抵埂(arriving at ridge shape flow)"。上行船舶抵埂后停滞不前,习称"吊埂(ship's stagnation on ridged flow)"。船舶出现吊埂时,将船首徐徐外扬,继而调顺船身,使船尾摆脱埂水以外习称"摺埂(stern turning outside of ridge shape flow)"。另外,急流和埂水段,由于流速大,常伴随有泡漩,下行船舶航速快、惯量大,难以控制,极易偏航,易出现险情。

4. 回流(return flow)

同主流流向相反的回转倒流称回流。因长江走向是自西向东,故长江的回流又称"西流"。

1)回流产生的原因

回流的形成是水流受阻分离,其边界层产生脱离后,流线变形,引起了流速、流压的变化。

当河水流经狭窄断面或岸嘴之前，受岸嘴所阻，流速降低，压力增大，但在岸嘴外，流速骤增压力降低，至岸嘴以下，河床断面放宽后，流速又渐降低，而压力则渐升高，过沱区后水流即逐渐恢复常态。如回流产生图 2-27 所示。

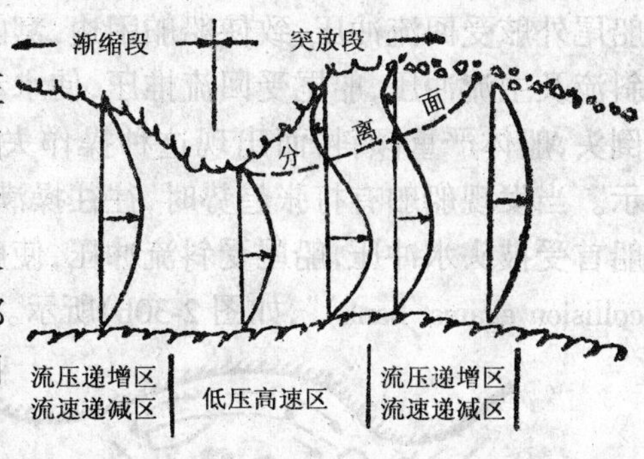

图 2-27　回流的产生

在这个流速流压演变过程中，由于水的粘滞作用，在岸嘴顶部上方，近岸边的水流受阻流速急降为零，压力升高，迫使水质点向上游低压区倒流，产生压力回流，如图 2-28 所示。在沱区尾部，近岸流速为零，压力升高，水质点在沱区中(低压)与沱尾部(高压)近岸水流的压力差作用下形成回流。这种回流因回流区上部水流不断被河心低压吸出汇入河心主流，故称吸力回流，如图 2-28 所示。沱区下端因河中流速恢复常态，压力升高，迫使水流向回流区填充，完成了回流的环行运动。

将沱区各断面流速为零的诸点连接起来就成为顺流与逆流的分界面，称为不连续面。该面并不稳定，常分裂成连串的小形漩涡，故又称为沱楞(smooth flow beside slack stream)。

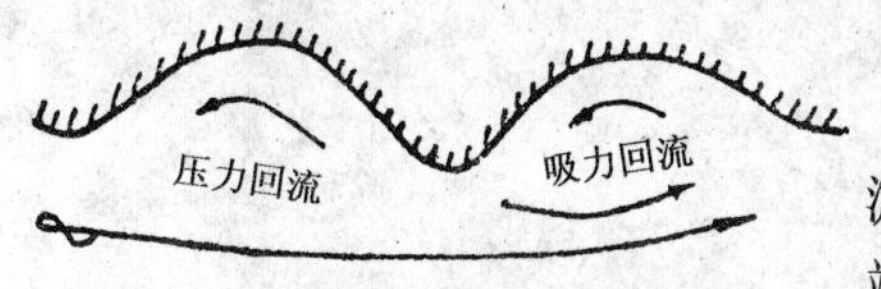

图 2-28　压力回流与吸力回流

2)回流出现的地段

回流主要出现在河床突然束窄或放宽河段的上、下游；伸入江中的岸嘴、石梁、江心洲的尾部；急弯河段弯顶端附近；支流汇合口的下方；岸形凹进的沱内；未溢流的丁坝以及桥墩的下游等处，如图 2-29 所示。

3)回流对船舶航行的影响

(1)对上行船舶航行的影响

上行船舶对回流的利用应考虑回流区的大小、强弱、流线弯顺、流带宽窄等。对面积大而

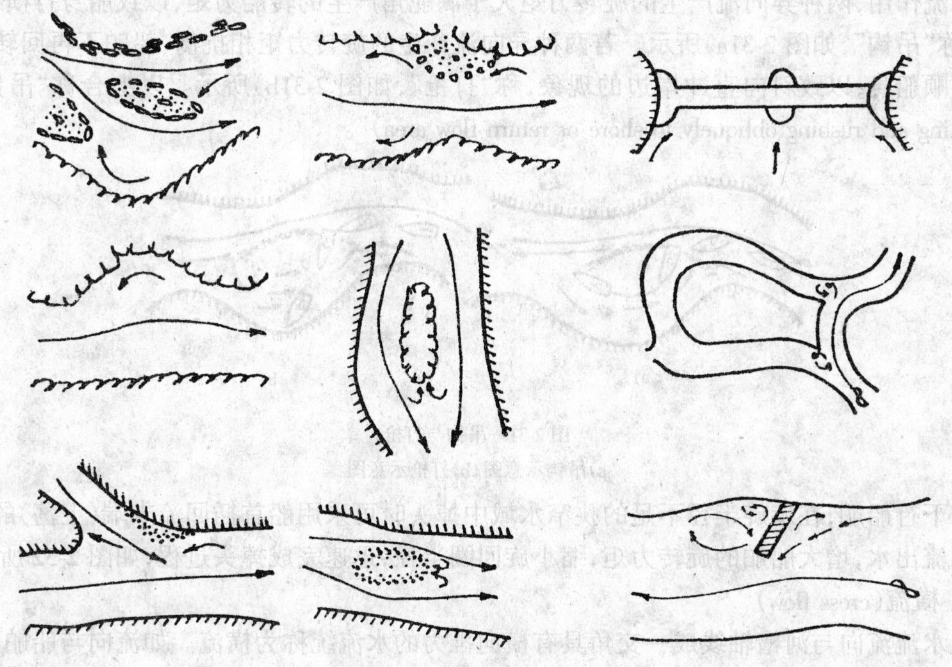

图 2-29　回流出现的地段

力量弱的回流，上行船可适当利用，以增大航速，提高船舶的过滩能力。对回流面积小，力量强的回流区，上行船舶应避开航行。由于船舶在回流区航行船体两侧受不同流向和流压的水流影响，船向偏摆不定，用舵频繁，航迹线扭摆弯曲；若贪回流过多，使船向与回流流线夹角增大，船尾外舷受回流冲压，致使船舶困边、窝凼，若因杨头过迟，船濒临岸嘴，横向出角，此时船首受斜流及主流冲压，船尾受回流推压，使水动力旋转力矩大于转舵力矩，船首横冲彼岸或向下游倒头，船体严重倾斜，而出现这种操作失误称为“打张（bow outward deflection）”，如图 2-30a）所示。当发现船舶有打张趋势时，往往操满舵迎流转向，此时船舶转向迟缓，当船尾脱离回流后，船首受披头水冲压，船尾受斜流冲压，使船首急速内转向而触岸，这种操作的失误称“挖岸（bow collision against bank）”，如图 2-30b）所示。

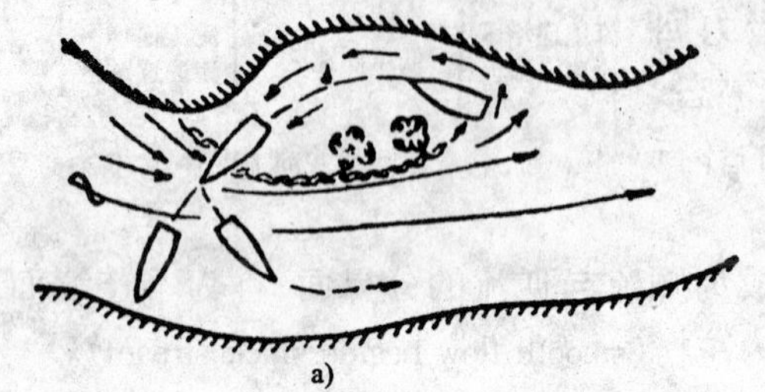

a)

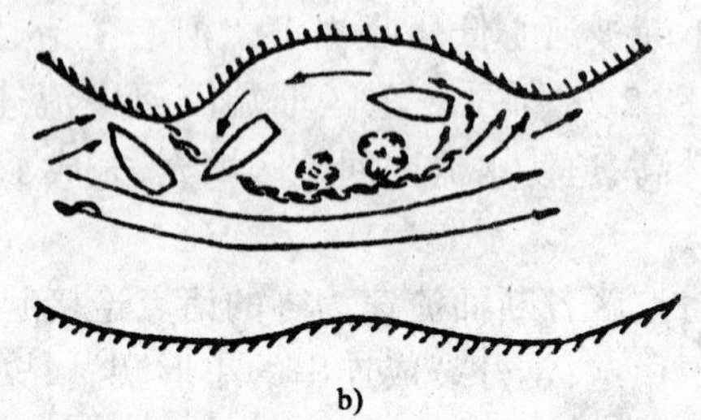

b)

图 2-30

a）打张示意图；b）挖岸示意图

（2）对下行船舶的影响

在航道条件允许的情况下，下行船舶应避开回流区航行，以提高航速。若在急弯河段中航行，当船舶在扩大航迹线曲率半径，穿越主流，乘迎斜流向凸嘴挂高的过程，航迹带宽度随漂角的增大而增大，船首外舷可利用嘴下回流出水作为支撑点直外舵提尾顺向，缩小航迹带宽度，达到挂高及船向与岸形、流线顺向的目的。如因操作失误，驶入回流过多，船首受回流作用，船尾受斜流作用，两种异向流产生的旋转力矩大于满舵角产生的转船力矩，以致船身打横有掉头之势，称“吊钩”，如图 2-31a）所示。若两种异向流产生的旋转力矩相抗衡，船舶不再回转，但又未能调顺船身，以致斜向直冲岸边的现象，称“打枪”，如图 2-31b）所示。以上合称“吊钩打枪（broaching and rushing obliquely to shore or return flow area）”。

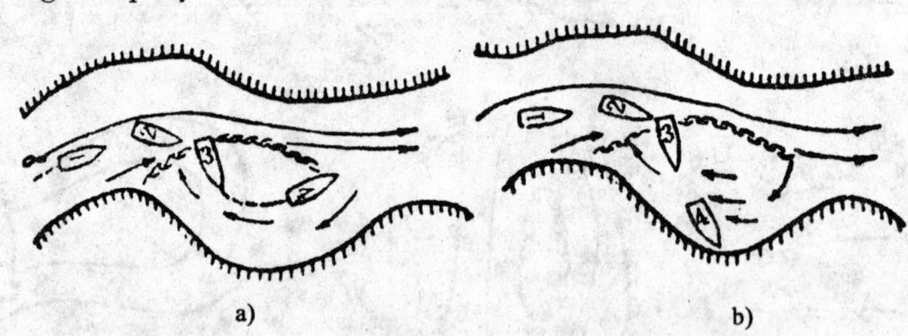

a)　　b)

图 2-31　吊钩与打枪

a）吊钩示意图；b）打枪示意图

若下行船舶，在旋旋半径不足的狭窄水域中掉头时可采用船首插回流末端（上荡）的方法，利用回流出水，增大船舶的旋转力矩，缩小旋回圈半径，迅速完成掉头过程，如图 2-32 所示。

5. 横流（cross flow）

凡水流流向与河槽轴线成一交角具有横向推力的水流统称为横流。如流向与船舶航线成一交角的水流，对船舶也能起到横流的作用。

1)横流按成因分类

(1)挑流(transverse flow beside obstruction)——障碍物阻水,迫使水流改向,沿障碍物一侧或两侧斜向流去而形成的横流。如岸嘴、碛翅(碛坝外伸较远的部分)、礁石、洲头等处的斜流。

(2)推压流(flow rushing upward to shore indentation)——水流向江心洲、边滩、碛坝、凸嘴、矶头等脑部推压而形成的横流。如背脑水。

(3)吸入流(suction current)——主流侧边,局部地势低陷,产生横比降,河水向低处分流而形成的横流。如岔口的分流,堤决口的吸入流,石梁、石盘淹没不深时的滑梁水,边滩、碛坝尾部伸入河中甚远的沙嘴被淹,水漫入其内侧水凼的内拖水,弯曲河道凹岸的扫弯水等。

2)横流按出现的地段和对船舶航行的影响分类(如图 2-33 所示)

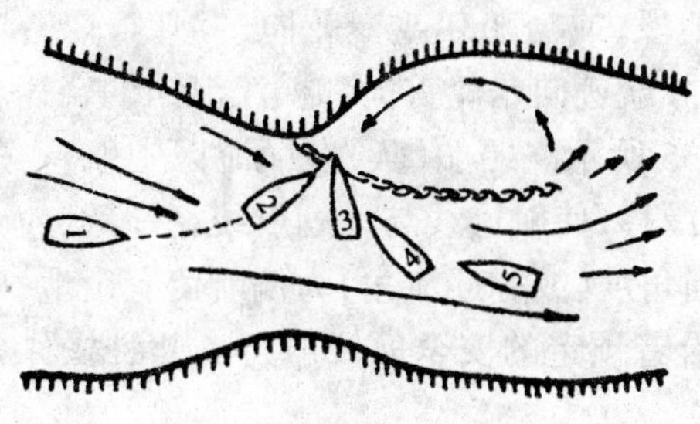

图 2-32　利用回流掉头示意图

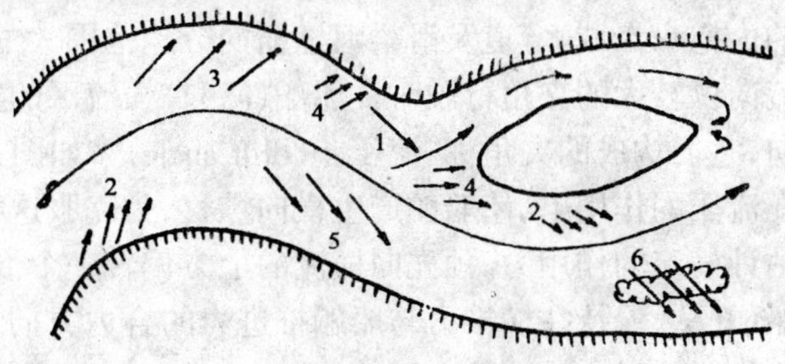

图 2-33　横流示意图

1-斜流;2-出水;3-扫弯水;4-背脑水;5-内拖水;6-滑梁水

(1)斜流(oblique flow)——水流受突出地形、岸嘴、石梁所阻,迫使水流汇集成束,从一岸向河心或彼岸斜冲的强力水流。

(2)出水(floating upward to surface)——水流冲击岸壁、边滩、石梁等障碍物,从一岸向河心或向彼岸喷射不成流束,面积较宽的水流。若成半边形向外翻滚的水流,称"出泡(bubble injection out of river)"。不论出水或出泡均具有横推力,故又称"护岸水"或"护岸泡"。

(3)背脑水与披头水(flow rushing upward to shore indentation)——背脑水与披头水同系一种水流,它是水流向岸嘴冲压或向江心洲、石梁脑部冲泻而成。对下行船舶而言,在它的作用下,船体横移而迫近岸嘴或洲滩脑部而背脑,称"背脑水"。对上行船舶而言,当船舶出角迎流后,船向与该水流流向存在一交角,水流冲压船首外舷,有打头之势,故又称"披头水"。

(4)内拖水(strong flow rushing to shore from river center)——航道中,部分水流向岸边低陷处流泻的横向水流。它的特点是向岸边困压,故习称"内困水",当它在码头附近出现,又称"困档水"。

(5)扫弯水(bend-sweeping flow)——在弯曲河段,水流在重力和离心力的作用下,形成单向环流,其表层水流流向凹岸,扫弯而下的水流。扫弯水兼有横流和强流的特性,它的强弱与水流的纵向流速,河弯曲率半径和水深大小有关。如船舶航行操作不当,在其作用下,易造成船舶偏航,导致输向落弯。

(6)滑梁水(overflow above ledge)——石梁淹没,但水深又不足以安全过船时,水流向梁面冲泻,这种横向水流。它的特点是河心高、两侧低、横流强。在其横推作用下,稍不慎,船舶即可能被推离正常航路而发生事故的危险。

3)横流对船舶航行的影响

横流具有较强的横推力,对航行中的船舶产生强烈的水动力作用。由于横流形成的原因及其作用于船体部位不同,因而引起船舶偏转或横移的状况也不一样。按对船舶的航行影响可将横流分为局部横流与横流场。

(1)局部横流对船舶航行的影响

局部横流多以高流束出现,使船体局部受流力而产生偏转或漂移。这类横流随着船舶前进,横流水动力作用点自船首向船尾方向移动,表现有三个过程:当横流束水动力中心作用于船舶(队)首部位置时,船首顺流方向偏转;作用中心点移至重心时,船体产生横向漂移;作用中心点移至船尾时,船尾顺流方向偏转。为了保证船舶航线的稳定性、克服局部横流对船舶航行的影响,在引航操作中,常用“一舵变三舵,四舵还原”的操作方法,如图2-34所示。

(2)横流区(场)对船舶航行的影响

当横向水流的水域大于一个大型船队的长度时,可视为横流区。横流区一般出现在大面积的内拖水水域、弯道及滑梁河槽横向分速范围大的地段,或当船舶改变航向过河时,船首向与流向以较大的夹角行驶时。船舶(队)在横流区的实际航迹向是船首向和横流流向的合运动方向,它们构成的夹角称“流压差(drift angle)”,如图2-35所示。船舶(队)在横流区中航行,船体在流压的作用下,使船舶产生横向漂移,为克服这种漂移,使航迹线与计划航线相一致,应充分估计横流的作用力,预先向横流的上方偏转一个恰当角度(或称迎流角)为偏航留有余地,以使船舶(队)保持在横推力与船舶推进力的合力方向,沿着预定的安全航线航行。此种操作方法称为“修正航向,消除流压差法”。

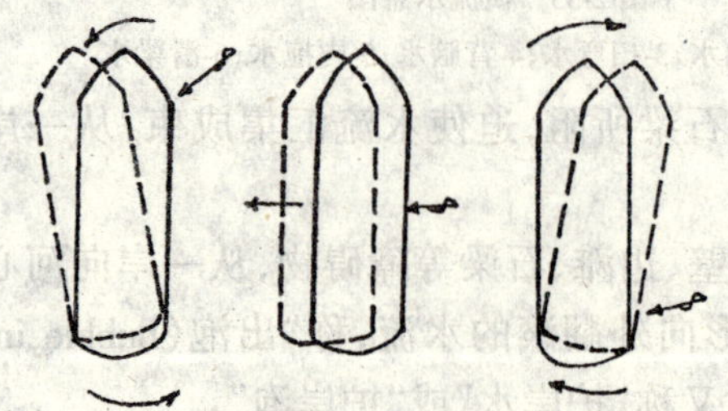
图2-34 局部横流对船舶的影响示意图

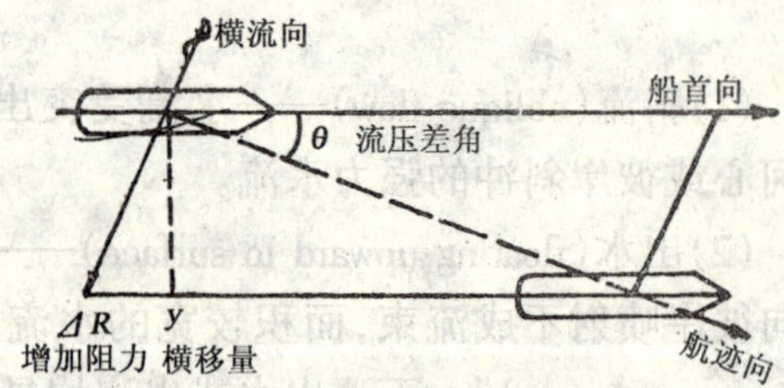

图2-35 横流场中船舶漂移示意图

横流对船体作用力的大小与航向、流向夹角的大小、横流的强度和船体纵剖面浸水面积的多少成正比。因此,上行船舶航行沿程总是在不断修正缩小船向与流向的夹角,力求达到船向与流向顺向航行的目的。下行船则不同,当船向与流向间存在夹角,则船向与横流间的夹角,随着横流强度增大,夹角也应增大,才能使航行船舶的航迹线与预定的航线相重合。

流压差的大小,不是一个恒定的常数,它与横流的强度、船舶(队)当时的航速和操纵性能等因素有关。就以横流强度与航速的关系而言,当横流的强度(流压)一定时,增大航速使船舶(队)受流时间缩短,在相同的航程内,会使船舶漂移距离减小,所取的流压差和横移量也小。故船舶通过横流区时常采用加车迎流,达到减小流压差,增大舵效,提高船舶操纵灵活性的效果。

6. 泡水(bubbling flow)

一种自水下向水面翻涌,中心隆起并向四周辐射扩散的水流称泡水或称“上升流”,如图2-36所示。

1)泡水的成因

(1)高速水流受水下障碍物或受相对较缓的水流所阻,以及两种流速、流向不同的水流相互撞击,降速增压所形成。

(2)河槽地形不规则或河底起伏不平,水流下切受阻,产生上升流所形成。

(3)急流滩段,滩舌的高速水流下跌,受常流的阻挡,降速增压所形成。

2)泡水的分类

泡水按其在河槽的位置、形状、翻涌力量强弱及对船舶航行的影响可分为以下几种，如图 2-37 所示。

(1)枕头泡(elliptical bubbling flow)——位于滩嘴下夹堰内侧，由回流出水与斜流撞击而成的椭圆形泡水，形似枕头，如图 2-37a)(1)所示。

此泡在任何滩沱相连的河床地形中均存在，当回流缓慢，出水不强时，并不明显，仅有翻花水纹。但在急流滩中汹涌强劲，其位置在沱区上角与主流交汇的滩舌边缘，是上下船舶必须注意的流态，都以此为转向点。

(2)困堂泡(bubble injection to shore)——位于回流区中部，由紊动区内压水流与回流在大范围内摩擦、相互撞击而成的强力泡水。如图 2-37a)(2)所示。

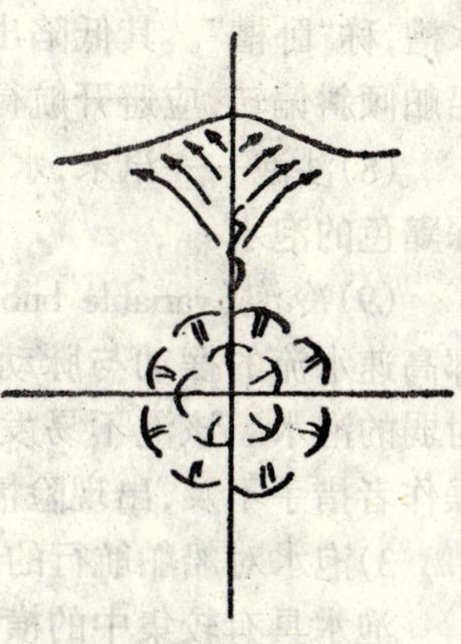

图 2-36　泡水示意图

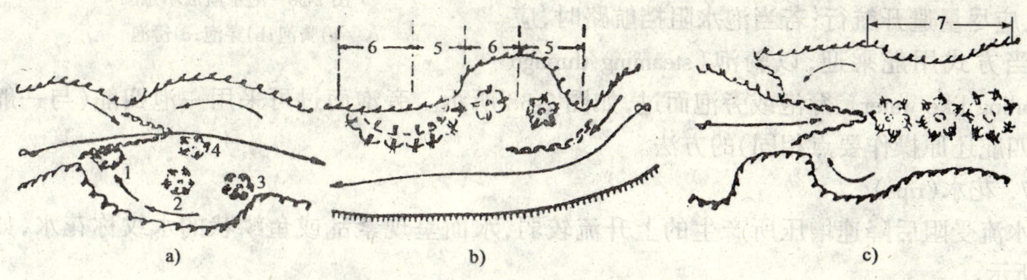

图 2-37　常见的泡水示意图

1-枕头泡；2-困堂泡；3-分界泡；4-拦马泡；5-上泡；6-下泡；7-分迳泡

它多出现于沱湾深陡，地形复杂，回流强盛，流线弯曲，沱区水流高度紊乱的沱心。该泡向内的泡流增强了扫边回流的力量，可迫使船舶内困，产生贴岸危险。该泡以上的沱区称“上荡”。由于困堂泡向上部分水流增强了沱区回流及回流出水力量，受其影响的上行船易困边，下行船易打枪。该泡以下沱区称“下荡”。因泡下半部分泡流下冲力是顺向水流，与回流方向相反，流力减弱，故有“上荡让，下荡上”的引航术语。

(3)分界泡(boundary bubble)——位于沱区下半部，水流以较大夹角冲击沱湾下角岸壁或受相对静止的水流阻挡而反射出水面的泡水，如图 2-37a)(3)所示。

该泡向上游流动之水流是回流的初始部位，向下游流动之水流，是常流的初始部位，此两种异向水流以此分界，故称“分界泡”。泡力弱者，称“分界水”。

(4)拦马泡(strong bubble water)——位于急流滩滩舌下方，由于滩舌高速水流下切，降速增压形成的泡水，其位置正挡下行船航路。如图 2-37a)(4)所示。

(5)上泡与下泡——按泡发生位置及泡流流向区分，始发位置居沱区上半沱的泡，或强力反击出泡，其上半部向上游成逆流方向扩散的泡流，称“上泡”，如图 2-37b)(5)所示。居下半沱位置的泡或反击出泡的下半部的泡流顺流方向扩散，称“下泡”，如图 2-37b)(6)所示。

(6)分迳泡——位于河心主流带上，泡心明显隆起并向两侧滚泻，横推力极强的泡水，如图 2-37c)(7)所示。

它一般不是孤泡出现，而是沿主流带成连串泡，故又称“连珠泡”。未形成泡呈水面背流的，称“分迳水”。

(7)卧槽——两个以上的强烈泡喷毗邻，相互撞击，中间凹陷，伴有漩涡，下吸力极强的低水槽，称“卧槽”。其低陷出水流称为卧槽水(flow at sag between two bubbling currents)。它易使船舶倾斜偏转，应避开航行。

(8)沙泡——汛末，水位下降到某一特定水位时，水流归槽，冲刷淤沙，其下涌升出水面呈深黯色的泡水。

(9)冷泡(variable bubbling flow)——由于局部高速水流的摆动与脉动，呈现时发时息，时强时弱的泡水。该泡不易发现，具有阵发性，易使操作者措手不及，出现险情。

3)泡水对船舶航行的影响

泡水具有较集中的横推力，对船体一侧具有显著的水动力作用，使船舶发生横倾、偏转和横移。因此，无论上、下行船舶在遇强大泡水或泡群时，应尽量避开航行；若当泡水阻挡航路时，应以适当方式用舵乘迎，以骑泡(steaming through the boiling like water)、穿泡或旁泡而过，如图2-38所示。旁泡而过可采用一泡四舵(与一舵变三舵四舵还原操作要点相同)的方法。

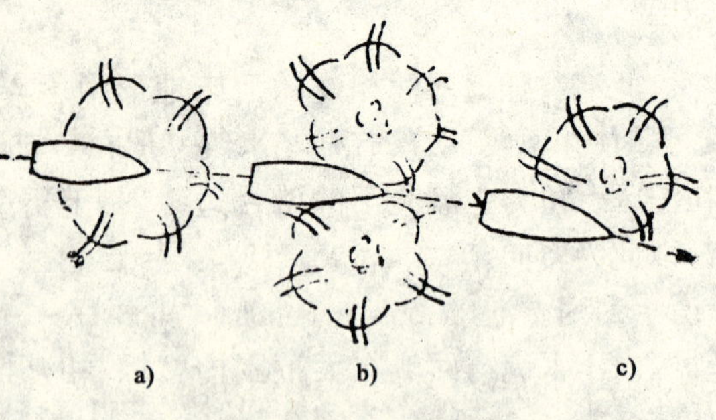

图2-38　泡水航法示意图

a)骑泡；b)穿泡；c)傍泡

7. 花水(rips)

水流受阻后降速增压所产生的上升流较弱，水面呈现紊乱或鱼鳞状的水纹称花水，如图2-39所示。

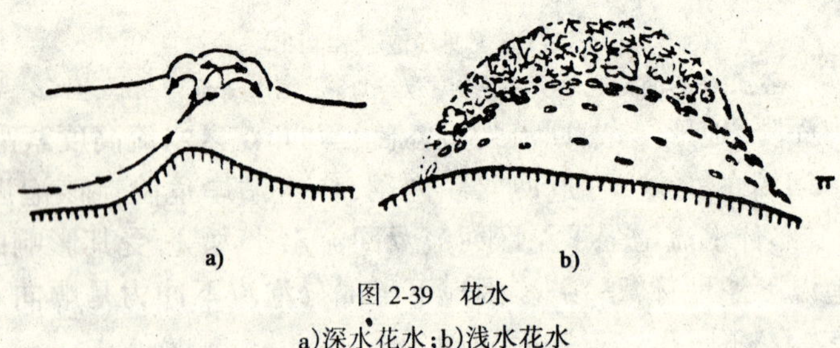

图2-39　花水

a)深水花水；b)浅水花水

花水形成的基本原因与泡水相同，花水的强弱与流速的大小、河底糙度及水深大小有关。因此，有“深水花水”和“浅水花水”之分。

(1)深水花水(deep water rips)——水流受到障碍物的阻挡，产生的上升流，受纵向水流抑制及水流脉动作用的影响，涌出水面力量微弱，呈现紊乱状如密集的小泡水。一般产生在水深较大的水下障碍物的上方，是深水区的重要标志。

(2)浅水花水(shallow water rips)——水流受到河底起伏或障碍物的阻挡作用下，上升流微弱，涌升出水面产生鱼鳞状的细波纹，细波涟漪，闪跃反光，水面状似鱼鳞所覆盖，早晨或傍晚远看，水色暗黑，水纹如麻花绞链。此流态一般产生在水深不大的卵石滩地，是浅区的重要标志。

8. 漩水(eddy flow)

由外向内，自上而下，水面中心下陷的旋转水流称漩水。大面积的漩水，称“漩坑”。如图2-40a)所示。在汛末水位下退，水流冲刷淤沙航槽时，水流含沙量大，而形成的强有力的漩水，称“沙漩”。如秋后，三峡大坝畜水前长江上游中奉节水位13m以下时，在关庙沱附近形成的沙漩，其直径可达100m左右，力量强劲。

(1)漩水的成因

漩水是由两股不同流向的水流相汇时形成交界面，交界面附近的水体发生波动摩擦，造成局部水体作垂线轴旋转，这个高速旋转的水体，成为漩涡核心，带动其周围的水作圆周运动。自边缘向中心的旋转速度逐渐增加，压力急剧降低而产生流压差，形成了旋转力矩。由于存在流速梯度，从而形成由外向内，自上而下凹陷的旋转水流，即漩水，如图 2-40b)所示。

(2)漩水的特征

漩水及其附近的流速、压力分布存在着特殊性。流速由漩水边缘向漩涡中心逐渐加大，以涡心边缘流速最大，在涡心的水流线速度则反而减小，水流汇集作下沉运动，压力也随之降低，如图 2-41 所示。

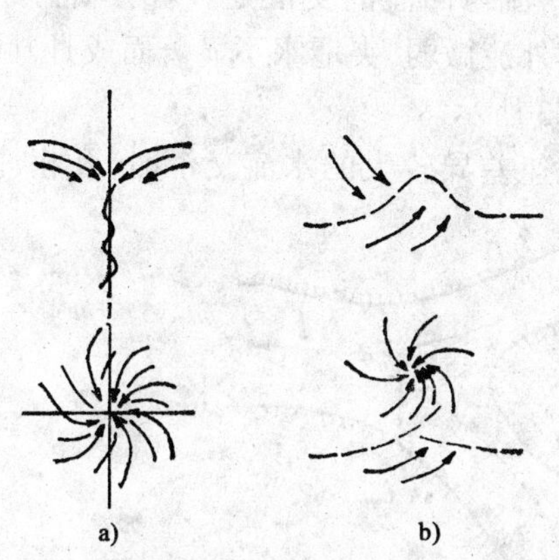

图 2-40　漩水示意图

a)漩水流线图；b)漩水形成图

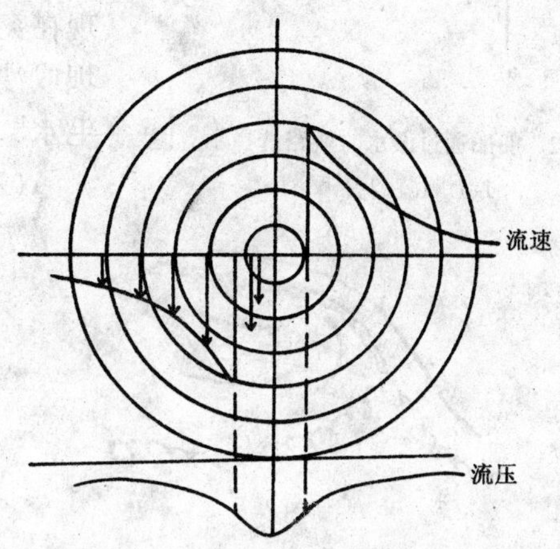

图 2-41　漩水流速、流压分布示意图

漩水通常不叠加在主流上，而是在主流边缘交界面附近的摩擦层产生，并随主流向下游移动。从产生至逐步增加扩散到逐渐减弱，最后消失。漩水的旋转方向，自流速大的一侧向流速小的一侧旋转，所以居主流左侧者，作逆时针方向旋转，居右者作顺时针方向旋转。在急流滩段和峡谷河段，漩水和泡水常相伴出现。

漩水与回流既有区别又有联系。回流是与主流流向相反，在水面作回转倒流运动的水流，旋转速度小，面积大，中心水面不凹陷，平面位置大都保持常态不移动；而漩水是在平面上作旋转运动，并集聚于中心点的水流，中心旋转速度大于边缘旋转速度，中心压力低于边缘压力，中心随着旋转速度增加而成漏斗状，其平面位置随水流向下游移动，经过一段距离后而自动消失。但回流区的回流速度增加到一定程度后，也可能发展成漩水。

(3)漩水对船舶航行的影响

漩水对船舶的操纵性影响极大，因为漩水存在着流速压力梯度，船舶从漩水一侧驶过时会发生大角度横向倾斜；若从中心穿过，则发生较大纵摇，且船首沉入水中产生强烈的扭摆和严重的起伏，强大的漩水将使船舶失控。因此，无论上、下行船舶在驶经大的漩水时，应尽可能绕开航行，若航道条件限制，漩水阻挡航路时，必须把航路选择在顺漩水旋转方向一侧，使船位处于漩水的高水势，并在水流作旋转运动时的离心力作用下，船体不易陷入漩涡中心，此种操作方法称为“上顺漩”或称“撵漩(sailing direction with eddy edge)”，如图 2-42 所示。

9. 夹堰水(disordered current at junction of two flows of different directions)

两股不同流向的水流汇合时相互撞击，在交界面上呈现涡流浪花的带状水流称为夹堰水。微弱的夹堰水，习称“眉毛水(weak and slow oblique flow in turbulent water)”。

突嘴挑流较强的地方,产生的夹堰水其水纹清晰明显,它标示着主流与缓流的界限。眉毛水是枯水期山区河流的碛坝和平原河流的边滩所挑流的一种常见流态,它标明深水区与浅水区的界限,是上行船舶选择航路和抓点定向的重要标志。

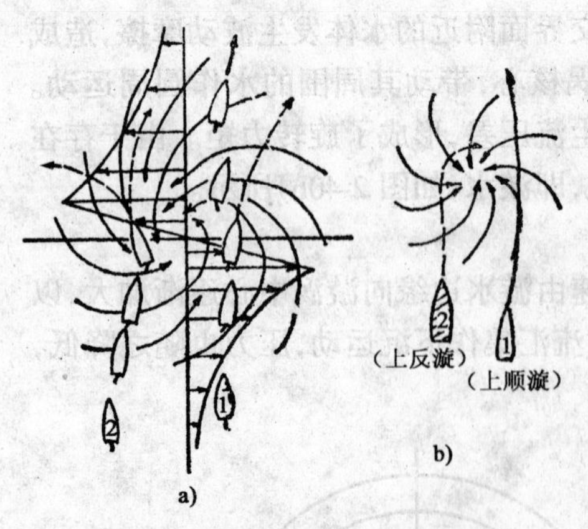

图 2-42　船舶通过漩水时航路选择示意图

1-上顺漩;2-上反漩

1)夹堰水的形成及出现的地方

(1)两种不同流向的水流交汇,流速流压发生急剧变化,在交界面处表现出紊乱的流态。这类夹堰水常出现在突嘴下方斜流与回流的交汇处。若突嘴为卵石碛坝或沙滩,因其外流微弱,夹堰水不显著而成月弯形“眉毛水”,如图 2-43 所示。

(2)两种流速差异较大的水流交汇时,互相冲击消能,流速、流压急剧变化,面流上表现出涡流浪花带。这类夹堰常出现在河心石梁和江心洲尾部,干、支流汇合处以及枯中水期的对口或错口急流滩的滩舌以下河段,如图 2-43 所示。

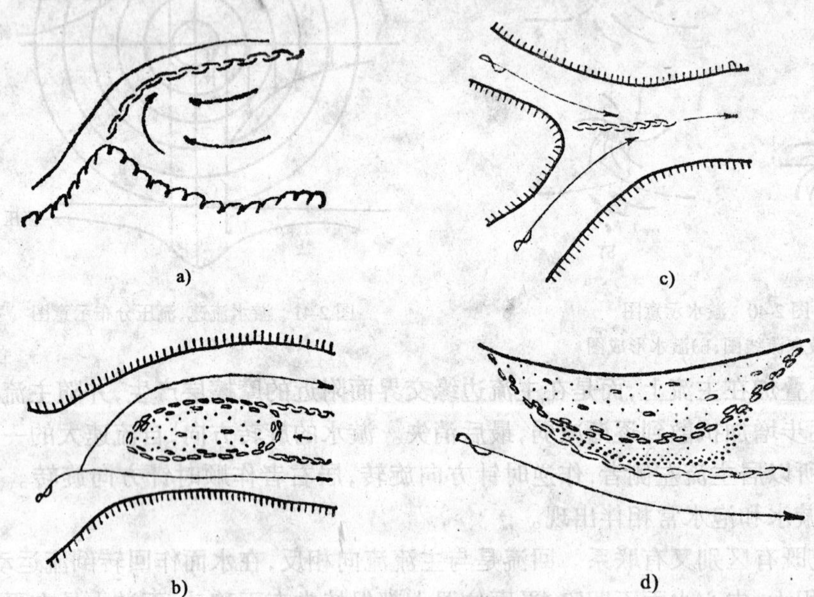

图 2-43　夹堰水和眉毛水

a)突嘴下的夹堰;b)江心洲尾部的夹堰;c)干支流流交汇处的夹堰;d)碛坝(边滩)的眉毛水

2)夹堰对船舶航行的影响

夹堰水对船舶航行的影响具有两重性。在急流滩,夹堰水内侧有较宽的缓流带时,上行船舶可循夹堰内侧缓流航行,以避开河心高速水流及陡比降,以提高航速和过滩能力;较强的夹堰水伴有泡漩乱流,流速流压梯度差大,船舶航经夹堰水时,船向极易偏摆,船身颠簸起伏,甚至出现歪船扎驳,而且在夹堰处还会激起经久不息的大浪,危及他船航行安全,船舶必要时应绕开航行或减速通过,防止浪损事故发生。

10. 旺水(back water)

水流受礁石、流坝或水工建筑物阻挡,在其下游形成的回流、泡漩、夹堰水及缓流等水流的总称为“旺水”。这个局部区域称“旺水区”。如图 2-44 所示。

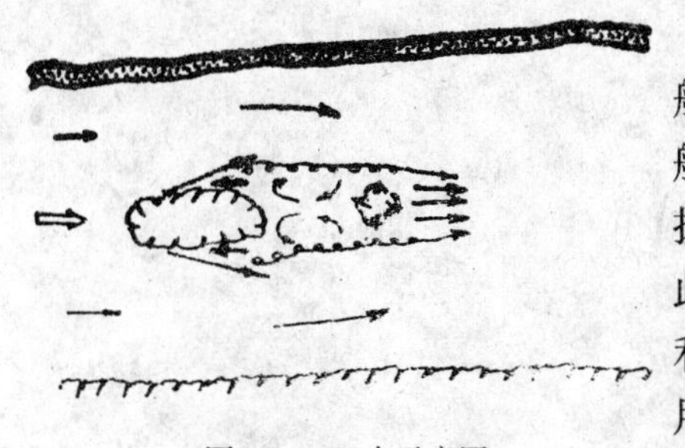

图 2-44　旺水示意图

虽然旺水区水流紊动，但其尾部存在缓流，为上行船舶提高航速提供了有利条件。上行船舶在利用缓流时，当船头或船队驳首达旺水区分界水（泡漩、回流）时，用舵外扬循夹堰上，这样既利用了缓流，又避免了较大的驶出角，此种操作方法称为“接旺（sailing in slow stream area）”。如利用缓流过多，超越分界水，深入旺水区，受水动压力的作用，使船舶不能处于正常的船位、航向，谓之“贪旺（running into inner part of return flow area）”。当船体进入强回流内，受回流的推压，舵效降低，操纵困难，被迫用大舵角横向出角，此时，船首尾受异向流力的作用，所形成的转向力矩，极易造成船舶出角打张或触礁等事故，谓之“抢旺”。

11．走沙水（sand-scouring flow）

汛末，水位下退，水流归槽，冲刷淤沙使其附近和下游段水流极为混浊，呈棕黑色，或出现间歇性的黑沙泡，这种水流称“走沙水”。

（1）走沙水的水文特征

走沙时在走沙区外缘及下游段出现白色水泡沫，集聚一线或随主流分散下流；水流含沙量重，流速大，冲刷力强，水色浑浊，呈深褐色或暗黑色，并伴有沙泡、沙漩；因水流湍急，在浮标尾部出现很长的暗黑色沙浪，并易造成浮标移位或流失。

（2）对船舶航行的影响

走沙水因水流含沙量激增，水流湍急，流态变坏，在其下游段激起沙浪，船舶航行的水阻力增大，航速下降，舵效降低，故上下行船舶均应增大车速，克服航行阻力，提高操纵灵活性。

12．两荡水（chain-like eddy water）

河槽内同一地点的水流流向作间歇性变换，时而是顺流，时而是回流，称“两荡水”。当码头附近有两荡水时，它对船舶的靠离作业有较大的影响。

13．剪刀水（shear flow）

急流滩滩舌处因两岸对峙的岸嘴挑流而形成相对的两道水埂，状如剪刀，故称“剪刀水”。

14．两来水（converging current）

在水流湍急的两河交汇区域所产生的泡、漩、波浪等紊乱水流称“两来水”。船舶通过往往发生横倾，航向不稳定，甚至造成船舶断缆散队的事故。

复习思考题

1．什么是环流？如何分类？

2．什么是主流？如何判别主流位置？对船舶航行有何影响？

3．什么是缓流？对船舶航行有何影响？

4．什么是回流？对船舶航行有何影响？

5．什么是横流？按其形成原因分为哪几类？

6．横流对船舶航行有何影响？如何采取措施？

7．试解释斜流、出水、内拖水、扫弯水、滑梁水、背脑水。

8．什么是泡水？试绘图说明泡水的种类和出现位置。

9．泡水对船舶航行有何影响？

10. 深水花水与浅水花水有何异同？

11. 什么是漩水？对船舶航行有何影响？

12. 什么是夹堰水？对船舶航行有何影响？

13. 什么是旺水？对船舶航行有何影响？

14. 什么是走沙水？其水纹有何特征？

15. 试解释背脑、挖岸、直舵、打张、掉钩打枪。

第五节　潮　　汐

观察海水、海面有时上升，有时下降，而且它的涨落变化是有规律的。在一般情况下，每昼夜有两次涨落运动，一次在白天，一次在晚上。有人把白天的海水涨落叫潮，晚上的海水涨落叫汐，合称为潮汐(tide)。

潮汐变化对航行于海上和入海河口段的船舶有直接的影响。例如，潮流的方向和大小直接影响着船舶的航行和作业；低潮位时应考虑到港口和航道的水深是否足够；吃水大的船舶应充分利用高潮位进江(河)等。另外，潮汐变化对渔业、港口建设与航道整治等工程都有十分密切的关系。

一、潮汐成因

远在2000多年前，我们的祖先就发现了潮汐现象与日、月运行有关。东汉王充提出了“涛之起也，随月盛衰，大小满损不齐同”的看法。直到1687年牛顿提出万有引力定律后，才用静力学理论解释了潮汐的成因和变化规律。下面从静力学理论解释潮汐的成因。

1. 月球对地球的吸引力

由万有引力定律可知，宇宙间任意两个物体之间存在着相互吸引，引力大小与两物体质量乘积成正比，与两物体间距离的平方成反比。与地球较近的天体是太阳和月亮。太阳与地球间平均距离为1490万km，月球与地球间平均距离为38.44万km，太阳离地球距离比月球离地球大389倍。由此可知，月球对地球的吸引力大得多，故此我们主要考虑月球对地球的引力。由于地球上各点与月球的距离不等，各点所受的月球引力也就各不相同。就同一地点来说，这个力也随月球位置的变化而变化。但是，月球引力的方向任何时刻都指向月心，如图2-45所示。

2. 地球绕月地系质心作圆周平动，产生惯性离心力

1)地月系质心

月球对地球有吸引力，同样地球对月球也有吸引力。这样月地之间就构成一个互相吸引的引力系统，并有一个公共质心，称“月地系中心”或称“地月系质心”。这个质心，可根据重心公式(即质心与月心和质心与地心的距离之比等于地球和月球的质量之比)求得，地月系质心位于距地心0.73倍地球半径的地方，并且地心、月心和质心在一条直线上。

2)地球绕“地月系质心”运动特点

通过天文学家观测可知，地球不仅一刻不停的进行自转和绕太阳公转，而且它还要绕月地系质心作圆周平动。地球表面各点就会产生惯性离心力。其特点为：地球表面各点的惯性离心力方向相同，大小相等，并且与月球对地心的引力的值相等(如果不相等，月球与地球就会愈来愈远或近)，方向背向月球，如图2-46所示。

3)月球引潮力的分布

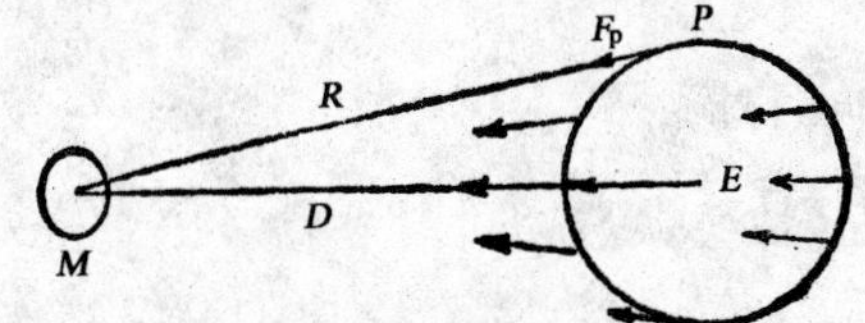

图 2-45 月球引力示意图

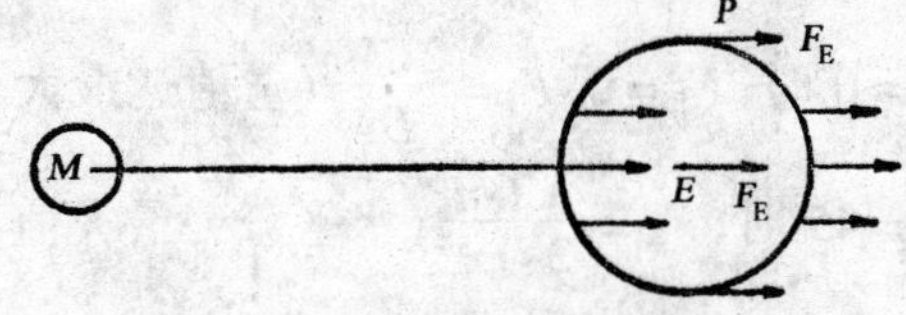

图 2-46 地球作圆周平动产生的惯性离心力

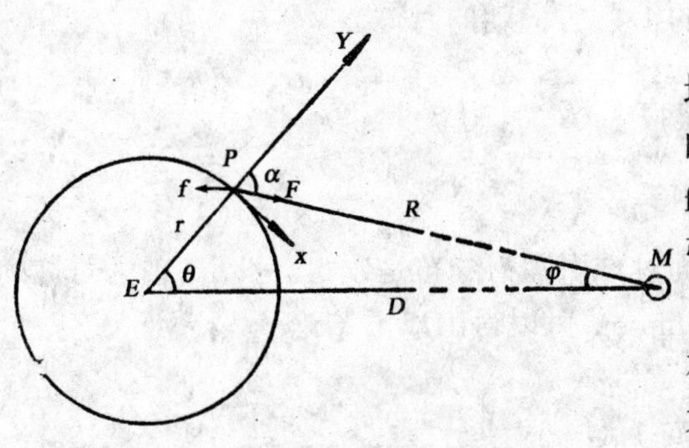

图 2-47

地球表面各点受着月球的吸引力，又受到绕地月系质心转动而产生的惯性离心力，这两个力的合力，称为月球引潮力（moon tide generating force）。除地心外，地球上任意一点都要受到月球引潮力的作用。下面分析引潮力分布特点。

假定整个地球被等深的海水所覆盖；假定海水无惯性，彼此之间无摩擦与陆地也无摩擦，海水无内聚力；假定海区的海底地形，深度变化及其他自然地理因素对潮汐要素均不发生影响。通过以上三点假定，地球表面海水质点只受到引潮力影响。

如图 2-47 所示，设 P 点为地表上任一点，M 为月球质量，MP 的距离为 R，ME 的距离为 D（地月距离），r 为地球半径，G 为万有引力的常数，θ 为月球天顶距（天体至天顶的弧距称天顶距）。

根据万有引力定律得：

月球对 P 点单位质量的吸引力：　$F = \dfrac{GM \times 1}{R^2}$

P 点所受到的惯性离心力 f（其大小与月球对 E 点即地心的单位质量的引力相等，但方向相反）即：

$$f = \frac{GM \times 1}{D^2}$$

把上面两个力 F 和 f 分别分解为两个不同方向的分力，一为 EP 方向的分力，称为垂直分力；另一为垂直于 EP 方向的分力，称为水平分力。

F 的垂直分力为：

$$F_c = \frac{GM}{R^2}\cos\alpha$$

f 的垂直分力为：

$$f_c = \frac{GM}{D^2}\cos\theta$$

根据以上两等式可得引潮力的垂直分力为：

$$F_t = F_c - f_C = \frac{GM}{R^2}\cos\alpha - \frac{GM}{D^2}\cos\theta$$

经验算可得：

$$F_t = \frac{GMr}{D^3}(3\cos^2\theta - 1) \tag{2-1}$$

同样，引潮力的水平分力经验算可得：

$$F_h = \frac{3}{2}\frac{GMr}{D^3}\sin 2\theta \tag{2-2}$$

讨论式(2-1)和式(2-2)：

$\theta=0°$时，$F_h=0$，$F_t=\dfrac{2GMr}{D^3}$(量值达最大，方向朝向月球)；

$\theta=45°$时，$F_h=\dfrac{3}{2}\dfrac{GMr}{D^3}$(水平分力最大值)，$F_t=\dfrac{1}{2}\dfrac{GMr}{D^3}$；

$\theta=90°$时，$F_h=0$，$F_t=-\dfrac{GMr}{D^3}$(量值为$\theta=0°$的1/2，方向朝向月球)；

$\theta=180°$时，$F_h=0$，$F_t=\dfrac{2GMr}{D^3}$(方向背向月球)；

$\theta=270°$时，$F_h=0$，$F_t=-\dfrac{GMr}{D^3}$(与$\theta=90°$时相等)。

将以上特殊点绘制到图上，可以得出地球表面月球引潮力分布是以AC和BD轴为对称的“潮汐椭圆”，如图2-48所示。由“潮汐椭圆(tide ellipse)”可以得出以下结论。

(1)在B、D处引潮力最大，使海水上涨得最高，称高潮，在A、C处引潮力为B、D处的1/2，使海水向下运动最低，称为低潮。

(2)地表上的海水A、C圈向B、D两点运动，这运动将持续到引潮力和地心的吸引力相平衡为止。

(3)潮汐椭圆的长轴指向与天顶距有关，决定于月球，随月球旋转位置的变化而变化，而与地球自转无关。随着地球的自转，在一个太阴日(即月球连续两次经过同名中天的时间间隔，为24h50min)内，地表任一点都有类似于A、B、C、D四个位置的机会，因此，这就是为什么在一个太阴日内常见的潮汐有两涨两落现象的原因。

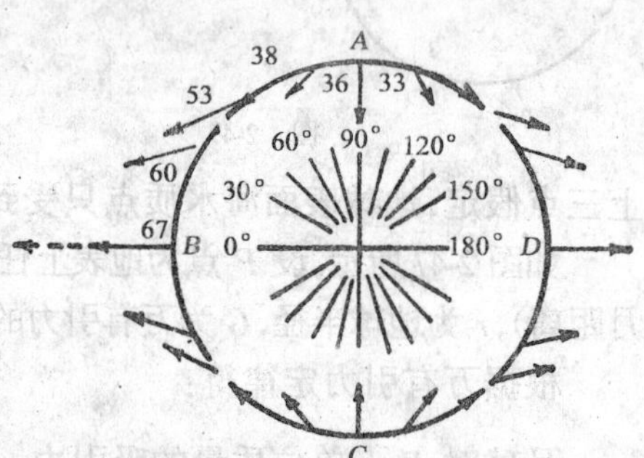

图2-48　引潮力分布示意图

根据同样的方法，也可得到太阳引潮力，只是太阳引潮力只有月球引潮力的0.46倍，较小。其他天体对地球也有引潮力，只是因他们离地球太远，引潮力更小，故此一般只考虑月球和太阳的引潮力。

综上所述，潮汐成因为：在宇宙中，由于地球在自转的同时又绕太阳公转，而月球又在以一定的轨道绕地球旋转，在平衡的日地及月地系统中，地球表面的各海水质点均受到一个因地球绕月地和日地系公共质心作圆周平动而产生的惯性离心力，同时各海水质点又分别受到月球和太阳的引力作用，每一海水质点所受到的惯性离心力与引力的合力称为引潮力。在引潮力作用下，使得某些地方的海面升高，而另一些地方的海面降低，这样就形成了潮汐。

二、大潮和小潮

海洋里的潮汐是由月球引潮力形成的太阴潮和太阳引潮力形成的太阳潮的合成。为明显起见，暂不考虑太阳和月球的赤纬变化和与地球距离的变化，而只就平均状况来讨论太阳和月球两引潮力的共同作用。由于太阳、月球和地球三者的相对位置随时间的不同而变化，因而产生潮汐的一月不等现象。每逢农历朔(初一)、望(初十五)时，太阳、月球和地球三者差不多成一直线，如图2-49所示。这时月球的引潮力和太阳的引潮力几乎作用于同一方向，使太阳和月球引起的两个高潮和两个低潮恰好叠加在一起，太阳潮最大程度地加强了太阴潮，从而形成了一月中两次特大的太阳、太阴合成期，这时海水涨得最高，落得最低，称“大潮(spring tide)”，又称“朔望潮(syzygy tide)”。

朔望以后,月球和太阳的位置日益变化,因而使太阳潮和太阴潮的关系由互相加强逐渐转化成互相抵消,使高潮日益变低,低潮日益增高,潮差日益变小。如图 2-49 所示,当月球至上弦(初七、八)和下弦(二十二、二十三)时,它和太阳、地球三者的位置形成直角,此时月球高潮与太阳低潮相遇,太阳潮最大程度的削弱了太阴潮,从而形成了一月中两次最小的太阳、太阴合成潮。这时海水涨落最小,称“小潮(neap tide)”。

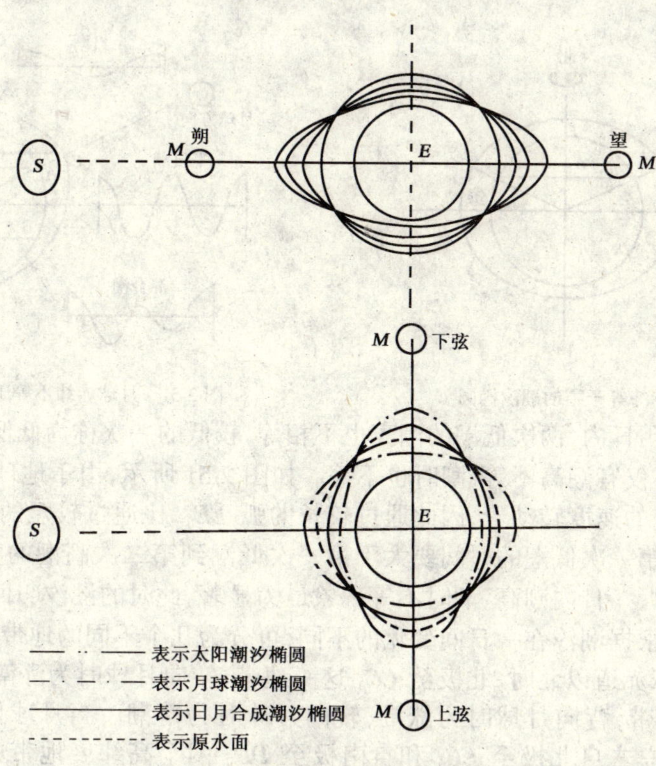

图 2-49 大潮和小潮

S-表示太阳;M-表示月球;E-表示地球

因为大潮和小潮是由于月球和太阳相对位置的改变而引起的,其周期是从朔(望)到望(朔)的半个朔望期。海水涨落变化也从大潮经过小潮再到大潮,约 15 天后,海水涨落变化又重复以前的情况,这就是潮汐的半月周期变化。

三、天体赤纬不同对潮汐的影响

1. 月球赤纬为零时

月球赤纬为零,即月球位于地球赤道面上。如图 2-50 所示,月球在 A 点上中天,A 点发生第一次高潮,当 A 点由于地球自转到 A_1 点时,出现第一次低潮,转到 A_2 点时,出现第二次高潮,当 A 再转 1/4 圈时,出现第二次低潮。从图中可以看出 A 点在一个太阴日内发生两次潮水涨落现象,涨落的高度及高、低潮之间的时间间隔也大致相等。这是典型的半日潮(semidiurnal tide)。因此,在全球同纬度各地也都将出现两次高潮和两次低潮,且潮差相等。两次高潮的时间间隔平均为 12h25min。涨落潮时间各为 6h12.5min。潮汐高度自赤道向两极递减并和赤道对称,这时的潮汐称为赤道潮(equator tide)。

2. 月球赤纬不为零时

月球位于地球赤道面上的时间并不多，绝大部分是位于地球赤道面两侧各为28°35′的范围内。如图2-51所示，表示月球赤纬不等于零时的潮汐情况。当月球位于A点上中天和A_1下中天时，在A点和A_1点同时发生高潮；但高度不等，A点的高潮比A_1的高潮要高些，A点为高高潮，A_1点为低高潮。当地球相对于月球自转半圈多一些以后，月球在A_1点上中天时，A点和A_1点发生第二高潮，但A点为低高潮，A_1点为高高潮。由此可见$A(A_1)$在一个太阴日内出现的两次高潮，高度不等。

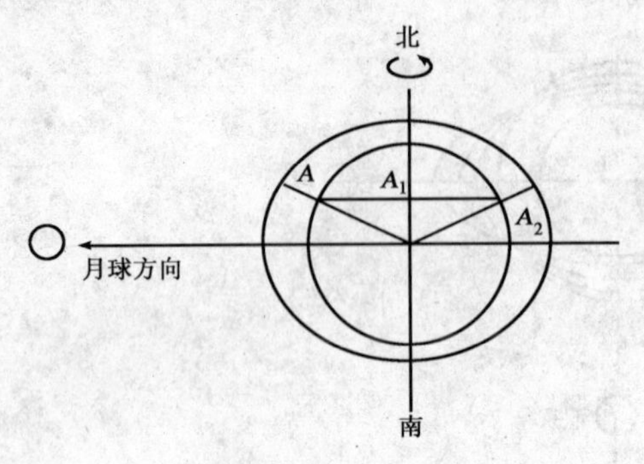

图2-50　月球赤纬等于零的潮汐椭圆

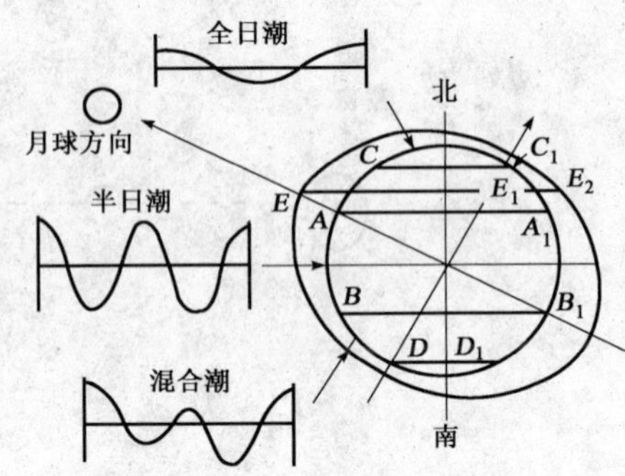

图2-51　月球赤纬不等于零的潮汐椭圆

同理，在一次太阴日内，两次低潮的潮高也不相等，较低的一次称为低低潮，较高的一次称为高低潮。一天中不仅有潮高不等，潮时也不等。如图2-51所示，由于地球在作自转时，地球上各点都以固定不变的速度转动着，因此通过较长的弧EE_1，比通过较短的弧E_1E_2要多费时间，即第一次高潮到第一次低潮的时间要大于第一次低潮到第二次高潮的时间。当月球赤纬增大到回归线附近时，一日内潮高、潮时不等现象最为显著，此时的潮汐叫回归潮(tropic tide)。

在整个地球上，根据潮汐在一日间变化的不同，可分为几个不同的地带。

当月球位于地球赤道以北时，北极至CC_1这一地带，转向月球时为涨潮，背向月球时为落潮，而南极至DD_1地带，背向月球时为涨潮，转向月球时为落潮。当月球位于地球赤道以南时，情况恰好相反。总之自北极至CC_1和自南极至DD_1两个高纬度地带内发生的是全日潮(diurnal tide)，在一个太阴日内只有一次涨潮和一次落潮。

自CC_1到赤道和自赤道到DD_1这个地带内，在一个太阴日内有两次涨潮和两次落潮。但是，涨落潮历时以及两次高潮的高度是不相等的。只有在赤道上两次潮高相同，故在这一地带内，除赤道上为半日期外，其余地区均为混合潮(mixed)。

同样地，由于太阳赤纬的变化，也能引起潮汐在一日内潮时、潮高不等。不过，月球赤纬变化产生的影响更显著。在月球、太阳赤纬都大的时候，这种不等现象更加显著。

根据天体赤纬不同，地球上各地潮汐归纳起来有三种潮汐类型(typesof tide)：

1．半日潮(semidiurnal tide)——一个太阴日内出现二次高潮和二次低潮，且两次潮高几乎相等，涨潮时间和落潮时间也差不多相同(6h12.5min)。

2．全日潮(diurnal tide)——在一个太阴日内，仅出现一次高潮和一次低潮，高潮和低潮之间约相隔12h25min。

3．混合潮(mixed)——界于半日潮与全日潮之间，它有时接近于半日潮类型，有时又具有全日潮特征。

四、潮汐静力学理论的缺陷

牛顿的潮汐静力学理论可以解释潮汐成因，半日潮的产生及潮汐不等现象。但不能解释为什么高潮不是发生在当地的月球上(下)中天,而要滞后一个间隙(称为潮汐间隙)?为什么在沿岸或某些港口潮汐振幅很大(如加拿大东南基地湾最大潮差可达18m),而有的潮汐却很小?为什么大潮不是发生在朔和望(初一和十五),而是要滞后2~3天(称为潮龄)等等。这是因为牛顿的潮汐静力学理论解释潮汐时有三个假设(如前所述)。

事实上,大洋被大陆隔离成几个独立的海和洋。由于大陆的存在,阻碍了水圈形成潮汐椭圆体,而水质点还因受内聚力、惯性力和摩擦力的作用,离开了平衡位置的水质点,力图返回它原来的位置,而且由于惯性力的作用,又会越过这个位置从而使其作起振荡运动来。水质点的运动还要受到水团内部发生的摩擦力和水团与海底的外摩擦力的阻碍,摩擦力作用的结果造成潮汐的滞后现象,因而才有了高潮间隙。同样的原因也造成了使大潮发生在朔望之后2~3天。

沿岸的潮汐现象十分复杂,因为那里有很多因素在起作用,如深度的变化、浅水滩、地形剖面形状、海岸线形状等,特别是狭窄海峡的存在。如湾口形状外大内小,呈漏斗状,就为产生较大潮差造成有利条件,潮差达10m以上的水域并不罕见。如在漏斗状的河口,越向上游深度越小,当涌入的潮浪有相当大的潮差时,就能形成所谓怒潮或暴涨潮,如我国著名的钱塘江怒潮就是如此。

地形的特点不仅能改变潮差,而且能改变潮汐的性质。例如在墨西哥湾中,位置很近的两个地区却出现性质完全不同的潮汐(日潮和混合潮)。在我国渤海海湾内秦皇岛港的潮汐所以成为有别于邻近港口的原因,也相类似。

根据这些情况,在牛顿以后一个世纪,法国天文学家拉普拉斯提出了潮汐的动力理论,试图去纠正静力理论的这些缺陷。按照动力理论,引潮力除了使海水发生"潮峰"之外,还造成周期与引潮力相同的潮汐波,他将这种波称为强制波,它以月球在天空沿视轨道运行的速度在地球表面传播。拉普拉斯还进行假设,即使月球的引潮力由于某种原因而突然中断,但潮汐波的传播却不会随之而立即停止。失去平衡的水体,由于其惯性作用而继续作涨落运动,一直要运动到所有波能被摩擦消耗殆尽为止。这种波称为自由波,与强制波不同,它的传播速度决定于当地的水深,并随海水深度增大而增大。动力学理论不仅考虑到引力造成的"潮峰",而且考虑潮汐波的存在,并在对强制波和自由波的分析中,又考虑到例如海洋形态(深度和宽度),地球自转及摩擦等因素,因而它能更为准确的解释海洋复杂的潮汐现象,另外,它使人们能够预报沿海任一点潮汐发生的情况。但是动力理论还不能解释大洋中的一切潮汐现象。

五、潮汐术语

海图深度基准面(chart datum)——海图及海区各种航道图中深度的起算面。这个基准面一般是在当地最低低潮面附近,这样才能保证在绝大多数情况下海图上标明的水深小于任何潮面的实际水深。我国自1978年开始统一采用 B、P、F 面作为我国海图深度基准面(B 为标准差,P 为偏度,F 为峰度)。

潮高基准面(tidal datum)——潮高的起算面。一般与海图深度基准面一致。

平均海面(mean sea level)——某一时期(如一日、一月、一年或多年)海面的平均高度。

计算方法取该时期每小时潮高的算术平均值。从1957年起,我国规定黄海平均海面为统一高程的基准面。某一地点的海拔高度就是距该平均海面的高度。

涨潮(flood tide)和落潮(ebb tide)——海面由低潮上升到高潮的过程,称为涨潮;海面由高潮下降到低潮的过程,称为落潮。

高潮(high water)和低潮(low water)——在潮汐升降的每一个周期中,海面上涨到最高的位置，称高潮（或称满潮）；海面下落到最低的位置，称低潮（或称干潮或枯潮）。

平潮（high water stand）和停潮（low water stand）——高潮和低潮的海面，往往持续一段时间，既不升高也不下降，这段时间分别称前者为平潮，后者为停潮。

高潮时（high water time）和低潮时（low water time）——平潮的中间时刻，取为高潮时；停潮的中间时刻，取为低潮时。

涨潮历时（duration of flood）和落潮历时（duration of ebb）——低潮时到高潮时的时间间隔，称涨潮历时；高潮时到低潮时的时间间隔，称落潮历时。

潮高（height of tide）——在潮汐涨落的连续过程中，潮高基准面至任一时刻的海面垂直距离。

潮差（tide range）——两相邻的高潮和低潮的高度差。从高潮至前一相邻低潮的高差称涨潮潮差，高潮至下一相邻低潮的高差称落潮潮差。潮差每天不等，潮差的平均值，称为平均潮差。

潮升（rise of tide）——高潮的平均高度。大潮的和小潮的高潮潮高的平均值，分别称为大潮升（spring rise）和小潮升（neap rise）。

月潮间隙（lunitidal interval）——月球上中天（下中天）的时间至其后当地发生高潮时和低潮时的时间间隔，分别称为高潮间隙和低潮间隙，二者合称为月潮间隙。长期平均值称为平均高（低）潮间隙。

潮龄（age of tide）——由朔望至其后实际大潮发生的时间间隔。潮龄一般为1~3天。

六、河口潮汐的特点

我国的入海河口都受到海洋潮汐的影响，又称为潮汐河口（tide estuary）。潮汐河口里的潮汐现象并不是引潮力直接在河口水体中引起的，而是外海潮波传到岸边后，继续向河口传播的结果，受到河流和海洋两种动力因素的共同作用，故称之为河口潮汐（estuary tide）。

当潮汐沿着河道溯流向上时，由于河口缩窄和深度变浅，加上摩擦和河水的影响，使潮波逐渐发生变形。越向上游，涨潮历时越短，落潮历时越长，发生高潮的时刻越落后，潮差也越来越小。

潮波（tide wave）向上推展不是无止境的。它到了一定阶段，当涨潮流速恰好与河水下泄的流速相抵，潮水即停止倒灌，此处称"潮流界（limit of tidal current）"，如图2-52所示。在潮流界以上，潮水虽然停止倒灌，但河水被阻而仍有壅高现象，潮波继续上溯，因各种摩擦的作用，能量不断消耗，潮波高度急剧降低，当传播到某一地点时，潮波幅度等于零，潮波消失，即水位不再受潮汐的影响，此处称"潮区界（tidal limit）"，如图2-52所示。由于自潮区界至河口均受潮汐的影响，因而此段称"感潮河段（tidal reach，tide affecting zone）"。

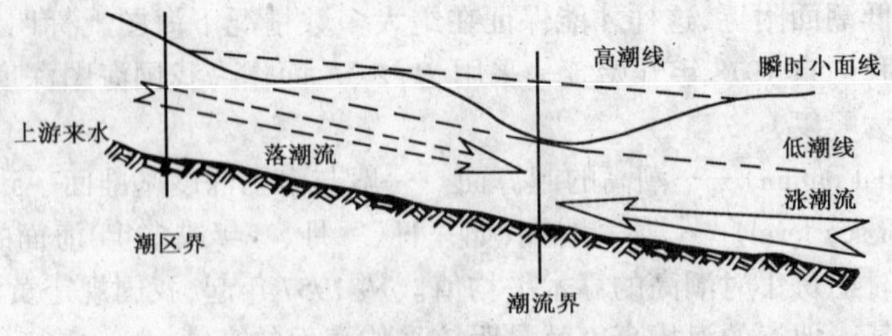

图2-52 潮流界和潮区界示意图

潮流界和潮区界离河口的远近，各条河流不一样。一般邻近海区潮差越大，河底纵比降越缓，径流量越小，则潮波上溯的范围就越大，潮流界和潮区界离河口越远。

同一条河流，潮流界和潮区界的位置并不是固定不变的。潮水和河水始终不断地斗争着，随着大潮和小潮，洪水期和枯水期的交替出现，风力大小及风向与上溯潮流流向是否一致，潮流界和潮区界总在相当的范围内摆动着。在夏秋洪水期，如遇小潮，风向与上溯流向相同，河水作用强时，则潮流界和潮区界大幅度下移；在冬春枯水期，如遇大潮，风向又与上溯流向相反，河水的作用弱时，则潮流界和潮区界就大幅度上推。如我国长江下游，枯水大潮期，潮区界可上溯到距河口 616km 的安徽省大通；洪水小潮期，潮区界只上溯到距河口 500km 的芜湖。

同时，根据潮区界、潮流界的上下推移，涨潮流与落潮流也是随河流水位而变化，高水位时，涨潮流减弱，涨潮时间退后，历时也短；落潮流相反，时间可能提前，流速也会增大，当河流在低水位时，又有强进口风，则涨潮时间提前，流速增大，历时也长。另外，潮流（tide current）在高潮或低潮时的转流，两岸比河心先转流，河底比水面先转流，弯曲河段的凸岸比凹岸先转流。慢速船队可利用这一点选择有利航路。如利用得法，可以提高航行速度，缩短航行时间。

航行于河口地区的船舶，受潮汐影响较大。我们应掌握潮汐规律，并充分利用其有利因素。大型船船可利用潮汐涨落中的水深变化，选择有利时机，通过某些浅水道。掌握得好，既能达到安全航行，又能有效的提高船舶载重量。上水船可充分利用涨潮流，以提高航速，但必须注意涨潮流持续时间较短的特点；下水船应充分利用落潮流，并掌握其流速比涨潮流快，持续时间比涨潮流长的特点，合理加以利用。对于上水或下水船舶逆流行驶时，都应尽量避开最大流速区，要慎重选择航路。

七、潮汐推算及应用

1. 潮汐表内容

为了推算潮汐，由航道管理部门编有潮汐表（tide table）。驾引员或有关人员根据潮汐表所载的有关潮汐资料（tidal information），经过简单的运算，便可了解某地某时的潮汐情况，根据潮汐情况确定本船的操作方法。因为港口很多，不可能每个港口都列一张潮汐表，所以要以某港为主，即主港（reference port），其他为附属港（secondary port），主港详细列出潮汐的所有重要数据，附属港则列一些主要数据或主、附港的潮时差。例如长江下游大通以下感潮河段，一般习惯上以吴淞为主港。

目前，我国各主要通海河流的有关部门，都编制有潮汐表预告潮汐。潮汐表主要有以下两种：

（1）潮高潮时表：预告各主要港的正点潮、高低潮的潮时和潮高（见表 2-4 ~ 2-6）。以便了解各地潮时和潮高，最大限度地提高船舶通过浅水道的能力。

（2）潮流预告表：预告每日的正点潮的流速，涨落的最高流速和时间，涨落潮的起始时间（见表 2-7 和表 2-8）。以便船舶推算流速及引航操作时的参考。

潮汐表上潮时用北京标准时间，以平太阳日计算（24h），4 位数表示，左边两位为时数，右边两位为分数，如 1106 表示 11h06min。潮高单位为 cm，以 3 位数表示。如潮高在潮高基准面之下时，数字前注“—”加以区别。涨潮流数字前加“—”号。落潮流延续为 12h25min 或以上时称全落潮，以“*”表示。农历一栏中，注有“*”的数字，表示农历某月初一。

在正常情况下，《潮汐表》预报的内容与实际接近，潮高误差约 ± 15cm，潮时误差约 20min，但遇特殊天气变化，如台风、寒潮影响时，误差较大，使用时应注意。

2. 潮汐推算及应用

潮汐推算：系指利用《潮汐表》或海图上的潮汐资料推算出当地水域的高（低）潮时和潮高以及任意潮时和潮高的过程。

吴　淞(潮汐表一)　表 2-4

1986 年 4 月　　北纬:31°23′.5　　东经:121°30′.5

	日期	1	2	3	4	5	6	7	8	9	10	11	12	13	14	15
	农历	23	24	25	26	27	28	29	30	3*	2	3	4	5	6	7
正点潮高	0	080	094	121	160	207	256	300	330	343	333	303	259	206	162	133
	1	131	116	124	149	186	231	276	315	344	359	356	335	301	257	212
	2	213	162	144	148	167	199	239	278	314	341	356	358	345	323	288
	3	293	223	172	153	154	169	195	229	264	296	323	340	346	339	324
	4	331	280	211	161	144	147	158	178	206	237	267	295	315	324	323
	5	330	307	254	186	138	126	132	143	159	181	207	234	261	284	298
	6	302	307	280	224	158	112	104	115	128	142	160	180	202	228	253
	7	257	286	289	259	201	136	090	083	097	113	127	143	160	178	202
	8	208	252	281	284	252	194	130	081	069	081	097	112	129	146	164
	9	172	216	261	292	295	266	210	146	092	068	071	083	098	117	138
	10	143	186	234	281	313	319	296	246	184	126	089	077	079	090	110
	11	114	157	206	257	304	336	345	329	289	234	175	127	101	091	094
	12	096	130	176	227	277	320	349	361	352	322	277	223	170	134	114
	13	109	119	150	193	241	286	322	348	359	355	334	299	253	202	162
	14	150	126	135	163	201	242	280	309	330	340	339	323	296	260	214
	15	206	146	126	138	164	195	228	257	280	298	309	309	297	276	247
	16	244	181	129	116	132	157	180	203	223	240	257	269	272	265	248
	17	251	208	152	107	101	122	145	161	173	185	197	212	226	234	232
	18	236	218	178	128	090	086	109	130	141	145	151	158	171	188	201
	19	203	212	198	162	116	079	073	092	110	117	119	123	128	141	160
	20	163	193	208	200	167	122	081	065	074	086	091	095	102	111	126
	21	132	168	205	226	224	194	149	102	071	064	066	070	078	091	108
	22	112	147	192	234	261	265	240	197	144	099	074	065	064	074	093
	23	097	131	175	224	270	300	309	292	253	201	148	110	090	082	089
高低潮	潮时	0428	0531	0018	0136	0452	0557	0650	0001	0031	0100	0130	0200	0229	0257	0326
	潮高	335	310	120	147	138	112	090	330	349	359	361	358	350	339	328
	潮时	1206	1305	0701	0856	1008	1057	1135	0733	0812	0846	0915	0939	1003	1029	1101
	潮高	096	119	289	292	313	336	352	074	067	067	070	074	079	086	094
	潮时	1647	1809	1527	1647	1748	1839	1923	1208	1237	1307	1336	1404	1431	1457	1531
	潮高	251	218	125	107	089	076	068	361	362	356	342	324	301	276	250
	潮时	2340		2013	2154	2249	2348		2001	2035	2102	2123	2139	2158	2220	2244
	潮高	092		208	234	270	304		065	064	063	063	062	064	072	087

续上表

日期		16	17	18	19	20	21	22	23	24	25	26	27	28	29	30
农历		8	9	10	11	12	13	14	15	16	17	18	19	20	21	22
正点潮高	0	117	117	132	158	193	239	291	337	369	376	347	279	194	134	115
	1	178	155	145	152	174	207	252	304	350	383	395	373	315	234	173
	2	245	208	177	159	159	176	208	253	304	350	383	396	379	328	254
	3	296	254	213	178	156	152	167	198	242	293	340	372	385	369	322
	4	312	288	244	198	162	141	138	152	182	224	275	323	355	366	348
	5	302	295	270	223	171	136	120	123	140	168	207	255	302	333	342
	6	273	283	278	251	199	141	108	101	112	134	161	195	238	282	312
	7	231	257	273	269	239	180	115	081	081	102	130	158	189	228	268
	8	190	223	256	278	275	241	174	100	060	063	091	125	156	189	225
	9	160	191	232	273	299	298	260	187	103	052	051	080	119	155	192
	10	136	166	204	253	299	329	330	293	218	127	064	053	078	117	158
	11	112	142	178	223	276	325	356	360	327	256	164	092	071	089	125
	12	109	123	192	191	239	292	339	369	374	348	286	199	125	097	109
	13	136	125	134	161	200	246	295	337	363	369	349	297	220	149	119
	14	173	146	133	140	163	199	240	284	321	343	349	332	289	222	157
	15	207	168	142	131	137	157	187	222	260	294	314	320	306	267	209
	16	225	190	152	129	121	129	146	169	197	228	260	283	290	278	242
	17	222	204	173	135	113	109	119	135	151	170	196	227	252	262	252
	18	207	204	191	101	121	096	095	108	123	135	147	168	199	227	240
	19	181	196	201	190	159	112	080	078	093	109	120	131	151	182	213
	20	151	180	204	216	207	172	115	070	059	072	092	107	123	147	180
	21	129	161	198	231	249	242	203	136	074	050	057	077	099	123	155
	22	117	146	185	230	270	294	290	250	176	099	059	057	076	103	135
	23	108	136	170	214	264	309	338	339	303	229	143	091	079	094	121
高低潮	潮时	0400	0446	0601	0100	0245	0516	0622	0713	0001	0036	0114	0153	0237	0324	0418
	潮高	312	295	278	152	156	136	106	080	369	387	396	396	388	372	350
	潮时	1138	1225	1334	0809	0930	1020	1102	1139	0759	0842	0922	1000	1039	1119	1208
	潮高	107	121	132	278	302	332	356	372	060	048	047	053	068	087	109
	潮时	1616	1730	1951	1550	1714	1808	1857	1941	1215	1251	1329	1410	1456	1552	1658
	潮高	226	205	204	129	112	096	080	066	376	370	355	333	306	278	252
	潮时	2312	2353		2126	2215	2252	2327		2021	2057	2130	2200	2228	2253	2322
	潮高	108	131		233	271	309	343		056	049	050	057	072	094	120

1986 年 4 月　　北纬:31°57′.0　　东经:120°18′.3

日	期	1	2	3	4	5	6	7	8	9	10	11	12	13	14	15
农	历	23	24	25	26	27	28	29	30	3 *	2	3	4	5	6	7
正点潮高	0	150	156	162	157	123	081	084	118	133	138	147	151	156	159	164
	1	126	137	151	165	167	136	086	075	106	125	127	134	139	143	140
	2	112	117	134	159	184	195	178	131	096	098	109	112	119	128	132
	3	101	108	117	141	176	212	232	231	202	154	117	102	102	110	119
	4	082	098	112	129	157	196	238	265	275	269	230	170	125	110	112
	5	079	086	100	120	145	175	212	255	286	299	306	290	236	175	139
	6	129	101	097	109	132	159	189	223	262	293	305	314	315	284	229
	7	226	155	120	111	120	144	169	195	226	260	288	299	304	310	297
	8	266	212	154	127	121	131	154	176	197	223	252	274	284	289	293
	9	269	240	182	134	121	126	140	161	181	198	218	239	253	264	274
	10	255	253	214	151	111	111	128	146	164	182	199	211	222	230	241
	11	224	241	234	187	124	096	107	129	147	162	178	194	201	204	209
	12	193	215	231	220	167	104	085	106	128	144	156	168	181	187	188
	13	174	193	215	229	218	168	102	081	104	124	136	146	155	165	172
	14	148	176	201	223	237	232	193	129	093	101	115	124	134	142	151
	15	120	147	182	213	237	252	254	233	182	129	109	109	116	126	135
	16	107	124	151	191	224	248	266	274	270	238	182	136	116	116	126
	17	098	116	134	159	197	230	253	273	287	291	275	229	173	135	126
	18	103	110	127	147	168	197	227	250	272	287	292	285	253	202	157
	19	140	114	119	137	159	174	192	217	241	262	276	279	274	253	212
	20	181	130	113	122	142	165	177	188	206	228	245	253	254	252	239
	21	208	156	116	108	121	144	165	176	184	197	213	222	223	222	225
	22	201	174	131	107	109	122	144	162	169	178	189	196	196	191	190
	23	177	171	140	102	098	117	129	142	156	161	169	177	176	170	165
高低潮	潮时	0439	0505	0540	0101	0210	0257	0032	0106	0138	0205	0230	0249	0312	0333	0351
	潮高	077	086	096	165	184	212	070	075	086	098	102	101	102	105	112
	潮时	0846	1001	1118	0627	0722	1120	0339	0416	0450	0515	0527	0534	0613	0645	0719
	潮高	269	253	235	107	119	094	240	266	287	300	314	316	317	311	301
	潮时	1723	1811	2025	1255	1425	1518	1220	1304	1342	1415	1443	1507	1532	1604	1633
	潮高	097	110	112	229	239	253	082	081	086	099	105	109	109	116	122
	潮时	2118	2213		2304	2351		1555	1627	1654	1720	1747	1817	1850	1928	2009
	潮高	210	175		102	079		266	278	287	293	293	287	275	259	239

续上表

日期		16	17	18	19	20	21	22	23	24	25	26	27	28	29	30
农历		8	9	10	11	12	13	14	15	16	17	18	19	20	21	22
正点潮高	0	150	152	164	180	182	157	127	130	154	170	186	199	204	209	219
	1	134	139	156	179	202	210	188	144	129	147	163	176	191	194	196
	2	128	125	141	172	207	238	257	248	195	142	138	152	165	181	188
	3	126	127	132	155	195	239	277	306	319	272	185	143	147	158	174
	4	117	127	137	150	178	218	265	308	342	372	348	249	171	155	161
	5	127	125	133	152	173	202	237	281	327	360	394	391	307	213	177
	6	178	149	138	145	167	194	220	249	290	336	366	390	394	332	244
	7	258	206	166	151	158	181	208	230	256	294	338	366	377	371	319
	8	284	253	210	172	159	169	193	217	237	260	295	334	359	363	341
	9	278	261	228	191	166	162	177	200	224	242	262	292	325	345	346
	10	258	265	242	198	166	155	164	183	205	228	247	264	287	311	326
	11	222	244	255	230	179	144	146	164	186	206	227	248	263	279	295
	12	195	213	238	252	232	177	134	138	163	185	203	221	242	259	272
	13	179	193	217	244	262	252	199	140	133	159	180	198	214	233	253
	14	162	179	203	232	261	282	287	245	168	134	152	173	191	207	225
	15	144	161	188	220	250	280	305	324	299	214	148	150	170	187	204
	16	135	147	169	203	237	266	296	324	349	340	260	176	158	173	189
	17	133	142	157	182	215	248	274	304	335	356	352	287	203	173	182
	18	138	142	154	171	195	222	250	275	304	334	351	341	286	214	185
	19	168	145	148	164	183	205	223	242	270	297	324	337	319	266	206
	20	204	165	144	149	170	192	211	224	238	263	286	305	314	294	243
	21	219	189	153	138	148	172	195	213	224	234	254	271	282	286	267
	22	198	197	171	141	135	150	173	195	211	221	230	244	255	258	257
	23	168	179	180	156	131	134	153	173	192	206	214	222	232	239	242
高低潮	潮时	0410	0438	0519	0611	0149	0230	0305	0025	0101	0138	0212	0245	0315	0339	0404
	潮高	117	123	132	145	208	242	277	125	129	133	137	140	146	153	161
	潮时	0800	0948	1055	1205	0725	1101	1148	0333	0344	0412	0446	0527	0607	0658	0846
	潮高	284	265	255	252	157	144	132	310	343	375	396	408	395	371	346
	潮时	1704	1736	1952	2114	1325	1421	1456	1234	1315	1356	1438	1517	1555	1633	1719
	潮高	133	142	144	138	264	283	305	128	130	134	139	148	158	170	182
	潮时	2055	2147	2322		2249	2343		1527	1600	1638	1727	1818	1924	2017	2109
	潮高	219	198	181		130	125		329	349	360	363	343	322	296	267

青　龙　港(潮汐表三)　　　　表 2-6

1986 年 4 月　　　　北纬:31°51′.7　　　　东经:121°14′.1

日	期	1	2	3	4	5	6	7	8	9	10	11	12	13	14	15
农	历	23	24	25	26	27	28	29	30	3 *	2	3	4	5	6	7
正点潮高	0	104	124	148	189	234	281	330	348	298	206	130	085	654	071	050
	1	083	109	136	171	216	260	305	352	378	365	311	231	150	098	088
	2	099	103	122	151	193	238	279	322	362	382	385	374	329	249	172
	3	206	146	130	138	165	205	246	285	328	363	372	371	382	379	327
	4	326	232	172	150	151	175	209	243	280	321	354	359	351	361	375
	5	354	296	212	165	152	157	180	210	238	269	303	330	339	335	340
	6	349	330	255	171	137	138	153	178	206	231	254	275	292	307	319
	7	323	333	303	216	137	113	121	142	168	193	218	235	242	248	267
	8	275	304	314	271	177	110	102	113	130	152	172	195	210	211	214
	9	230	267	297	305	251	146	085	093	109	120	135	149	166	181	187
	10	195	237	276	306	316	261	144	069	076	096	106	117	127	140	157
	11	150	199	253	293	322	338	299	187	086	063	076	088	101	112	125
	12	125	153	211	271	311	337	358	344	261	151	087	072	077	093	108
	13	120	137	167	226	286	324	347	366	372	331	242	155	104	088	098
	14	111	135	154	183	236	291	328	349	363	374	365	315	237	162	118
	15	130	128	147	168	195	236	282	319	343	352	356	359	342	290	213
	16	203	139	132	150	177	203	230	265	301	325	333	331	331	329	299
	17	275	178	126	123	146	180	206	223	346	276	296	300	298	299	299
	18	301	233	147	110	114	137	175	201	213	228	246	255	254	256	264
	19	265	254	186	118	108	117	132	164	187	196	206	213	211	206	211
	20	224	232	212	137	088	110	129	131	150	166	171	178	178	173	173
	21	197	214	227	200	111	059	098	132	127	132	141	144	149	147	149
	22	162	197	228	254	231	133	057	075	108	107	109	117	122	128	129
	23	136	168	211	254	294	291	206	107	075	079	077	084	097	110	122
高低潮	潮时	0117	0144	0219	0304	0632	0736	0902	0029	0106	0137	0203	0222	0248	0016	0037
	潮高	081	102	121	138	132	109	085	360	379	386	385	384	384	069	083
	潮时	0502	0635	0745	0931	1035	1127	1204	0950	1031	1101	1129	1150	1214	0316	0349
	潮高	354	337	315	308	325	346	358	067	062	063	068	071	076	385	377
	潮时	1408	1505	1652	1759	2021	2107	2148	1240	1315	1347	1418	1448	1518	1241	1310
	潮高	110	128	125	110	083	058	052	369	375	375	371	360	348	084	097
	潮时	1753	1851	2132	2228	2310	2350		2224	2251	2312	2329	2351		1550	1628
	潮高	301	255	230	260	295	331		061	073	077	069	063		330	306

续上表

日期		16	17	18	19	20	21	22	23	24	25	26	27	28	29	30
农历		8	9	10	11	12	13	14	15	16	17	18	19	20	21	22
正点潮高	0	112	134	150	182	234	287	333	374	395	329	186	092	082	099	126
	1	101	126	156	181	215	261	309	354	392	428	410	289	162	113	115
	2	133	129	146	175	205	239	279	322	366	393	426	444	367	239	163
	3	247	185	159	163	186	216	249	283	326	372	392	407	433	390	280
	4	350	282	214	178	172	187	216	247	277	322	375	394	395	405	365
	5	349	325	266	207	175	169	181	212	244	268	311	367	393	391	382
	6	328	325	283	218	172	155	156	171	206	240	260	295	348	377	380
	7	295	317	310	249	169	131	130	140	160	197	233	251	278	321	350
	8	237	274	307	305	231	135	099	112	128	150	185	219	239	264	298
	9	199	230	269	306	311	233	118	077	100	123	145	174	201	226	257
	10	175	204	246	285	320	334	261	125	061	087	119	141	164	185	215
	11	146	177	222	272	310	342	367	313	164	064	075	112	137	156	174
	12	125	151	192	246	296	332	361	395	372	233	097	076	109	136	154
	13	117	138	168	213	267	313	345	369	404	411	306	156	099	117	141
	14	114	133	155	185	229	277	317	348	369	396	416	348	210	131	131
	15	148	131	148	169	194	232	272	309	342	363	380	396	348	229	149
	16	230	160	136	155	175	197	227	257	290	328	351	361	367	321	216
	17	275	214	149	129	151	174	195	221	241	268	306	330	338	338	288
	18	268	243	183	127	117	141	164	187	213	227	245	278	299	307	305
	19	228	240	216	153	107	108	131	150	174	201	211	222	251	268	275
	20	184	207	226	201	132	091	103	123	137	159	183	191	202	230	250
	21	165	188	215	238	213	130	076	092	115	125	146	166	173	188	221
	22	143	179	218	251	279	259	161	074	074	099	113	135	154	162	184
	23	130	155	205	255	297	332	329	232	107	065	082	101	127	149	163
高低潮	潮时	0058	0129	0212	0304	0640	0731	0823	0913	0022	0057	0130	0208	0248	0021	0047
	潮高	101	123	146	163	166	124	094	074	406	428	442	446	435	096	114
	潮时	0427	0527	0728	0830	0934	1033	1118	1159	1000	1045	1127	1204	1243	0333	0529
	潮高	361	328	316	310	323	345	371	395	061	057	063	076	094	412	383
	潮时	1347	1446	1610	1733	1851	2005	2058	2144	1238	1318	1401	1446	1539	1321	1405
	潮高	113	130	136	124	106	090	076	067	412	421	417	399	371	114	131
	潮时	1717	1827	1946	2244	2310	2328	2353		2224	2258	2331	2356		1645	1744
	潮高	277	247	227	257	297	338	375		063	064	071	082		340	307

新 开 河(潮流表一)

表 2-7

1986年4月　　北纬:31°14′.6　　东经:121°29′.2

日	期	1	2	3	4	5	6	7	8	9	10	11	12	13	14	15
农	历	23	24	25	26	27	28	29	30	3*	2	3	4	5	6	7
正点流速	0	093	080	058	029	-006	-040	-070	-091	-094	-076	-037	011	047	068	077
	1	073	073	061	038	007	-027	-059	-086	-108	-117	-110	-083	-041	-003	025
	2	021	046	052	045	023	-007	-038	-065	-088	-108	-121	-122	-108	-078	-042
	3	-045	003	031	042	038	020	-008	-036	-060	-081	-098	-110	-116	-112	-092
	4	-095	-041	006	033	045	044	030	006	-021	-045	-066	-082	-094	-100	-102
	5	-104	-076	-022	025	048	057	057	048	027	002	-023	-046	-064	-076	-084
	6	-086	-083	-051	004	049	066	070	069	063	048	028	004	-021	-043	-059
	7	-058	-073	-064	-027	029	072	084	082	078	074	064	048	028	003	-022
	8	-019	-050	-064	-051	-011	045	088	100	094	087	081	073	060	043	019
	9	021	-020	-052	-065	-051	-011	044	091	109	106	098	090	078	064	048
	10	048	010	-031	-063	-077	-066	-031	022	074	103	110	107	097	082	064
	11	067	033	-007	-047	-078	-094	-090	-064	-019	037	078	099	105	099	082
	12	087	055	016	-024	-060	-088	-106	-112	-098	-063	-011	039	072	089	090
	13	092	073	041	-002	-035	-089	-089	-108	-120	-119	-094	051	000	039	065
	14	070	075	059	030	-006	-037	-062	-082	-099	-113	-115	-102	-069	-023	016
	15	030	062	066	052	028	-002	-029	-050	-069	-084	-095	-097	-088	-063	-025
	16	-011	043	067	067	055	036	013	-010	-031	-050	-065	-072	-071	-061	-042
	17	-031	018	064	081	075	062	050	035	016	-004	-025	-040	-046	-042	-031
	18	-024	002	046	086	095	083	071	063	055	042	025	005	-011	-017	-014
	19	-007	001	026	065	100	107	092	079	074	072	063	051	035	019	010
	20	020	009	013	035	071	105	115	102	090	086	083	077	069	057	041
	21	049	024	008	006	023	057	095	115	112	104	098	092	084	076	065
	22	068	041	011	-021	-021	-009	022	066	099	110	110	105	096	084	072
	23	076	052	020	-014	-042	-058	-054	-027	018	063	089	099	100	090	076
涨落急	时刻	0441	0004	0051	0210	0537	0648	0740	0018	0046	0114	0142	0209	0236	0308	0343
	流速	-105	080	062	045	050	073	091	-092	-109	-119	-123	-122	-119	-113	-103
	时刻	1245	0547	0732	0921	1031	1115	1151	0823	0859	0930	0955	1020	1047	1116	1148
	流速	093	-083	-066	-066	-080	-095	-107	103	109	110	110	109	106	100	090
	时刻	1708	1338	1603	1744	1841	1929	2012	1223	1254	1323	1352	1420	1450	1523	1601
	流速	-031	076	067	087	102	111	116	-115	-120	-121	-116	-105	-088	-067	-042
	时刻		1832	2104	2239	2323	2351		2049	2120	2144	2203	2223	2243	2302	2324
	流速		-000	008	-015	-044	-070		116	114	112	110	107	101	090	077

续上表

日期		16	17	18	19	20	21	22	23	24	25	26	27	28	29	30
农历		8	9	10	11	12	13	14	15	16	17	18	19	20	21	22
正点流速	0	073	062	047	029	-001	-038	-077	-112	-130	-117	-062	012	064	084	084
	1	044	051	047	035	016	-014	-051	-087	-121	-143	-140	-098	-029	027	055
	2	-011	017	034	040	032	012	-017	-053	-085	-114	-138	-144	-114	-054	001
	3	-060	-027	007	032	044	040	020	-011	-046	-075	-101	-124	-133	-112	-059
	4	-088	-057	-021	016	045	059	056	035	003	-033	-063	-088	-109	-116	-097
	5	-086	-074	-040	-001	036	064	076	072	052	021	-017	-050	-076	-094	-098
	6	-068	-071	-057	-019	025	060	081	087	082	065	036	-000	-036	-064	-081
	7	-043	-056	-060	-044	-001	049	082	094	092	084	070	046	013	-023	-052
	8	-008	-034	-053	-058	-039	010	068	101	108	097	084	070	050	020	-016
	9	025	-007	-038	-062	-069	-049	006	074	115	121	106	087	070	048	019
	10	045	019	-016	-052	-082	-092	-073	-014	063	115	128	115	093	071	044
	11	060	037	008	-030	-070	-102	-117	-103	-047	035	099	124	117	095	069
	12	076	054	028	-003	-042	-081	-114	-133	-126	-080	-000	072	107	108	089
	13	073	066	047	021	-009	-046	-081	-111	-131	-131	-097	-026	046	086	092
	14	045	060	058	044	021	-008	-041	-072	-096	-114	-118	-094	-035	032	071
	15	011	039	056	059	050	029	002	-029	-057	-076	-089	-093	-074	-025	034
	16	-010	022	046	062	067	061	044	019	-011	-038	-054	-064	-065	-047	-005
	17	-016	010	039	060	072	076	072	060	039	011	-016	-033	-041	-039	-020
	18	-006	004	026	055	074	082	083	080	073	058	036	009	-010	-020	-017
	19	007	008	013	033	064	086	092	088	083	081	073	056	031	010	-003
	20	027	015	007	008	027	066	095	102	096	088	086	081	068	045	021
	21	048	027	005	-012	-016	006	054	097	112	107	096	091	084	069	045
	22	060	038	010	-021	-047	-055	-032	026	084	113	113	103	093	080	061
	23	062	045	019	-016	-053	-085	-098	-077	-016	054	096	107	100	088	070
涨落急	时刻	0425	0520	0034	0157	0332	0452	0645	0756	0018	0051	0127	0204	0246	0332	0429
	流速	-090	-075	049	040	046	064	082	102	-133	-144	-149	-144	-135	-120	-101
	时刻	1225	1312	0639	0852	1000	1046	1124	1159	0844	0927	1006	1043	1119	1156	1237
	流速	078	066	-060	-062	-082	-103	-121	-133	116	125	128	126	119	108	094
	时刻	1648	1756	1417	1550	1746	1854	1943	2026	1233	1309	1346	1427	1511	1604	1714
	流速	-017	004	059	062	074	086	097	106	-137	-132	-120	-101	-075	-047	-021
	时刻	2340		2051	2204	2243	2315	2346		2105	2141	2213	2241	2303	2319	2346
	流速	063		005	-021	-054	-086	-113		112	116	114	109	100	088	073

新　开　河(潮流表二)　　　　　表 2-8

1986 年 4 月　　　　　北纬:31°14′.6　　　　东经:121°29′.2

日期	农历	涨潮流			退潮流			涨潮流			退潮流		
		涨始	涨急		退始	退急		涨始	涨急		退始	退急	
		时分	时分	流速	时分	时分	流速	时分	时分	流速	时分	时分	流速
1	23	0219	0441	105	0828	1245	093	1543	1708	031	1917		
2	24	0304	0547	083	0939	1338	076	*	*	*	*	0004	080
3	25	0415	0732	066	1118	1603	067	*	*	*	*	0051	062
4	26	0608	0921	066	1256	1744	087	2114	2239	015		0210	045
5	27	0744	1031	080	1410	1841	102	2129	2323	044	0028	0537	050
6	28	0849	1115	095	1502	1929	111	2152	2351	070	0217	0648	073
7	29	0936	1151	107	1542	2012	116	2216			0312	0740	091
8	30	1014	1223	115	1613	2049	116	2243	0018	092	0353	0823	103
9	3*	1049	1254	120	1640	2120	114	2310	0046	109	0426	0859	109
10	2	1121	1323	121	1705	2144	112	2339	0114	119	0457	0930	110
11	3	1154	1352	116	1730	2203	110		0142	123	0526	0955	110
12	4	1226	1420	105	1754	2223	107	0006	0209	122	0556	1020	109
13	5	1300	1450	088	1814	2243	101	0033	0236	119	0625	1047	106
14	6	1337	1523	067	1830	2302	090	0058	0308	113	0657	1116	100
15	7	1421	1601	042	1838	2324	077	0122	0343	103	0732	1148	090
16	8	1528	1648	017	1831	2340	063	0149	0425	090	0814	1225	078
17	9	*	*	*	*			0222	0520	075	0914	1312	066
18	10	*	*	*	*	0034	049	0313	0639	060	1040	1417	059
19	11	2021	2204	022		0157	040	0458	0852	062	1207	1550	062
20	12	2036	2243	054	0002	0332	046	0659	1000	082	1318	1746	074
21	13	2105	2315	086	0132	0452	064	0810	1046	103	1412	1854	086
22	14	2139	2346	113	0229	0645	082	0904	1124	121	1457	1943	097
23	15	2214			0314	0756	102	0952	1159	133	1537	2026	106
24	16	2252	0018	133	0356	0844	116	1035	1233	137	1613	2105	112
25	17	2329	0051	144	0437	0927	125	1117	1309	132	1647	2141	116
26	18		0127	149	0518	1006	128	1200	1346	120	1719	2213	114
27	19	0006	0204	144	0600	1043	126	1245	1427	101	1749	2241	109
28	20	0044	0246	135	0644	1119	119	1333	1511	075	1816	2303	100
29	21	0121	0332	120	0731	1156	108	1432	1604	047	1842	2319	088
30	22	0201	0429	101	0826	1237	094	1552	1714	021	1908	2346	073

1)使用《潮汐表》查算潮汐

(1)利用潮汐表求正点潮的潮时和潮高

[例 1] 求 1986 年 4 月 6 日江阴港的高低潮的潮时、潮高。

解: 由《潮汐表》(表 2-5)查到江阴港 4 月 6 日的高低潮的潮时、潮高如下表:

<table>
<tr><th colspan="2">高　潮</th><th colspan="2">低　潮</th></tr>
<tr><th>潮　时</th><th>潮　高</th><th>潮　时</th><th>潮　高</th></tr>
<tr><td>0257</td><td>212</td><td rowspan="2">1120</td><td rowspan="2">094</td></tr>
<tr><td>1518</td><td>252</td></tr>
</table>

可以看出,江阴港在 4 月 6 日只发生一次低潮,因为我们所介绍的每天有二次低潮,是指在一个太阴日内,而《潮汐表》是按太阳日编制的,故缺一次低潮。

(2)用内插法(interpolation method)求非正点潮时的潮高

[例 2] 求 1986 年 4 月 18 日青龙港 1710、0930 时的潮高。

解: 0930 的潮高根据青龙港 4 月 18 日 0900 与 1000 的两潮高进行内插求得。

0900 潮高 269,

1000 潮高 246

0930 潮高为:$(269+246)/2=258$(m)

1710 的潮高根据青龙港 4 月 18 日 1700 与 1800 两潮高进行内插求得。

1700 潮高 149,

1800 潮高 183

1710 的潮度为:$149+\dfrac{183-149}{60}\times 10=155$(m)

注:内插法求非正点潮的潮时和潮高是不准确的。因潮汐的涨落是按余弦曲线变化的,而内插法是按线形变化计算的,故只是近似值。

(3)利用《潮汐表》推算潮高,确定船舶的安全通过时间

〔例 3〕 青龙港某浅水区水深为基准面下 2.7m,某船首吃水为 4.6m,尾吃水为 4.55m,计划于 1986 年 4 月 16 日通过该处,何时可以开始通过?截止到何时便不能通过?

解: 该船通过此浅区需要利用的潮高为:$4.6+0.2-2.7=2.1$(m)

查表得知:青龙港 4 月 16 日	潮时	潮高(m)
第一次高潮	0427	361
第二次高潮	1717	277
第一次低潮	0058	101
第二次低潮	1347	113

①第一次低潮到第一次高潮的涨潮过程中,涨潮率为:

$$(3.61-1.01)/(0427-0058)=0.74 \quad (\text{m/h})$$

②在第一次涨潮中,由第一次低潮潮面到通航潮面尚差潮高为:$2.1-1.01=1.09$(m)

③涨 1.09m 需要的时间为:$1.09/0.74=1.5$ (h)

即该日 $0058+0130=0228$ 后即可通过。

④在第一次高潮到第二次落潮过程中,落潮率为:

$$(361-113)/(1347-0027)=0.27 \quad (\text{m/h})$$

⑤在第一次落潮中,由第一次高潮潮面到通航潮面须降潮高为:$3.61-2.1=1.51$(m)

⑥落 1.51m 需要的时间为：1.51/0.27 = 5.6(h)

该轮安全通过浅区的截止时间为：0427 + 0536 = 0963 = 1003

答：该轮当日能利用潮高通过浅区时间为 0228 - 1003

同样可以计算第二次低潮到第二次高潮的通过时间(即下午通过时间)。

(4)利用潮流表求涨落潮时

［例 4］ 求南通港 1986 年 4 月 4 日的涨始和落始。

解： 先查得新开河的涨始：0608 及 2114，先将其提前一小时，即 0508 及 2014，换算为吴淞的潮时(新开河潮时比吴淞推迟 1h)，然后加上南通港对于吴淞口的涨潮潮时差为 3.5h，即得该港的涨潮时间为：0508 + 0330 = 0838

2104 + 0330 = 2344

又知：南通港的平均涨潮历时为 4.2h，落潮历时为 8.2h

南通港的落潮时间为：0838 + 0412 = 1250

2344 + 0412 = 2756(这实为 4 月 5 日的第一次落涨潮时，不符合题意，1250 为 4 月 4 日第二次落始，那么第一次应为：0830 - 0812 = 0026

综上可知：4 月 4 日南通港涨始和落始为：第一次涨始：0838

第一次落始：0026

第二次涨始：2344

第二次落始：1250

2)经验方法推算潮时

在没有潮汐表的情况下，可利用经验方法推算主港及附港潮时，其方法如下(以长江为例)：

(1)根据历年资料知道，吴淤每月农历初一的第一个涨始时间平均是上午 9 点 24 分，即 $K = 0924$

(2)由于潮汐主要是受月球影响，因此，在推算时应用农历日期(n)。同时，潮汐周期平均是半月重复一次，故农历初一与十六，初二与十七，相对应的依次类推，即计算初一涨始时间，也就是十六的涨始时间。

(3)根据月、地运行相对关系，某地月中天时间逐日推迟 0.8h 的原因，潮时也逐日推迟，以此来推算隔日潮时。

(4)一般为半日潮类型，即在一个太阴日内潮时相隔时间为 12h25min。

(5)先求出吴淞潮时，再推算各附港潮时。涨潮始时为 T，主副港潮时差为 ΔT。

(6)计算公式为：

初一到十五，$T = K + (n - 1) \times 0.8 + \Delta T$

十六到月底，$T = K + (n - 16) \times 0.8 + \Delta T$

［例 5］ 求南通港某年 5 月 13 日涨始时间(5 月 13 日为农历初三)。

解： 根据公式 $T = K + (n - 1) \times 0.8 + \Delta T$ 得：

南通港涨始时间为：0924 + (3 - 1) × 0.8 + 0330 = 1430

以上为第二次涨始，第一次涨始应为：1430 - 1225 = 0205

以上方法求出的潮时，仅为参考数字，与具体情况有一定出入，推算时必须考虑当时的季节、水位及气象影响。

［例 6］ 某客轮拟定于某年 11 月 19 日(农历 28)上午 9 时进黄浦江靠十六铺码头，问该船

应靠哪一舷?

解: 查知:十六铺与吴淞的潮时差为 1.0h,涨潮历时 $\Delta t_1 = 5.4\text{h}$,落潮历时 $\Delta t_2 = 7.4\text{h}$,十六铺码头位于黄浦江左岸一侧。

十六铺的一次涨潮始时 $T = K + (n - 16) \times 0.8 + \Delta T = 0924 + (28 - 16) \times 0.8 + 1.0 = 2000$(第二次涨始)

十六铺第一次涨始:$2000 - (\Delta t_1 + \Delta t_2) = 2000 - 0524 - 0724 = 0712$(第一次涨始)

当地当日的第一次落始:$0712 + 5.4 = 1236$

故当客轮 0900 进入黄浦江靠十六铺码头之际,该地正处于涨潮期间(0712 ~ 1236),按逆流靠码头的原则,客轮应掉头靠左舷。

复习思考题

1. 简述潮汐形成的原因。
2. 什么是大潮和小潮?
3. 地球上的潮汐有哪三种? 各有何特点。
4. 试解释潮高、高(低)潮、涨(落)潮历时、平潮、停潮、潮差、潮龄。
5. 河口潮汐有何特点?
6. 什么是潮流界、潮区界和感潮河段?
7. 如何识别潮汐表?
8. 如何进行潮汐推算?

第三章　河流演变

【内容提要】 著名哲学家亚里士多德曾说过这样一句名言:没有人跨过同一条河流。这是因为河流总是处于不断的变化和发展过程中。为了全面深入认识河流的客观规律,建立河道动态概念,掌握河道变化对船舶航行的影响,本章根据水流、泥沙、河床三者的有机联系,阐述了泥沙运动基本规律和河床演变基本原理,由此重点分析了山区河流和平原河流一般特性和演变规律。

在天然河流中,由于水流与河床的相互作用,河流总是处于不断的变化和发展过程中,这种变化又是相当复杂的,为了深入认识变化的河流,驾驶人员应从本专业的角度了解泥沙运动(sediment movement)基本知识和河床演变(river bed variation)的基本原理,以掌握河道的变化对船舶航行的影响。

第一节　泥沙运动的基本知识

河流是水流与河床长期不断相互作用的产物,挟沙的水流作用于河床,使河床发生变化;河床又反过来作用于水流,影响水流结构。二者构成一个矛盾的统一体,相互依存,相互影响,相互制约,从而推动河流永远处于变化和发展过程中。

水流对河床的相互作用是通过它们之间的泥沙交换来实现的,泥沙交换受紊动水流特性所制约。认识泥沙运动一般规律是研究和掌握河床演变基本原理的重要基础。

一、河流的工作

河流是具有能量的,这种能量的大小取决于水流所具备的位能和动能大小。因此,河流具有做功的能力,但很大部分消耗于造床做功。河流的工作,有侵蚀、搬运和沉积三个过程。

1. 侵蚀

是指水流的冲刷(erosion)。流域地表的岩石和土层,不断地受到水流的冲刷与溶解,风的吹扬和热胀冷缩,由坚硬变为疏松颗粒,又被流域坡面的水流从高处带到低处,最后落入河中,被河水带走。流域坡面的水流越强,土壤越易被冲刷;流域的坡度越陡,则从坡面冲刷下来并落入河中的颗粒越大,侵蚀更为强烈。侵蚀的结果,给河流带来很多泥沙来源,并使河床发生变形。侵蚀分为深侵蚀和侧侵蚀两个方面。

1)深侵蚀:指侵蚀作用朝纵深方向发展,使河床的深度和长度(溯源侵蚀)增加而发生纵向变形。在山区河流,水流水面比降和流速大,冲刷能力强,一般以深侵蚀为主。

2)侧侵蚀:指侵蚀作用朝向两岸,使河床加宽或发生平面变形。在冲积性平原河流,由于比降、流速较小,水流堆积作用明显,一般以侧侵蚀为主。

事实上,以上两种变形是错综复杂交织在一起的,在某一河流(段),既有纵向变形,又有横向变形。河流的侵蚀作用,使河流不断发育壮大。

2. 搬运

搬运(carry)是指水流把侵蚀下来的泥沙(包括块石、卵石)以推移或悬移的运动形式往下游输移。泥沙的运动形式,与其本身粒径的大小、在河床上所处的位置以及水流条件等因素有关,故分为推移质运动和悬移质运动。

1)推移质运动

在河流中泥沙一颗一颗地沿河床滚动、滑动或跳跃前进,运动一阵,停止一阵,呈间歇性。运动着的泥沙与静止的泥沙经常发生交换。前进的速度远较水流速度为小。把这类泥沙叫做推移质(bed load),在水流所搬运的泥沙中属于比较粗的一部分。

推移质又可分为接触质、跃移质和层移质三种。当水流速度足以使河床上的泥沙颗粒发生运动时,突出在床面上的颗粒,便开始以滑动或滚动的形式向前运动。这种滑动或滚动的泥沙,在运动中始终保持与床面接触,所以叫接触质。接触质在推移质运动中为数不多,因其重量和粒径相对较大。当滚动的泥沙颗粒滚动到有利位置,并且上举力突然加大时,就会从床面跳起来,泥沙升离床面以后,与速度较高的水流相遇,并被该水流挟带前进。当运动一段距离后,在重力或向下漩涡的作用下,又会回落到床面上。在条件适宜时,回落的泥沙又重新跳起来,重复上述过程。这种在床面附近采取跳跃形式前进的泥沙叫跃移质。跃移质是推移质的主要运动形式。当水流速度超过某一限度以后,河床表层以下的泥沙,将作剪切运动,成层移动或滚动的泥沙,称为层移质。

推移质运动达到一定规模的地方,河床表面便形成起伏的沙波(sand wave)。沙波运动是平原河流推移质运动的一种主要形式。如图 3-1a)所示,沙波向上隆起的部分称波峰,向下凹入的部分称波谷;相邻两波峰(或波谷)之间的水平距离称波长(λ),波谷底至波峰顶的垂直距离称波高(h),沙波的迎水面(迎水坡)较平坦,背水面(背水坡)较陡峻。沙波表面附近的水流流速是不均匀的,波谷处最小,波峰处最大。当水流越过波峰后产生分离现象,形成绕横轴环流(或称为滚流),在其上下出现两个正、负流速之间的停滞点 A_1 和 A_2,此时坡谷背水面(A_1 至 A_2 的范围内)的水流速度将出现负值,而波谷以下的迎水面的水流流速仍为正值。由于沙波的运动状态与沙波表面附近的流速分布密切相关,故流速分布使停滞点 A_2 以下的迎流面成为冲刷区,停滞点 A_2 以上的背流面成为淤积区。冲刷和淤积不断向下游发展,使整个沙坡以缓慢的速度向下游运动。如图 3-1b)所示。

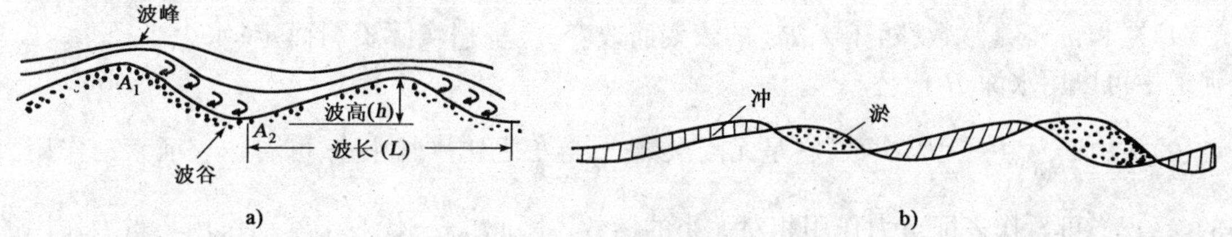

图 3-1　沙坡运动

a)沙坡形态;b)沙坡移动

沙波运动具有两个重要特点:一个是泥沙颗粒的分选作用。即从迎水面来的泥沙颗粒在进入背水坡漩涡区后,粗的留在谷底,而细的却被在负流速作用下沿着背水坡向上运动,这样就形成上细下粗的分层淤积;另一个是沙波表面的泥沙运动的间歇性。在迎水坡运动的泥沙落入背水坡后就不再前进了,要等到这些泥沙再次处于下一个沙波迎水面时才继续运动。

在天然河流,沙坡大小不定,较大的沙波可达数百米,高达数米以上,沙波运动使河道变化复杂,有时会造成碍航,特别是当较大的沙波经过浅滩脊的时候,便有可能给船舶航行带来一定的困难。弯道的沙波则可能使沿凸岸缓流上驶的船舶(队)发生袭浅或搁浅的事故。

2)悬移质运动

在一定水流条件下,泥沙在水中浮游前进,顺水流前进的速度与水流速度基本上相同。浮游的位置时上时下,较细的泥沙能上升至接近水面;较粗的泥沙有时停留与河床面泥沙(简称床沙)发生置换现象,但主要还是以浮游前进为主的,这一类泥沙称悬移质(suspended load)。

悬移质的泥沙,远较水的密度大,之所以能抗拒重力作用浮于水中实现远距离的输移,主要是因为水流紊动扩散作用所致。当水流速度超过一定数值后,水流紊动加强,水流中充满了大小不同的漩涡。若漩涡尺度比泥沙粒径大,且漩涡的向上分速超过泥沙的沉速时,泥沙就悬浮起来,反之,泥沙就要下沉。紊流漩涡的向上分速大小又和断面平均流速大小有关,可用下式表示:

$$v = 0.17(VH)^{0.46}$$

式中:v——向上分速(m/s);

V——断面平均流速(m/s);

H——水深(m)。

所以说,水流速度大,泥沙就容易悬浮,反之,就易沉积。泥沙颗粒的悬浮与流速的变化有着密切关系。

悬移质的多少,决定着河流含沙量的大小,其饱和含沙量可用下式表示:

$$S_* = K\left(\frac{V^3}{gR\omega}\right)^m$$

式中:S_*——饱和含沙量(kg/m^3);

V——断面平均流速(m/s);

R——水力半径(m);

K——有量纲系数(kg/m^2)

g——重力加速度(m/s^2);

ω——床沙质沉速(m/s);

m——指数。

说明:

(1)K 和 m 不是常数,随 $V^3/gR\omega$ 的改变而改变,应根据实际资料而定;水力半径 R,在宽浅河道中可以用水深 H 代替。

(2)式中$\frac{V^3}{gR\omega}$为一无因次数,它是无因次数$\frac{V^2}{gR}$与$\frac{\omega}{V}$之比。其中$\frac{V^2}{gR}$可看作表征紊动作用大小的参数;$\frac{\omega}{V}$可看作表征重力作用相对大小的参数。因此,$\frac{V^3}{gR\omega}$代表了紊动作用与重力作用的对比关系,其值越大,则紊动作用愈强,S_*越大。

挟沙水流都是紊流,其中不同水深处的含沙量是不同的。水流紊流漩涡不断掺混会引起各水层间泥沙相互交换;同时,泥沙比水重,在重力作用下将要下沉。这两种作用相结合,使得含沙量浓度通常在接近床面处较大,距床面愈远,则浓度愈低,形成由上稀下浓的不均匀分布。

按照泥沙相对于床沙组成的粗细及来源的不同,运动泥沙又可分为床沙质和冲泻质(wash load)。悬移质中较粗的一部分是床沙中大量存在的,对某一河段来说,这部分悬移质以及绝大部分推移质可以看成是直接来自上游和本河段的河床,是从床沙中被带起进入运动的泥沙,因此称为床沙质。相反,悬移质中较细的一部分以及推移质中极小部分是床沙中很少或几乎不存在的，它们起起源于流域内坡面上的冲蚀，是被水流长途挟带输入到河段，因此称为冲泻质。观察指出，靠近河床附近，各种泥沙不断发生交换。悬移质与推移质之间在不断地交换，推移质和悬移质与床沙之间也在不断发生交换。床沙质数量可以由水流及床沙组成条件决定。床沙质与河床的冲淤变化有密切关系，所以又称为"造床质"。冲泻质却与此不同，它在本河段床沙中几乎没有，主要依靠水流从上游带来，冲泻质泥沙与床沙几乎不发生交换，因而把冲泻质也可以称为"非造床质"。

床沙质与冲泻质既有区别，又有联系，在一定条件下可以相互转化。一般说来，床沙组成上游粗些，在下游细些。由于上游河段冲泻质中粗颗粒在下游河床中大量存在，可以和它们充分交换，所以上游河段冲泻质中的这些粗颗粒泥沙就成为下游的床沙质了。所以，床沙质和冲泻质的划分不是绝对的，而是相对的。

在一定的水流与河床组成条件下，水流在单位时间内所能挟带并通过河段下泄的悬移质泥沙数量叫做悬移质输沙率。在一般情况下，水流所挟带的冲泻质常处于不饱和状态，只有床沙质能处于饱和状态。因此，悬移质输沙率通常只是指床沙质而言的。而水流挟沙力是指在一定水流与河床组成条件下，水流在单位时间内所能挟带并通过河段下泄的沙量，它是指河床处于不冲不淤平衡状态，水流能够输送的包括悬移质和推移质在内的全部沙量。由于悬移质在河流输沙总量中常常占主要部分，在冲积性平原河流中更是如此。例如长江宜昌站资料表明，推移质年平均输沙量仅占年输沙总量约 1.75%，其余都是悬移质。所以，水流挟沙力(总输沙率)是以悬移质输沙率为主。

3. 沉积

沉积(deposition)是指泥沙在水流挟带过程中，由于流速的减小，使水流挟沙能力降低，泥沙颗粒便由运动状态变为静止状态，沉积于河槽中。

任何一条河流的流速都是从上游往下游递减，故挟沙能力也是从上游往下游递减，而沉积则从上游往下游递增。因此，常在上游河床上发现块石或卵石，而在下游河床上只有细颗粒泥沙，这就是河口地区发生大量泥沙淤积的主要原因。

侵蚀、搬运、沉积是河流工作的统一过程。没有侵蚀就没有什么可以搬运，没有搬运就不可能产生沉积。河流的工作是永远朝着一个方向进行的。整个过程的趋势似乎是要削平大陆，填平海洋。通过这一过程，河流本身也逐渐壮大起来。

二、泥沙冲积物

泥沙的运动与流速有密切关系，而在河槽中流速的分布是极不均匀的，加之河槽底部常常起伏不平，使泥沙在河槽中发生冲刷和淤积也是不均匀的，如果淤积大于冲刷，从而产生各种泥沙冲积形成物，简称泥沙冲积物(wash over)。它们对船舶航行有着不同的妨碍和影响。这里介绍几种与船舶航行有关的常见泥沙冲积物。

1. 边滩

河槽中与一岸相连的大块带状的泥沙冲积物，称边滩。山区河流一般系由沙和卵石所组成，在川江称为碛坝。

通常它与凸岸相连接，有时在枯水期也可能出现在凹岸旁。边滩随着泥沙沉积的增加而逐渐变大，在弯道环流的作用下，它的平面特征是向下游斜伸的。与大的边滩相连或与河岸相连的小突嘴称沙嘴。依附于边滩而伸向下游或对岸的形似锯齿的小沙嘴称沙齿。在两相邻沙齿间，有一深坑，称这沙齿后坑。如图 3-2 所示。

沙齿所在的水平面上，有着明显的水文特征。一般沙齿上方水面平滑，水色较亮，呈淡黄色。沙齿后方水色较暗。有风时这种特征完全消失。但上水船经过时，船波在沙齿的位置，确定缓流航道的岸距。

边滩演变的主要方式有：边滩向下游移动；在平面上的增大，高度的增加；尾部切割成江心洲；边滩增长与枯水期河岸长合；两个相对边滩联成浅滩；边滩被冲毁。如图 3-3 所示。

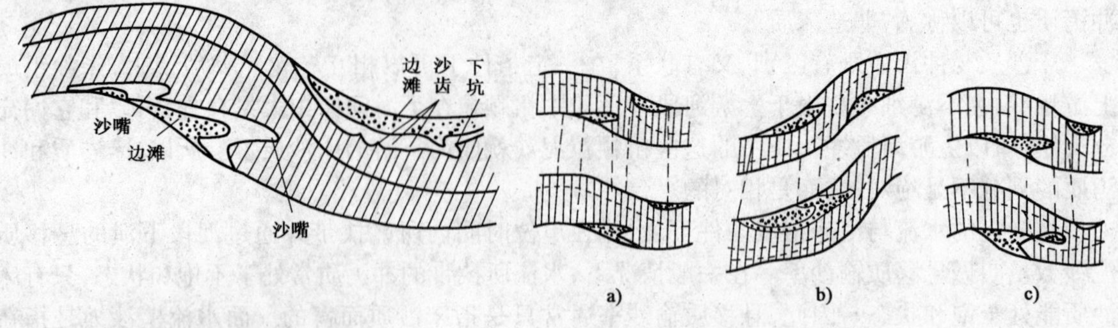

图 3-2　边滩平面图　　图 3-3　边滩演变方式示意图

2. 冲积堆

由于支流与干流汇合处流速变慢，原来由支流或山溪所挟带的粗颗粒，如砾石、沙石、甚至块石等，便在河口处沉积下来，形成冲积堆(alluvial cone)。特别是在山洪暴发的情况下，沙石大量被挟带而下，沉积在河口或沟谷口，严重者能将河槽几乎完全阻塞，须进行开挖，才能通航。如图 3-4 所示。

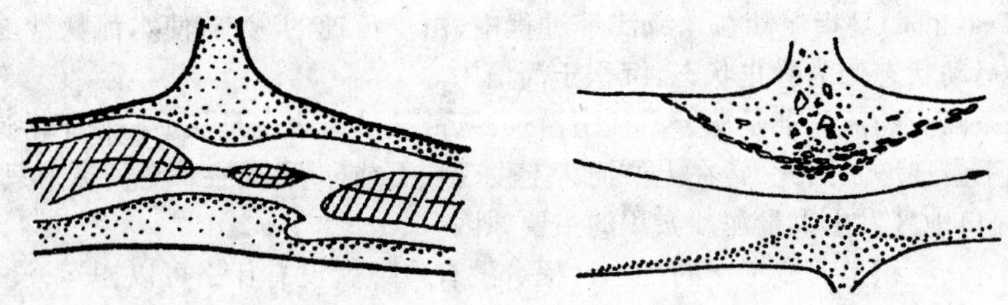

图 3-4　冲积堆(扇)示意图

3. 沙包

沙包(movable sand heap) 多产生于宽浅散乱和游荡型浅滩河段上，在某一水位期，因河面宽阔、水流分散，流速减慢，或因沉船、沉树等偶然因素，常在河床上形成一些碍航的泥沙淤积体，称沙包。

因偶然障碍物而产生的沙包，它的断面与沙波的断面是不同的。这种沙包前坡陡峭，后坡平缓。沙波则相反，前坡平缓，而后坡陡峭。如图 3-5 所示。

沙包大多数是不稳定的，当它的形成原因消失后，很快就会被冲刷掉。但在散滩上形成的沙包稳定性大，有时可能连接起来成为江心洲。

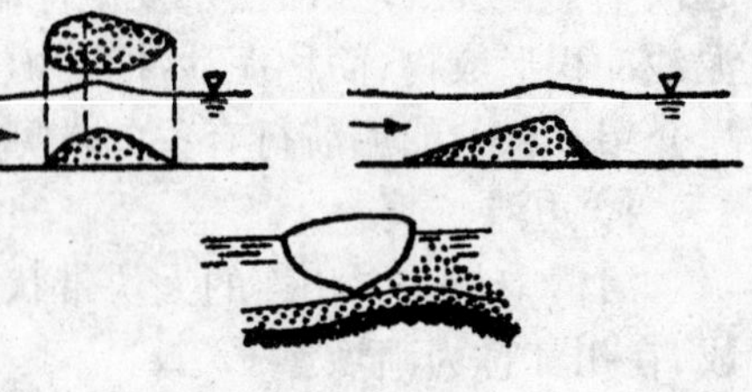

图 3-5　沙包

4. 江心洲

河槽中四周环流的水上或水下泥沙冲积物称为江心洲(grassed island)。水下江心洲一般称潜洲。

江心洲的形成原因(图 3-6)有：

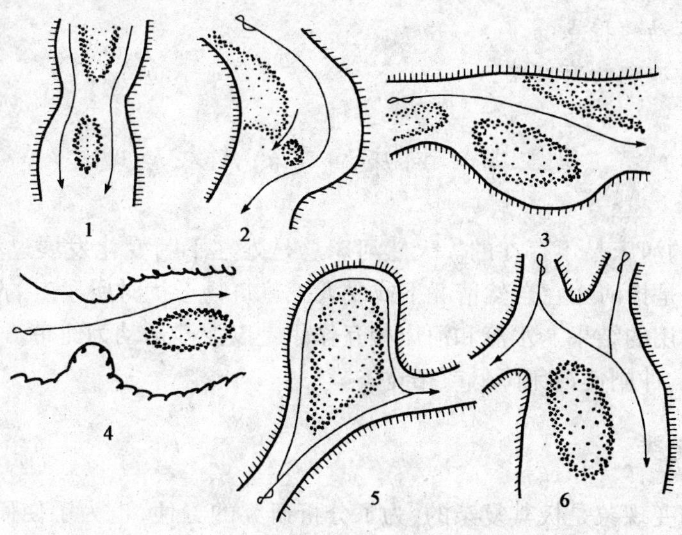

图 3-6 江心洲的形成

1)边滩尾部被水流冲刷而脱离边滩。这种江心洲是不稳定的。

2)两条河流汇流后,水流的流速和挟沙能力降低,引起泥沙沉积,形成江心洲。

3)河槽平面形态发生急变,使水流情况也随之改变,如在河槽束窄的上方有壅水,泥沙因之沉积,形成江心洲。这种江心洲是十分稳定的。

4)河道裁弯取直。

江心洲也与边滩一样,随着时间的推移而变化。在比较稳定的江心洲上,常会长满植物,江心洲也会逐渐向下游移动或在一定条件下与河岸连接起来,大的江心洲也可能被某一次洪水分割成几个江心洲。

植物对江心洲的增长和稳定有巨大的影响,植物越茂盛,江心洲增长越快,它抵抗冲刷的能力也越大。

此外,在石质河槽中常有各种各样的残存基岩和石岩冲积物,主要的有石梁、石嘴、石质江心洲、孤石、石槛等。

石梁——河槽中长形岩石。

石嘴——由河岸突出于河槽中呈三角形的礁石。

石质边滩和石质江心洲——由礁板、块石或卵石等组成的边滩和江心洲。

孤石——单独矗立于河槽中的独石。

石槛——拦截河槽,能引起壅水和跌水现象的石梁或块石。

泥沙冲积物是河流的自然组成部分,有的在河岸或者在河中,有的在水上或者在水下,有的为石质或者为沙质。无论位置和组成如何,它们都是船舶航行的碍航物,因此,驾驶人员必须充分熟悉航道,熟记它们位置和高程,在引航中必须避开这些碍航物的不利影响,否则难免有搁浅、触礁等事故的发生。

复习思考题

1. 简述河流工作程序中有哪几个过程?

2. 泥沙运动的基本形式有哪些?

3. 简述沙波运动的特点。

4. 常见的泥沙冲积物有哪些?

第二节　河床演变的基本原理

静止的、不变的河床是不存在的。天然河床总是处在不断变化发展过程之中。河床演变(river bed variation)是指河床在自然情况下或受人工建筑物干扰时所发生的变化。这种变化是水流和河床相互作用的结果。水流和河床相互作用是以泥沙运动为纽带。泥沙的淤积使河床升高或束窄;泥沙的冲刷使河床降低或拓宽。

一、河床演变分类

冲积河流的演变现象是极其复杂的,为了分析研究的方便,也为了使研究更具针对性,可以根据某些特征从不同侧面加以分类。

按河床演变的时间特征,可以分为长期变形和短期变形两类,或叫多年演变和年内演变。例如黄河下游河床近30年内平均抬升2m以上就属多年长期变形。而川江放宽段,汛期淤积、汛后冲刷的现象则属于年内的短期变形。

按河床演变的空间特征,又可分为长距离变形及短期变形两类。如黄河下游的河床抬升波及下游800km的范围,自然属于长距离变形,而川江放宽段的淤积范围不过几百米,应属于短距离变形。

按河床演变的形式特征,可分为纵向变形和横向变形。纵向变形是指河床沿纵深方向发生的变化,如河床的冲深或淤高。横向变形是指河床与流向垂直的两侧方向发生的变化,如弯道的凹岸冲刷与凸岸的淤积。

按河床演变的方向性特征,可分为单向变形和复归性变形。单向变形是指河床的单向冲刷或淤积,例如水库坝下游的清水冲刷或坝上游的浑水淤积。复归性变形是指河床有规律冲淤交替现象,例如过渡段沙梗亦即浅滩的汛期淤积,汛后冲刷。

河床的整体变形也是河床组成部分变形的综合体现。因此河床变形又可细分为其各个组成部分的变形,如边滩变形、江心滩及江心洲变形、深槽变形、河岸变形以至小尺度沙波运动所产生的变形等。

河床变形还可以分为自然变形和人工变形近。代冲积河流的河床演变受人工干扰十分严重,除水利枢纽的兴建会使河床演变发生根本性的变化外,其他如河工建筑物、大桥、过河管道以及从河床大规模取土等,也会使河床发生巨大变化。

上述河床的分类,有些是从不同侧面来描述同一事物。如大型河流的下游的河床抬升,就可看成是长时期、长距离、沿纵深方向的单向变形,而水库淤积和坝下冲刷也是同样是如此;而另一些则是交织在一起的,例如水库变动回水区的浅滩淤积和冲刷,既是水库长时期、长距离、沿纵深方向的单向变形的组成部分,而本身又有短时期、短距离、沿纵深方向的复归性变形的某些特点。此外,它虽属人工变形,但自然变形的某些特点仍然在某种程度上继续存在。再比如有些河段既有纵向变形,又有横向变形,两者之间往往交织在一起,只是表现的程度不同而已。

二、河床演变的基本原理

1. 河床演变的根本原因

河床演变的具体原因尽管千差万别，但根本原因总是归结为输沙不平衡(disequilibrium of sediment)。具体主要表现在如下几个方面：

1)纵向输沙不平衡

当上游来沙量与本河段水流挟沙力不相适应时，本河段整个河床都将发生变形。当上游来沙量大于本河段水流挟沙力时，水流无力将上游来沙全部带走，会产生淤积，使河床升高；当上游来沙量小于本河段水流挟沙力时，则来沙量不能满足水流挟带的要求，会产生冲刷，使河床下降。这是由河床决定的纵向水流条件与纵向来沙不适应所引起的纵向变形。

2)横向输沙不平衡

在弯道内，由于离心力作用形成横向环流，表层含沙量较小的水流流向凹岸，底层含沙量较大的水流流向凸岸，产生横向输沙不平衡，造成凹岸冲刷，凸岸淤积，这是由河床决定的横向水流条件与横向来沙不适应所引起的横向变形。

3)局部输沙不平衡

在河身突然扩宽处或在"盲肠"河段内，由于水流的分离作用和清浑水的重率差异，将形成回流及异重流，使泥沙源源不断地进入回流区及异重流区落淤。这是由河床和其他一些因素所决定的回流及异重流水流结构与局部来沙不适应所引起的局部变形。

凡此种种，虽然冲淤机理迥然不同，却是异曲同工，从根本上归结为由输沙不平衡引起的水流与河床不相适应的产物。

2. 河床的自动调整作用

由输沙不平衡引起的河床变形，在一定条件下往往朝着恢复输沙平衡，使变形朝着停止的方向发展，这就叫做河床的自动调整作用(automatic adjustments)。但其表现形式则因对象不同而各具特色。

因纵向输沙不平衡所引起的河床变形是一个典型的实例。当河床淤高时，本河段水深减小，比降增大，流速增大，床沙变细，水流挟沙力因而增大。其上游河段则由于淤积的影响而产生壅水作用，水深加大，比降和流速将减小，水流的挟沙力也因而减小。这样一来，上游来沙量将逐渐减小，而本河段的水流挟沙力则逐渐增大，因此淤积将逐渐趋于停止。当河床发生冲刷下降时，情况则与此相反，冲刷将逐渐趋于停止。在后一种情况下，河床因冲刷产生粗化，也能限制冲刷的进一步发展。上述实例涉及的河床自动调整作用，是通过调整水流挟沙力或起动流速来实现的。

由横向输沙不平衡和局部输沙不平衡所引起的河床变形，同样也是朝使变形停止的方向发展的，但机理则很不相同。弯道的凹岸冲刷，凸岸淤积使河槽曲率半径变小，离心力加大，更加重了横向输沙不平衡，这里河床自动调整作用表现为激发起新的不平衡——河槽曲率半径与水流半径不相适应，水流为寻求阻力较小的新流路，通过撇弯取直或裁弯取直来遏制凹岸冲刷的进一步发展。这一实例说明，河床自动调整作用也可以通过寻求阻力最小的途径来实现。至于河槽突然扩宽处或"盲肠"河段的淤积，虽能进入回流区和异重流区的沙量减小，但不能增大这两个区的挟沙力。因此，在无其他因素干扰条件下，淤积将继续进行下去，直至河槽的突然扩宽处或"盲肠"河段进口被完全淤满为止。在这里，河床的自动调整作用是通过消灭回流淤积和异重流淤积的基本原因来实现的。

从上述的论证可以看到,河床的自动调整作用所追求的目标——使变形停止、消灭或缓和引起变形的原因,在各种情况下都是一致的,但所采取的方式则可能很不相同。仅就调整水流挟沙力和起动流速以及调整阻力来说,由于所包含的影响因素较多,可能调整的因素是多种多样的,绝不限于河床的淤高和冲深以及与此相联系的河床比降的改变,还应包括河床的组成,断面形态甚至河相等诸多方面的改变。由于天然河流的各种具体条件复杂多变,这种调整的外在表现将会显得具有一定的随机性。但只要外部条件不发生根本性变化,就平均情况而言,它会有一定的稳定性,河床高程及其比降的调整在许多场合仍然是主要的。

3. 河床变形的重要特性

1)河床变形的绝对性

尽管河床变形通过河床的自动调整作用,将朝着使变形停止的方向发展,即从输沙平衡的方向发展。但是,这种平衡状态只是暂时的、相对的,河床自动调整作用并不能消除河床变形的绝对性。其基本原因是,一方面上游来水来沙条件总是不断变化的,一成不变是不可能的。来水来沙条件的改变,必然引起输沙平衡的破坏,出现新的输沙不平衡,从而促使河床发生变形。另一方面,即使上游来水来沙条件不变,河床上的沙波运动仍然存在,河床仍然处于经常不断的变形过程之中。由此可见,河道中的泥沙运动总是处于输沙不平衡状态。所谓输沙平衡只是对较长时间的平均情况而言,或者只是对较长河段内的平均情况而言,因而只有相对意义。

2)影响河床变形因素的相对性

不同部位,不同性质的河床变形,影响因素并不相同。例如,来水来沙条件的变化对冲积河流的上段影响较大,而侵蚀基点的变化则对其下段影响较大;又如,冲泻质对河槽的主流区的变形几乎毫无影响,而对“肓肠”河段变形的影响则起决定性的作用;再如,来沙量大小对河床的一般变形影响甚大,而丁坝坝头的局部最大冲刷则主要受水流结构及床沙组成影响,来沙量相对较小。因此,在研究一个具体河床变形问题,对影响它的主要因素是需要认真考虑的。

3)河床变形的集中性

由于输沙率与流量的2~3次方成正比,汛期大流量时的输沙强度远大于枯水流量的输沙强度,因此河床变形主要集中在汛期,甚至是汛期的一两次大洪水。作为底沙运动主要体现形式的泥沙成型堆积体的变形仅在汛期才有可能出现,唯一例外是浅滩脊在汛期后会发生冲刷,而冲起的泥沙则堆存在下深槽中。所以,研究河床变形总是以研究汛期的河床变化为重点,即使研究枯水浅水浅滩通航条件问题也不能忽略前者,因为枯水对浅滩的塑造是在洪水期淤长的浅滩基础上进行的。

4)河床变形的滞后性

在自然河流上,水流条件的变化是比较快的,而河床要通过冲淤变化达到与水流条件相适应,须经历一段比较长的时间,而这样长的时间并不总是有条件得到的。因此,河床形态的变化总是落后于水流条件的变化。不仅大的泥沙成型堆积体总是跟不上水流条件的变化,只能反映其平均情况;即使是变化较快的小尺度沙波,往往也跟不上水流条件上的变化,在流量降低时,床面仍存在沙波,因而,恢复不到静平床状态;在流量急剧增大时,沙波来不及冲失,不可能达到动平床状态,这种水流与河床不相对应的情况,在分析河床变形时也要注意。

三、影响河床演变的主要因素

天然河流的河床演变是由多方面极其复杂的因素决定的,一般来说,对于任何一个具体河段,影响河床演变的主要因素通常有如下四项:

(1)上游来水量及其变化过程；

(2)上游来沙量、来沙组成及其变化过程；

(3)河谷比降；

(4)河段的河床形态及河床组成。

其中第(1)、(3)决定了河段水流挟沙力。如果来水量小，河段比降平缓，则水流挟沙力小，反之，若来水量大，河段比降大，则水流挟沙力就大。两者共同制约水流挟沙力，从而影响河床的演变过程。

第(2)个因素决定了河段的来沙量及其泥沙的组成。在一定的水流条件下，若河段的来沙量小，来沙组成较细，则河床易发生冲刷；反之，若河段的来沙量大，来沙量组成较粗，则河床易发生游积。来沙条件的变化也会影响河段的演变过程。

第(1)、(2)、(3)三个因素决定了输沙是否平衡。如果河段来水量小，河段比降平缓，则水流挟沙力小，而上游河段的来沙量大，则形成输沙不平衡，则河床发生游积。如果来沙颗粒较粗，则淤积更为严重。反之，如果河段来水量大，河谷比降较陡，则水流挟沙力大，而上游河段的来沙量小，则河床将发生冲刷。此时，来沙颗粒较细，则冲刷更加剧烈。

第(4)个因素确定了河床的边界条件。河床的形态对水流条件影响很大，在相同的来水量及其相同的变化过程的情况下，河床的形态不相同，其水流条件(如水流动力轴线、流速大小分布、比降等)也就不相同，从而影响河床的演变发展。河段的组成还决定了河床抵抗水流冲刷能力。如果河床与河岸的地质是由疏松沙质组成时，则抗冲能力小，难于抵抗水流冲刷，因而河床变形加剧；如果河床与河岸的地质比较坚硬，抗冲能力强，由于输沙不平衡引起河床发生冲刷时，河床变形将受到一定限制，使变形减小。

此外，来水来沙的变化过程也影响河床冲淤的程度。如洪峰在前，沙峰在后，则河床往往发生淤积；反之，若沙峰在前，洪峰在后，则河床往往少淤或不淤，甚至发生冲刷。

如前所述，河流是水流与河床这对矛盾长期相互作用而成，上述四个主要因素正是水流与河床这对矛盾发展的决定性因素。第(1)、(2)、(3)三个因素决定了水流泥沙条件，第(4)个因素决定了河床边界条件。对冲积性平原河流，第(1)、(2)两个因素起主导作用，即挟沙水流是矛盾的主要方面；对山区河流，第(3)、(4)两个因素起主导作用，即河床边界条件是矛盾的主要方面。

自然河流中上述四因素的复杂多变，使得由它们所决定的河流的河床演变过程也随之复杂多变。不但不同河流各具特色，即使同一河流也变化多端。这就是在研究河流时，不但要研究它们的共同性，而且要研究它们各自的特殊性的原因所在。

复习思考题

1. 河床演变的根本原因是什么？
2. 什么是河床的自动调整作用？
3. 河床变形的主要特点有哪些？
4. 简述影响河床演变的主要因素。

第三节　山区河流的演变

一般大、中型河流的上游，多流经地势陡峻、地形复杂的山区。有的河流，全河可能位于山区。山区河流的河床,大多为原生基岩所组成或部分河段在原生基岩上有卵石覆盖和推移,除受水文年周期和季节性的泥沙冲淤变化影响外,总的说来,河床是基本稳定的。

一、一般特性

在河床特征上,山区河流的河谷受地质构造和岩石性质的影响,构造复杂。因岩性的差异,河谷常呈现峡谷段与宽谷段相间,呈宽窄不一的藕节状外形,在背斜结构(岩层向上凸起的部分)或岩性抗冲性能(如花岗岩、石灰岩)的地区常发展为峡谷河段。在向斜结构(岩层向下凹陷的部分)或岩性抗冲性能较弱地区(如砂岩、泥岩、页岩),常发展为宽谷河段。因所处地区不同,它可能发展为两种类型。

位于两峡谷间的宽谷河段,两岸岩石露头,常可见到褶皱断裂,严重破碎,节理发育现象,因而危岩岩、崩岩、滑坡较多,如川江段的鸡扒子滑坡、青滩垮岩等。

位于丘陵地区的宽谷河谷河段中,两岸山势较低,谷坡平缓,河面较宽阔,常有河漫滩、江心洲等泥沙堆积物,台地也常见。

在水流特征上,由于山区河流坡面陡峻,水面比降较大,越往上游比降越大,大多超过1‰,且沿程分布不均匀,落差往往集中在局部河段上,如金沙江的虎跳峡在 17km 内落差 217m,形成瀑布。在急弯卡口河段,则形成急流滩,出现较大的纵比降和横比降,产生大量不正常水流流态。山区河流流速一般较大,通常在 2m/s 以上,在某些急流滩段,流速可达 7~8m/s 以上。洪水的猛涨猛落也是山区河流重要的水文特点。

二、河床演变

山区河流的悬移质含沙量视地区而异。在岩石风化不严重和植被较好的地区,含沙量较小,相反,在岩石风化严重和植被甚差的地区,不但含沙量大,而且在山洪暴发时甚至能形成含沙浓度极大并携带大量石块的泥石流。洪水期由于坡面径流大,侵蚀强烈,所以含沙量大而粒径细;枯水期则相反,含沙量小而粒径粗,不少山区河流枯水时完全变为清水。山区河流悬移质大多是中细沙和粘土,由于比降和流速大,一般处于不饱和状态,可全部视为冲泻质。

山区河流的推移质多为卵石及粗沙。卵石推移质一般在洪水期流速大时才能起动输移,其运动形式呈间歇性,平均运动速度很低。曾在川江观测几种不同粒径和形态的卵石运动情况,在洪水可动期内,一般运动速度只有 2.8~12.6m/s;在枯水期内则很少运动。山区河流洪水历时一般很短,因此卵石推移质输沙量不大。我国一些山区河流的推移质年输沙量约在悬移质年输沙量的 10%以下。

山区河流的河床多由原生基岩、乱石或卵石组成。鱼鳞状排列是卵石河床常见形式,也有松散堆积。一般在水流强弱适中,持续时间较长,河床发生冲刷之处,多呈鱼鳞状排列;水流较弱,河床发生淤积之处,或水流流速急剧降低时,原来大量推移的卵石迅速停止运动,将来不及分选排列而呈松散堆积。卵石粒常有沿程递减趋势。

山区河流由于比降陡,流速大,含沙量不饱和,有利于河床向冲刷变形方面发展,故河谷横断面多呈“V”字形或“U”字形。但河床多系基岩或卵石组成,抗冲性能强,冲刷受到抑制。因此,尽管山区河流从长期来看是不断下切展宽的,但从短时段来看这种变形却十分缓慢,甚至可以认为是基本不变的。只是在某些河段,由于特殊的边界、水流条件,可能发生大幅度的暂时性的淤积和冲刷。例如:在峡口上段,汛期受峡谷壅水的影响,大量沙卵石落淤,枯水壅水消失,落淤的沙卵石被水流冲走,局部河段的冲淤幅度相当大。如川江瞿塘峡上口的臭盐碛(新开滩),便达20~30m之巨。又如突然放宽段,汛期主流取直,其两侧或一侧可能形成大范围缓流,大量中细沙落淤,汛末主流走弯,淤沙被冲走,如川江金川碛,冲淤幅度高达10m以上。

山区河流演变的另一个特点是易于遭受突然而强烈的外界影响,而产生河床的显著变形。例如地震、山崩、大滑坡等,能在极短时间内将河道堵塞,在其上下游形成壅水和跌水,剧烈地改变水流河床状况。又如山洪暴发时,从支流溪沟倾泻而下的泥石流,挟带大量巨石,堆积溪口,形成冲积扇,侵占河身,甚至全部堵塞河槽,引起水流河床的一系列变化。

此外,因修建拦河建筑物,如大坝等,受坝前水位抬高和顶托,比降、流速减小,改变了原来的水面曲线,使回水区产生了不同程度的泥沙淤积。

复习思考题

1. 简述山区河流的一般特性。
2. 简述山区河流的演变特点。

第四节　平原河流的演变

一、一般特性

平原河流流经地势、土质疏松的平原地区。平原河流的形成过程主要表现为水流的堆积作用。在这一作用下,河谷中形成深厚的冲积层,河口淤积成广阔的三角洲。我国长江口三角洲和黄河下游的华北平原便是这样形成的。

平原河流的冲积层一般都比较深厚,往往深达数十米甚至数百米以上。冲积层的组成视不同高度而异,最深处多为卵石层,其上为夹卵石层,再上为粗沙、中沙以至细沙。在枯水位以上的河漫滩表层部分则有粘土和粘壤土存在,某些局部地区也可能存在深厚的粘土棱体。这种泥沙组成的分层现象与河流的发育过程有关。

平原河流河谷宽广,在河谷中分布有广阔的河漫滩,它在洪水时淹没,在中枯水时露出水面。洪水漫滩后,由于过水断面增大,流速降低,泥沙首先沿主槽(中水河槽)岸边落淤,随着水流向下游及河漫滩侧向漫流,淤积的泥沙数量逐渐减小,粒径逐渐变细,经过长期的淤积,在主槽两侧形成较高的滩唇,河漫滩边缘地带形成一些湖泊、洼地等,使河漫滩具有明显的横比降。

河漫滩为泥沙落淤而成,组成物质较松软,在水流与河床的相互作用下,河流往往在广阔的河漫滩上左右摆动。当一岸受水流冲刷侵蚀,另一岸则淤积形成边滩。边滩进一步发育,又可形成新的河漫滩。河漫滩上常有一些与水流方向大体平行或斜交的狭长沙丘,沙丘之间为地势较低的沙谷。沙丘大小视河流尺度不同而异,一般宽数十米,高数米,长数千米称为鬃岗地形,比较明显的鬃岗地形常见于弯道凸岸的河漫滩上。

中水位以下河流主槽中,在水流与河床不断相互作用下,常形成一系列泥沙堆积体。如:边滩、沙嘴、江心滩等。它们在水流作用下,不断运动变化,相应地使得整个河床也处于不断运动变化之中。

平原河流因系沙质河床,纵剖面不可能有明显的台阶状变化。但同样是深槽浅滩交替,所以河床纵剖面并不是一条光滑曲线,而是有起伏的平缓曲线,其平均纵比降也比较平缓。一般来说,平原河流的平面形态可概括为顺直、弯曲、分汊、散乱四类,而平原河流的横断面也可概括为抛物线形、不对称三角形、马鞍形和多汊形四类。

平原河流的水力特性与山区河流有很大的区别。由于岸坡平缓，土质松散，集水面积大，迳流系数小，因而汇流时间长，洪水涨退比较平缓，水位变幅小，持续时间也相对较长。由于河床纵坡平缓，所以水面比降一般较小，多在$(1\sim10)\times10^{-4}$以下，同时，水面比降的变化也较小。只有在河口段，由于受海平面的控制，洪水时比降有显著增大的现象。另外，大的支流及湖泊汇入给河流的比降产生一定的影响。平原河流的平均流速也小，一般在2~3m/s以下，没有山区河流的跌水和水跃现象。仅在某些局部地段有较大的流速和和强横流。

平原河流中悬移质含沙量及粒径的变化，与流域特性及气象条件有关，这一点和山区河流是一致的。所不同的是，平原河流由于流速较小，并能从河床获取泥沙补给，悬移质含沙量中的床沙质部分，多处于饱和状态。平原河流含沙量及粒径的沿程变化视具体情况而不同。如果多年来河床基本处于冲淤平衡状态，则沿程变化不大或略有减小；如果多年来河床处于不断上升的状态，则含沙量及泥沙粒径均沿程减小。

平原河流中悬移质多为细沙或粘土，推移质多为中细沙。推移质输沙量占悬移质输沙量的百分数较山区河流为小，根据长江资料统计，仅为0.1%~1%左右，荆江河段为0.21%~0.48%。

二、河床演变

平原河流在不同的河段，其冲淤变化也有很大的差异。按平原河流的平面形态的4种基本类型讨论它的变化特点和演变规律。

（一）顺直河段的演变

天然河流中一般并不存在较长的顺直河段，顺直河段通常系指一些河身比较顺直而距离又不太长的河段。顺直河段常与其他类型的河段联结在一起并受后者的影响，但仍保有其本身的特点。例如：蜿蜒河段中比较长的过渡段可视为顺直段河段，两分汊河段之间的单一段也可视为顺直河段。顺直河段本身有独特的演变特性。它又系一种最简单最基本的河型，其他各类河段均可视为这一河型在不同外部条件下发展变化而成的。

1. 河段特性

1）几何特性

从平面外形看，这种河段河身比较顺直，河槽两侧具有犬牙交错的边滩和深槽，上下深槽之间存在较短的过渡段，在此称浅滩，如图3-7所示。顺直河段深泓线纵剖面高程与弯曲河段的相似，沿程起伏相间，但变幅较小。区别顺直河段的主要标志是它的弯曲系数。据长江、北江等30余处顺直河段资料，其弯曲系数都小于1.15。边滩的大小与河道尺度有关，大尺度的河道，其边滩尺度也大；小尺度的河道，其边滩尺度也小。

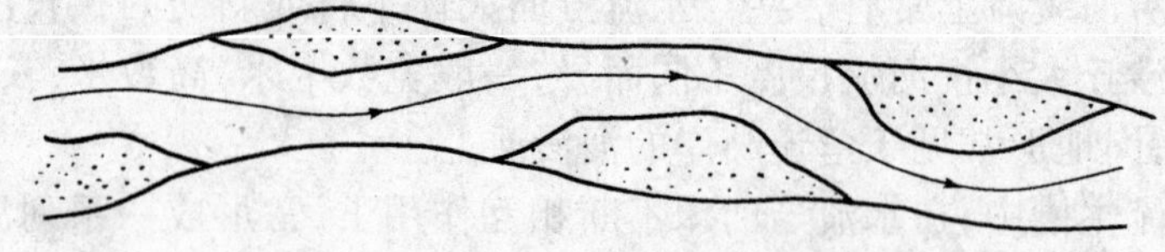

图3-7　顺直河段平面示意图

2）水流特征

对顺直河段水面形态的观测表明，在造床流量（造床作用最大的流量）下边滩头部水位沿程降低，滩尾水位沿程略有升高，而深槽部分则恰好相反。由于边滩的存在，水流在边滩高程以下呈弯曲状态，产生离心力，因而深槽一侧的水位高于边滩的，形成横比降，故顺直河段同样存在环流,但其强度比弯道小得多。

边滩上流速的沿程变化表现为自滩头起沿程增加,至中部达最大值,以后又沿程减小,深槽部分则与此相反。这样的沿程变化与水面纵比降的沿程变化相对应。

顺直河段因为也存在深槽和浅滩,在不同流量下其水流条件的变化也类似于弯曲河段。低水位时,浅滩段水深小,比降陡,而流速大;深槽段则水深大,比降受浅滩壅水的影响而减小,故流速较小。随流量的增加,浅滩和深槽的水流也随之发生相应变化,浅滩段的比降减小,而深槽段的比降增大。这表明低水位时浅滩段和深槽段水深、流速、比降的差别都比较大,而在流量增加后,这些差别逐渐缩小。

3)泥沙输移

从横向输沙看,边滩的推移质输沙率远大于深槽;从纵向分布看,边滩中部输沙率大于滩头和滩尾的。而深槽则相反,中部输沙率小于深槽头部和尾部的,这样的输沙规律是与流速场相对应的。

顺直河段由于环流强度较弱,泥沙横向输沙的强度也较弱,一般从深槽段冲起的泥沙不会达到相对应的边滩。

2. 演变规律

1)边滩向下游移动,深槽和浅滩也随之向下游移动

交错边滩的向下游移动,可以看成是推移质运动的一种体现形式。根据水流、泥沙运动特点,边滩头部的流速和推移质输沙率都是大于滩尾,故滩头表现为冲刷后退,滩尾则淤积下延,于是整个边滩向下游缓慢移动。同一河岸,上一边滩滩尾的淤积下移和下一边滩头部的冲刷后退所引起的两边滩间的深槽变化,则表现为深槽首部淤积,尾部冲刷,整个深槽相应下移。边滩和深槽的下移,使位于其间的浅滩也相应下移,所以顺直河段的演变是通过推移质运动使边滩、深槽、浅滩作为一个整体下移的。如图 3-8 所示。

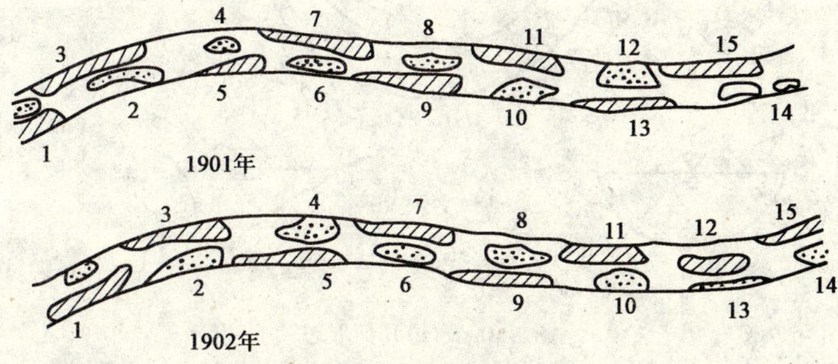

图 3-8 维斯雷河演变

根据水流随流量变化的特点,枯水期浅滩冲刷,深槽淤积,洪水期则浅滩淤积,深槽冲刷。

2)根据河岸土质情况,还可能呈周期性展宽现象

顺直河段由于河岸抗冲性较强,而由沙粒组成的河床活动性则很大,当边滩向下游移动时,两岸可冲刷的河岸为边滩所掩护而停止冲刷。与此相应,以前为边滩掩护的河岸则重新为水流所冲刷,这样,经过一段时间后,在较长的河段内两岸都会发生冲刷,河床逐渐展宽。当展宽到一定程度后,边滩受水流切割而成的江心滩和江心洲。以后一汊淤塞,江心洲又与河岸相联,岸线向河心推进,河道再一次束窄。此后,展宽与束窄又交替出现。如图 3-9 所示。

(二)弯曲(蜿蜒)河段的演变

弯曲(蜿蜒)河段是由正反相间的曲率达到一定程度的弯道和介于其间的长短不等的过渡

段连接而成的，河道蜿蜒曲折，常处于蠕动之中。它是冲积平原河流最常见的一种河型，如长江下荆江段，汉江下游段，黄河流域的渭河下游，海河流域的南运河，淮河流域的汝河下游和颍河下游等，都是典型的蜿蜒型河段，在美国的密西西比河下游也属该类河段。

1．河段特性

1)几何形态

为了从三维空间了解该河型的几何特性，下面按平面、横断面和纵剖面分别加以叙述。

(1)平面形态

它是由一系列有一定曲率而正反相间的弯道和介乎其间的较为顺直的过渡段依次衔接组成。弯道凹入的一岸称为凹岸，凸出的一岸称为凸岸。两反向弯道之间的直线段称为过渡段。其平面特征常从下列几个方面来衡量。如图3-10所示。

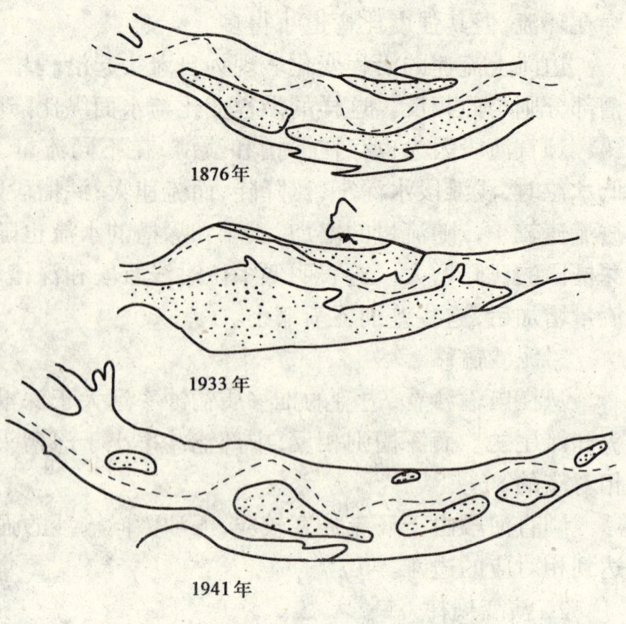

图3-9 伏尔加河沙什卡尔河周期性展宽

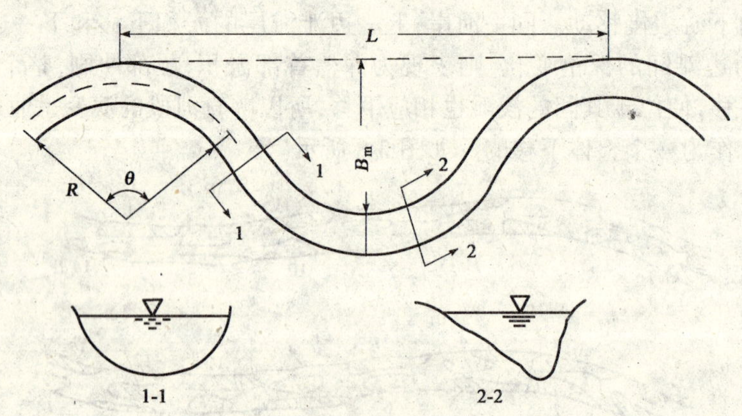

图3-10 弯道几何形态

①曲率半径(R)：弯道中心线的半径称为曲率半径。

②弯曲系数(k)：是指在较长的蜿蜒型河道上，自上游过渡段中点起沿河道中心线走向至最后一个过渡段中点止的曲线长度 L_e 与起点至终点的直线长度 L_1 之比。就单个河弯而言，以上下两个过渡段的中点为标准，沿河槽的曲线长度 L_e 与两点间的直线长度 L_1 之比。很显然，弯曲系数越大，表明其蜿蜒曲折愈甚。通常所指的弯曲河段，其弯曲系数大于1.5。长江中游下荆江段弯曲系数原为2.84，经近些年几次裁弯取直后，降为1.89。

③弯距(L_o)：相邻的三个弯道的首尾弯道的弯顶距离。它表征弯道沿纵向的收缩程度。

④摆幅(B_m)：相邻两弯顶的距离。它表征弯道的横向摆动范围。

⑤中心角(θ)：单个弯道，在曲率半径 R 的弯段内，上游起点和下游终点辐射线所构成的夹角。

(2)横断面

弯道段呈不对称的三角形,凹岸一侧坡陡水深,凸岸一侧坡缓水浅,过渡段基本上呈对称的抛物线形,由弯道段至过渡段断面形态的转变,是沿程逐渐变化的。

(3)纵剖面

其深泓线的高低是沿程起伏相间的,弯道段较低,而过渡段则相对较高。

2)水流运动

蜿蜒型河段的水流运动有其自身的特点。由于弯道的存在,水流发生弯曲,这样水流受到重力和离心惯性力的双重作用,其等压面不是水平的,而是与重力和离心力的合力相垂直,因而水位沿横向呈曲线变化,凹岸一侧的水位恒高于凸岸一侧,这一力学现象决定了弯道水流结构的特点。这些特点主要反映在弯道水面纵、横比降、弯道环流、纵向垂线平均流速、水流动力轴线的变化。

(1)弯道环流

因为凹岸的水位恒高于凸岸的,故形成了横比降,其最大值一般出现在弯道顶点附近,而向上下游两个方向逐渐减小。横比降的存在,使得水流纵比降沿凹岸和凸岸发生相应的变化,在天然河道内弯道上段的水面纵比降,凸岸的常大于凹岸的,弯道下段情况则相反。由于横比降在弯顶附近最大,故在弯顶附近上述现象最为显著。其结果,沿弯道凹岸的水面常成上凸曲线,而沿弯道凸岸则成下凹曲线。如图 3-11 所示。

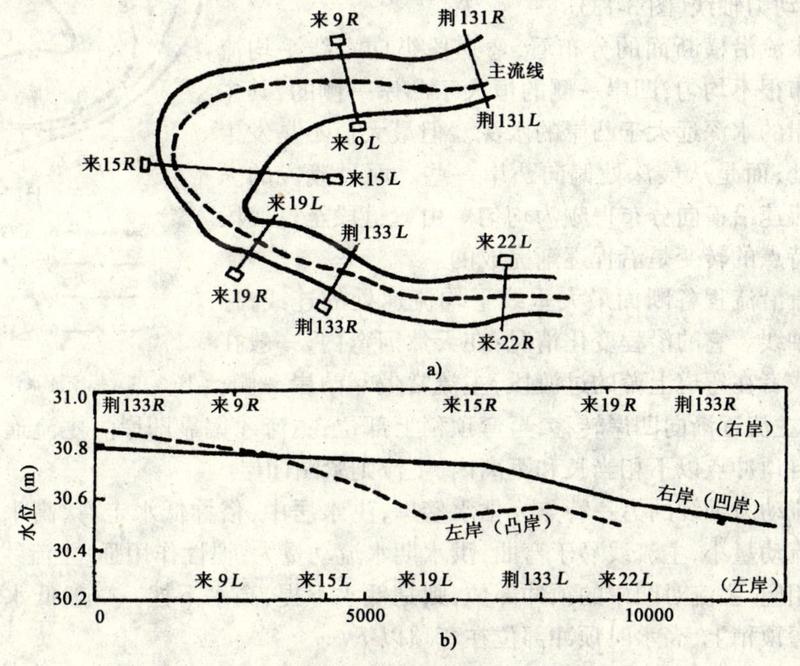

图 3-11　莱家铺瞬时水面线

a)主流线及水尺位置;b)瞬时水面线

现分析弯道上单位水体的受力特点,由于单位水柱体上各点的时均流速 u 是从河底向水面逐渐增大的(图 3-12b),因此所受的离心力 $\rho u^2/R$ 自然也是从河底向水面逐渐增大(图 3-12c)。而由水面横比降产生在同一单位水体上各点所受到的压力差(p_2-p_1)即 γJ_2 则是自河底向水面均匀分布的(图 3-12d)。两者的合力(图 3-12e)结果,必然导致横向环流的产生(在弯道段叫弯道环流),弯道环流的方向,其上部恒指向凹岸,下部恒指向凸岸。

横向环流的强弱在弯道内是沿程变化的。环流强度(μ_z)用横向环流的横向流速大小表示。其大小与水深 h 及垂线上纵向平均流速 U 成正比，与水流弯曲半径 R 成反比。由于横向流速分布与纵向流速分布息息相关，如果采用不同的纵向流速分布公式，所得相应横向流速分

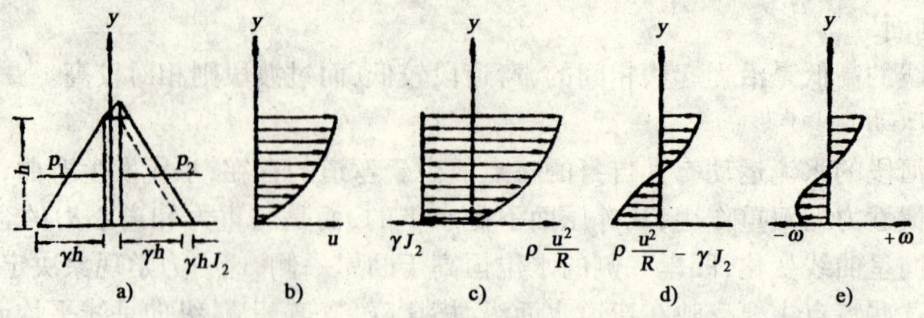

图 3-12 弯道横向环流产生的分析图

布的公式不同，但其基本因素的关系仍为 $\mu_z \propto Uh/R$。沿主流附近考察环流沿程变化，其变化趋势与 Uh/R 的变化相适应，弯顶附近 Uh/R 及环流强度达最大值。由于惯性的作用，弯道出口段的环流强度大于进口段的。另外，环流强度在弯道段横断面的分布也是不均匀的，在弯道段的深槽及主流附近，环流发展得比较充分，进入边滩范围内迅速降低。这种凹岸大凸岸小的分布状态，弯顶断面更为突出。

(2)水流动力轴线(图 3-13)

从纵向水流沿横断面的分布看，弯道段纵向垂线平均流速沿横向分布很不均匀，凹岸一侧的恒大于凸岸一侧的，其主要原因是凹岸的水深远大于凸岸的水深。但最大值不是发生在最大水深处，而是从最深处偏向凸岸一些。而过渡段的纵向垂线平均流速沿横向分布得颇为均匀。由弯道段至过渡段的这种分布特点的转变是沿程逐渐完成的。

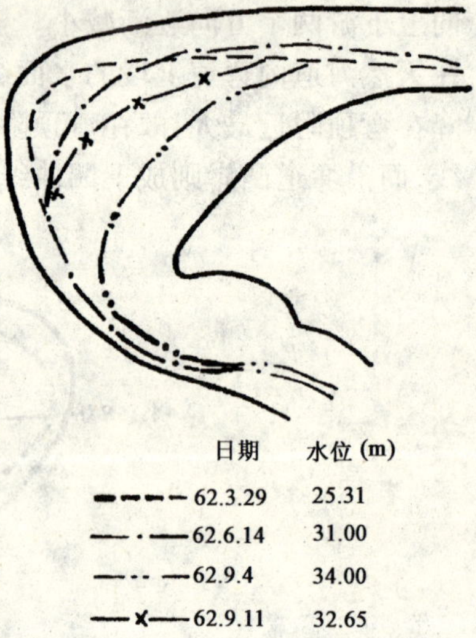

纵向水流沿流程各断面最大垂线平均流速处的连线，称为水流动力轴线。它的沿程变化情况：在天然河弯内，一般在弯道进口段或者在弯道上游的过渡段，主流常偏靠凸岸一侧；进入弯道后，主流逐渐向凹岸转移，至弯顶稍上部位，主流才偏靠凹岸。主流逼近凹岸的位置叫顶冲点。自顶冲点以下相当长和距离内，主流则紧贴凹岸。

日期	水位(m)
62.3.29	25.31
62.6.14	31.00
62.9.4	34.00
62.9.11	32.65

图 3-13 莱家铺水流动力轴线变化图

弯道水流动力轴线的另一特点为枯水傍岸，洪水居中，俗称低水走弯，高水走滩。这是因为枯水期水流动量小，主流线易于弯曲；洪水期水流动量大，惯性作用强，主流线不易弯曲偏离凹岸。与此相应，主流对凹岸的顶冲部位，则是低水下提，高水下挫。一般低水时顶冲部位在弯顶附近或弯顶稍上，高水时顶冲部位在弯顶以下。

从以上介绍的横向环流和纵向水流可知，二者不是各自独立的，而是相互关联的。纵向流速是横向环流赖以形成的基础，横向环流沿程的变化，对纵向流速沿横向和纵向的分布也施加了强烈的影响。因而弯道水流具有强烈的三维性，既不存在理想的二维横向环流，也不存在单纯沿程而下的纵向水流，而是纵向水流与横向水流结合起来所表现出来的螺旋流。螺旋流在弯道横向铅直面的投影，则表现为横向环流。

3)泥沙运动

弯曲河段由于存在横向环流，泥沙运动自有其相应的特点。下面从泥沙运动的横向、纵向输移加以分别讨论，重点在横向环流所引起的横向输沙问题。其实，两个方向的泥沙输移是联

系在一起的。

(1)泥沙的横向输移

横向环流是弯道横向输沙的动力,由于弯道环流下部的输沙率恒大于上部,故横向输沙总是不平衡的。泥沙的横向净输移量总是朝着环流下部所指的方向,亦即凸岸方向。产生这一现象的根本原因,是含沙量沿垂线分布为"上稀下浓",而上下部的横向流量是相等的,上部输移的是含沙量较稀的泥沙,下部输移的是含沙量较浓的泥沙,故下部的输沙率恒大于上部。横向输沙不平衡,还使弯道段悬沙量分布是凹岸一侧较小,靠近凸岸边滩一侧较大。表层含沙量较小、粒径较细的水流,流向凹岸后插向河底,攫取泥沙,由下部环流带向凸岸,故凸岸一侧的含沙量沿垂线分布要比凹岸一侧显得更不均匀,含沙量较大,粒径也较粗;同时由于地形在凸岸边滩附近具有突变性质,故该处悬沙的这些变化也更为急剧,经过在边滩唇及滩面落淤之后,含沙量自然随之减小,粒径随之变细。

弯道过渡段悬沙含沙量分布基本上对称于河道中心线的,沿垂线分布都比较均匀,垂线平均含沙量的横向分布也较均匀,且与垂线平均流速的横向分布大体相适应。结合断面水深可知,这些因素的最大值都基本上居中,而没有显著的偏离。这样的分布特点,与弯道段大不相同,最根本的原因,是与过渡段环流很弱甚至不存在环流的情况相适应的。

(2)泥沙的纵向输移

如不考虑多沙河流,蜿蜒型河段泥沙的纵向输移,从长时间看基本上是平衡的。由上述水力泥沙因素变化所引起的汛期深槽冲刷,浅滩淤积,而枯水期则相反,是一个很规律的现象。就其原因,在后面的弯道演变规律中有专门论述。

前面谈到的泥沙横向或纵向输移,是将横向水流或纵向水流分开考虑的结果。如将这两者结合在一起考虑,并着眼于颗粒较粗的底沙(包括推移质及较粗的床沙质),则泥沙输移存在如下的两个突出特点:一是泥沙的异岸输移和同岸输移,二是泥沙沿程的聚散现象。试验证:由弯道凹岸冲刷下来的泥沙,只有一部分由较强的环流旋度带到本弯道的凸岸淤积下来,剩下的部分被带到过渡段和下一个弯道的凸岸淤积下来,只有很小一部分会淤积在更下游的过渡段和弯道凸岸。以第一弯道的凹岸为标准,淤在同一侧凸岸的称为同岸输移,淤在另一侧凸岸的称为异岸输移,它们是横向输移和纵向输移的综合结果(图 3-14)。因此,淤积在某一凸岸的泥沙应该是上游很多个凹岸冲刷下来的,并不全是本弯道的凹岸冲刷来的产物。另外,上述过渡段淤积及一部分凸岸边滩淤积只有暂时性质,在尔后因水流条件变化而产生的冲刷过程中,这部分泥沙又将被冲走。因此,这些淤积区,特别是过渡段淤积区,又是冲刷区,它们具有泥沙聚散地,也就是泥沙转运站的性质。

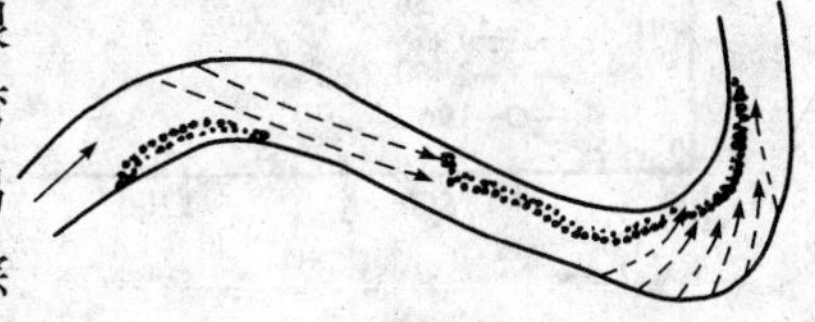

图 3-14　弯道的泥沙输移

2. 演变规律

弯道的演变现象,按其演变过程的缓急程度,可分为两种情况,一是经常发生的一般演变现象,一种是在特殊条件下发生的突变现象。无论哪一种现象都与水流及泥沙运动密切相关。

1)一般演变现象

(1)横断面变形表现为凹岸淤长和凸岸相应淤长。

在弯道环流作用下所引起的横向输沙不平衡是产生这种变形的根本原因。流向凹岸的挟沙较少的表层水流,到达凹岸并折向河底的过程,将从凹岸以及靠近凹岸的河底攫取泥沙,以补不足;流向凸岸的挟沙较多的底层水流,在流向凸岸并转向水面的过程中,将在靠近凸岸处逐渐释放多余的泥沙。当水流在向下和向上运动时，泥沙的重力作用将使水流对泥沙的这种攫取和释放作用加强。这种运动过程的结果，必然导致凹岸崩退和凸岸淤长。如图 3-15 所示。

对于不同的曲率半径的弯道，其泥沙运移情况是不同的，弯道的曲率越大，则泥沙从凹岸冲刷到凸岸淤积所经过的路程越短，反之越长。

实测资料表明，在横断面变形过程中不仅能保持其不对称三角形的断面形态，且冲淤的横断面面积也基本接近相等。

(2)平面变形表现为蜿蜒曲折程度不断加剧，河身不断增加。

产生这种变形的原因，主要是凹岸的不断崩退和凸岸的相应淤长，使河弯在平面上不断发生位移，这个在整个弯道上并不是均匀分布的，而是集中在弯道下半部。产生这个现象一是由于水流动力轴线在弯道的下半部靠近凹岸；二是由于弯顶的环流又较大。其结果是使得弯道曲率变小，中心角增大，河身加长，并且随着弯顶向下游蠕动而不断改变其平面形态。如图3-16所示。

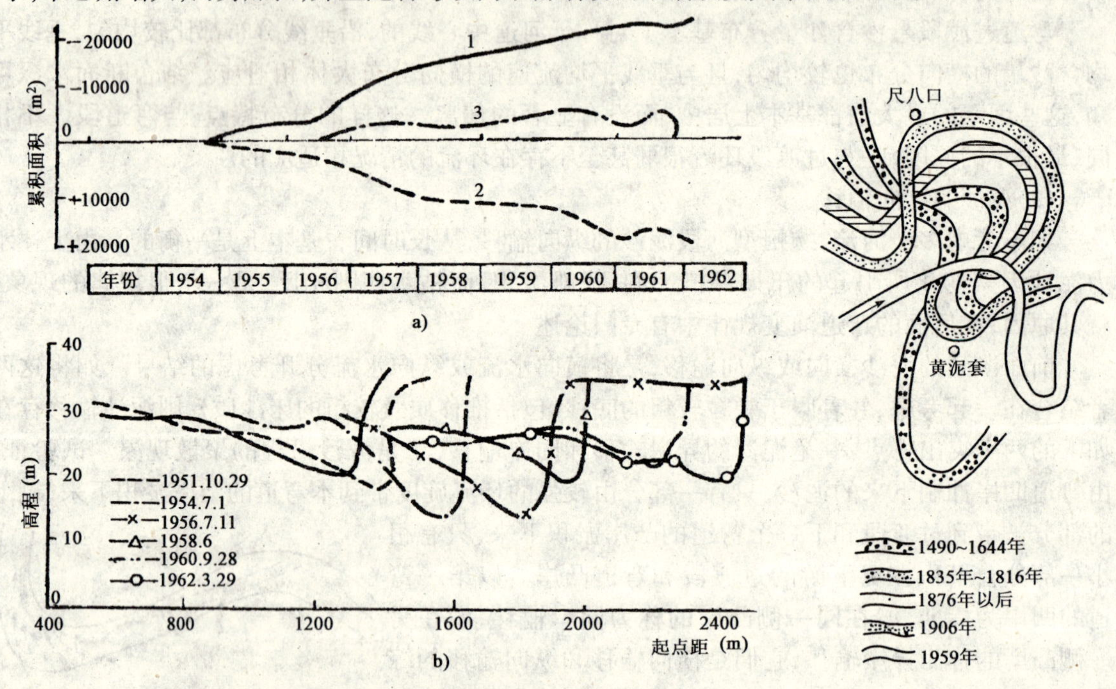

图 3-15　下荆江莱家铺弯顶断面冲淤变化

a)凹岸崩退和凸岸淤长线；b)弯顶横断面变化图

1-凹岸崩退累积线；2-凸岸淤长累积线；3-累积线

图 3-16　下荆江尺八口河弯

平面变形时河弯固然不断变化，但各河弯之间过渡段的中间部位则基本不变，只是过渡段有时加长了些，有时减短了些。也就是说，弯道的平面变形，基本上是围绕由这些中间部位联成的摆轴进行的。这表明，平面变形虽然比较大，但仍有一定限度。

(3)纵向变形表现为弯道段“洪冲枯淤”，而过渡段则“洪淤枯冲”，且冲淤变化在较长时间内基本平衡。

产生这一现象主要与年内纵向水流的沿程变化所生成的水流挟沙力的沿程变化有关。弯道的水流挟沙力，可采用常见的挟沙力参数 $V^3/gH\omega$ 或 $HJ^{2/3}/n^3g\omega$ 作些定性分析。这一参数中比降和断面显然对挟沙力的影响很大。就弯道段而言，洪水期水深很大，比降也大；枯水期水深变小，比降受下游过渡段壅水的影响相应变小。而糙率在枯水期因受断面形态的约束作用，在加上沙波正处在发展阶段，一般比洪水期的大。就过渡段而言，洪水期水深虽然也较大，但比降比枯水期的要小，枯水期水深虽然变小，但比降则比洪水期增大很多。至于糙率与水深的关系大体上与弯道相似。根据这些因素的变化可知，洪水期弯道段的水流挟沙力大于过渡段，使弯道段冲刷，过渡段淤积，而枯水期则相反。

2)突变现象

(1)自然裁弯

弯道的发展由于某种原因，例如河岸土壤抗冲能力较差，使同一岸两个弯道的弯顶崩退，形成急剧的河环和狭颈，狭颈的起止点相距很近，而水位则相差较大，如遇水流漫滩，在比降陡、流速大的情况下便可从狭颈冲开，分泄一部分水流而发展成新河。这一现象称为自然裁弯(natural cut down curves)。这种突变在弯曲(蜿蜒)河段上常有发生。如长江中游"下荆江"段自1860～1949的近90年中，就发生过太公湖、西湖、古长堤、尺八口、碾子弯等多处自然裁弯。汉江下游新沟弯道于1963年也发生了自然裁弯现象。如图3-17所示。

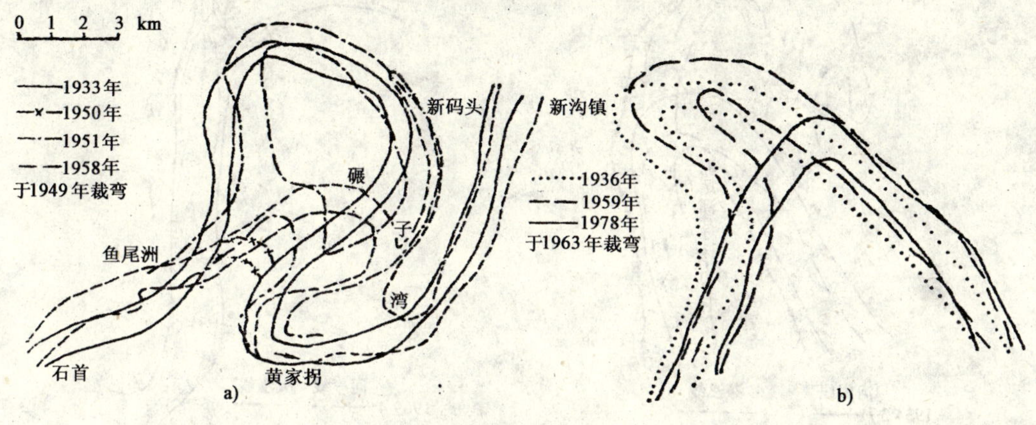

图3-17 自然裁弯

a)长江碾子弯；b)汉江新沟弯

自然裁弯一旦发生，新河由于比降大，流速大，水流挟沙力也大，同时口门往往紧贴上一河弯的凹岸，同时初期进入的为含沙量较低的表层水流，泥沙粒径也较细，来沙量小于挟沙能力，因此新河不断冲深加宽。老河则与此相反，由于比降小，流速小，水流挟沙力也小，同时初期进入的为含沙量较浓的表层水流，泥沙粒径也较粗，来沙量大于挟沙能力，因此老河不断淤浅缩窄。尤其是老河的进口，由于正处在水流挟沙力剧减的最上段，因此淤积得最多。老河的出口，因受回流和异重流的作用，在较短的范围内也有比较多的淤积。随着新河的发展，老河逐渐变成与新河隔离的牛轭湖。当老河完全断流后，新河就成为能通过全河流量的新的单一河道，自然裁弯过程至此全部结束。新河形成后，又逐渐向弯曲发展。

从上述演变过程可以看出，弯曲河段的经常处于运动和发展状态中的，就每一个弯道来说，河长、弯曲系数、弯道中心角、河弯摆幅都在不断增加，而曲率半径则在不断减小。经过一次裁弯便发生一次突变，河长突然减小，河身由曲弯直。自此以后，上述过程又开始重演。

(2)撇弯与切滩

当河弯发展到曲率半径很小的锐弯后，遇到较大的流量，水流弯曲半径远大于河弯曲率半径，这时有主流带与凹岸之间产生回流，而使原凹岸淤积，凸岸边滩切削。这一现象称为撇弯。如长江中游下荆段上车湾就发生过撇弯现象，如图3-18a)所示。

河弯发展成锐弯的主要原因，从水流角度看，主要是连续多年的水量偏小，特别是连续多年的枯水流量偏小，使低水顶冲部位比较固定，加上特定的土壤条件，凹岸土质组成不均匀，下半部土质难冲，而逐渐发展成为锐弯。

这里要指出的是，弯道凹岸演变的一般规律是冲刷，但在出现撇弯现象中是淤积，这说明在某些特殊情况下，反常现象是可能出现的。

河弯曲率半径适中，而凸岸边滩延展较宽且较低时，遇到较大洪水，水流弯曲半径大于河岸的曲率半径较多，这时凸岸边滩被水流切割而形成串沟，分泄一部分流量，这一现象称为切滩。

产生这一现象的主要原因，是遇上连续几年的小水年，凸岸边滩较低，土质抗冲能力较差，为较大的流量提供了切割条件。如长江中游下荆江监利河弯于1970年发生切滩现象，如图3-18b)所示。

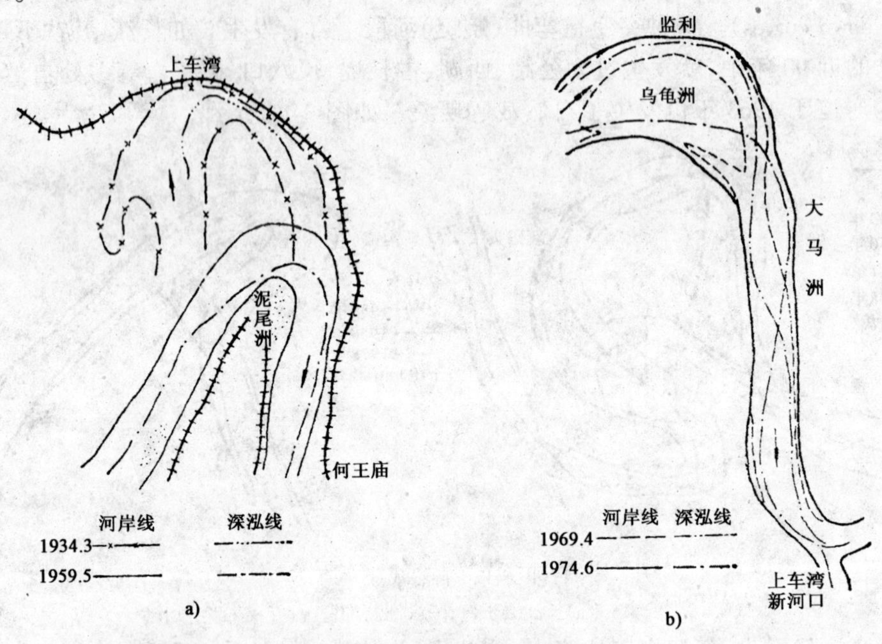

图3-18　上车湾撇弯　监利切滩

a)上车湾；b)监利河湾

自然裁弯与切滩虽有一些共同点，但实际上是两个不同的现象，自然裁弯是在两个河弯之间的狭颈进行的，而切滩是在同一个河弯的凸岸进行的。切滩所形成的串沟，虽然也可以成为新河，但原河弯不会被淤积成为牛轭湖，而是形成两条水道并存的分汊河段。至于两者对河势的影响，自然裁弯当然比切滩要强得多。

(三)分汊河段的演变

分汊河段是冲积平原河流中常见的一种河型。我国各流域内都存在这种河型，例如长江流域的湘江、赣江、汉江，黑龙江流域的黑龙江、松花江，珠江流域的北江、东江等。特别是长江中下游这种河段最多，在全长1120km的城陵矶至江阴河段内，就有大的分汊河段41处，长817km，占区间长的78%。

分汊河段由于水流分成两股或多股，泥沙也随之分股输移，这样的水、沙状况往往是难以稳定的，容易引起汊道的变化。

1. 河段特性

1)几何形态

分汊河段的几何形态三维性特别，为了比较清晰地认识其特性，分别就平面、横断面、和纵剖面加以叙述。

单个分汊河段，其平面形态是上端放宽，下端收缩而中间最宽。中间段可能是两汊，也可能是多汊，各汊之间是江心洲。自分流点至江心洲头为分流区，洲尾至汇流点为汇流区，中间则为分汊段。常按平面形态的不同，可分为顺直型分汊、微弯型分汊和鹅头型分汊三类。如图 3-19 所示。

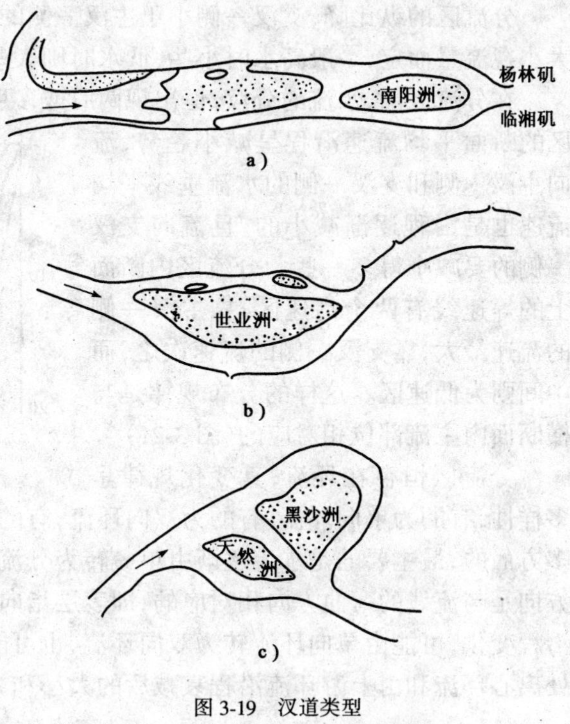

图 3-19　汊道类型

a)顺直型；b)弯曲型；c)鹅头型

就较长的河段看，如其间常出现好几个分汊段，呈单一段与分汊段相间的平面形态，因为单一段较窄，分汊段较宽，故形象地称其具有藕节状外形。

分汊河段的横断面，在分流区和汇流区均呈中间部位凸起的马鞍形，在分汊段则具有为江心洲分隔的复式断面。

分汊河段的纵断面，从宏观看，呈两端低中段高的凸起形态，而几个连续相间的单一段和分汊段，则呈起伏相间的形态；从局部看，分流区至汊道入口，自分流点开始，两侧深泓线先为逆坡而后转为顺坡，类似于马鞍形，且两侧深泓线一高一低，高的为支汊，低的为主汊，支汊的逆坡恒陡于主汊的。分流区的水下地形，支汊一侧恒高于主汊一侧，呈倾斜状。汊道出口至汇流区，两侧的深泓线呈顺坡下降，支汊一侧的常陡于主汊一侧的。就支汊一侧进、出口两个陡坡而言，出口的顺坡常陡于进口的逆坡。

2)水流运动

分汊河段水流运动最显著的特征具有分流区和汇流区，下面分析它们的水位、比降、流速、环流的特点。

分流区的分流点不是固定不变的，一般是高水时下移，低水时上提，类似弯道顶冲破部位的变化，这是水流大小所决定的。

分流区的水位，支汊一侧的总高于主汊一侧。水位沿横向的变化呈中部高两侧低的马鞍形，并与横断面相对应。水位沿纵向的变化，由于沙脊的沿程升高和阻力作用，表现为沿程略有升高(图 3-20)。

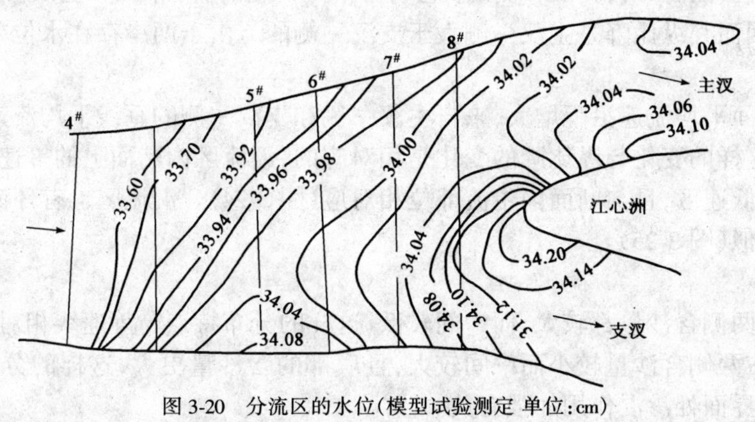

图 3-20　分流区的水位(模型试验测定 单位：cm)

分流区的纵比降,支汊一侧小于主汊一侧的。分流区因两侧存在水位差而形成横比降,其大小视流量而定,一般高水时小些,低水时则大些,但均随流程而逐渐增大,至洲头达最大值。

在分流区内,水流的分汊,恒出现两股或多股水流,其中居主导地位的则进入主汊。分流区的断面平均流速沿程呈减小趋势,流向主汊一侧和支汊一侧的水流垂线平均流速也是沿程逐渐减小的,且流向支汊一侧的要减小得多一些。分流区内断面上的等速线有两个高速区,靠主汊一侧的流速最大,靠支汊一侧的流速次之,而中间则为低速区。这样的分布规律是与横断面内主流部位相对应的(图 3-21)。

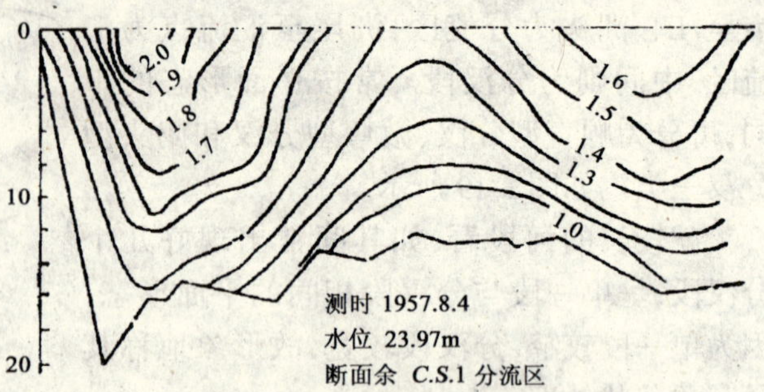

图 3-21 断面等速线

分流区恒存在环流,其变化规律呈多样性,有的为单向环流,有的为双向环流,有的则为多个多层复杂环流。产生环流的原因是多方面的,最主要的是水流逐渐由单一转为分流时流线发生弯曲所致。当存在主体环流时,其方向是与流线的弯曲方向相对应的,即表层指向离心惯性力的方向,底层则相反。至于环流的沿程变化,可能由单向环流转为双向环流,也可能由双向环流转向单向环流。这主要取决于该处离心环流和由上游环流沿程衰减后的大小和方向的对比关系(图 3-22)。

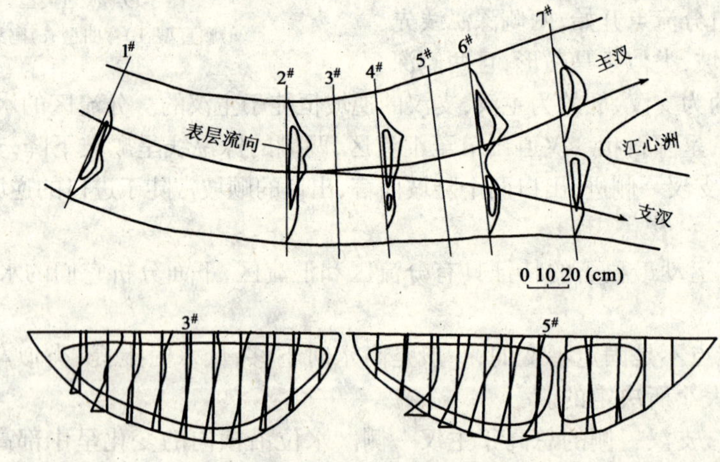

图 3-22 分流区环流沿程变化

汇流区的水位(图 3-23),支汊一侧的高于主汊的,水位沿流程降低,主汊一侧比支汊一侧降低得更快些,因而其纵比降是主汊一侧大于支汊一侧的。由于两岸存在水位差,故汇流区同样存在横比降。

汇流区的断面平均流速沿程增大,来自主汊一侧和支汊一侧的垂线平均流速也是如此,但前者大于后者,这样的变化与纵比降的变化是相对应的,汇流区内断面上的等速线同样存在两个高速区和中间低速区,且与断面内主流部位相对应(图 3-24)。汇流区也有环流,其变化和分布与分流区的类似(图 3-25)。

3)泥沙运动

分流区左右两侧含沙量都较大,而中间较低,这样的分布特点与等速线相对应的。汇流区的情况相反,左右两侧含沙量较小而中间较大,且底部的含沙量更大,这样的分布特点与汇流后两股水流在交界面处渗混作用加强有关。

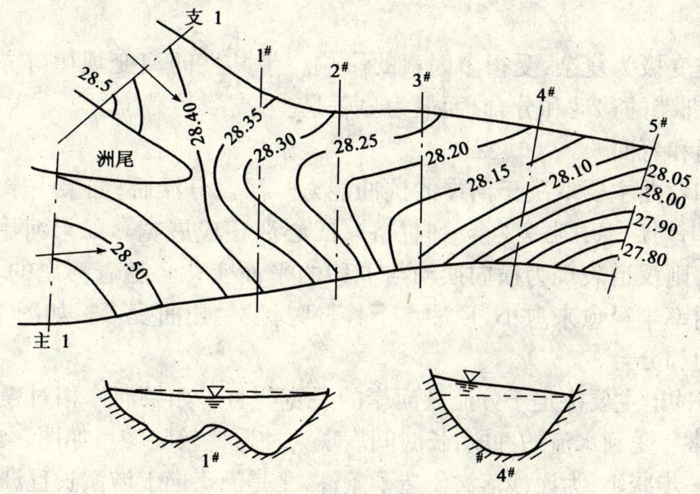

图 3-23 汇流区水位(模型试验测定 单位:cm)

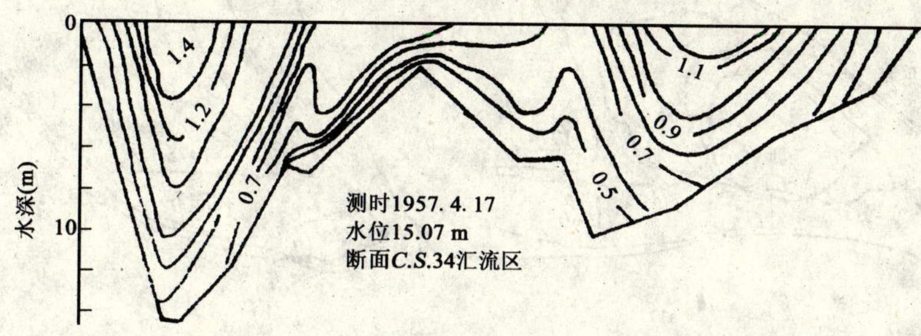

图 3-24 汇流区断面流速

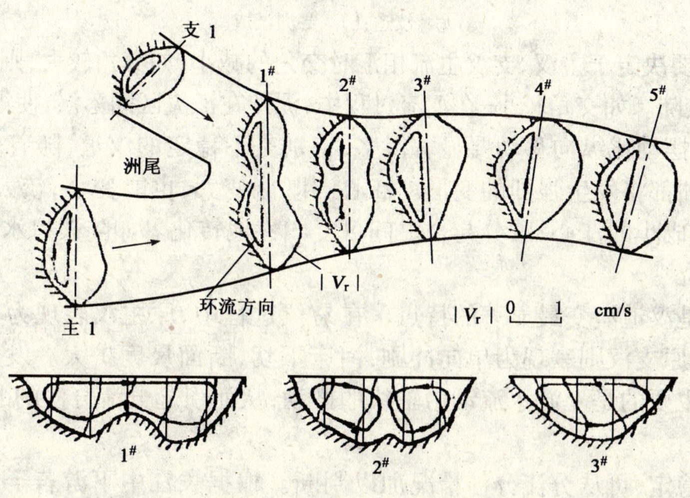

图 3-25 汇流区环流沿程变化

分流区床沙的粗细,其变化特点是,汛期高水位时大幅度变细,枯季低水位时大幅度变粗,这与汊道汛期淤积枯季冲刷的变化规律有关。从部位看,支汊一侧的较细,主汊一侧较粗,这与主、支汊的水流强弱一致,是主汊冲刷,支汊淤积的必然结果。

根据长江中下游汊道的实测资料,大多数主支汊比较明显的汊道,主汊含沙量大于支汊含沙量,而主汊分沙比大于分流比。究其原因,乃主汊一侧河床较低,而含沙量沿水深分布是上稀下浓,底部水流大部分进入主汊,带入的沙量较多,故出现上述分流分沙情况。

2. 演变规律

分汊河段的演变极为复杂,受很多因素的影响。带共性的演变规律首先表现为河岸的坍崩和弯曲,其次是洲滩的移动和分合,而最为显著是主、支汊的易位。

1)河岸的坍崩和弯曲

河岸的坍崩和弯曲主要取决于河岸的抗冲能力。河段分汊后,如果一岸能力较强,另一岸较弱,随着河岸的坍崩后退,则一汊会单向位移,江心洲相应展宽。如果河岸在坍塌后退的同时,也向下游发展,则汊道表现为横向摆动与下移的平面变化。随着河岸的不断崩退,有可能使汊道中的一汊曲率半径愈来愈小,顶冲点下移,河身发生扭曲变形。如图 3-26a)所示。

2)洲滩的移动和分合

洲头的淤长与冲退主要决定于分流区河岸的展宽与否。如果河岸相对稳定,上游河段主流比较稳定,则洲头常年受到水流的冲刷,长时间表现为冲退比较陡峻。如图 3-26b)所示。如果河岸展宽,则流速进一步减小,为泥沙落淤创造了条件,于是洲头向上游淤长且洲头比较平缓。

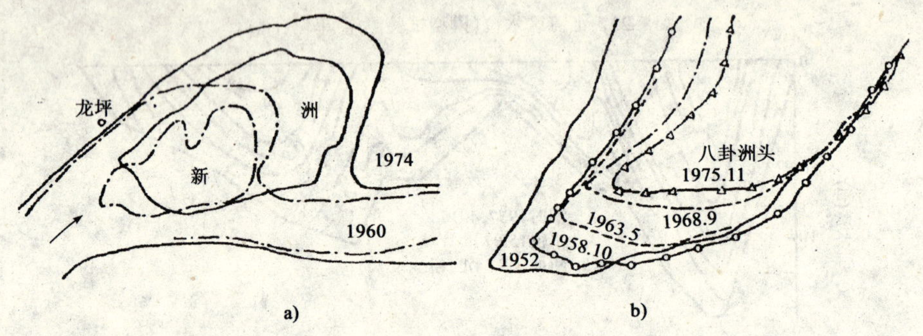

图 3-26 汊道演变

a)龙坪汊道;b)八卦洲汊道

洲尾的冲淤主要决定于主汊、支汊主流相汇时交角的减小,如交角较大,则发生冲刷,洲尾向上游退缩,且尾部较陡。如交角较小,在汇流过程中,泥沙在汇流区间落淤,使洲尾向下游淤长。

江心洲的横向摆动比纵向移动要显著得多,特别是不稳定的汊道,随着分流比、分沙比的变化,汊道和江心洲都将发生强烈的变形。江心洲既能变大,也能变小,较大的江心洲在一定条件下可能被切割成小的江心洲,分与合之间可复归性地转化。如陆溪口水道图 3-27 所示。

3)主、支汊易位

主、支汊易位是汊道演变最显著的特点。在易位过程中,原主汊表现为单向淤积,河床抬高,断面尺度缩小;原支汊则表现为单向冲刷,河床下切,断面尺度扩大。发生主、支汊的原因是多方面的,但最主要的是上游水流动力轴线的摆动,从而引起分流分沙的变化,以至主、支汊的易位。

主、支汊是否稳定,可从分流分沙情况加以判断。根据长江中下游若干汊道的统计分析,支汊的分沙比小于其分流比,高水期的分流比大于低水期的分流比,都是有利于支汊长期存在的条件。例如八卦洲的左汊就是如此。

分汊河段,除上述共同的演变规律外,由于分汊类型的不同,尚有其各自的规律,现分述如下:

(1)顺直分汊型河段

该类的平面形态比较规则简单,它是顺直河段上相对较宽的部分,一般都是两岸比较均匀展宽后由泥沙堆积成江心滩,而后逐渐发展为江心洲而成的。两汊平面形态比较对称,汊道入口条件大致相同,均与上游河道水流成大致相等的角度。其演变特点与顺直单一河段的相同,即表现为深槽与边滩的交错分布和平行下移。但当一个汊道入口处的水流条件较坏,例如上游有边滩下移至口门附近,甚至与口门浅滩连成一体时,则水流受阻,进入流量减小,水流挟沙力相应减弱,泥沙将不断淤积,该汊便逐渐衰退。与此同时,另一汊道则处于逐渐发展过程当中。这就是表现为主、支汊的易位

(2)微弯分汊型河段

该类大多是顺直分汊型河段进一步发展形成的,也有的是水流切割弯道凸岸边滩而形成的。这类分汊型河段靠凹岸一侧多为主汊,与上游河段的水流平顺衔接,进入其中的流量较靠凸岸的支汊为大,水流挟沙力也较大。这样,主汊便逐渐发展,支汊逐渐衰退。当主汊的凹岸受水流冲蚀,崩退到不易冲刷的坚实土层时,便逐渐稳定下来,从而支汊也趋向稳定。这种状态往往在较长的年代中,不致发生剧烈的变化。如长江世业洲汊道。

(3)鹅头分汊型河段

该类大多是微弯型进一步发展起来的。当弯曲一汊的凹岸是广阔的易冲性河漫滩时,随着水流对河岸的冲刷,弯道不断发展,弯顶逐渐下移,江心洲也相应向凹岸增长。这样,该汊变得更加弯曲,平面形态像鹅头一样。例如图陆溪口汊道,在1912年以前,右汊为主航道,后来,由于赤壁山上游河岸发生坍塌,赤壁山便突出于河岸而成矶头,把水流挑向左岸,于是左汊逐渐发展,右汊相应衰退,经过1926年、1931年和1933年几次大水后,左汊进一步横向发展,到1934年便成为典型的鹅头型分汊河段。鹅头型汊道,由于凹岸一汊既长又是急弯,另一汊较短而又位于凸岸,于是原来单一的江心洲被水流分割成两个甚至几个江心洲。这样,一经形成多汊,水流分散,其稳定性就愈来愈差。目前,鹅头型左汊入口段淤浅变窄,难以通航,而右汊及中汊则成为通航汊道。如图3-27所示。

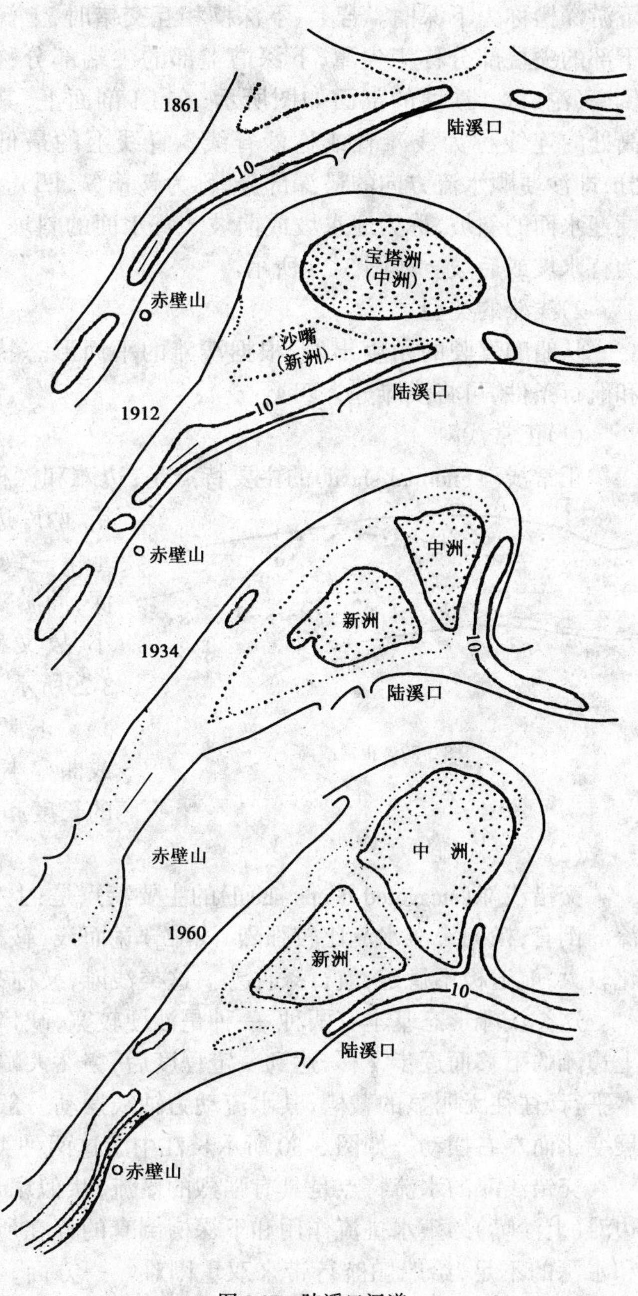

图3-27 陆溪口汊道

(四)浅滩的演变

1. 浅滩特性及类型

1)浅滩的组成

在冲积平原河流上,由于挟沙水流与可动性河床的相互作用,总有各种不同形式的泥沙淤积体,而联接两岸上、下

边滩，隔断上、下深槽的沙梗是常见的泥沙成型堆积体之一，其水深常比邻近水域的水深小，其水深不足适航要求，称之为浅滩(shoal)。

通常"规范"的浅滩一般由上边滩、上深槽、沙埂、下边滩、下深槽 5 个基本组成部分组成，位于浅滩上游一岸的边滩称为上边滩，其尾部向沙埂延伸的部分称为上沙嘴。位于浅滩下游一岸的边滩称为下边滩，其首部向沙埂延伸的部分称为下沙嘴。与边滩相对应而水深较大的部分称为深槽，位于浅滩上游深槽称为上深槽，位于浅滩下游深槽称为下深槽。若上、下深槽相互交错时，上深槽下部的尖端部分称为尖潭，下深槽上部的尖端部分称为倒套(沱口)。沙埂的剖面如图所示，在 I-I 剖面上，其最高处的连线称为浅滩脊或称沙脊线。脊线上的最低部分，即沙埂顺水流方向的最深部分，称为鞍槽(鞍凹)。沙埂迎水面的斜坡，称为迎水坡或前坡。背水面的斜坡，称为背水坡或后坡。如图 3-28 所示。

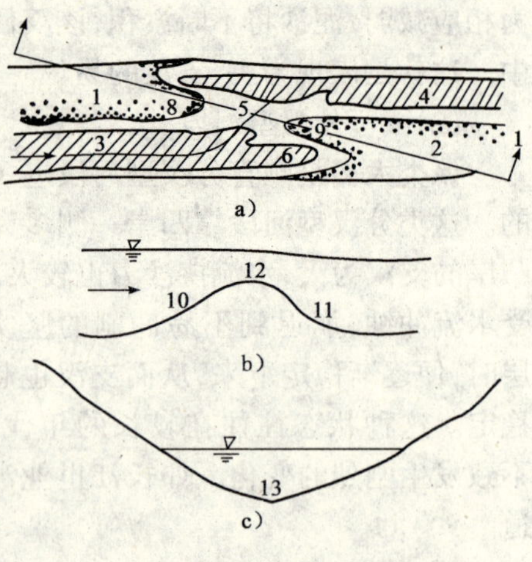

图 3-28 浅滩

a)平面图；b)深泓线的纵剖面图；c)I-I 剖面图

1-上边滩；2-下边滩；3-上深槽；4-下深槽；5-沙埂；6-尖潭；7-倒套；8-上沙嘴；9-下沙嘴；10-迎水坡；11-背水坡；12-浅脊；13-鞍凹

2)浅滩的类型

从船舶驾驶的角度出发，根据浅滩的平面形态特征和航行条件，可将浅滩分为四类：

(1)正常浅滩

正常浅滩(normal shoal)的主要特点是：边滩和深槽相互对应，上、下深槽相互对峙而不交错，两岸边滩较高。浅滩上水流动力轴线与鞍槽基本一致，流路集中，水流平顺，鞍槽明显，顺直且深，冲淤变化不大。这类浅滩一般对航行妨碍较小，故又称为平滩或过渡性良好的浅滩。如图 3-29所示。

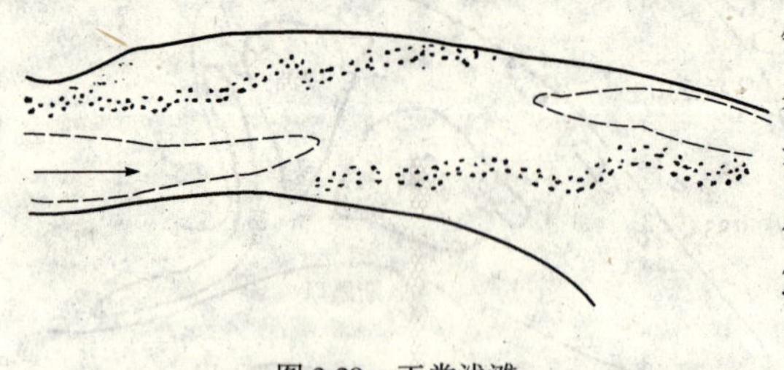

图 3-29 正常浅滩

正常浅滩多出现于河槽较窄的微弯性河段，或曲率半径较大的弯曲河段的两个反向弯道之间的长度和宽度比较适宜的过渡段。

(2)交错浅滩

交错浅滩(staggered deeps shoal)的主要特点是：上、下深槽相互交错，下深槽首部形成窄而深的倒套，横向漫滩水流比较强烈，浅滩脊宽而浅，鞍槽横而窄，或无明显的鞍槽，浅滩冲淤变化较大，航道极不稳定，航行条件差。这类浅滩，又称为坏滩或过渡性不良的浅滩。

这类浅滩形态基本有两种：一种是沙埂较宽，缺口较多，其水流动力轴线的摆移一般随着上边滩的下移而逐步下移，达到一定程度后，突然大幅度上提。另一种是沙埂窄长并与河岸基本平行，往往无明显的鞍槽，其水流动力轴线摆动一般是随上游河岸崩坍变形和上、下边滩发展变化而左右摆动。如图 3-30 所示长江中游这两种类型的交错浅滩。

交错浅滩的水流特点是具有强烈的横流，状似扇形(图 3-31)。其主要原因是低水位时上边滩(上沙嘴)的壅水挑流作用和下深槽倒套的存在所致。在交错浅滩上，强横流不利的影响和水深的不足，给船舶航行带来双重困难。一方面，水深不足是因为枯水期水流经过浅滩脊时，上深槽的一部分流量已从沙脊上部横向流入倒套，于是上深槽的流量则相应减小，造成通过浅滩鞍槽的流量也随之减小，水流挟沙力降低，无法将洪水期淤积下来的泥沙全部带走，最终表现出鞍槽水深的不足，妨碍航行。另一方面，由于该类浅滩的上、下深槽的明显交错和强横流的影响，下行船舶(队)急转弯的难度相当大，如操作不当，有扫标、触沙脊、困岸多种危险。上行进入时，则有钻进倒套的危险。

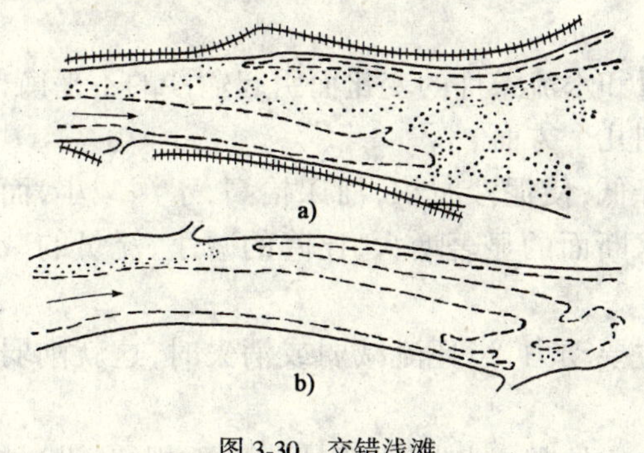

图 3-30 交错浅滩

a)宽浅沙埂；b)窄形沙埂

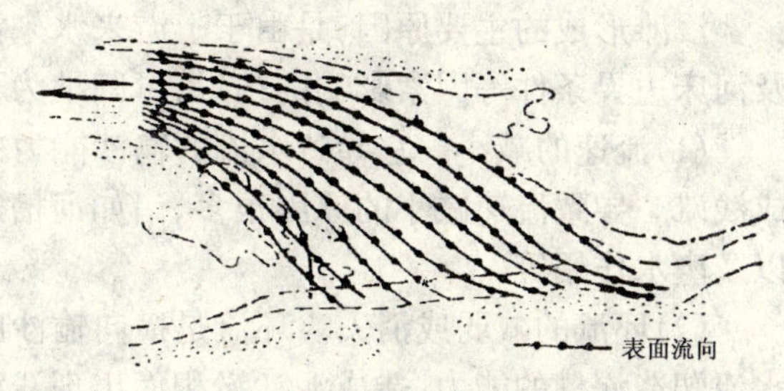

图 3-31 交错浅滩水流

交错浅滩多出现在河身宽浅、边滩宽且高程低的微弯河段或弯曲半径很小的两反向弯道间的短过渡段上。

(3)复式浅滩

复式浅滩(compound shoal)是由两个或两个以上相距较近的浅滩所组成的浅滩群。其主要特点是：两岸的边滩和深槽相互交错地分布，边滩与边滩之间形成浅滩，上、下浅滩之间有共同的边滩和深槽，上浅滩的下边滩和下深槽就是下浅滩的上边滩和上深槽。两岸边滩高程较低或不太明显，中间深槽容量较小，这样的浅滩彼此相距很近，相互影响较大且敏感，在洪水上涨期，由于泥沙首先在上游浅滩淤积，相对来讲，则减小了下游浅滩的来沙量，可能使下游浅滩发生冲刷。而在洪水降落期，由上游浅滩冲刷下来的泥沙，有一部分淤积在下游浅滩。这样在一个洪水过程中，上游浅滩表现为涨淤落冲，而下游浅滩则与之相反。故这种浅滩冲淤变化频繁，常出现航道不稳，航深不够的局面。如图 3-32 所示。

这类浅滩一般多出现于比较长的顺直河段或两反向弯道之间的长直过渡段内。

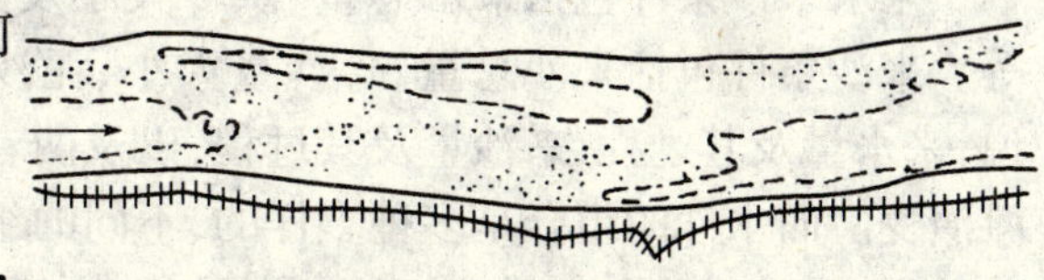

图 3-32 复式浅滩

(4)散乱浅滩

散乱浅滩的主要特点是：在整个河段上，极不规则地散布着各种不同形式和大小和江心洲和潜洲，没有明显的边滩、深槽和浅滩脊。水流分散，流路曲折，航道弯曲且极不稳定，水深很小，碍航严重。如图 3-33 所示。这类浅滩多出现于河槽放宽段或周期性壅水的区段内以及游荡型河段上。

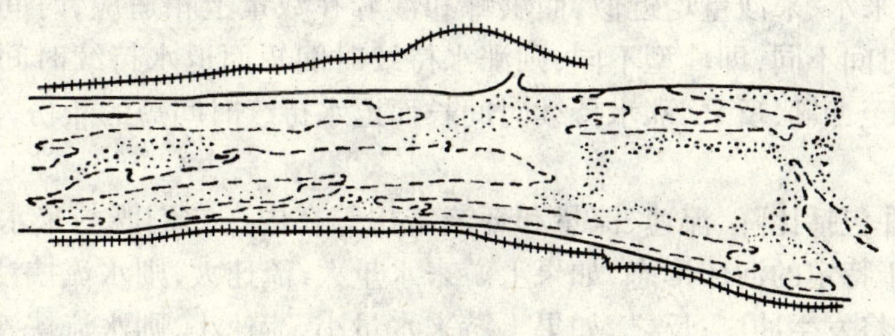

图 3-33 散乱浅滩

除上述的浅滩分类方法外，如按浅滩所在的位置不同，可将浅滩还可分为如下类型：即弯道过渡段的浅滩；顺直放宽段的浅滩；分汊段的浅滩；分流、汇流段的浅滩等。上述浅滩的河段条件还比较单一，事实上，不少平原河流上浅滩常在两种或两种以上的复杂河段条件下形成的，情况颇为复杂。究竟哪种条件起决定性作用，必须进行深入的分析。

3)浅滩成因

浅滩形成的主要原因，是由于上游来水来沙量和水流条件的变化而引起输沙的不平衡，以及河床边界条件等因素影响的结果，可归纳为下列几个方面。

(1)流速的减小。它导致水流的输沙能力的降低，使泥沙淤积，河床抬高，水深减小，而形成浅滩。导致流速减小的原因很多，诸如河槽过水断面的显著增大，比降的减小，流量的减小以及壅水作用等。

(2)环流的减弱或消失。环流是横向输沙的主要动力，当环流减弱或消失时，这就削弱了水流塑造深槽的能力，造成泥沙淤积而出现浅滩。

(3)洪、枯水流向的不一致。在弯曲河道上，水流具有高水取直，低水走弯的规律，洪、枯水流向常不一致；在河槽展宽处特别是分汊河段上，流量的变化或边滩的消长也常引起洪、枯水主流方向的左右摆动。洪水期淤积在枯水河槽上的泥沙由于洪、枯水流向的不一致而不可能全部被冲走，从而形成浅滩。

(4)上游来沙过多与输沙不平衡。上游来沙过多，常常是局部因素造成的，如河岸的崩坍，河床的强烈冲刷，支流因山洪暴发或水库短时间内集中泄水而带来的大量泥沙等。这些大量局部来沙，由于河段的输沙能力不足，不能完全被水流带走，因而在一定地点淤积下来而形成浅滩。

2. 浅滩的演变

1)影响浅滩演变的主要因素

浅滩演变是错综复杂的，影响因素很多，就其共同因素而言，下面就来水、来沙条件，浅滩水流条件和河床边界条件三者，来剖析它们与浅滩演变的关系。

来水来沙条件包括来水总量、洪峰大小及其过程、某一特定水位冲刷或淤积的持续时间等。来沙条件包括来沙总量、含沙量大小、泥沙颗粒粗细及其过程等。综合来水来沙因素来说，来水量及其过程，来沙量及其过程，以及两者在数量上和时间上的相对关系，都直接影响浅滩演变。而水沙的组合是多种多样的，不同的组合会形成不同的演变现象。下面列举几种简单的组合加以阐明，如果 2 年的来水量相近，而来沙量不同，则来水量大的年份，浅滩可能会淤积较多；如果 2 年的来沙量相近，而来水量不同，则来水量大的年份，浅滩可能会淤积较少，甚至发生冲刷；如果 2 年来水、来沙量均相似，但洪峰和沙峰的时间不同，一般是沙峰出现在洪峰之前的年份，浅滩可能不淤或少淤，甚至冲刷，反之，洪峰出现在沙峰之前，浅滩可能出现较大的淤积；如果 2 年来水、来沙量均近似，而洪峰和沙峰在数量上相适应，时间上也很接近，但各级水位的持续的时间不同，即峰型不同，则涨水持续时间短而退水持续时间长的年份，浅滩可能少淤或不淤，甚至冲刷，反之，涨水持续时间长而退水持续时间短的年份，浅滩可能会发生较大的淤积。

浅滩水流条件包括比降、流速、流量和环流结构等在内。它们既与来水条件有关，也与河床形态有关。对于特定的河床形态，如果上游来水量大，流速大，则水流挟沙能力大，此时若上游来沙量小，浅滩将发生冲刷；反之，如果上游来水量小，流速小，则水流挟沙能力也小，此时若上游来沙量大，浅滩将发生淤积。对于特定的来水条件，浅滩的比降和流速还与河床形态有关。河床平面的放宽，必然导致水流扩散，从而使洪水时上游束窄段比降及流速增大，而下游放宽段比降及流速则较小；河床平面的缩窄，必然导致水流受到不同程度的壅水作用，从而使洪水时上游放宽段比降流速的减小，而下游束窄段比降流速较大。

环流分布状态及其强度、旋度的大小，在决定泥沙成型堆积体的同时，还直接通过横向输沙影响局部冲淤变化。

河床边界条件主要包括河床的平面和纵剖面形态，江心滩和江心洲的部位、形状和高程，以及河床河岸物质可动性等。在一个水文年内，洪水期水流对河床的塑造起着主导作用，枯水期则河床对水流起着很重要的制约作用。枯水期边滩的状态，对决定浅滩航道的走向和航深起主导作用。如果汛后边滩完整高大，水流归槽较早，流路集中，则浅滩脊冲刷必大，水深也大，航道就会稳定少变。如果边滩高程既低又小，水流归槽迟，且不甚集中，则浅滩脊冲刷必小，水深也小。如果边滩比较散乱，串沟较多，则水流分散，流路曲折，浅滩冲淤变化频繁，航道极不稳定，水深也必然很小。因此，河床边界条件的不同对浅滩演变影响甚大，在来水来沙条件和变化过程相同的情况下，浅滩区的河床形态不同将影响到水流条件的不同，从而影响浅滩演变，此外，河床和河岸的组成物及其可动性也影响着浅滩演变，如组成物颗粒较粗或粘性甚强，则可以限制浅滩的变形，反之，如组成物为颗粒较细的散粒体，则会加剧浅滩的变形。

除上述三方面条件外，浅滩上、下游河段的演变和浅滩演变也有密切关系，特别是上游河段演变施加于浅滩的影响更为显著。它往往影响浅滩河段主流的摆动，从而影响到浅滩河段边滩和鞍槽平面位置的变化。下游河段的演变，通常只能在某种程度上加强或减弱浅滩的演变强度，不致使浅滩发生根本性变化。因此，分析浅滩演变时，还必须研究其上、下游河段的演变。

2)浅滩演变基本规律

浅滩演变是河床演变的一个组成部分，属于局部的河床演变，就其演变形式来说，也有纵向变形和横向变形、单向变形与复归变形之分。但主要形式为复归性变形，即随河道水文过程而呈周期性的往复变化。在天然河道上，来水来沙条件具有年内周期性变化及多年周期性变化，因此，浅滩的演变亦相应地具有年内周期性变化及多年周期性变化的规律。

(1)浅滩年内周期性变化

浅滩年内周期性变化，是指在一个水文年内，浅滩随来水量、来沙量的大小及其过程而产生的变化。这种变化主要体现在浅滩与深槽冲淤变化和鞍凹平面位置变化。

浅滩与深槽的冲淤变化规律有极为密切的关系，归结为涨水期深槽冲刷，浅滩淤积；退水期深槽淤积，浅滩冲刷。这种冲淤规律，在一个水文年内是如此，在比较长系列的水文年内，在没有特殊原因情况下，仍然是如此。浅滩年内冲淤变化过程，可概括为四个阶段：洪水初涨期及退水初期属冲淤变化阶段；高水期属明显的淤积阶段；汛后中水期及枯水期属明显的冲刷阶段；枯水末期属基本稳定阶段。但有少数浅滩因特殊局部条件，其冲淤规律与此相反。

浅滩鞍凹平面位置年内周期性变化，根据实测资料分析，主要决定于浅滩河段水流动力轴线的变化，也取决于水流动力轴线通过浅滩脊的方向和位置。影响浅滩动力轴线变化的因素很多，主要是水流动力因素和河床形态特征。当河床形态特征一定时，水流动力因素是随来水条件变化的，而来水条件在一个水文年内又具有周期性变化规律，因而浅滩河段水流动力轴线和鞍凹的平面变化，在年内也具有周期性变化规律。其水流动力轴线具有涨水期下挫，退水期上提的规律，因而形成洪、中、枯水期航道的不同。

(2)浅滩的多年周期性变化

浅滩的多年变化主要与特大洪水的出现有关，在通常的水文年系列内，由于水流的造床作用，在浅滩河段上形成的边滩、江心滩、沙埂等成型堆积体，尽管各年水沙有一定差异，但浅滩的基本形态不会发生根本性的变化。但遇到某一特大洪水年，原有浅滩的形态如边滩、心滩、沙埂等，将重新调整，甚至会出现新的成型堆积体，使原来浅滩状况完全改观，乃至出现新的浅滩。

有些浅滩定期下移，下移速度与流量、比降、土壤的坚硬程度有关。逐年下移的浅滩，当下移到一定位置时，由于远离浅滩初始的产生条件，会出现突然上提的现象，即浅滩的各个组成部分被水流冲毁，河床处于剧烈的冲淤变化中，常出现不稳定的沙包，严重碍航。与此同时，在初始形成浅滩的地方会出现一个新的浅滩。然后，又逐年下移，周期性地变化。

从上述浅滩演变分析可知，浅滩既有绝对活动性一面，又有相对稳定性一面。所谓活动性，系指浅滩经常处于活动状态之中，诸如浅滩鞍凹高程和平面位置的变化，上、下深槽的萎缩和发展，上、下边滩的淤高和降低以及水流动力轴线的变化等，这是由来水条件，水流状态以及来沙条件与浅滩段的输沙能力所决定的。所谓相对稳定性，是指浅滩总是在一定的河段内出现，而不会自行消失。国内外长期观测资料表明，过去存在浅滩的河段，要相当长的时期内仍然浅滩，很少发现浅滩自行消失的情况。长江自有资料记载以来的几十年内就没有发现过浅滩自行消失的情况，只是浅滩位置和碍航程度各年有所有同而已。由此可知，凡是具有形成浅滩条件的河段，浅滩是必然存在的，但如果浅滩所在河段的河床形态发生了根本性变化，浅滩就可能消失。例如蜿蜒型河段在自然裁弯或人工裁弯后，原来过渡段的浅滩就被裁掉了；展宽河段内的浅滩在采取工程措施将河槽束窄后也会消失。

复习思考题

1．简述平原河流的一般特性。

2．简述顺直河段一般演变规律。

3．弯曲河段的基本组成部分有哪些？表征弯曲河段的平面形态特征的要素有哪些？

4．什么是弯道环流？

5．简述弯曲河段水流动力轴线的变化特点。

6．简述弯曲河段的一般演变规律及成因。

7．简述汊道的分流区和汇流的水流特点。

8．简述汊道的一般演变规律及成因。

9．试述浅滩的组成部分。

10．浅滩按平面特征和航行条件可分为哪几类？各类有何特点？

11．简述浅滩的基本成因。

12．影响浅滩演变的主要因素有哪些？

13．简述浅滩的年内周期性变化规律。

14．简述浅滩的多年周期性变化特点。

第四章　内河助航标志

【内容提要】 内河航标是反映航道尺度,确定航道方向,标示航道界限,揭示航道信息,引导船舶安全航行的重要标志。船舶要安全航行就离不开航标,熟悉和利用航标,是掌握内河航行条件的重要内容之一。本章主要介绍了我国内河航标的种类、功能、形状、颜色、灯质、配布原则和方法等内容。

第一节　概　　述

内河助航标志(以下简称内河航标)(Navigational mark on inland waterway)是反映航道尺度,确定航道方向,标示航道界限,引导船舶安全航行的标志,驾引人员必须熟悉航道及航标,正确利用航标来判定和核定船位,引导船舶安全航行。

现行的内河航标是国家技术监督局 1993 年 12 月 4 日批准,1994 年 9 月 1 日实施 GB5863-93《内河助航标志》,并引用 GB5864《内河助航标志的主要外形尺寸》。本标准适用于中华人民共和国江河、湖泊、水库通航水域所配布的内河航标。个别特殊水域经批准后,可根据具体情况另行规定。

本章主要介绍我国内河航标的种类、功能、形状、颜色、灯质、图例及配布原则等内容。

一、内河航标的作用

内河航标是船舶在内河安全航行的重要助航设施。其主要作用是标示内河航道的方向、界限与碍航物,揭示有关航道信息,为船舶航行指出安全、经济的航道。

二、决定河流左右岸的原则

按水流方向确定河流的上、下游,面向河流下游,左手一侧为左岸,右手一侧为右岸。

对水流流向不明显或各河段流向不同的河流,按下列顺序确定上、下游:

1. 通往海口的一端为下游;
2. 通往主要干流的一端为下游;
3. 河流偏南或偏东的一端为下游;
4. 以航线两端主要港埠间主要水流方向确定上、下游。

三、左右岸航标的颜色和光色规定

左岸为白色(黑色),右岸为红色;光色为绿光(白色),右岸为红光。不必区分左、右岸的内河航标按背景的明暗确定,其颜色是:背景明亮处为红色(黑色);背景深暗处为白色。

内河航标灯质参见本章第三节。

复习思考题

1. 内河航标的主要作用是什么?

2. 河流的左右岸是如何决定的?

3. 左右岸航标的颜色和光色是如何规定的?

第二节　内河航标的分类及特征

内河航标按功能分为航行标志、信号标志、专用标志。

一、航行标志

航行标志(navigation mark)指示航道方向、界限与碍航物的标志,包括过河标、沿岸标、导标、过渡导标、首尾导标、侧面标、左右通航标、示位标、泛滥标及桥涵标共 10 种。

1. 过河标(crossing mark)

(1)功能:标示过河航道的起点和终点。指示由对岸驶来的船舶在接近标志时沿着本岸航行;或指示沿本岸驶来的船舶在接近标志时转向驶向对岸。也可设在上、下方过河航道在本岸的交点处,指示由对岸驶来的船舶在接近标志时再驶往对岸。

(2)形状:标杆上端正方形顶标两块,分别面向上、下方航道。如过河航道过长以致标志不够明显时,可在标杆前加装梯形牌,梯形牌面向所标示的航道方向。过河标也可安装在具有浮力的底座上作为浮标设置。如图 4-1 所示。

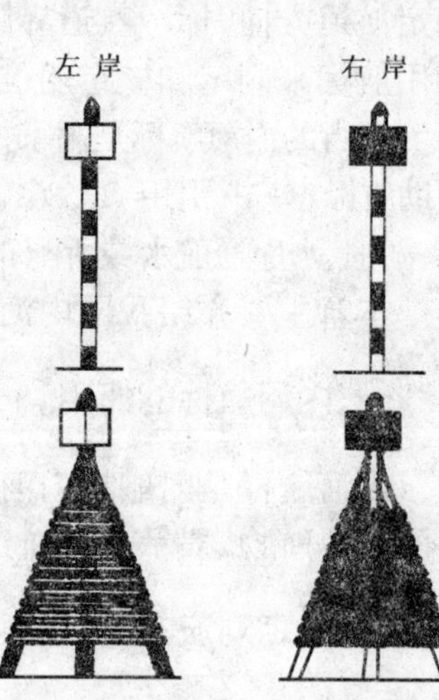

图 4-1

(3)颜色:左岸的顶标和梯形牌为白色(黑色),标杆为白、黑色相间横纹;右岸的顶标和梯形牌为红色,标杆为白、红色相间横纹。梯形牌的颜色也可以按背景的明暗来确定,背景明亮处的左岸为黑色,背景深暗处的右岸为白色。

(4)灯质:左岸的为白色,莫尔斯信号"A"闪光(·—);右岸的为白色莫尔斯信号"N"闪光(—·)。或者左岸的为白色,莫尔斯信号"M"闪光(—);右岸的为白色莫尔斯信号"D"闪光(—··)。

2. 沿岸标(bank wise mark)

(1)功能:标示沿岸航道所在的岸别,指示船舶继续沿着本岸航行。

(2)形状:标杆上端球形顶标一个。如图 4-2 所示。

左 岸　　右 岸

图 4-2

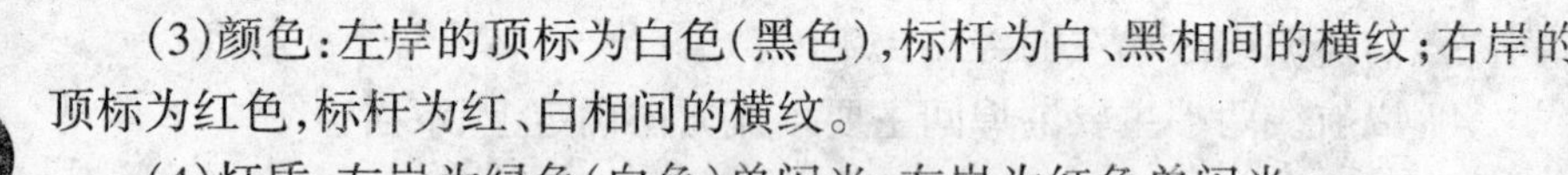

(3)颜色:左岸的顶标为白色(黑色),标杆为白、黑相间的横纹;右岸的顶标为红色,标杆为红、白相间的横纹。

(4)灯质:左岸为绿色(白色)单闪光;右岸为红色单闪光。

3. 导标(leading marks)

(1)功能:由前后两座标志所构成的导线标示航道的方向,指示船舶沿导线标示的航道航行。

(2)形状:前后两座标志的标杆上端各装正方形顶标一块,顶标均面向航道方向。如导线标示的航道过长以致标志不够明显时,可在标杆前加装梯形牌,梯形牌面向所标示的航道方向。如图 4-3 所示。

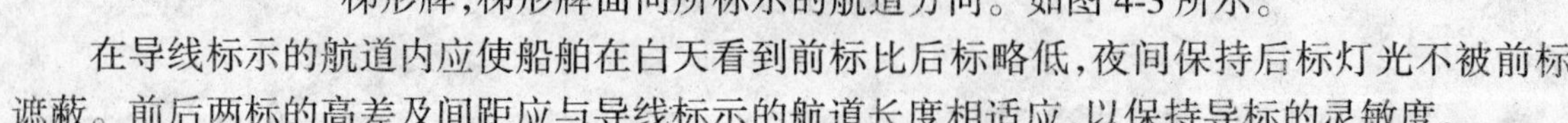

在导线标示的航道内应使船舶在白天看到前标比后标略低,夜间保持后标灯光不被前标遮蔽。前后两标的高差及间距应与导线标示的航道长度相适应,以保持导标的灵敏度。

如设标地点坡度较陡，前后两座标志相差过大时，可在两标连线这间加设一座形状相同的标志。

(3)颜色：按背景的明暗确定顶标、标杆和梯形牌的颜色，背景明亮处为红色(黑色)；背景深暗处均为白色。红色(黑色)梯形牌中央一道竖条为白色，白色梯形牌中央一道竖条为黑色(红色)。

(4)灯质：前后标均为白色单面定光，如背景灯光复杂，用白光容易混淆时，可用红色单面定光。

4．过渡导标(transition leading marks)

(1)功能：由前后两座标志组成，标示一方为导线标示的导线航道，另一方为沿岸航道或过河航道，指示沿导线标示的航道驶来的船舶在接近标志时驶入沿岸航道或过河航道，同样也指示航道或过河航道驶来的船舶在接近标志时驶入导线标示的航道。

(2)形状：前标与过河标相同，后标与导标相同，前标的一块顶标与后标的顶标组成导线，前标的另一块顶标面向另一条航道方向。如导线标示的航道过长以致标志不够明显时，可以在标杆前加装梯形牌，梯形牌面向所指示的航道方向。如图4-4所示。

(3)颜色：前标的标杆与梯形牌的颜色与过河标相同，面向导线标示的航道的顶标与后标的颜色相同，另一块顶标的颜色与过河标相同；后标的颜色与导标相同。

(4)灯质：前标左岸为白色(绿色)双闪光(顿光，又称明暗光)，右岸为红色(白色)双闪光(顿光)；后标左岸为白色(绿色)定光，右岸为红色(白色)定光。前后标的光色须一致。特殊需要时，前标也可用定光。

5．首尾导标(fore and after leading marks)

(1)功能：由前后鼎立的三座标志组成两条导线分别标示上、下方导线标示的航道方向，指示沿导线标示的航道驶来的船舶在接近标志时转向另一条导线标示的航道。

(2)形状：三座标志中，一座为共用标，与过河标相同，另两座与导标相同。共用标的两块顶标与另两座标志的顶标分别组成两条导线，面向上、下方导线所标示的航道方向。根据航道条件与河岸地形，共用标可位于另两座标的前方、后方、左侧或右侧。如导线标示的航道过长以致标志不够明显时，可以在标杆前加装梯形牌。梯形牌面向导线所标示的航道方向。如图4-5所示。

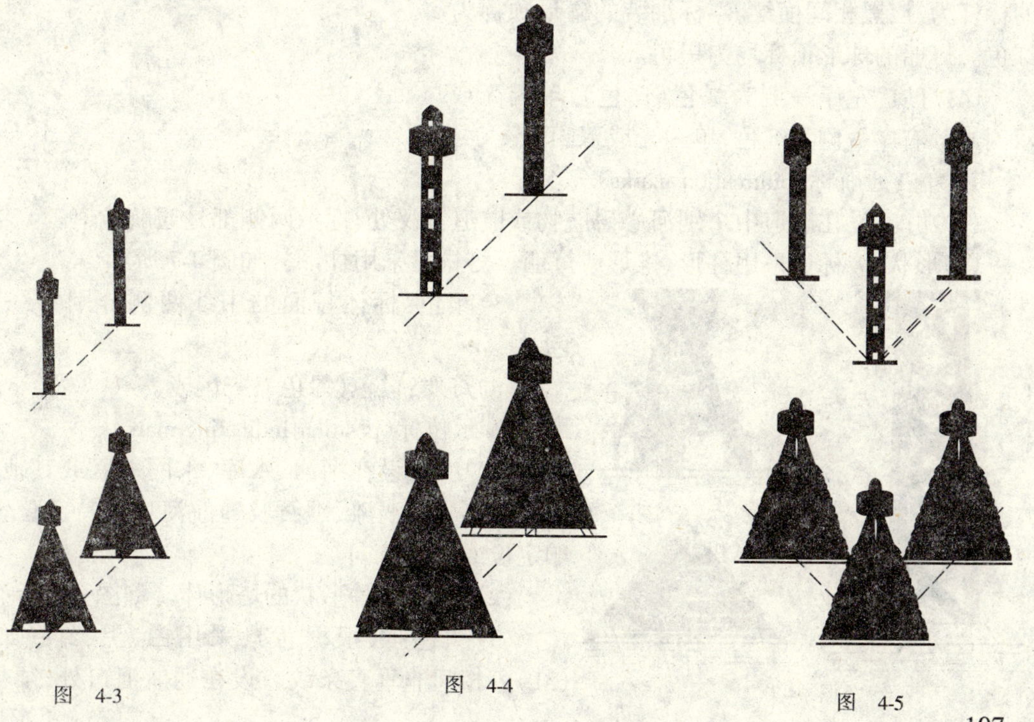

图 4-3　　图 4-4　　图 4-5

(3)颜色:共用标的标杆和梯形牌的颜色与过河标相同,顶标颜色与导标相同,另两座标志的颜色与导标相同。

(4)灯质:共用标的灯质与过渡导标的前标灯质相同,另两座标的灯质与过渡导标的后标灯质相同,但同一导线的前、后标的光色须一致。特殊需要时,各标都可用定光。

6. 侧面标(lateral mark)

(1)功能:设在浅滩、礁石、沉船或其他碍航物靠近航道一侧,标示航道的侧面界限;设在水网地区优良航道两岸时,标志岸形突嘴或不通航的汊港;指示船舶在航道内航行。

(2)形状:浮标可采用柱形、锥形、罐形、杆形或桅杆装有球形顶标的灯船。需要同时以标志形状特征区分左、右岸两侧时,左岸一侧浮标为锥形或加装锥形顶标,右岸一侧浮标为罐形或加装罐形顶标;也可在左岸一侧浮标加装球形顶标。固定设置在岸上或水中的侧面标(灯桩)可采用杆形或柱形。杆形灯桩需要增加视距时,左岸一侧可加装锥形顶标,右岸一侧可加装罐形顶标。如图4-6所示。

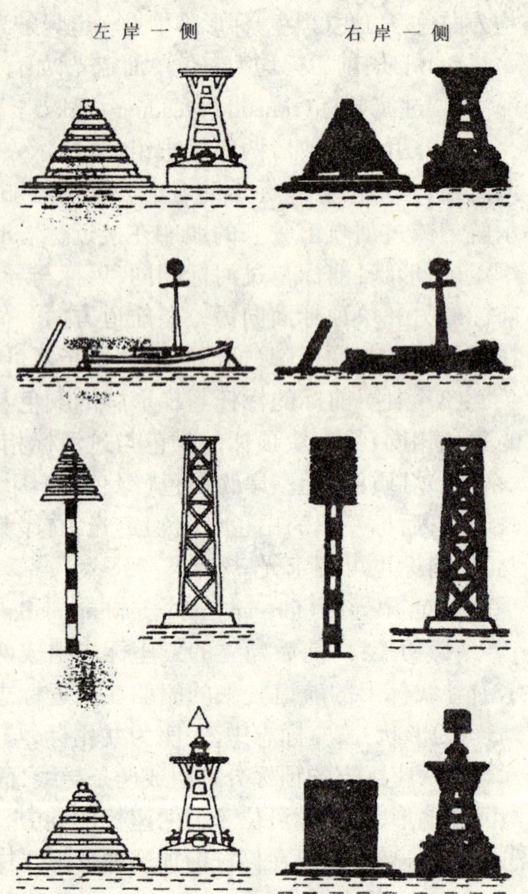

图 4-6

(3)颜色:左岸一侧为白色(黑色)。杆形灯桩的标杆为白、黑相间横纹,浮标加装的锥形或球形顶标为黑色(白色)。右岸一侧为红色。杆形灯桩的标杆为红、黑相间横纹,浮标加装的罐形顶标为红色。灯船的球形顶标均为黑色。

(4)灯质:左岸一侧为绿色(白色),单闪光或双闪光。右岸一侧为红色,单闪光或双闪光。

7. 左右通航标(bifurcation marks)

(1)功能:设在航道中个别河心碍航物或航道分汊处,标示两侧都是通航航道。

(2)形状:浮标可采用柱形、锥形或灯船。灯桩可采用柱形。如图4-7所示。

图 4-7

(3)颜色:标体每面的中线两侧分别为红色和白色。

(4)灯质:白色(绿色),三闪光。

8. 示位标(position indicating mark)

(1)功能:设在湖泊、水库、水网地区或其他宽阔水域,标示岛屿、浅滩、礁石及通航河口等特定位置,供船舶定位或确定航向。

(2)形状:各种形状的塔形体。如图4-8所示。

(3)颜色:可根据背景采用白、黑、红色或白、黑(红)色相间非垂直条纹。设在通航河口处,须与“左白右红”原则一致。

(4)灯质:白色、绿色或红色莫尔斯信号闪光,但不得同其他种类的灯质相混淆。标示通航河口的示位标优先选用:左岸白色(绿色)莫尔斯信号“H”(····)闪光;右岸红色莫尔斯信号“H”(····)闪光。

9. 泛滥标(flood mark)

(1)功能:设在被洪水淹没的河岸或岛屿靠近航道一侧,标示岸线或岛屿的轮廓。

(2)形状:标杆上端装截锥体顶标一个,也可以安装在具有浮力的底座上作为浮标设置。如图 4-9 所示。

(3)颜色:左岸为白色(黑色);右岸为红色。

(4)灯质:左岸为绿色(黑色),定光;右岸为红色,定光。弯曲河段朝岸上一面的灯光应予遮蔽。

10. 桥涵标(bridge opening mark)

(1)功能:设在通航桥孔迎船一面中央,标示船舶通航桥孔的位置。

(2)形状:正方形标牌表示通航桥孔。多孔通航的桥梁,正方形标牌表示大轮通航的桥孔,圆形标牌表示小轮(包括非机动船、人工流放排筏)通航桥孔,大、小轮的具体划分由各地区确定。如图 4-10 所示。

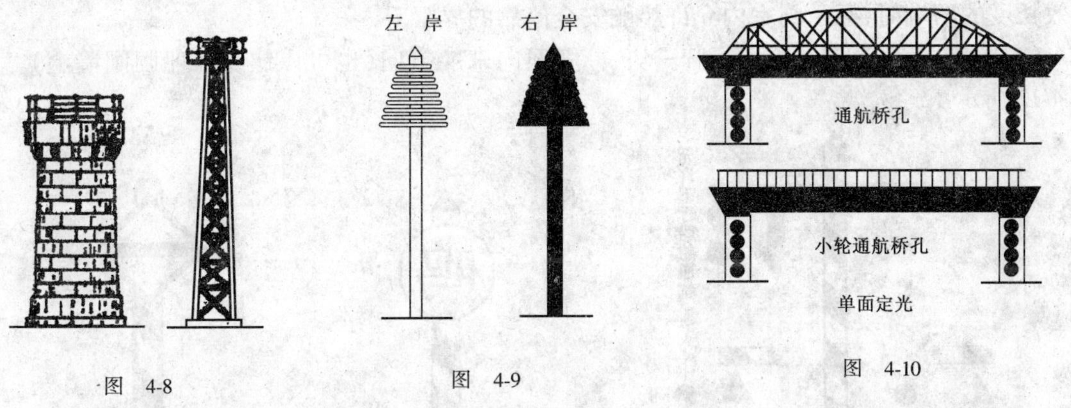

图 4-8 图 4-9 图 4-10

(3)颜色:正方形标牌为红色,圆形标牌为白色。

(4)灯质:通航桥孔(或大轮通航桥孔)为红色单面定光;小轮(包括非机动船、人工流放排筏)通航桥孔为绿色单面定光。在通航桥孔迎船一面两侧桥柱上,还可各垂直设置为为绿色单面定光桥柱灯 2~4 盏(按桥柱高度确定),标示桥柱位置。

二、信号标志

为航行船舶揭示有关航道信息的标志,称为信号标志(signal mark),包括通行信号标、鸣笛标、界限标、水深信号标、横流标及节制闸标等 6 种。

1. 通行信号标(traffic signal mark)

(1)功能:设在上、下行船舶相互不能通视,同向并驶或对驶有危险的狭窄、急弯航段或单孔通航的桥梁、通航建筑物及施工禁航等需要通航控制的河段,利用信号控制上行或下行的船舶单向顺序通航或禁止通航。

(2)形状:由带横桁的标杆和信号组成,横桁与岸线垂直。悬挂于横桁一端的箭形通航信号,箭头朝下表示允许下行船通航,箭头朝上表示允许上行船通航,禁止通航信号为垂直悬挂两个锥尖朝上的三角锥体。如图 4-11 所示。

(3)颜色:标杆与横桁为白、黑色相间的斜纹,箭头或三角锥体为红色,箭杆为黑色(白色)。

(4)灯质:由垂直悬挂于横桁一端的红色、绿色定光灯组成信号:绿灯在上,红灯在下,表示允许下行船通航;红灯在上,绿灯在下,表示允许上行船通航;上、下两盏红灯表示禁止船舶通航。对控制船舶进、出通航建设物的通行信号标,也可在通航建筑物上下两端各设置红、绿单面定光灯一组,灯光面向来船方向,红灯表示禁止船舶通航,绿灯表示允许船舶通航。白天也可用红、绿旗代替红、绿灯。

2. 鸣笛标(whistle mark)

(1)功能:设在通航控制河段或上、下行船舶不能相互通航的急弯航道的上下游两端河岸上,指示船舶鸣笛。

(2)形状:标杆上端圆形标牌一块,标牌面向来船方向,标牌正中写“鸣”字。如图 4-12 所示。

(3)颜色:标杆为白、黑色相间的斜纹,标牌为白色、黑边、黑字。

(4)灯质:绿色、快闪光。

3. 界限标(limit mark)

(1)功能:设在通航控制河段的上、下游,标示通航控制河段的上、下界限。设在船闸闸室有效长度的两端时,标示闸室内允许船舶安全停靠的界限。

(2)形状:标示上端装菱形标牌一块,标牌面向来船方向(也可以镶绘在船闸闸墙上)。如图 4-13 所示。

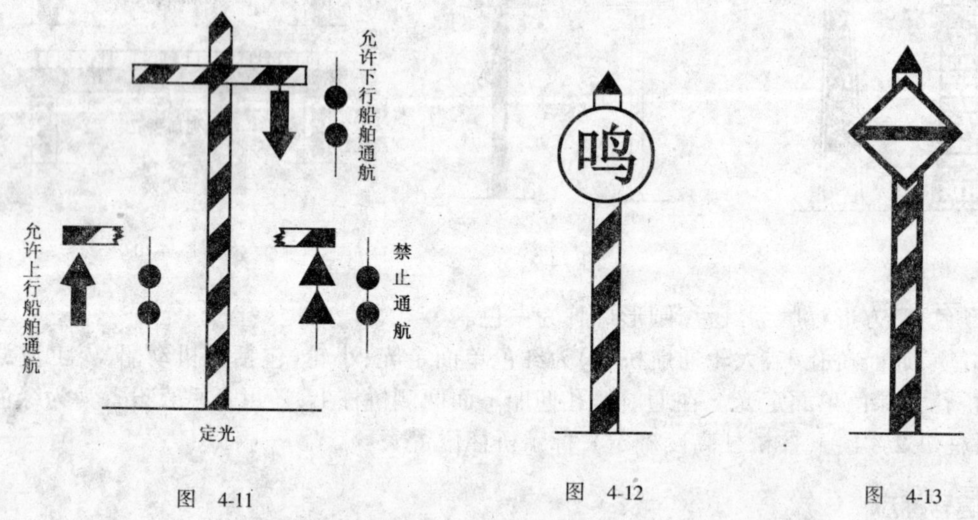

图 4-11　　图 4-12　　图 4-13

(3)颜色:标杆为白、黑相间斜纹,标牌为白底、黑边,中间有黑色横条一道。

(4)灯质:红色快闪光。

4. 水深信号标(depth signal mark)

(1)功能:设在浅滩上、下游靠近航道一侧的河岸,揭示浅滩航道的最小水深。

(2)形状:由带横桁的标杆和号型组成,横杵与岸形平行,号型形状与含义是:符号“–”、“⧗”“⊥”分别代表数字 1、4、6。将上述号型组合悬挂在横杵的两边,从船上看,左边所挂的号型表示水深的“米”数,右边所挂的号型表示水深的“分米”数。如图 4-14 所示。

(3)颜色:标杆与横桁为红、白相间的斜纹,号型为黑色(白色)。

(4)灯质:每盏白色定光灯代表数字"1";每盏红色定光灯代表数字"4";每盏绿色定光灯代表数字"6"。在河面较窄的河段,也可用水深数字牌和水深数字灯显示。

5. 横流标(cross current mark)

(1)功能:标示航道内有横流,警告船舶注意。

(2)形状:菱形体安装在具有浮力的底座上,也可在标杆上端安装菱形体顶标设在岸上。

(3)颜色:左岸一侧的顶标为白色或黑色;标杆为白、黑色相间的斜纹。右岸一侧的顶标为红色;标杆为红、黑色相间的斜纹。如图4-15所示。

(4)灯质:左岸一侧为绿色,顿光;左岸一侧为红色,顿光。

6. 节制闸标(regulation lock mark)

(1)功能:设在靠近节制闸上游或上、下游一侧的岸上,也可将灯悬挂于节制闸的上游或上、下游水面上空架空线上,标示前方是节制闸,防止船舶误入发生危险。

(2)形状:标杆上端装圆形标牌一块,标牌面向上游或上、下游来船方向,标牌上绘有船形图案及禁令标志。

(3)颜色:标杆为红、白色相间斜纹,标牌为白底、红边、黑色船形图案加红色斜杠。

(4)灯质:并列红色定光灯二盏。

三、专用标志

为标示沿岸、跨河航道的各种建筑物,或为标示特定水域所设置的标志,其主要功能不是为了助航的统称为专用标志(special mark)。专用标志包括管线标及专用标志等两种。

1. 管线标(pipeline mark)

(1)功能:设在需要标示跨河管线(即管道、电缆、电线等)的两端或一端岸上或设在跨河管线上、下游适当距离的两岸或一岸,禁止船舶在敷设水管的水域抛锚、拖锚航行或垂放重物,警告船舶驶至架空管线区域时注意采取必要措施。

(2)形状:两根立柱上端装等边三角形空心标牌一块,设在跨河管线的两端岸上的标牌与河岸平行,设在跨河管线上、下游的标牌与河岸垂直。标示水底管线的三角形标牌尖端朝上,标牌下部写"禁止抛锚";标示架空管线的三角形标牌尖端朝下,标牌上部写"架空管线"。如图4-16所示。

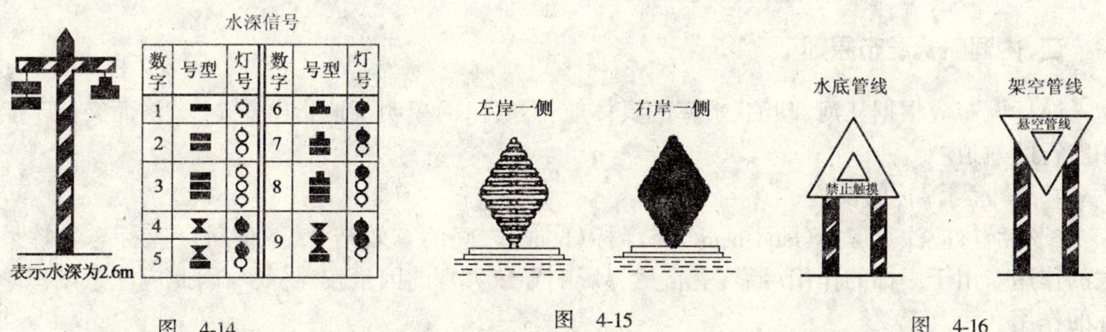

图 4-14　　图 4-15　　图 4-16

(3)颜色:立柱为红、白色相间斜纹,标牌为白色、黑边、黑字。

(4)灯质:标牌的三个顶端各设置白色或红色定光灯一盏。

2. 专用标(special-purposes mark)

(1)功能:标示锚地、渔场、娱乐区、游泳场、水文测量、水下钻探、疏浚作业等特定水域;或标示取水口、排水口、泵房以及其他航道界限外的水工构成物。

(2)形状:任选。

(3)颜色:黄色。

(4)灯质:黄色,单闪光或双闪光。

复习思考题

1. 内河航标按功能分为哪几类?

2. 试述航行标志的种类及每种功能、形状、颜色、灯质。

3. 试述信号标志的种类及每种功能、形状、颜色、灯质。

4. 试述专用标志的种类及每种功能、形状、颜色、灯质。

第三节　内河航标配布

一、内河航标配布类别

内河航标配布类别应根据航道条件与运输需要,以河区为单位,通过技术经济论证确定。内河配布类别如下:

1. 一类航标配布:配布的航标夜间全部发光。白天,船舶能从一座标志看到另一座标志;夜间能从一盏标灯看到次一盏标灯。

2. 二类航标配布:发光航标和不发光航标分段配布。在昼夜通航的河段上配布发光航标,其标志配布与一类航标配布相同;在夜间不通航的河段上配布不发光的航标,其标志配布密度与三类航标配布相同。

3. 三类航标配布:航标配布的密度比较稀,不要求从一座标志看到另一座标志,对优良河段的沿岸航道可沿岸形航行,不再配布沿岸标,但每一座标志所表示的功能与次一座标志的功能应互相连贯,指引船舶在白天安全航行。

4. 重点航标配布:只在航行困难的河段和个别地点配布航标。优良河段一般仅标示出碍航物。船舶需借助于驾驶人员的经验利用航标和其他物标航行。

二、内河航标配布原则

航标配布应根据江河、湖泊、水库的具体航行条件,简单明了地指出安全、经济而又便于船舶航行的航道。

1. 岸标与浮标的设置

配布航标应注意岸标(land mark)与浮标(buoy)之间的有效结合,务使每一座标志发挥最大的作用。由于岸标的作用可靠,受自然界影响导致失常的因素较浮标少,因此应注意发挥岸标的作用。

设置侧面浮标时,可根据河区的具体情况规定岸标的最小安全航行距离(又称作用距离),该值自标位处的水沫线起算。

设置侧面浮标时,应保证在航道同一侧相邻的两座浮标或同一侧相邻的浮标与岸标规定的最小安全航行距离的相连直线内,不得小于维护水深或揭示水深的碍航物存在。在特定的条件下,与可规定某些浮标和水中灯桩最小安全航行距离(自该标标位处起算)。

侧面浮标设置地点的水深，可根据各个水位时期的不同维护水深而统一变更。当水位上升时期，侧面浮标的设置，应在保证维护水深的前提下，适当将航道放宽。在水位下降时期，可逐步缩窄航道宽度，保持维护水深。

2．深槽河段沿岸航道的航标配布

深槽河段沿岸航道的可航范围，一般为航道标准宽度的两倍，如果沿岸航道的宽度小于两倍航道标准宽度时，必须在碍航物近航道一侧设置侧面浮标，标示航道界限。在水面宽阔的河流上，沿岸航道的可航范围可以适当放宽，但最大不超过枯水河面平均宽度的 1/3。

3．枯、洪水期的航标配布

枯水期的航标配布应准确标示航道方向，注意标示浅滩航道的轮廓和揭示浅滩航道物最小水深。当水位陡涨陡落时，应及时调整标位，注意岸标不得距水沫过远、过高或被水淹没。

洪水期，河面增宽，水深、流速增大，因此，必须注意标示出淹没的河岸、岛屿和其他碍航物，并及时开辟经济航道。

4．潮汐河段的航标配布

在潮汐河段，航标的配布应当保证所标示的航道在所规定基准面下有足够的水深，并应注意潮流变向时浮标的回转范围。

5．湖泊、水库及其他宽阔水域的航标配布

在湖泊、水库及其他宽阔水域，应在岛屿、浅滩、礁石、通航河口适当配布示位标，供船舶定位或确定航向。

6．水网地区的航标配布

水网地区应着重标示河口、湖口、突出的岸嘴和弯曲的岸形，并在支河汊港处指示航道方向。

三、典型河段的航标配布方法

1．浅滩的航标配布

浅滩过河航道的两端河岸上应设置过河标或过渡导标，但当过河处的岸边滩较大或在岸上一时无法设标时，在不影响视距条件下，过河标可改用浮标设置。

浅滩过河航道通往上、下深槽的两端出入口，应各设一对侧面浮标(图 4-17)。如果该航道较长，可在它中间加设侧面浮标，如航道弯曲，应当在凸岸处加设侧面浮标，标示弯曲航道的界限(图 4-18)。

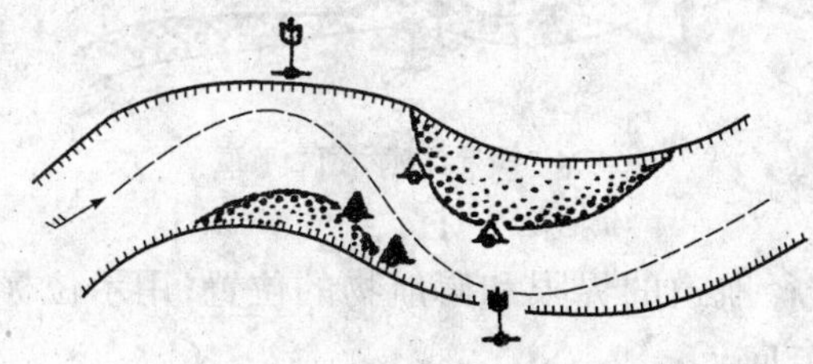

图 4-17　浅滩过河航道航标配布

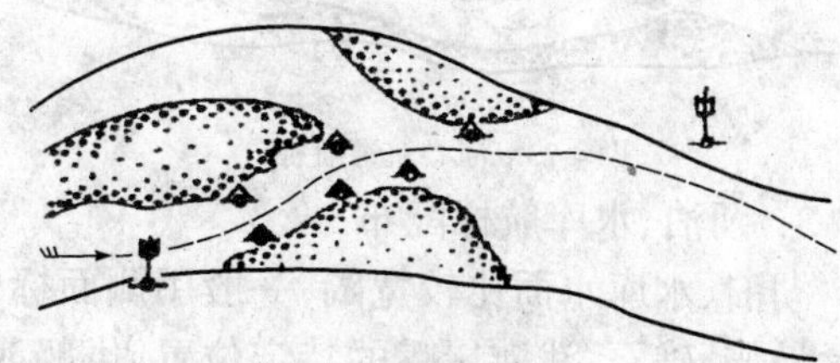

图 4-18　弯曲浅滩过河航道航标配布

浅滩航道设置侧面浮标应设在浅滩、礁石伸向航道的一侧。每对侧面浮标的设置，应当尽量相互错开。任何碍航物应根据它的形状、大小和碍航程度，用一座或几座侧面浮标(图 4-19)。

浅滩航道的上、下深槽的出入口在同一岸时，应在上、下两端的河岸上各设置沿岸标。

2. 深槽航道的航标配布

深槽过河航道的两端河岸上应设置过河标。如果过河航道为碍航物所束窄，可改设过渡导标，必要时在碍航物靠近航道一侧设置侧面浮标，标示船舶偏离导线的允许范围（图 4-20）。

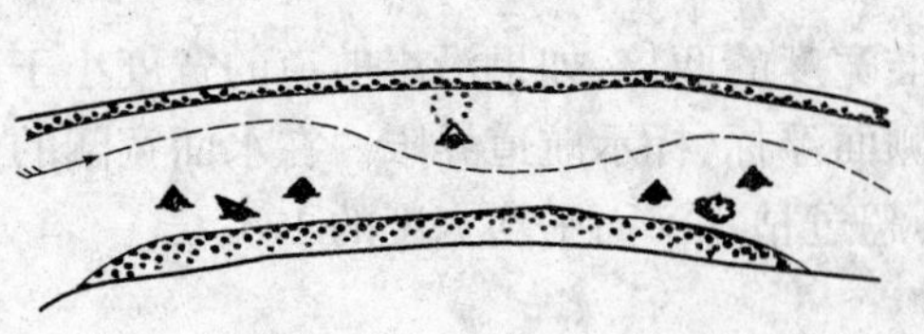

图 4-19　用浮标标示碍航物

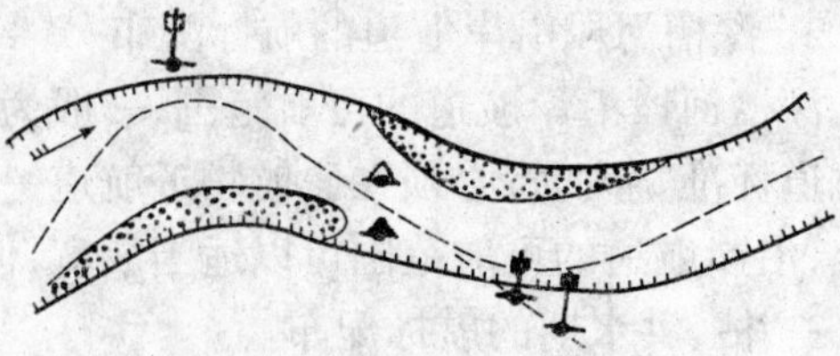

图 4-20　狭窄深槽过河航道航标配布

如果同岸相邻两座过河标之间的沿岸航道距离过远或者为岸边突出部分所遮挡，不能从一座标志看到它同岸的另一座标志，应当在两标中间或在岸边突出处设置沿岸标（图 4-21）。如因航道弯曲，同岸相邻两标间的连线超出航道界限，应在河岸凹入处设沿岸标（图 4-22）。

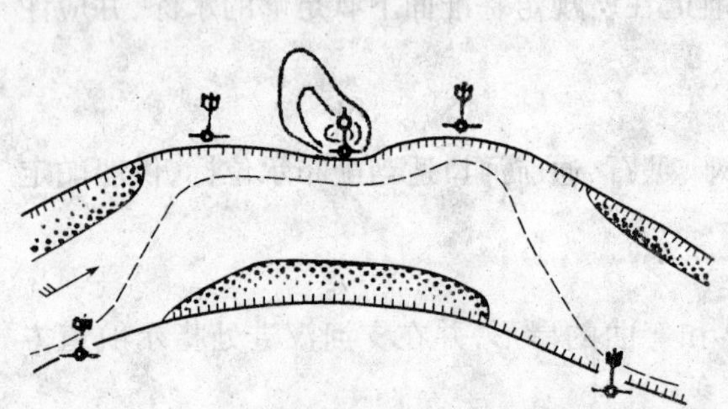

图 4-21　凸岸深槽沿岸航道航标配布

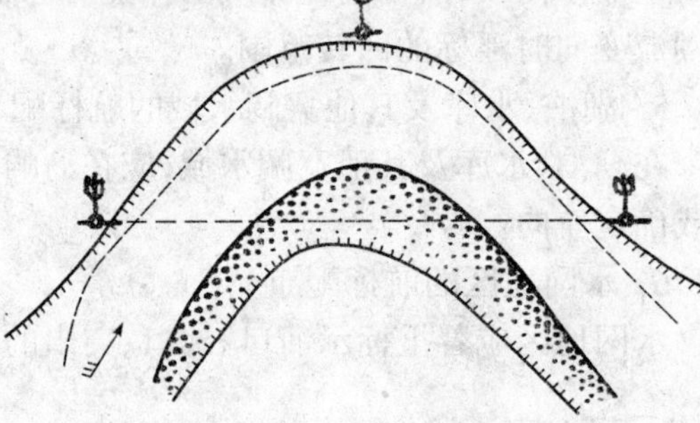

图 4-22　凹岸深槽沿岸航道航标配布

狭窄沿岸航道的陡岸河段，设置沿岸标有困难时，可以将锥（罐）形浮标改设在岸上，作为岸标形式。也可以设在露出水面孤立碍航物上，要求碍航物附近必须有足够水深。

河心航道，主要用标示航道界限的侧面浮标标示（图 4-23），如果航道狭窄，也可以用一系列的导标标示航道方向（图 4-24）。

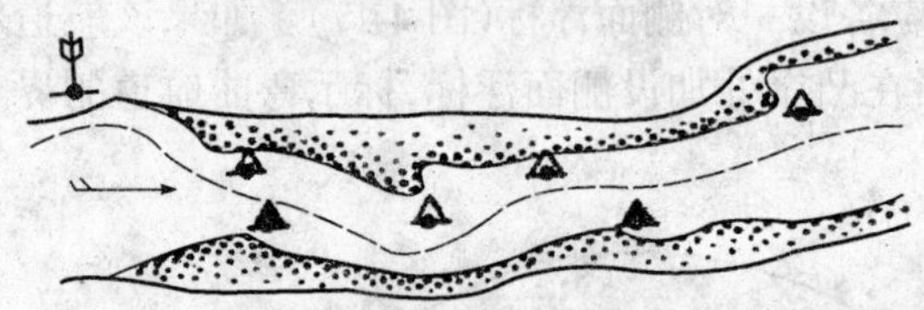

图 4-23　河心航道航标

图 4-24　用导标标示河心航道

3. 湖泊、水库航标配布

湖泊、水库水面比较宽阔，一般用侧面标标示捷径航道的界限和碍航物的位置；用示位标标示岛屿、礁石、浅滩岸嘴的特定位置，供船舶确定方向。

从湖泊、水库或宽阔水域进入河口的航道，如较为宽阔和顺直，可在河口的一岸设置示位标，标示河口的位置。如果进口航道比较狭窄，还可设置导标标示航道方向。

风浪较大的湖泊、水库，根据需要和可能在有足够水深的上风岸设置沿岸标，开辟沿岸副航道（图 4-25、4-26）。

4. 水网地区航标配布

水网地区船舶基本上沿河心航行。航标配布应着重标示通航河口、岸滩、突出的岸嘴和特别弯曲的岸形,以及防止船舶误入支河汊港的侧面标。比较顺直的优良航道,可不配航标。在有横流的节制闸附近,必要时应设置横流标(图 4-27)。

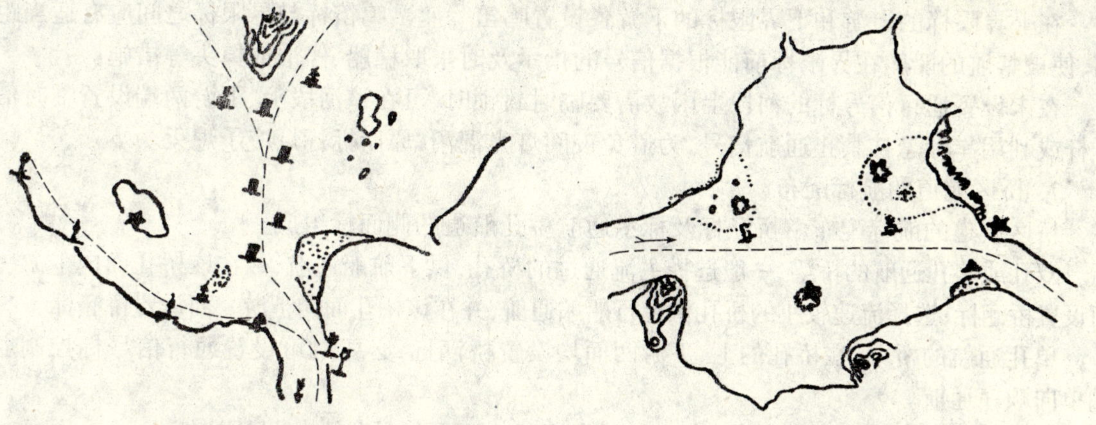

图 4-25 湖泊航标配布　　图 4-26 水库航标配布

水网地区的沙洲,应视具体情况在其上下两端设置侧面浮标或左右通航标,用以指示单侧航道或两侧都能绕行的航道。

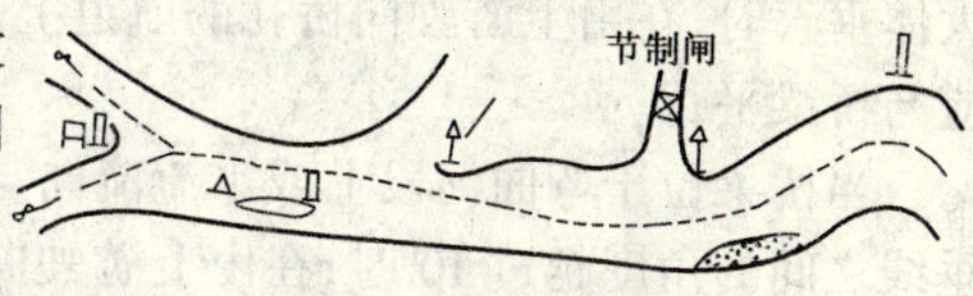

图 4-27 水网地区航标配布

在两条航道分汊处,可加设指路牌(图 4-28),指出通往的地名和里程。

5. 小河流简易航标配布

航运不甚发达的小河流,可只在航行困难的河段重点配布航标。

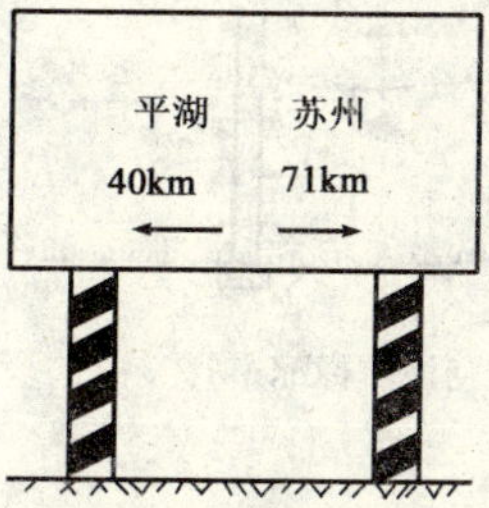

平湖 苏州
40km 71km

图 4-28 指路牌

白天通航的河段,主要配布一些指示狭窄航道边缘碍航物的侧面标。

一般情况下,侧面浮标可不遵循同侧浮标之间连线不得有小于维护水深碍航物存在的要求,只要求在相邻两标连线上有足够水深,指示船舶循标志顺序航行(图 4-29)。

夜航河段,除上述标志应发光外,在弯曲河段、河岸突嘴处还应适当配布发光的侧面标标示岸线,使船舶能按照灯标所标示的岸形驶过弯曲河段,避免发生触岸的危险。

6. 通航控制河段航标配布

在通航控制河段上,禁止船舶对驶、追越或同向并列行驶。通行信号标设置在通航控制河段的上、下游两端,利用信号控制船舶单向顺序通航。如果通航控制河段较短,设置一座通行信号能适应需要时,可以不设两座。

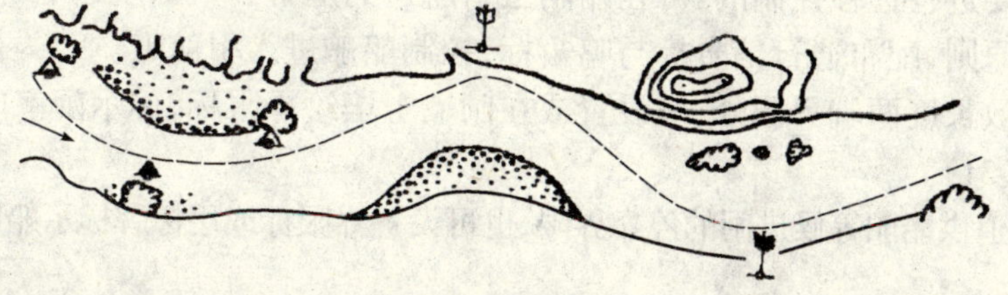

图 4-29 小河流简易航标配布

通航控制河段的上、下界限,分别设置界限标标示。如果上下两座通行信号标分别设在通航控制河段的上、下游界限处时，可以不再设界限标。

在上界限标的上游和下界限标的下游各设置鸣笛一座。鸣笛标与界限标之间应有适当距离，使被禁航的船舶在界限标前能根据信号的指示及时采取稳船、停泊或掉头等措施。

在未设置通行信号标的河段上因故需要临时封锁时，可在该河段上、下游两端设置临时信号杆或利用岸标悬挂禁止通航信号，为避免夜间灯光混淆，原岸标标灯应予熄灭。

7．桥区航道的航标配布

桥区航道的航标配布由桥涵标及标示通航桥孔航道的侧面标组成。

双孔或多孔通航的桥梁，一般选择主流通过的桥孔，供下航船通航，并在该桥孔面向上游一面设置桥涵标；选择流速较小的桥孔供上行船舶通航，并在该桥孔面向下游一面设置桥涵标。

单孔通航的桥梁，在桥孔的上、下游两面均设置桥涵标，必要时可设置通行信号标控制船舶单向顺序通航。

航行条件复杂的桥区航道，应在通航桥孔迎船一面两侧桥柱上加设桥柱灯。

桥区航道还应根据航道条件和航行需要在进入通航桥孔前的航道上配布侧面标(航行条件优良或小河流的桥区航道可不配布侧面浮标)。当桥区位于顺直河段，水流流向与桥梁轴线大体垂直时，在由上游驶向桥孔的航道上，距桥梁100～300m处设置一对侧面标，两标的连线应与桥梁平行。

当桥梁位于弯曲河段上或水流流向与桥梁轴线的垂线之间的角度越过10°时，在由上游驶向桥孔的航道上，设置两对侧面标：第一对侧面标距桥梁100～300m；第二对侧面标距桥梁400～800m，每对标的连线应与桥梁平行。必要时还可再增设侧面标，其与桥梁的距离可以根据具体条件适当增大，几对侧面标的中心线应与水流流向平行(图4-30)。

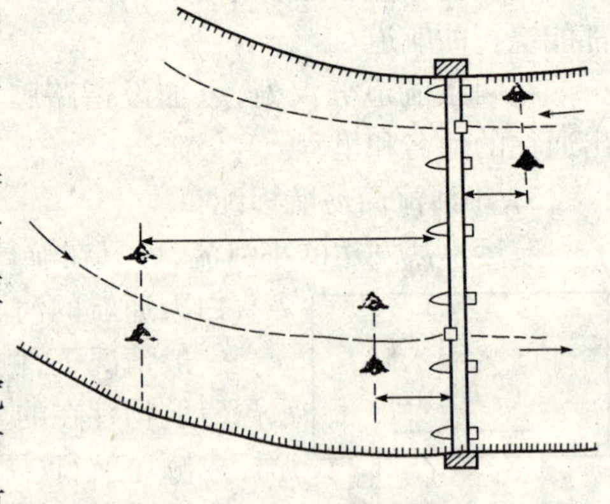
图4-30 桥区河段航标配布

上述各对侧面标之间的距离一般与桥孔的航道宽度相等。设有第二对侧面标的间距根据具体情况也可稍大于第一对侧面标的间距。在受潮汐影响的桥区航道上，在桥梁的上、下游可分别配布相同的侧面标。

8．船闸航道的航标配布

在船闸引航道上、下游导航堤首端各设置目标明显的侧面岸标一座，标示引航道的进、出口。引航道较长时，可根据航道条件与航行需要，在引航道两岸适当配布侧面标标示岸形。如果引航道出现浅滩、碍航物，应设置侧面浮标标示航道界限。

为了控制船舶顺序进出船闸，在上、下闸门附近或引航道进出口设置通航信号标。

大型船闸需要进行远程控制的，可在船闸上引航道的上游和下引航道下游，根据通航控制河段的航标配布原则，配布通行信号标与鸣笛标，控制船舶进入引航道。

船闸闸室有效长度两端界限处，应设置或在闸墙上镶绘界限标，标示闸室内允许船舶安全停靠的界限(图4-31)。

在上、下引航道供船舶等候进闸的停靠界限，也可设置界限标或用标牌标示船舶停靠的界限。

四、内河航标灯质

1．内河航标对闪光周期不作统一规定，需要区分同一功能的相邻航标时，可以采用不同的闪光周期。

2. 选用单闪、双闪、顿光等灯质时，其闪光周期不得超过 6s；选用其他灯质时其闪光周期一般不超过 10s。

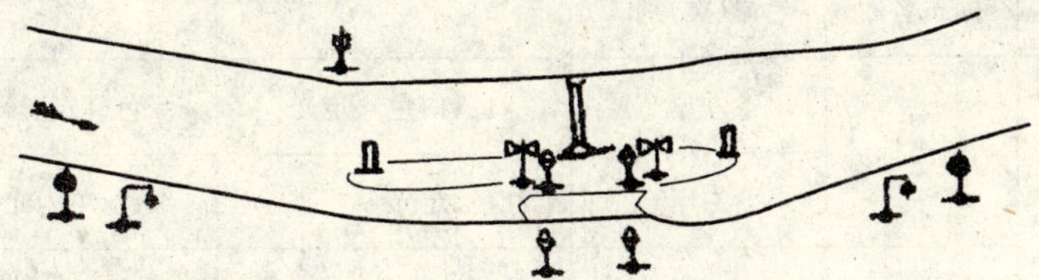

图 4-31 船闸、节制闸航标配布

3. 在确定各种灯质时，其闪光的持续时间不得小于 0.4s。选用莫尔斯信号闪光时，其长闪光时间应为短闪光时间的三倍，每两次闪光间的间隔时间与短闪光时间相等，每组闪光后的间隔时间不小于长闪光时间。

4. 并列或垂直悬挂两盏灯时，其间距为 1.0～1.8m。

5. 快闪光的明暗时间相等，其明暗次数每分钟为 60 次。

6. 除采用规定灯质外，可根据具体条件选用表 4-1 所列的代用灯质，但同一河区的不同种类的航标，其灯质必须明确区分，相邻河区间应注意协调，避免相互混淆或被误认。

内河航标灯质表 表 4-1

<table>
<tr><th rowspan="2">序 号</th><th colspan="3">标 别</th><th rowspan="2">规 定 灯 质</th><th rowspan="2">代 用 灯 质</th></tr>
<tr><th>类别</th><th>标志名称</th><th>岸(类)别</th></tr>
<tr><td rowspan="2">1</td><td rowspan="8">航行标志</td><td rowspan="2">过河标</td><td>左岸</td><td>(1)白色，莫尔斯信号“A”闪光；
(2)白色，莫尔斯信号“M”闪光；</td><td>(1)绿色(白色)，双闪光；
(2)绿色(白色)，顿光</td></tr>
<tr><td>右岸</td><td>(1)白色，莫尔斯信号“N”闪光；
(2)白色，莫尔斯信号“D”闪光；</td><td>(1)红色，双闪光；
(2)红色，顿光</td></tr>
<tr><td rowspan="2">2</td><td rowspan="2">沿岸标</td><td>左岸</td><td>绿色(白色)，单闪光；</td><td>绿色(白色)，定光</td></tr>
<tr><td>右岸</td><td>红色(白色)，单闪光</td><td>红色，定光</td></tr>
<tr><td>3</td><td>导标</td><td></td><td>白色(红色)，单面定光</td><td>白色，快闪光</td></tr>
<tr><td rowspan="2">4</td><td rowspan="2">侧面标</td><td>左岸一侧</td><td>绿色(白色)，单闪光或双闪光</td><td>绿色(白色)，定光</td></tr>
<tr><td>右岸一侧</td><td>红色，单闪光或双闪光</td><td>红色，定光</td></tr>
<tr><td>5</td><td>左右通航标</td><td></td><td>白色(绿色)，三闪光</td><td>红色和绿色(红色和白色)，定光并列各一盏。面向下游，标志左侧为红色，右侧为绿色(白色)</td></tr>
<tr><td>6</td><td></td><td>示位标</td><td></td><td>白色(绿色、红色)，莫尔斯信号闪光</td><td></td></tr>
</table>

续上表

序号	标别			规定灯质	代用灯质
	类别	标志名称	岸(类)别		
7	航行标志	泛滥标	左岸	绿色(白色),定光	绿色(白色),单闪光
			右岸	红色,定光	红色,单闪光
8		桥涵标	通航桥孔(大轮)	红色,单面定光	
			小轮	绿色,单面定光	
			两侧桥柱灯	绿色,单面定光。各垂直设置二至四盏	
9	信号标志	通行信号标	允许上行船通航	上红色、下绿色,定光各一盏	
			允许下行船通航	上绿色、下红色,定光各一盏	
			禁航	红色,定光垂直二盏	
10		鸣笛标	左岸	绿色,快闪光	绿色,快闪光
			右岸		红色,快闪光
11		界限标	左岸	红色,快闪光	绿色,六闪光
			右岸		红色,六闪光
12		横流标	左岸一侧	绿色,顿光	绿色,定光并列二盏
			右岸一侧	红色,顿光	红色,定光并列二盏
13		节制闸标		红色,定光并列二盏	
14	专用标志	管线标		白色(红色),定光三盏成三角形	红色,三闪光
15		专用标		黄色,单闪光或双闪光	黄色,定光

五、内河航标图例

内河航标图例见表 4-2。

内河航标图例（补充件） 表 4-2

序号	名称		图例		序号	名称		图例
			左岸	右岸				
1	过河标（设于岸上）				16	左右通航标	柱形浮标	
2	过河标（设于水上）						锥形浮标	
3	过河标（装梯形牌）						锥形标（设于岸上）	
4	沿岸标						灯船	
			背景深暗处	背景明亮处			柱形灯桩	
5	导标				17	示位标		
6	导标（装梯形牌）				18	桥涵标	通航桥孔	
7	过渡导标						小轮通航桥孔	
8	过渡导标（装梯形牌）				19	通行信号标		
9	首尾导标				20	进出闸信号标		
10	首尾导标（装梯形牌）				21	鸣笛标		
11	侧面标	柱形浮标			22	界限标		
		锥形、罐形（设于水中）	锥形	锥形 罐形	23	水深信号标		
		锥形、罐形（设于岸上）	锥形	锥形 罐形	24	节制闸标		
		杆形浮标			25	指路牌		
		灯船			26	管线标	水底电缆	
		灯桩	柱形 杆形	柱形 杆形			架空管线	
12	泛滥标（设于岸上）				27	专用标		
13	泛滥标（设于水上）				28	航道（标）站		
14	横流标（设于岸上）				29	航道（标）段		
15	横流标（设于水上）				30	发光标记		

六、内河航标编号

1. 连续设置的过河标、沿岸标和各种导标,可按河区或辖区为单位,从下游向上游顺序编号,也可自起点港埠开始编号,同一组导标编号相同。

2. 连续设置的侧面浮标,可按水道、浅滩、缓流航道或河区为单位,从下游向上游顺序编号。当航道两侧成对设置侧面浮标时,左右两侧浮标也可分别按顺序编号。

3. 编号用阿拉伯数字,写在顶标正中或标身明显的部位。编号的颜色:标志为白色的写黑字,标志为红色(黑色)的写白字。

4. 标志编号确定后,如果增设标志,其编号仍采用前一座标志的号码,在其右下角加写甲、乙、丙......字样。如果撤销标志,其上、下游的其他标志编号不变,必要时经主管机关批准后,可重新调整航标编号。

5. 各种标志,也可按地名命名或按里程编号。小河流航标编号也可从下游向上游将岸、浮标统一顺序编号。

6. 左右通航标、示位标、泛滥标、桥涵标、各种信号标志、专用标志以及单独设置的导标、浮标可以不编号。因航道多变而需要经常增减航标的河段,航标可不编号。

七、内河航标工作船(艇)及航道(标)站标志

1. 内河航标工作船(艇)的船身、舾装有部分为白色,天棚为灰色,烟囱为黑色。木质航标工作艇中另涂色。

2. 航道(标)站设白色旗杆,白天悬挂航标旗,夜间垂直悬挂两盏绿色定光灯。

3. 内河航标工作船(艇)执行任务期间,除应悬挂《内河避碰规定》规定的号灯、号型外,白天应在桅杆横桁或船首悬挂航标旗。

复习思考题

1. 简述内河航标的配布类别。
2. 简述内河航标的配布原则。
3. 简述各种水道的航标的配布方法。
4. 内河航标是如何编号的?

第四节　航标维护管理

航标是指供船舶定位、导航或者用于其他专用目的的助航设施。为了保障船舶航行安全,必须加强对航标的维护管理。根据《内河航标管理办法》的规定,航标的设置和维护管理由航标管理机关(航道管理机构)负责,任何单位和个人都有保护航标的义务。如果船舶驾驶人员缺乏航标保护意识,既不利于本船航行安全,也不利于他船安全,甚至因造成航标损坏事故,还要承担相应的法律责任。

一、航标失常的概念

航道上的每一座航标,应随时处于良好的导航效能和技术状态,标位正确,灯光正常。如

果航标处于技术性能与规定的不相符合而失去助航作用的状态,如航标发生损坏、移位、漂失、灯光熄灭或灯质错误等现象,则称为航标失常(abnormality of navigation aids)。航标失常将对船舶航行安全带来严重影响。

航标失常的原因很多,通常分为维护性失常和非维护性失常。凡由于航道管理机构维护管理上的原因而导致的航标失常,属于维护性失常;由于不可抗拒的自然因素或其他人为外界原因,如风暴、洪水、滑坡、岸崩、溃堤、走沙、碰损、盗窃、破坏等而造成的航标失常,属于非维护性失常。

二、航标维护管理的基本内容

航标维护管理内容很多,下面主要针对航标管理机关对航标的维护管理以及船舶驾驶人员维护航标的注意事项作相关的介绍。

1. 航标管理机关对航标的维护管理

(1)负责编制年度航标维护计划,对计划的执行情况必须进行检查,并总结上报。建立健全航标技术和统计资料档案,统一制定航标工作原始记录和统计报表,并按时填报,定期整理,归档保存。

(2)制定航标维护质量标准,建立航标检查、维修保养、质量考核的质量保证体系。航标检查实行日常检查和定期检查,检查和维修保养按《内河航道维护技术规范》的规定执行。质量考核主要内容包括航标维护正常率、设标座天、航标技术状况和航标使用效果。

(3)滩险航道或重要河段,应根据需要建立值班制度。设置通行信号台控制船舶单向通航时,应制定通行信号台控制指挥办法。

(4)基层班组(航标艇)发现或获悉船舶发生水上交通事故后后,应赴现场了解航道、航标情况,并做好记录,及时向上级和有关单位报告。

(5)建立航标异动报告制度。设置或调整航标后,应进行定位或位置校核。如航道突变或航道内出现新的碍航物时,基层班组应立即采取调标措施并向上级及有关部门报告,对变化频繁的浅滩航道,应根据航道实际情况自行调整航标。

(6)定期或不定期发布航道通告或航道通电,及时向船舶和有关单位通报航标情况及有关注意事项。

2. 船舶驾驶人员维护航标的注意事项

除了航标管理机关对航标的维护负有直接的工作责任外,船舶也有维护航标正常的义务,尽可能避免触碰航标的事故发生。

(1)航行中要加强瞭望,摆正船位,正确引导船舶与浮标保持适当距离行驶,避免触碰航标。

(2)如因操作不慎而触碰航标,造成标志倒塌损坏、移位流失等后果,必须及时如实地向有关部门报告。否则,更严重地承担相应的法律责任。

(3)若发现航标失常,有责任和义务通知附近航标站(艇)及时恢复正常,并通知他船引起注意。

(4)当航道内发生沉船、沉物时,航标管理机构为保证船舶航行安全采取设标或其他措施所发生的费用由责任单位或责任人承担。

复习思考题

1. 什么叫航标失常？

2. 船舶驾驶人员维护航标时应注意哪些事项？

第五节　中国海区水上助航标志简介

我国海区现行的浮标制度是在国际海上浮标制度（A区域）的基础上于1984年制定的国标《中国海区水上助航标志》（GB 4696—84），该标准于1985年8月1日实施。它适用于中国海区及其海港、通海河口的所有浮标和水中固定标志（不包括灯塔、扇形光灯标、导标、灯船和大型助航浮标）。包括侧面标志、方位标志、孤立危险标志、安全水域标志和专用标志等5类，它们可以结合使用。标志的特征须用标志的颜色、形状或顶标、灯质来表示。该标准规定的基本浮标形状有罐形、锥形、球形、柱形和杆形等5种，顶标的形状只有罐形、锥形、球形和叉形4种。

一、侧面标志

侧面标志根据航道走向配布，用来标示航道两侧的界限或标示推荐航道、特定航道。确定航道走向的原则是：船舶由海向里，即从海上驶近或进入港口、河口、港湾或其他水道方向；在外海、海峡或岛屿之间的水道，原则上按照大陆顺时针方向；在复杂的环境里，航道走向由航标主管部门确定并在海图上有“⇨”表示；当船舶顺航道走向航行时，其左舷一侧为航道的左侧，右舷一侧为航道的右侧。

侧面标志包括左侧标、右侧标、推荐航道左侧标及推荐航道右侧标。左（右）侧标标设在航道的左（右），顺航道走向行驶的船应将该标志置于本船左（右）舷；推荐航道左（右）侧标设在航道的分汊处，标示推荐航道在该标志的右（左）侧；用于特定航道时，标志该航道的左（右）界限，顺航道走向行驶的船舶应将该标志置于本船左（右）舷，侧面标志的颜色、形状、顶标、灯质及布设参阅本书附录（以下各标志类同）。

二、方位标志

方位标志与航海罗经结合使用。高在以危险物或危险区为中心的北、东、南、西四个象限，分别命名为北方位标、东方位标、南方位标、西方位标。其意义是表示可航水域在本标同名一侧，如东方位标设在危险物或危险物的东方，船舶应在该标的东方通过。方位标志也可设在航道的弯道、分支汇合处或浅滩的终端。

三、孤立危险物标志

该标志设置或系泊在孤立的危险物之上，或尽量靠近危险物的地方，标示孤立危险物的所在之处，船舶应参照有关航海资料避开该标航行。

四、安全水域标志

该标志设在航道中央或航道的中线上，标示该标志周围均为可航水域，船舶可在其任何一侧航行。该标也可代替方位标或侧面标指示接近陆地。

五、专用标志

设置该标的目的不是为了助航，而是用于指示某一特定水域或特征。各种不同用途的专用标示必要时在有关航海资料中予以说明。

复习思考题

1. 中国海区水上助航标志包括哪几类？
2. 各类中国海区水上助航标志的功能是什么？
3. 确定航道走向的原则是什么？

第五章　航　行　图

［**内容提要**］　航行图(route chart)是水道图的一种，是按一定的比例尺将河槽形状、水深分布、障碍物位置以及与航行有关的资料等，用各种符号绘制在平面纸上，供船舶航行用的一种海图。图中不能用符号表明的部分，则以文字加以说明。它是船舶驾驶人员在航行中必备的重要资料；是船舶驾驶人员全面了解和掌握航道情况，正确地选择航路，摆正船位，引导船舶安全航行的重要依据。

第一节　制图基本原理

目前内河使用的航行图多为高斯—克吕格图或渐长纬度图。

一、渐长纬度图的制图原理

在地球表面上，与所有子午线(经线)相交成相同角度的线，叫恒向线(rhumb line)。它是一条具有双重曲率的球面螺旋线。航行图为了在航行中使用方便，要求连接图上任意两点的直线为恒向线，这就要求经度线(meridian line)为互相平行的直线，且经度线与纬度线(latitude line)垂直。同时，要求图上的图形和相对的地面实形应保持相似。

地球上的经度线是不平行的，假设把地球表面沿经度线剪开，然后把它摊开贴在一平面上，如图 5-1 所示，可以看出，这种图上的经线既不平等，而纬度线又被剪成一段一段的。显然，它不符合上述要求，实际上也无法使用。所以必须把经度线伸直，同时把纬度圈拉长相连，成为和赤道等长的连续直线，如图 5-2 所示。

由于纬度圈在横向被拉长，使图形改变了形状，和实形不相似，如图 5-1 中的圆形，到图5-2 中就变成椭圆形了，这样的图形是不便使用的。为了解决这个矛盾，还需要把经度线也作相应倍数的伸长，如图 5-3 所示。这样的图就便于和实际对照了。以上就是渐长纬度图的简单制图原理。

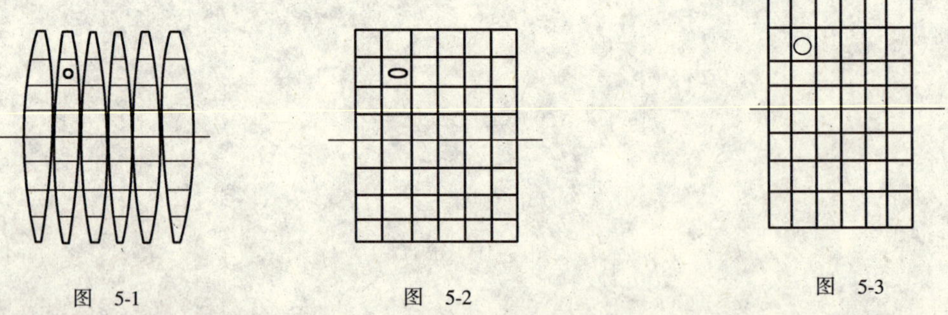

图　5-1　　图　5-2　　图　5-3

从图 5-4 中可明显看到，航行图上的横向线是纬度线，纵向线是经度线。图的上下两边有经度的度数。左右两边有纬度的度数。这样图上的任意一点的位置即可用经纬度表示出来。

例如，我国首都北京的位置为：

纬度：39°54′.4 N　　　　经度：116°28′.3 E

综上所述，可以看出渐长纬度图的基本特点：

(1)图上的经度线、纬度线各自平行，并且互相垂直。

(2)图上纬度 1′的长度随纬度的增高而渐长，故称为渐长纬度图。由于这个特点，应注意在图上量取距离时，要在航行区域附近两边的纬度分划上量取。

在地理上，经度线都通过地球的南、北两极，经度线的方向就是真南、真北的方向。渐长纬度图中的经度线虽被伸直，但仍指向地球的南极与北极的方向。所以图上的经度线就是真北线。因纬度与经度线垂直，故纬度线指向东西方向。即经度线向上为真北(N)，反方向为真南(S)，右为东(E)，左为西(W)，如图 5-4 所示。为了满足航行上的需要，在图上以真北为基础，沿顺时针方向旋转 360°，绘出如图 5-4 中所示的方向圈。

二、高斯—克吕格图的制图原理

高斯—克吕格图是根据高斯—克吕格投影即等角横圆柱投影的原理制成的。高斯投影是根据一定的投影计算公式，把椭球面上的元素换算为投影平面上的元素，投影公式的推证较复杂，为了便于理解，我们利用一图形，对它作一示意性的简要说明。

设想将平面卷成一个空心圆柱，横套在椭球的外面，如图 5-5 所示，使圆柱面恰好与椭球面上的某一子午线相切，这条子午线称为中央子午线，然后把中央子午线附近的椭球面上的元素，按照一定的投影计算公式投影到这个横圆柱上，再把圆柱面展开，则椭球面上的经纬网就转换成平面上的经纬网了。这样得到的平面图形，如图 5-6 所示，即称为椭球面上图形的等角横圆柱投影或高斯投影，它的投影规律是：

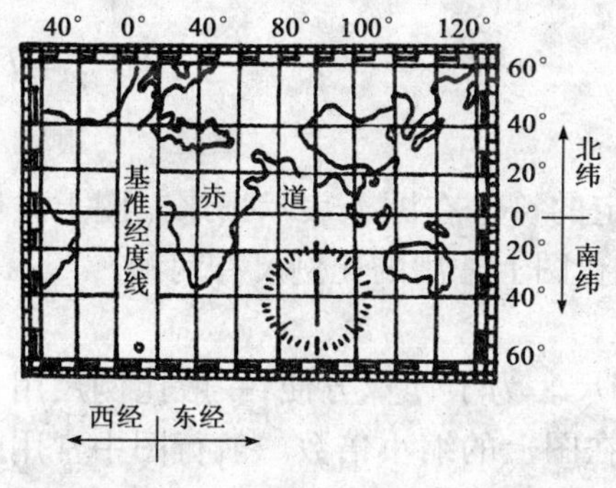

图　5-4

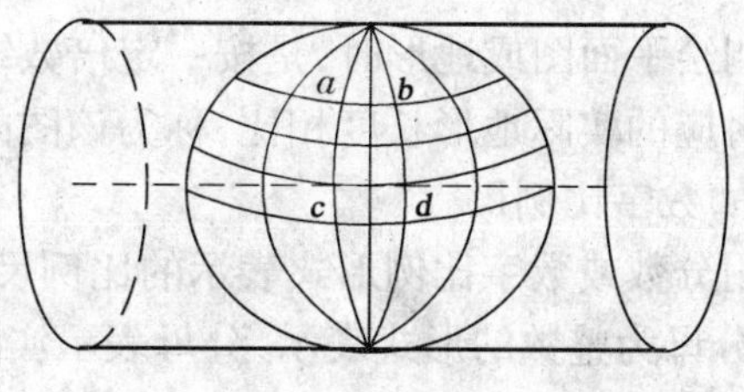

图　5-5

(1)中央子午线投影后无长度变形。

(2)中央子午线和赤道投影成相互垂直的直线，其他经纬线均为曲线，且以中央子午线和赤道为轴而对称。

(3)投影前后的角度相等(即无角度变形)。

从图 5-6 可以看出，中央子午线投影到圆柱上以后是一条直线，这条直线就作为平面上的纵坐标轴(x 轴)；而赤道投影后是一条与中央子午线垂直的直线，把它作为平面上的横坐标轴(y 轴)，此两条直线的交点就作为平面上的坐标原点 O，这样就构成了投影平面上的直角坐标系，这就是通常所说的等角横圆柱投影平面直角坐标系。

由上可知，中央子午线上任意两点间的距离，投影后不变，但中央子午线以外的任意两点的长度和方向则发生了变化，这种变化就叫做投影变形，而这种变形，距离中央子午线越远，变形就越大，为了保证投影后变形限制在一定的范围内，就得用分带的方法来解决，也就是以不同的子午线作为中央子午线，分别与圆柱相切，使投影限制在经差6°或3°以内，此范围称为投影带。这样每一带都自成为一个独立的直角坐标系。

我国采用的坐标系是以北京的经线为基本轴线，在北京经线的左、右各3°为第一分带，其余的分带都从这一分带向东（右）、向西（左）顺序地排过去，所以称为北京坐标系。

在航道图集中，一般总图多用墨卡托投影，航道图及港口图为高斯—克吕格投影。图上方位圈的刻度为坐标方位，航标位置应按坐标方位推算。方位圈上的真北线供推算磁偏差时用，真北线与坐标北线的差数，每幅图都不同，大体上在西1°09′.5～0°46′之间变动，对航行影响不大，但在校正磁罗经时应予以注意。

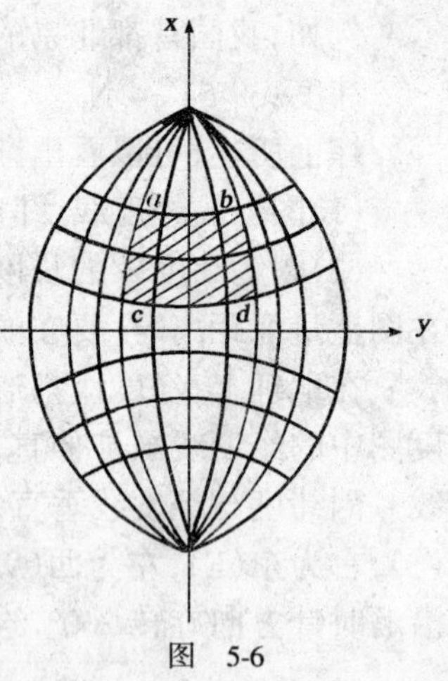

图 5-6

复习思考题

1. 简述航行图的作用？
2. 简述渐长纬度图的制图原理？
3. 简述高斯图的制图原理？
4. 有些用高斯—克吕格制图原理制成的图上，为什么方位圈内会有两个指北向？

第二节　比例尺与图式

一、比例尺

测绘平面图或地形时，是按一定倍数缩小后用规定的符号在图上表示出来。图上线段长度与对应的实际地形长度相比，称为该图的比例尺，航行图上常用的比例尺有两种：

1. 数字比例尺

用分数或数字比例形式表示的比例尺叫数字比例尺。为了计算方便，一般比例尺用分子为1，分母为整数的形式表示，分母表示实际地形长度在图上的缩小倍数。航行图中常用的比例尺有1/25000、1/40000、1/50000等，也可以写成1:25000、1:40000、1:50000的形式，分母愈大，则比例尺愈小；反之，分母愈小，则比例尺愈大。

2. 直线比例尺

应用数字比例尺需要经常换算，在实际使用时不方便，为了直接而方便地进行图上与实地相应水平距离的换算，可采用直线比例尺。它是在图上用一定线段的长度来表示地面的实际长度，可以在图上直接量取距离，使用方便，故一般航行图上均采用它，如图5-7所示。

图 5-7

在渐长纬度图上，纬度1′的长度表示地理上的1n mile，所以图上两边纬度分划也是一种比例尺，可直接在航行区域附近的纬度分划上量取实际距离。

二、图式

图式就是用各种符号代表各种不同的地形、地物，在图上表明其位置和形状，便于绘图、看图和记忆。航行图所用的图式大致有水深、水区界限、水区障碍物、航线、水流、助航设备、居民点及地物地貌等。不同的航行图所用的图式大致相同，但也有个别符号（如等深线）有不同的规定，使用时应予注意。图式的主要内容见表 5-1、5-2、5-3、5-4。

水深、水区界限图式　　表 5-1

符号名称	符　号	说　明
岸线		
陡岸		
水深数字	5_1　5_3	表示基准面下的深度
等深线(m)	 0 2 5 10	
等干出线		
导航线	 250°~70°	（红色）
主航线		全年通航的航线（红色）
经济航线		中洪水期的航线（红色）
变迁航线		通常都为易变水道（红色）
禁区界线		（紫色）
港　界		
锚地界		
里程线	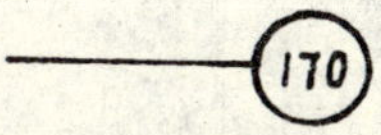 170	（红色）
危险界线		（紫色）

水流及其他图式　　表 5-2

符号名称	符　号	符号名称	符　号
漩涡		大船锚地	
急流		小船锚地	
流向		验潮站、水位站	
系船桩		码头囤船	

水区障碍物、底质图式 表 5-3

符号名称	符　号	符号名称	符　号
卵石	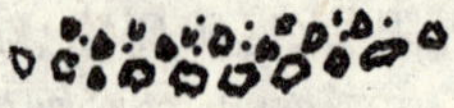	暗礁 (注明深度)	 1_3
沙滩		部分露出基准面上的沉船	
岩礁		深度不及 6.5m 的沉船	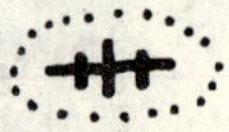
险恶地	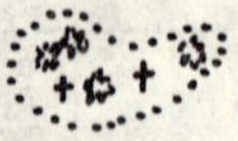	深度超过 6.5m 的沉船	
明礁		深度不明的沉船	
暗礁		测出水深的沉船	 5_2 沉船
干出礁		性质不明的障碍物	
适淹礁		测出深度的性质不明障碍物	障碍物  5_1
概位礁	(概位)　(凝存)	石堆	

居民地、地物、地貌图式 表 5-4

符号名称	符　号	符号名称	符　号
城镇	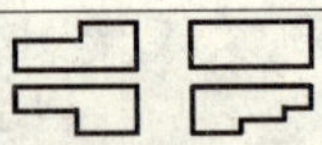	纪念碑	
乡村	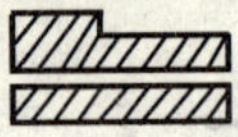	三角点	
独立村		高程点	
宝塔		正北	
烟囱		山脉	
庙宇		铁路	
教堂		公路	
塔形建筑物		乡村小路	
铁塔		铁路桥	
独立石		公路桥	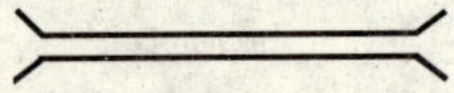
气象站		小桥	

复习思考题

1. 什么是比例尺？
2. 怎样在直线比例尺上量取距离？
3. 什么是图式？试绘出各种等深线的图式。
4. 试绘出各种岸线的图式。
5. 试绘出各种礁石、沉船、障碍物的图式。
6. 试绘出锚地、急流、漩涡及沙滩、石滩、险恶地的图式。

第三节　航行图的种类

在内河船舶航行中，航行图作为驾驶员最主要的助航工具，越来越受到重视。随着航运业的发展，各种独具特色的航行图不断出现。目前航行图主要有航行参考图、分道航行图、雷达航行参考图和电子江图等4种。

一、航行参考图

航行参考图在其他几种航行图未产生前，是最基本、最普遍的助航图册，有些图册被直接称为航行图。其他种类的航行图均是在航行参考图的基础上，结合新的安全管理规则和新的科学技术发展而产生的。航行参考图的内容一般由图页部分和文字部分组成。

(1)图页部分：主要内容是以各种符号表明某段水道的形态、宽度、水流、水深、底质、滩险、礁石、沙嘴、浅滩、沉船等障碍物的位置、大小、高低和碍航程度，亦表明航行时可供利用的助航标志及锚地等。在每张图页上均有标题栏，其内容一般包括该段水道名称、比例尺、资料来源、测量日期、深度和高度基准面、潮汐资料、磁差和水道说明等。在图的边框一般还注有图号和图幅的大小等。

(2)文字说明部分：文字说明部分有说明或前言、目录、索引图、图式(图例)、航区概论、驾引须知、主要港口概况等。它们的内容包括航行图的绘编、资料来源和采用方式、图的测量和绘制方法、有关航行的自然条件和气象、水文及地质情况等。我国目前内河(如长江)所使用的航行图，在封面上注有图册编号、图名、出版部门、出版日期。

二、分道航行图

随着海船、外国籍船进江及干支流沟通，长江航行船舶的种类繁杂，长江下游水上交通秩序混乱，交通事故频发。为了从根本上改变长江下游水上交通局面，规范船舶的具体行为，确定各类船舶的航行路线，从而改善长江下游水上交通环境，维护交通秩序，达到防止和减少交通事故发生的目的。交通部长江港航监督局按照交通部安监发[1995]516号文件要求，以《内河避碰规则》为依据，结合长江下游航运、安全与管理现状和航道、水文特点，于1995年8月制定了《长江下游分道航行规则》，同时根据该规则的具体规定，以中国人民解放军海军司令部航道保证部、交通部长江航道局南京航道分局1993年《长江下游航行图》为底本，绘制了《长江下游分道航行图》(浏河口——武汉)。并于1996年1月1日起正式实施，从而开始了内河分道航行的新时代。

分道航行图以彩图形式绘制而成，其内容由图页部分和文字部分组成。

1. 图页部分：除与航行参考图具有同样内容外，主要是结合航道具体情况，根据分道航行规则，以不同的符号、线段和颜色标明航道边线、分隔带、分隔线、上行通航分道、下行通航分道、全年分边通航水域、季节分边通航水域、小型船舶推荐航路、横驶区、小型船舶横驶区、全年单向通航水域、季节单向通航水域等内容。

2. 文字说明部分：除具有航行参考图的文字说明内容外，在每一幅图页上印有分道航行说明。主要介绍吃水较大的海船和一般船舶或吃水较小的海船的指定航路；感潮河段、分边通航制水域、小船推荐航路、横驶区、小型船舶横驶区等的范围和界线。单向通航制水域的范围、界线，上行船舶等让点和上下行船舶甚高频无线电话联系点等。明确指出各具体河段上、下行船舶的会让方式(即互从左舷或从右舷会让)。

目前，我国内河分道航行图仅有《长江下游分道航行图》一册，随着分道航行制在我国内河的不断实施，会有更多、更好的分道航行图问世。

三、雷达航行参考图

雷达在内河船舶上使用以来，对船舶安全航行，提高经济效益起到了积极的作用。雷达已成为船舶必不可少的助航仪器。随着雷达的使用、推广，广大驾引人员都希望有一本用作雷达助航参考的，科学而可靠的雷达图，以便熟悉航道，更好地运用雷达助航，昼夜不间断地连续航行。雷达航行参考图，就是为此目的而诞生的。目前我国已研制成册的雷达航行参考图有《长江下游雷达航行参考图》和《长江中游雷达航行参考图》两册。

1. 图的组成和内容

雷达航行参考图由前言、使用说明和图页三部分组成。前言部分简要地介绍了研制雷达图的目的和意义。

使用说明部分有雷达原理简介、雷达主要旋钮的作用、雷达图像的识别(包括烟囱、它船雷达干扰、架空电线、遮挡造成岸形失真、各种船舶和船队、鱼网、假像、岸线、大山、锚地、岸形失真以及盲区的雷达成像特点)、雷达使用方法、制图说明和雷达航行参考图图例等6个方面的内容。

雷达航行参考图图页明显地区别于一般航行图图页。它除与航行参考图有同样的图页部分外，还有由若干张雷达屏幕瞬间图像衔接而成的雷达图片，两者组合而成其图页。两图比例相同，位置上、下或左、右对应。雷达图不是雷达屏幕上某些瞬间图像的简单组合，而是从总体上反映航道全貌的雷达图像。

雷达图像中白色的线条、斑点表示沙洲、岸线、浮标等物标的位置。拍摄点及雷达固定距标圈表示拍图时周围物标的相对位置。根据航道走向，在每页图上标有雷达拍摄点序号，及其在航行图上的对应点。为保证图的清晰、直观，除了纯雷达图像外，只添加了下行参考航线和主要地点的名称，其余部分如管线标(过江电缆标)、锚地、测点等，通过航行图补充。当需要进行航行图小改正，如浮标增减移位时，可以先在航行图上改正，然后再根据两图上下、左右位置的对应关系，将改正位置平移到雷达图上，并记住堤岸外特有的线点图案，以备抛锚时参考。

需要说明的是，在使用中某些特殊地段雷达图与雷达屏幕成像图有差异。这是因为雷达型号、雷达的技术状况、雷达天线安装位置及其离水面的高低等因素因船而异，并且航行水位、海浪与拍图季节、气候有差异以及为了使雷达图能连续地从整体上反映航道全貌，在制作中进行了必要的修整处理的缘故。

雷达图片拍摄时，由于水位不同，能获是不同的航道信息。枯水期河床内大部分礁石、滩浅均露出水面，这时拍摄的图像能较全面地反映河床地貌，有利于驾驶员选择航路。中水期由于江面水位升高，所拍摄的雷达图像较全面地反映堤岸外的地貌特征，有利于驾驶员判定船位。

在图页的左侧附有文字说明（水道说明、引航概要，使用雷达图的方法和提示等），向使用者提供了抓点、转向、吊向、选择正确航向的依据。

2. 图的功能

雷达图册为驾引人员提供了一幅完整的雷达图像，是目前在雷达助航中分析航道特征和研究航法的最好依据；是评价雷达图像优劣的参考资料。它具有如下的功能。

(1)有利于驾驶员识别航道。雷达对于驾引人员识别航道和熟悉雷达图中的岸形、地貌均具有较好的参考价值。经常将雷达图与雷达屏幕图像对照，将会大大缩短驾引人员熟悉航道的时间，掌握河床走向及航道特征。

(2)便于准确判定船位。保证夜航、雾航的安全，关键在于准确判定船位。这对丢失了船位的值班人员和刚进驾驶台准备接班的驾驶人员尤为重要。内河在使用雷达以前，驾驶员只能根据天然和人工物标用目测确定船位。夜间，当驾引人员看不清天然和人工物标的准确位置时，定位的准确性就受到影响。

用雷达定位，选点的依据由河心和岸边某些物标，扩大到岸堤外的山脉、树林、村庄等物标，而这些瞬时目标一般不易为有些驾驶员所掌握和利用，更不容易把它们记牢。有了雷达图之后，可随时将雷达屏幕图像与图对照，根据江面和堤岸内外雷达成像的线条、斑点特征，很快地找到本船所在的位置。雷达图的使用扩大了选点定位的依据和范围，增加了定位的可靠性，缩短了定位时间。

(3)能提供选择正确航路的依据。确定船位之后，根据雷达图上标示的下行参考航线，可以立即确定船舶应走的航路，如吊向某物标，与左岸平行还是与右岸平行等，以确保航行安全。

(4)雷达图还可以用于学校教学、船员培训和模拟引航。内河船舶驾驶专业的大专院校学生，在未上船实习前，如能先在实验室内运用雷达图认识航道，模拟摆船位，选航向，将大大缩短实习中熟悉航道和掌握雷达助航技能的时间，使实习达到预期的效果，从而提高教学质量。船员经过模拟引航的培训，必将大大提高其使用雷达助航的技能，或缩短其掌握雷达助航的时间。

四、电子江图

内河船舶综合导航系统是当前国际上内河航运领域最前沿的课题，至今我国无实质性的成果，而国外一些发达国家已经或正在开发研制。该系统的主要目的，是实现船舶在内河航道中的自动引航。其中一个重要的数据库便是电子江图，或叫内河电子海图。

电子江图是内河航运业和计算机应用技术发展的必然产物，是一个国家或一个地区内河航运业发达的标志。

1. 电子江图的要求

为了综合利用和发展的需要，电子江图的结构应符合综合导航系统的要求，其存储的数据格式，应符合随时处理的要求。为了雷达图像与电子江图能进行比较，必须有一种特殊形式的空间来存取电子江图数据。电子江图数据库的数据结构应面向目标，并对雷达图像中各种物标的解释和分类能进行优化。另一个重要的要求是能灵活地修正和更新江图。在河流中航道会因不同因素的影响而出现各种变化，如航道演变、新架设桥梁等，电子江图应在不提供新江图的条件下，也能在电子江图上进行修正。电子江图的应用与操作必须简单，容易掌握，即便不具有专业计算机知识的人也能很快进行操作。

2. 电子江图的基本原理

电子江图采用了两个坐标系。一个是绝对坐标系，各河流或航区可根据其航道特点来确定。另一个座标系是用于快速获得电子江图数据的，其坐标是把河流中心轴线作为一条参考线。河流中心轴线是由航道管理部门沿着河流规定的一条虚拟线，它由若干直线和固定弯曲半径的曲线组成。河流中某点的位置，由沿该轴线的公里数和到该轴线的垂直距离给定。

数据库中保存的各种目标分为真实目标和虚设目标。真实目标是航道中看得见的那些目标，如河岸、桥梁、水闸等；而虚设目标则表示与船舶航行有关的一些信息，如可航水域界线、理想航线、高度、河流中心线等。各种目标根据其结构又分成点状目标、多边形目标和各种螺旋线目标。点状目标在海图上没有特定范围，多边形目标表示带有限定范围的江面物标。电子江图中的一个或多个物标结构由任意个数的目标共同描述，这个结构沿河流取向，每个目标等于该结构中的一个插入点。在两个插入点之间到河流中心轴线的距离成线性插入。

电子江图的每部分最初是利用一个数字化装置从正式航行图得到的。螺旋线目标、多边形目标和点状目标的所有插入点的坐标送到与数字化装置相连的图形工作站。包含各种意见的文本信息则通过工作站键盘分发。工作站运行程序把输入数据存入文本江图数据库。进入数据库后，来自各种信息源的数据可以容易地进行综合，这种处理数据的程序由一种特殊的数据定义文件驱动。江图中各种目标的数据结构及其属性符号在文本文件中通过数据定义库被定义，数据结构的修改只需要改变这个数据定义，而无需改变处理数据的程序。电子江图工作流程，如图 5-8 所示。

就综合导航系统的联机应用来说，文本江图数据库的分析太费时间，因而，利用处理这一数据的程序生成二进制江图数据，这相当于计算机的程序编译，要求每 1km 的目标数据有 2 千字节的存储这样二进制就可从船载计算机的磁盘中快速读出。

运用一种特殊版本的导航系统软件，可将雷达图像记录在船载计算机磁盘上，记录下的雷达图像可用于以后的江图修正。该软件程序在图形工作站上显示江图和所记录的雷达图像，直接与操作江图数据库的程序联合，起到江图输入数字化装置的作用，因而使电子江图按其产生方式进行修改成为可能。

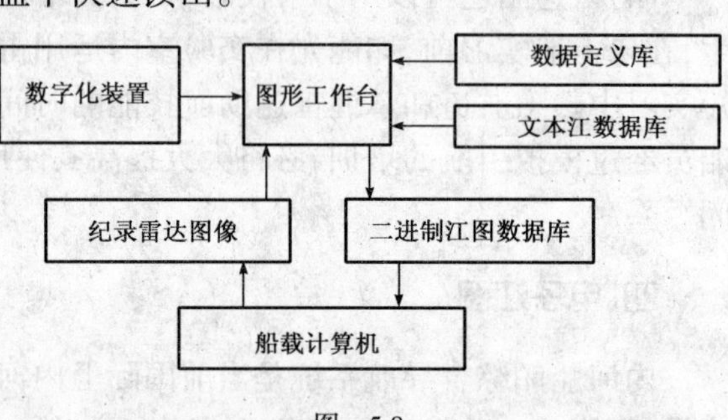

图 5-8

3. 电子江图的应用

电子江图不仅用于显示航道和水面状况，在综合导航系统中还有多种应用。

(1)电子江图与雷达图像匹配可以进行船舶定位。

(2)使用多目标跟踪算法，对来自河岸上(如灌木、树丛)或桥梁的雷达回波进行处理，以确定雷达目标是否在河流中，从而确定是否需要跟踪，达到对雷达目标进行分类，确定交通状态的目的。

(3)电子江图中存储有不随时间变化的上、下行理想航线和可航水域的范围界限。根据河流地理条件和实际交通状态，自动产生一条引航线，从而达到内河上的自动引航目的。

(4)把有关附加信息叠加到雷达图像上，特别是在电子江图上，有助于驾引人员监视和了解交通状态。尤其是在夜间或大雾天气条件下。

总之,电子江图在导航系统中的应用,不限于向驾引人员提供一般的显示,它能作为一种全球数据库与GPS结合,用于导航系统中的各个方面。有些不随时间变化和预先知道的导航环境信息,可通过其有效地应用于整个导航系统中,这是自动可靠地引导内河船舶走在航路上的重要基础依据。

复习思考题

1. 航行图有哪几种?
2. 简述航行参考图的内容。
3. 试述分道航行图的特点。
4. 雷达航行参考图有哪些内容?
5. 雷达航行参考图的功能有哪些?
6. 电子江图有何要求?
7. 电子江图可用于哪些方面?

第四节　图的使用、保管和改正

一、图的使用和保管

1. 图的鉴别

由航道部分出版的航行图应符合以下要求:

(1)注明正式测量机构和最近的测量日期。航行图的有效期视航道变化情况而定,一般为3~5年。

(2)等深线的指示及各测点的水深数字必须紧密、齐整而详细。

(3)有连续不断的岸线及精确的等高线。

(4)载有与航行有关的各种说明和资料,愈详细愈好。一般比例尺较大的图,资料也较详细。

(5)图式要简明、清晰,符合统一颁布的图式标准。

2. 图的保管

航行图由于经常使用,容易破裂和污损,为了延长图的使用时间,确保其准确性,应妥善保管。

(1)使用图时应平坦地放在图桌上,四角用图压压好,以免被风撕裂或折皱。

(2)如须在图上画航线和航向或进行小改正时,宜用软铅笔;如欲擦去图上笔迹时,宜用软橡皮;轻画轻擦,以免损坏图纸。

(3)图纸不可随意折叠,应保持平整、干燥、清洁。

(4)图纸受潮后易发生皱缩现象,应压在玻璃板底下阴干,决不能用火烤或日晒,以防图纸变形,影响图的准确性。

(5)发现图纸损坏,应及时细心地用透明胶纸贴好,并放在玻璃板下阴干,防止皱缩。

(6)图不用时,应按照图号顺序平整地放在图桌上。如条件不允许时,可卷筒放置,不应任意折叠。

3. 图的使用方法

航行图全面反映了水道情况，是驾引人员了解航道情况的主要依据之一。因此必须充分加以利用，以期收到预期的效果。

在看图时一般应首先阅读文字部分的说明、比例尺、基准面、图式、索引图及航区情况、驾引须知等。在阅读各页分图时，应先看标题栏，然后再仔细阅读航道范围内及沿岸地带的图形，识别图上所示的一切内容，了解和掌握各段的所有情况，以便研究航道和选择航路，使航行图切实起到指导船舶安全航行的作用。

为了能迅速熟悉航道，一般都采用分段记忆，并按由大到小由特殊到一般的步骤进行。记航道时应首先了解和记住两岸居民点地名及水塔、烟囱等岸上显著建筑物相对于河槽的位置，进而记住河槽的地形、航标以及两岸的地形特征。其次记河槽内的一般情况如岛屿、沙滩、不正常水流等，再记危险航道和航行方法。

要想熟悉这许多内容，必须在实践中将航行图与实际地形有机地联系起来，对照着看，加深对该水道的印象。此外，还必须多做练习，以获得巩固和逐步提高。做练习时，常用一张大小相当于该图幅的纸，在分图上描出河岸的轮廓，然后取下此纸，收起分图，默着描出河槽中的浅滩、礁石、江心洲、沉船等障碍物和助航标志的所在位置，再与原图比较，纠正错误的地方。这样反复练习，用以加深记忆，熟悉航道。

二、图的改正

内河水道由于自然演变和人工整治而使岸形、浅滩、沉船、礁石、水深等发生变化时，助航标志也要随之变动。为保证船舶安全航行，航道部门根据变化情况，随时发布航道公报，作为改图的依据。一般先以航道通电通知各船。为了保持图的准确性，驾引人员必须及时改正，确保航行的安全。

1. 小改正：当接到航道公报或通电后，应立即按照公报所述的项目和内容进行改正，改正时应用统一规定的图式，改正后，应将公报文号及年月日记在图幅的左下角。

2. 大改正：在航道中或港口附近发生沙洲变动或岸线崩塌等较大变形，需在图上作大范围改正时，航道部门常将图绘好，随同公报附发，如该图比例与航行图相同，即可把它剪贴在航行图上，并尽量使其与航行图吻合。若与航行图比例不同，则应加以缩小或放大。

3. 非正式改正：如发现水下有障碍物、有关助航标志突然移位、灯光熄灭等情况，任何船舶都有向有关方面发出通知的义务。这种未经航道部门发出的通知，叫做非正式通知，其改正的方法，可先在图上用铅笔注明变化情况，待正式公报下达后再修改。

内河航行图的改正，多属小改正，如标志的增减与移位等。其中关键是确定位置，位置的确定一般至少要有三个要素，即测量点、由测量点至标志的方位和距离。这些在航道公报中均有说明，现举例如下：

(1)利用一个测量点的方位和距离定位法

×××水道×××白浮于×月×日移位，位置自××测量点起，方位60°方位，距离4.5km，灯光不变。

找出×××水道图，用两脚规在比例尺上量出4.5km的距离，再从罗经花上量出60°方位，平行移到××测量点，自××测量点在方位线上截取4.5km，截点就是×××白浮移动的位置。然后将×××白浮移到此位，将原位消除，如图5-9所示。

(2)概位移标法

在航道公报中有时只告诉××水道××过河标自原位置上移(下移)×公里或×××米。这时只需将×××过河标自原位沿岸线上移(下移)×公里或×××米。此种移标法通常叫做概位移标法。

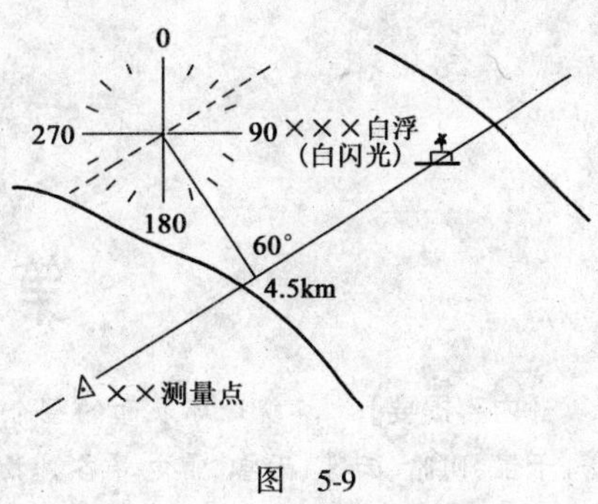

图 5-9

三、航行通告

为了通报航道的变化情况,内河航行通告有以下几种形式:航行通告、航道通电、航道公报、水位通电和安全航行通电(有关措施及规定)等。

航行通告是内河航务、航运机关向管辖区域发布的指令文件。航行通告根据需要,不定期发布。航行通告的内容有:航道的更改、封闭、开放、水上水下施工起止时间、悬挂的信号及有关航行规定等。

航道通电是由管理部门将航道及航标设置变化情况用通电形式及时发往航区全线,作为驾驶员了解航道情况和更改航行图的依据。在枯水期航道通电还揭示浅滩的航宽、航深情况。如长江中游航道通电:"天道 120、3.0、2.9"表示天星洲水道航宽 120m,航道中间水深 3.0m,浮标联线水深 2.9m。

航道公报是由航道部门汇集航道通电内容按月发布的航道变异资料。内容有航道尺度、标志异动及航行注意事项。

水位通电是由管理部门向船舶发布的每天水位数字及其涨落情况。

安全航行通电是管理部门根据季节、航道、水文、气象变化情况对所属船舶发布的通电或文件。如枯水期安全航行措施、防洪措施、防浪损的有关规定等,要求认真执行以确保航行安全。

船舶通过船闸或单线控制河段,要通过无线电话或信号标志表明调度指挥意图。

在水深信号标上悬挂水深信号以显示浅滩河段的航道状况。

复习思考题

1. 怎样鉴别航行图?
2. 怎样保管好航行图?
3. 如何正确使用航行图?
4. 什么是小改正、大改正和非正式改正?
5. 怎样进行改正?
6. 内河航行通告有哪几种? 各有何内容?

第六章 气象常识

[内容提要] 环绕地球表面的整个空气层称为大气层,简称大气。在大气中发生的各种天气现象,如寒暑、干湿、阴晴、云雾、雨雪、雷电等各种物理状态和物理现象统称为气象。研究气象变化规律的科学称气象学。气象学的内容非常丰富,大至宏观世界,小到微观世界,都属于其研究的范围。本章所述内容仅限气象学的基础知识。

第一节 大气概况

一、大气的组成

围绕着地球的大气(Atmosphere)主要是由多种气体混合组成的,此外还包含一些悬浮着的固体及液体杂质。我们常把大气的组成分为3个部分。

1. 干洁空气

大气中除了水汽和液体、固体杂质以外的整个混合气体,称为干洁空气。它是组成大气的主要部分。在整个大气层的中下层中,这种干洁空气的成分基本上是不变的。

空气中所含二氧化碳,一般来说,城市比农村多,陆地比海上多,低处比高处多,它能强烈地吸收和放射长波辐射,对阻止地面热量的散逸起着一定的作用。

空气中含量极小的臭氧多分布在高空,雷雨之后,也可出现在近地面层。臭氧能大量吸收太阳紫外线,使臭氧层增温。

在干洁空气中,除臭氧有味外,其余均为无色、无味的气体。

2. 水汽

水汽是气体,它和干洁空气混合在一起,成为实际大气的重要成分之一。水汽在大气中虽然含量不多,但是对于天气变化所起的作用却很大,像云、雾、雨、雪等都是由水汽凝结而成的,它是天气变化中的"主角"。大气中的水汽含量,在热带地区约占空气总容积的3%~4%,在最寒冷的极地可少到0.01%。由于水汽是从陆地和海洋上水分蒸发而来的,所以水汽含量在大气中是随高度增高而减少,几乎有90%的水汽量集中在离地面5km的范围内,越近地面,水汽越多。水汽能吸收和放射长波辐射,所以它对地面和空气的温度也有一定的影响。

水汽在一般自然界的条件下,可以成为水滴或冰晶,这是与大气中其他气体成分明显不同的地方。通常称不含水汽的空气为干空气,称含有水汽的空气为湿空气,实际上大气总是有水汽的。

3. 杂质

大气中悬浮着许多固体和液体的微粒。如烟粒、尘埃、盐粒、水滴和冰晶等,这些微粒统称为杂质。杂质多集中在大气的低层,它的分布情况随着时间、地区和天气条件而变化。如大量杂质聚集在低层时会使能见度变坏,影响船舶航行。大气中的杂质是水汽的凝结核心,它对云、雾、雨、雪的形成起着重要的作用。

二、大气的结构

1. 大气的垂直范围

由于地心引力的作用，才使得空气质点聚集在地球周围，构成大气层，并随着地球的运动而运动。

人们登山，愈到高处，愈感到呼吸困难。这一事实表明，在地表面附近大气是密集的，随着高度的增加，空气变得稀薄起来，越往上越稀薄。根据实测，离地面 700～800km 高度处，气体分子之间的距离可达几百米远。这种情况远远超过近代实验室中所获得的真空，它还不是绝对真空，就是到达地球之外的“星际空间”时也不是绝对真空。在地球大气和星际空间之间并不存在一个“界面”把它们截然分开。通常把“极光”出现的最大高度定为大气上界，其数值为 1000～2000km。这个数值看起来很大，但与地球半径(平均为 6371km)比起来还是小的。如以接近星际气体密度的高度来估计大气的上界，按照人造卫星探测到的资料推算，这个上界大约在 2000～3000km 的高度上。

2. 大气的垂直分层

根据大量高空探测结果，发现大气层是由几种性质不同的层次组成的。一般以气温垂直分布的特点为主要依据，把大气层分为对流层、平流层、中间层、暖层、散逸层等 5 个层次，如图 6-1 所示。

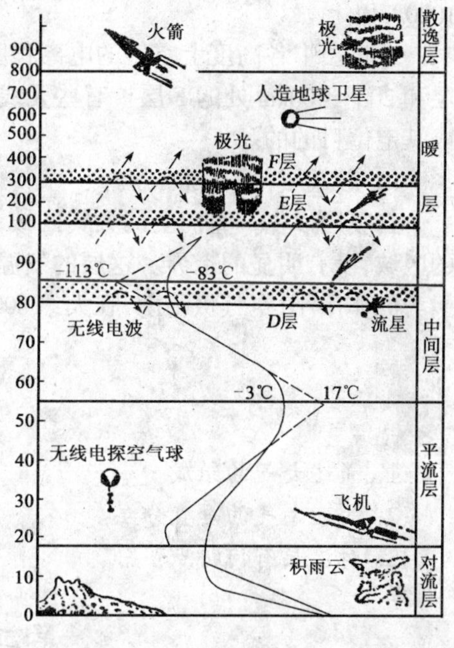

图 6-1

(1)对流层 (Troposphere)

靠近地面的大气层，叫对流层。它的厚度随纬度和季节而变化，在高纬度地区约为 8～9km，在中纬度地区约为 10～12km，在低纬度地区约为 17～18km。夏季对流层厚度比冬季大，对流层平均厚度约 10～12km。

对流层虽只是大气层中极薄的一层，但在这一层里却集中了大气质量的 3/4 和几乎全部的水汽和杂质。主要的天气现象，如雷电、风、云、雨、雪、雾、露等，都出现在这一层。这一层与人类活动关系最为密切。

对流层有三个主要特征：

1)气温随高度的增加而降低。平均每升高 100m 气温约降低 0.65℃，对流层顶部的气温，在低纬度约为 -80℃，高纬度约为 -50℃。

对流层中，在一定条件下，有时会出现气温随高度的上升而升高的现象，这种现象叫逆温。它能阻碍空气垂直运动的发展，对天气有一定的影响。

2)空气有明显的对流运动。下面的暖空气不断上升变冷，上部的冷空气边下降边增温地跑下来补充，它们上下不停地对流着，形成上下层空气交换混合，使近地面的热量、水汽、杂质等易于向上输送，这对成云致雨有重要的作用。

3)温度、湿度沿水平方向分布不均匀。在寒带大陆上的空气，因缺水源和受热较少，就显得干燥寒冷；在热带海洋上的空气，因水汽充分，受热较多，就比较潮湿温暖。

(2)平流层 (Stratospere)

在对流层上面，直到离地面大约 50km 高度一层，叫做平流层。平流层中水汽、尘埃的含量较少，空气比对流层稀薄得多，空气基本上没有垂直的对流，主要是作水平运动。在平流层中，随着高度的增高，气温最初保持不变或略有上升，到 25km 以上，臭氧含量逐渐增加，臭氧能直接吸收太阳辐射，因此气温随高度的增加而显著上升。平流层顶部 55km 的高度上气温约在 -3～17℃之间。

(3)中间层（Mesosphere）

从平流层顶到离地面约为 85km 的大气区域是中间层。这层的特点是湿度通常随高度的增加而迅速降低，空气有相当强烈的垂直运动。在中间层的顶部，气温约为 -83～113℃之间。在 80km 高度上有一个只在白天出现的电离层，叫做 D 层。在电离层中，空气处于电离状态，能够反射无线电波。

(4)暖层（Thermosphere）

暖层位于中间层顶到 800km 高度。这层的空气很稀薄，例如在 270km 高度上，空气的密度约为地面空气密度的 100 亿分之一，整个暖层的空气质量只占大气总质量的 0.5%。暖层有两个特点：

1)随高度的增高，气温迅速增高。根据人造卫星的观测，在 300km 高度上，气温可达到 1000℃以上。

2)暖层中各高度上空气的电离程度是不同的，其中最强的两层是位于 100～120km 处的 E 层和 200～400km 处的 F 层。有些无线电导航仪器，如罗兰 C 等就是靠电离层的反射作用来完成其定位目的的。

(5)散逸层（Exosphere）

自暖层以上一直向上的大气区域，叫散逸层。它是大气的最外层，是大气向星际空间过渡的区域，没有明显的上界。这层的气温随高度的增加而升高。由于气温高，远离地面，受地心引力的作用小，空气极稀薄，在大约 800km 高度以上，个别空气质点就会逸散到星际空间中去。

复习思考题

1. 简述大气的组成。

2. 简述大气的垂直分层。

3. 对流层有何特点？

第二节　气 象 要 素

气温、气压、湿度、风、支、雾、能见度等，都是表征大气状态的物理量功物理现象，统称为气象要素(Meteorological)。因此，要了解天气变化和气候规律，必须从研究气象要素入手。

一、气温

1. 气温的定义和单位

气温(air temperature)是表示空气冷热程度的物理量。大气温度状况是支配天气变化的重要因素之一。因此气温既是天气预报的重要项目，又是天气预报的重要依据。

为了定量地表示物体的温度，必须选定一个衡量温度的标准，称为“温标”。制定温标时，需要选定几个参考点，最常用的是纯水在标准大气压力下的冰点（freezing point）和沸点（boiling point），把其间分为100等份，冰点为0度，沸点为100度，这样确定的温标，称为摄氏温标（celsius temperature scale），以℃表示。把冰点和沸点之间分为180等份，冰点定为32度，沸点定为212度，这样确定的温标，称为华氏温标（fahrenheit temperature scale），以°F表示。摄氏与华氏温度的换算关系如下：

$$C = \frac{5}{9}(F - 32) \qquad F = \frac{9}{5}(C + 32)$$

另外还有一种绝对温标（或称开氏温标，kelvin temperature scale），以K表示。这种温标1度的大小与摄氏温标中1度的大小相同，但其0度规定为摄氏－273度。开氏0度称为“绝对零度”，水的冰点为273K，沸点为373K。它与摄氏温度的换算关系如下：

$$K = C + 273 \qquad C = K - 273$$

2．空气的增热和冷却

下垫面是对流层大气主要而直接的热源，空气的增热和冷却主要受下垫面的影响，这种影响是通过下垫面与空气之间的热量交换来实现的。下垫面与空气之间的热量交换途径主要有下列几种：

(1)辐射：地面的热量以电磁波的形式传给大气，使大气受热增温。地面的这种放热过程，称为地面辐射。大气受热后，又以电磁波的形式向四周放射热量，使本身温度降低。大气的这种放热过程，称为大气辐射。地面辐射和大气辐射的波长比太阳辐射波长要长，大气对它们都有较好的吸收本领。我们把地面辐射，大气辐射称为长波辐射；把太阳辐射称为短波辐射。

(2)对流：地面受热以后，使靠近地面的空气变热而膨胀上升，与此同时，上层及周围较冷空气来补充。通过对流，上下层空气相互混合，热量随之交换，使高层次的空气增热，这是对流层中热量交换的主要方式。

(3)传导：贴近地面的空气也以传导方式获得热量，但是空气的热传导能力是非常小的，约为银的导热率的10万分之6。

(4)乱流：当下垫面受热不均匀的范围和程度较小时，或当空气流经粗糙的下垫面时，可以形成一些小规模的、不太强的、不规则的空气运动，称为乱流（或湍流）。乱流能使空气器各个方面上得到充分的混合，使热量、水分和尘埃等伴随着得以交换，使之趋于均匀。乱流是下垫面与空气之间热量交换的重要方式之一。

(5)水相关系：下垫面水分蒸发时吸收下垫面的热量，当这些水汽在空气中凝结时，又把小部分潜热释放给大气，大气便间接地从下垫面获得热量。同样在大气中当云滴蒸发时，要吸收周围空气的热量；当水汽由一地送往另一地而发生凝结时，便释放潜热给它周围的空气。可见，水相变化也是空气之间交换热量的方式。

3．气温的日变化与年变化

气温在一天中和一年中的正常变化规律，叫气温的日变化和年变化。这种规律是人们经过多年的实践并经过分析研究以后得出来的。冬寒夏暑，午热晨凉，这是近地面气温变化的一般规律。

(1)气温的日变化

气温的日变化特点是一天内有一个最高值和一个最低值。陆地上最高值，冬季出现在13～14时，夏季出现在14～15时，最低值出现在近日出前。海洋上最高值和最低值出现的时间，比陆地上约迟1～2h。一天当中气温的最高值与最低值的差，称为气温日较差，它的大小反映了气温日变化的程度。

气温日较差的大小，与纬度、季节、下垫面性质、地形、海拔高度及天气状况有关。在热带地区最大，平均为12℃；温带地区平均为8～9℃；极地区域只有2℃。气温日较差随季节的变化，以中纬度最为显著，夏季大于冬季。大洋上的气温日较差较小，只有1～2℃；内陆地区常在15℃以上，有些地方甚至可达到25～30℃。阴天时的气温日较差比晴天时要小。

(2)气温的年变化

在北半球，一年之中大陆上月平均气温，最高值一般出现在7月份，最低值出现在1月份；海洋上比上述时间落后一个月。在南半球，则是1月份气温最高，7月份气温最低。

一年中月平均气温的最高值与最低值的差，称为气温年较差。

气温年较差的大小，主要是随着下垫面性质和纬度而异。在赤道附近，季节变化极不明显，年较差很小；在中高纬度，季节变化显著，所以年较差大。在相同纬度的一些地方，由于海陆性质的不同，海上气温的年较差比陆上小。

4.气温与天气

引起气温日变化的基本因素是天文因素，即昼夜长短和太阳高度，也就是与上述因素相对应的太阳辐射的时间和强度。如受到来自高纬度冷空气平流或来自低纬度暖空气平流的作用，正常的气温日变化规律将遭到明显的干扰，出现“日寒夜寒”的反常现象，那么很明显空气非常活跃，天气即将变坏。如果气温日变化正常，意味着冷暖空气平流的作用居于次要的地位，预示着天气晴好少雨。俗话说：“日暖夜寒，东海也干”。

根据气温预测天气，要考虑季节背景。在冬季，冷是正常现象，只有冷得足，才能晴得长。在大冷期间，天气总是晴好，一旦变得暖和起来，天气往往就要变了。反之，在夏季，暖是正常的，只要热而不闷，是不会下雨的。一旦天气冷，只要稍有一点冷空气下来，往往就会下雨。当然，天气变化是复杂的，仅仅依据气温情况进行天气预报，就难免有一定的片面性，因此必须综合分析，全面考虑，才能收到较好的预报效果。

二、气压

1.气压的定义和单位

大气是具有重量的，大气中任意高度上的气压(atmospheric pressure)，就是从该高度起，直至大气上界止，在每平方厘米面积上空气柱的重量，也就是大气在单位面积上所施加的压力，即压强。

在实际工作中常用水银气压表测气压，如用 P 表示气压，ρ 表示水银密度，h 表示水银柱高度，g 表示重力加速度，s 表示水银柱截面积，则水银柱的重量：

$$W = \rho ghs$$

因为水银柱底面压强与外界大气压是一致的，所以大气压强为：

$$P = \frac{W}{s} = \frac{\rho ghs}{s} = \rho gh$$

当气温为0℃，在纬度45°海平面上，750mm水银柱高时的大气压称为标准大气压。其值为

$$P_0 = 101325\text{Pa} = 1013.25\text{hPa}。$$

在国际单位制中，气压单位为“百帕”(hPa)，1hPa = 100Pa。也有用水银柱高(mmHg)作为气压单位的，则1mmHg = 4/3hPa。目前，仍有许多国家还习惯使用毫巴(mb)作为气压的单位。

2. 气压的变化

(1)气压随高度的变化

由于某一高度的气压值,等于这个高度处单位面积上所承受的大气柱重量。由此可知海平面上的气压,显然比山顶上的气压要大。同理可知任何地点的气压值,都是随着高度的增加而减小的。

在低层大气中(0~1000m)每上升100m,气压降低12hPa以上;在2~3km的空中,每上升100m,气压降低不到10hPa;到了4~5km的高度,每上升100m,气压降低7hPa左右;在9~10km的高空,每上升100m,气压只降低为5hPa。

(2)气压的日变化

在一天中,气压有两次高值和两次低值。两次高值分别在10时和22时左右;两次低值分别在4时和16时左右。这种周期性的有规律的气压变化,叫气压的日变化。气压日变化在热带地方表现明显,日较差大,可为3~5hPa左右;中纬地带,因为常受高低气压系统的影响,致使气压变化不甚明显,但把气压系统影响除掉后,仍可看出该地区的气压同样存在着有规律的变化,其变化量一般有1hPa左右。

(3)气压的年变化

比较每月的气压平均值,可发现一年中有一个月气压最高,另一个月最低。这种以一年为周期的气压变化,称为气压的年变化。气压年变化,在中纬度地带最为明显,年较差的值也较大。在大陆上夏季气压最低,冬季气压最高;在海洋上则是夏季气压最高,冬季气压最低。

3. 气压和天气

气压的高低及其变化趋势,同未来的天气变化有着十分密切的关系。在很早的时候人们就注意到这一点。在17世纪气压表问世初期,人们曾经单纯的依据气压的高低,预报未来的晴雨变化,因而当时把气压表称为晴雨表。在一般情况下,气压的明显升高,意味着干冷气流的加强和空气下沉运动发展,二者对于成云致雨都是不利的,所以这种情况下,天气晴好;相反,气压的明显下降,意味着暖湿气流的加强和空气上升运动的发展,暖湿气流的加强,保证降水所需的水汽供应,上升运动的发展,提供了成云致雨所需要的动力,因此导致降水,天气阴雨。在一同地点,低压上升到最高值的期间,即受高压控制时,往往就是空气下沉运动最明显的时期,天气晴好。反之,气压下降到最低值的期间,即受低压控制时,往往就是空气上升运动最明显的时期,天气阴雨。当然,气压的上升和下降,还有各种不同的情况。在气压很高的时候,气压的轻微下降未必是降水的先兆。反之,在气压很低的时候,气压轻微上升亦未必是转晴的征兆。另外气压的猛升和猛降,往往是迅速转晴或转雨的先兆,而气压的平稳下降,往往带来比较和缓的降水。至于气压下降时出现不稳定的跳动现象,往往预示雷雨等剧烈天气即将来临。

根据气压来判断天气变化,必须注意气压的日变化规律是否遭到破坏。在天气晴朗的情况下,气压的日变化是正常的,而在天气阴雨时,正常的日变化规律便遭到破坏。天气晴雨的变化受多方面因素的影响,气压只是其中之一,未必能够说明天气变化的全局。仅仅依据气压变化所做出的天气预报,未必完全符合客观实际。

三、风

1. 风(wind)的定义、单位和表示方法

(1)定义:空气相对于地面或海底的水平运动称为风。

(2)风速:风速是单位时间内空气在水平方向上移动的距离。常用单位有 m/s、km/h 和 kn/h。

(3)风级:在日常生活和实际工作中,人们习惯于用风力表示风的大小。风力等级是根据风对地面或海面的影响程度来确定的。目前国际上采用的风力等级是英国人蒲福于 1905 年拟定的,故又称“蒲福风级”,从 0 至 12 共分为 13 个等级。自 1946 年以后,风力等级又有修改,并增加到 18 个等级,如表 6-1 所示。风级 B 与风速的关系为 $v = 0.83B^{3/2}$。

风力等级表 表 6-1

风级	风名	相对风速				海面状况	海面浪高(m)	
		kn	km/h	m/s	中数 m/s		一般	最高
0	无风	小于 1	小于 1	0~0.2	0.1	平如镜子	—	—
1	软风	1~3	1~5	0.3~1.5	0.2	微波	0.1	0.1
2	轻风	4~6	6~11	1.5~3.3	2.5	小波	0.3	0.3
3	微风	7~10	13~19	3.4~5.4	4.4		0.6	0.6
4	和风	11~16	20~28	5.5~7.9	6.7	轻浪	1.0	1.5
5	清风	17~21	29~38	8.0~10.7	9.4	中浪	2.0	2.5
6	强风	22~27	39~49	10.8~13.8	12.5	大浪	3.0	4.0
7	疾风	28~33	50~61	13.9~17.1	15.5	巨浪	4.0	5.5
8	大风	34~40	62~74	17.2~20.7	19.0	狂浪	5.5	7.5
9	烈风	41~47	75~88	20.8~24.4	22.6	狂涛	7.0	10.0
10	狂风	48~55	89~102	24.5~28.4	26.5		9.0	12.5
11	暴风	56~63	103~117	28.5~32.6	30.6	非凡现象	11.5	16.0
12	飓风	64~71	118~133	32.7~36.9	34.8		14.0	—
13		72~80	134~149	37.0~41.4	39.5			
14		81~89	150~166	41.5~46.1	43.8			
15		90~99	167~183	46.2~50.9	48.6			
16		100~108	184~201	51.0~56.0	53.5			
17		109~118	202~220	56.1~61.2	58.7			

风级	海面征象	陆面征象	风压 ×0.1MPa
0	海面象镜子一样平静(无浪)	静,烟直上	0~0.004
1	海面有波纹,但还没有白色波顶	烟能表示风向,但风标不能转动	0.009~0.225
2	波浪纹虽小,但已明显,波顶透明象玻璃,但不碎	人面感觉有风,树叶有微响,风向标能转动	0.256~2.916

续上表

风级	海 面 征 象	陆 面 征 象	风 压 ×0.1MPa
3	波较大,波顶开始分裂,泡沫有光,间或见到白色波浪	树叶及微枝摇动不息,旌旗开展	1.156~2.916
4	小浪,波长较大,往前卷的白碎浪较多,有间断的呼啸声	能吹起地面灰尘和纸张,树的小枝摇动	3.025~6.241
5	中浪,波浪相当大,白碎波很多,呼啸声不间断或有浪花溅起	有叶的小树摇摆,内陆的水面有小波	6.4~11.449
6	开始成大浪,波浪白沫飞布海面,呼啸声大作(可能有浪花溅起)	大树枝摇动,电线呼呼有声,举伞困难	11.664~19.044
7	海面象由波浪推积而成,碎浪的白泡沫开始成纤维状,随风吹散,飞过几个波顶	全树摇动,大树弯下来,迎风步行感到不便	19.321~29.241
8	中高浪,波长更大,随风吹起的纤维状更明显,呼啸声更大	可摧毁树枝,迎风步行感觉阻力甚大	29.58~42.85
9	高浪,泡沫纤维更加浓密,海浪卷翻,泡沫可能影响能见度	烟囱及平房顶受到损坏,小屋遭受破坏	43.26~59.54
10	大高浪,波浪成长形突出,纤维状泡沫更为浓厚,并成片状,海浪颠簸好象槌击,浪花飞起带白色,能见度受影响	陆上少见,有时可使树木拔起或将建筑物吹毁	60.03~80.66
11	特高波,中小型的船在海上有时可能被小浪所遮蔽,波顶边缘被风吹成泡沫,能见度大减	陆上少见,有则必有重大损毁	81.23~106.28
12	空气中充满泡沫和浪花,海面因浪花的飞起成白色状态,能见度剧烈降低	陆上极少,其摧毁力极大	大于106.28

注:13~17级风力是当风速可以用仪器测定时使用。

(4)风向:风向指风的来向,常用16个方位或圆周方位(0~36°)表示,如图6-2所示,前者多用于陆上,后者多用于海洋上或高空风。

(5)风压:风吹过障碍物时,在与风垂直方向单位面积所受到的压力称为风压。可以用下式近似地表示:$P=0.0625v^2$,式中P表示风压,单位用kg/m²,v表示风速,单位用m/s。

2. 风的产生与测算

水平方向上气压分布的不均匀是产生风的直接原因。比如一地的气压高于其周围的气压,那么空气就会从气压高的地区向周围流去而产生了风。这种水平方向上气压分布的不均匀情况,主要是由热力条件所造成的。不同的地方受到太阳光照射不同,或者由于地面组成和形状不同,即使在太阳同样的照射下,也会使气温不同。气温的差异,使有的地方空气膨胀或收减,有的地方有大量空气流入或流出。如果流入大于流出,可使该地区的气压上升;如果流入小于流出,可使该地区气压下降。

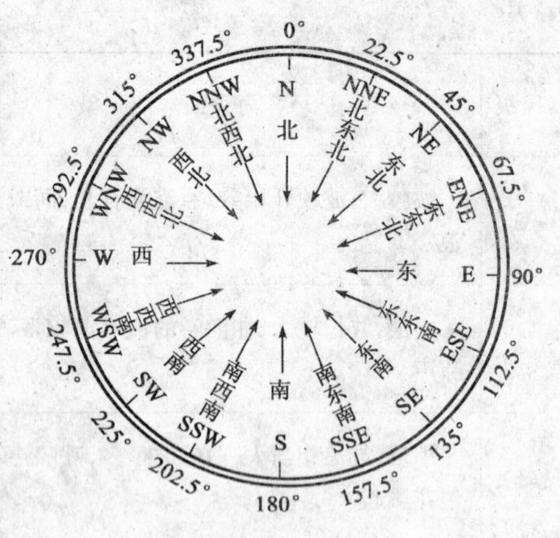

图 6-2

船舶航行时,会产生一种从船首方向吹来的风,其风向与航向相同,风速与船速相等。这种风我们称它为船行风。因为有了这种船行风,就使得我们在航行中的船舶上,用仪器测得的风不是真风,而是真风与航行风二者的合成风,称相对风或视风。

在许多情况下,行船要掌握真风的数据,以便考虑风对航速,对偏离航线,对靠离码头操纵等的影响。因此存在着一个如何求算真风的问题。下面就图解法求算真风的方法。

如图 6-3 所示,用图解法求算真风是基于矢量的合成分解原理进行的,可在方格纸上或在海图的罗经花处作图。取方格纸中的一个交点,或罗经花的中心为船位点 S,从 S 点向航向相反的方向画航行风矢量 SA,箭头的指向与航向相反,SA 的长度表示航速;再从 S 作视风矢量 SB,箭头所指方向表示视风去向,SB 长度表示视风速;然后画出由 A 向 B 的矢量 AB,即为真风矢量,箭头由 A 指向 B,是真风的去向。用量角器或从罗经花上便可量得真风向,用两脚规量取 AB 长度,按 SA、SB 同样长度的单位风速计算,便可知真风的速度。

3. 季风和地方性风

(1)季风

地球上不少地区盛行的风都是随季节变化而改变的,例如我国东南沿海冬夏季节风向作有规律的转换,冬季盛行西北风和东北风,夏季盛行东南风和西南风。这种大范围风向随季节而有规律转变的盛行风叫做季风。

在海岸附近,由于大陆冬冷夏热,海洋冬暖夏凉,使夏季大陆上气压比海洋上低,气压梯度由海洋指向大陆,气流分布如图 6-4a)所示,风由海洋吹向大陆;冬季相反,大陆上气压比海洋上高,气压梯度从大陆指向海洋,气流分布图 6-4b)所示,风由大陆吹向海洋,这种季风称为海陆季风多出现在热带和副热带。

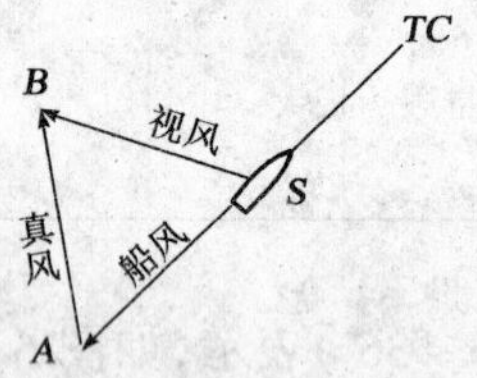

图 6-3 利用矢量合成与分解方法求真风

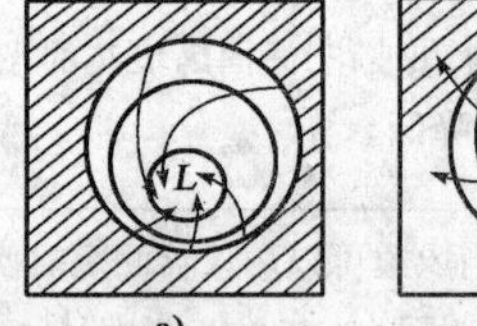

图 6-4 因海陆热力差异而引起的季风示意图
a)夏季;b)冬季

(2)海陆风

在海岸附近,由于海陆热力性质不同所形成的白天由海洋吹向陆地,夜间由陆地吹向海洋的风叫作海陆风,如图 6-5 所示。

在白昼陆面增温比海面快,气压梯度自海面指向陆地,风自海面吹向陆地,这时地面上的风就是海风。夜晚陆面冷却比海面快,风自陆地吹向海面,这时地面上的风就是陆风。上层的风向与地面的风向相反。

海风和陆风的转换时间，随地形特点及天气条件而定。一般日出和日落时为转变时间。海风始于 8～11 时（地方时），到 13～14 时最强，16 时后逐渐减弱，20 时以后就转为陆风。如果早晨阴天，海天出现的时间就要延迟，有时 12 左右才出现。初生时风向约与海岸垂直，而后历时越久，范围越大，受地转偏向力的影响也增大，使风向与海岸偏角增大。如我国东海岸海风初生时多为东风，至下午变为东南风或南风；夜间陆风初生时多为西风，子夜后变成西北风或北风。

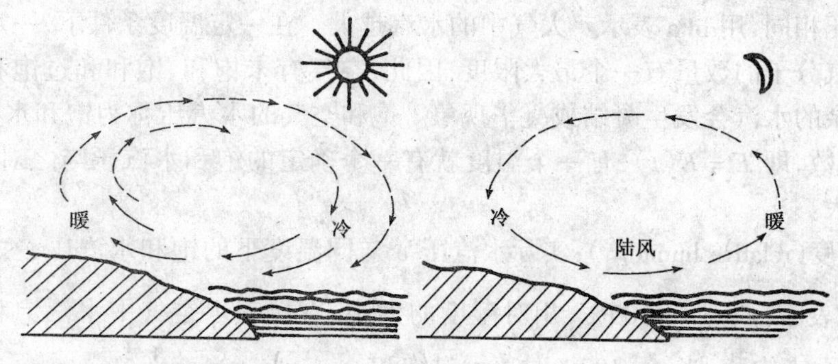

图 6-5

一般说来，海风比陆风强，强时也达 5～6m/s，深入内地达 40～50km，而陆风只有 2～3m/s，入海距离不超过 10km。

海陆风发展最强烈的地方，是在海陆温差最大的地方，因此地面气温日较差越大的地区，海陆风就越明显。在热带地区全年均可见到海陆风；在中纬度地区夏季的海陆风强，冬季就较弱。高纬度地区只有在夏季晴朗的日子里才可见海风。

海风与陆风交替变换期间，风可暂时停止。低纬度，特别是在傍晚无风时，使人有异常闷热之感。

（3）山谷风

在山地附近，由于山坡、山谷受热不同，夜间自山顶向下吹的风称为山风，白天自山谷沿山坡向上吹的风称为谷风，如图 6-6 所示。

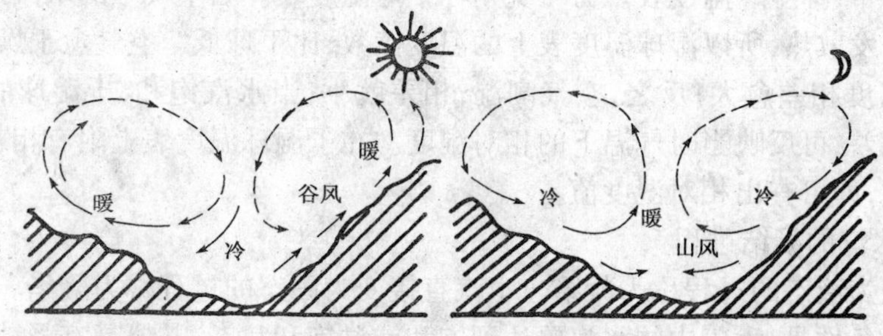

图 6-6　山谷风示意图

谷风一般在日出后 9～10 时开始，午后最强。日落以后山风开始，日出前山风最强，在背阴的峡谷中，谷风出现时间会向后延迟，持续时间也会缩短。谷风一般比山风强。山谷风一般以夏季较明显，冬季较弱。

四、湿度

1．湿度（humidity）的定义及表示方法湿度是表示空气中的水汽含量多少或空气潮湿程度的物理量。它是决定云、雾、降水等天气现象的重要因素。湿度有很多表示方法，航海常用下列几种：

(1)绝对湿度(absolute pressure)：单位容积空气中含有水汽质量称为绝对湿度。它实际上就是水汽密度，能直接表示出空气中水汽的绝对含量，但不易直接测量。空气中的水汽含量越多，绝对湿度就越大，它的单位为 g/m^3 或 g/cm^3。

(2)水汽压(vapour pressure)：大气中由于水汽的存在所引起的那一部分压强称为水汽压。其单位与大气压相同，用 hPa 表示。大气中的水汽越大。在一定温度条件下，一定体积空气中所能容纳的水汽分子的数量有一个最大限度，因此，空气有未饱和、饱和和过饱和之分。超过这个限度时多余的水汽会发生凝结或凝华现象。饱和空气的水汽压称为饱和水汽压，用 E 表示，是温度的函数，即 $E = E(t)$，有一个温度就有一个确定的饱和水汽压与之对应，其值随温度的升高而增大。

(3)相对湿度(relative humidity)：实际水汽压 e 与同温度下的饱和水汽压 E 之比称为相对湿度，用百分数表示：$f = \frac{e}{E} \times 100\%$，相对湿度的大小，直接表示空气中水汽饱和的程度。当 $f < 100\%$ 时，表示未饱和；当 $f > 100\%$ 时表示过饱和。

(4)露点(dew point)：当空气中水汽含量不变，且气压一定时，如气温不断降低，空气将逐渐接近饱和。当气温降低到使空气刚好达到饱和的温度，称为露点温度，简称露点，其单位与气温相同。在气压一定时，露点的高低只与空气中的水汽含量有关，水汽含量越多，露点也越高，所以露点也是反映水汽含量的物理量。

由于空气经常处于未饱和状态，所以露点就常常比气温低。只有在空气达到饱和时，露点才与气温相等。所以根据气温露点差，可大致判断空气的饱和程度。气温露点差这一概念，对于预测雾、露、霜等水汽凝结物的产生有着重要意义。例如白天气温 15℃，测得绝对湿度 $10g/m^3$，查得气温 10℃时饱和温度 $10g/m^3$，即当时的空气的露点为 10℃，若夜晚气温降到 10℃以下，则将有雾、露等水汽凝结物产生。

船上常用干湿球温度表测定气温和湿度。干湿球温度表由两支普通温度表组成，一支球部包有湿润的纱布，称湿球温度表。另一支则称干球温度表。当空气中的水汽未饱和时，纱布上的水分就会蒸发散热，所以湿球温度表上的温度读数，比干球低。空气愈干燥，蒸发愈快，湿球温度和干球温度相差愈大；反之，空气潮湿，相差就小；当水汽饱和，干湿球的温度就相等。因此干湿球的温差，可反映当时气温下的相对湿度。在干湿球温度表上附有相对湿度表，根据气温和干湿温差，即可查出相对湿度值。

2. 空气中水汽的凝结过程

水由气态变为液态的过程称为凝结。水汽直接变为固态的过程称为凝华。大气中水汽凝结或凝华的一般条件是，大气中的水汽要达到饱和或过饱和状态，并要具有凝结核。当大气中所含的水汽达到饱和或过饱和的状态时，才会有多余的水汽转变为液态或固态。要产生这种情况，可通过两种途径：一种是在一不定期的温度下使水面不断蒸发，以增加大气中的水汽含量；另一种是使含有一定量水汽的大气温度降低到露点。

1)因蒸发而使空气达到饱和或过饱和的作用

要增加大气中的水汽含量，只有在具有蒸发源，而且蒸发面的温度高于气温的条件下才有可能。例如，当冷空气越过暖水面，由于暖水面上的水分的迅速蒸发而凝结成的雾；再如暖锋云系的雨滴掉进冷气层，暖雨迅速蒸发，使冷气层内水汽增加并达到饱和而重新发生凝结，形成雨层下面的碎雨云和雾。

2)因降低温度而使空气达到饱和的作用

使未饱和空气达到饱和或过饱和的第二个途径,就是通过空气的冷却作用,使之能容纳水汽量的限度减小,也就是使气温下降到露点或露点以下从而产生凝结或凝华现象。空气冷却的方式基本有 3 种:

(1)绝热冷却:当空气上升时,随着空气温度的降低,空气的相对湿度会不断增大,当空气上升到一定高度时,便会达到饱和而发生凝结。发生凝结时的高度称为凝结高度。大气中的云、雨大多是靠这种过程产生的。

(2)辐射冷却:晴朗的夜晚,由于地面辐射冷却,使贴近地面的突出物也随之冷却,当气温降到露点温度时,气层中的水汽便开始在地面的突出物上和植物的叶面上凝结成露或霜。如果近地面大气层的气温,继续降低到露点以下时,水汽就会在大气的低层凝结成雾。如果在离地面某一高度上的气层中水汽含量较多,由于该气层辐射冷却的结果,就可能凝结成层云。

(3)平流冷却:暖湿空气与冷下垫面接触时,暖湿空气就会将热量传导给下垫面而使本身气温降低,当气温降到露点或露点以下时,暖湿空气中的水汽就会发生凝结。例如当暖海面上的暖湿空气平移到冷的陆面或海面上,或者大陆上的暖湿空气移到冷海面上时,都可能因平流冷却使水汽发生凝结而成雾。

3)船舶货舱的水汽凝结

如果水汽凝结现象发生在船舶货舱内,可能会使舱内货物由于受到水汽凝结物的影响而受潮,造成货损。因此船员必须经常注意货舱的空气湿度,采取正确的通风措施,控制货舱空气湿度,或者在装货时要在货舱壁上加放衬垫物,以避免货物受潮。

五、云

云(cloud)是大气中水汽凝结(凝华)成为水滴、过冷水滴、冰晶或它们混合组成的可见悬浮体。正确观测和分析云的变化,是掌握天气变化规律的一个重要因素。

1. 云的分类(表 6-2)

云的分类　　表 6-2

云种	云底高度	云类		主要云状	
		中文学名	国际简写	中文学名	国际简写
高云	5000m 以上	卷云	Ci	毛卷云	Ci fil
				密卷云	Ci dens
				伪卷云	Ci not
				钩卷云	Di une
		卷层云	Cs	薄幕卷层云	Ca nebu
				毛卷层云	Ci fil
		卷积云	Cc	卷积云	Cc
中云	2500 ~ 5000m	高层云	As	透光高层云	As tra
				蔽光高层云	As op
低云	2500m 以下	高积云	Ac	透光高积云	Ac tra
				蔽光高积云	Ac op
				荚状高积云	Ac lent
				积云性高积云	Ac cug
				絮状高积云	Ac flo
				堡状高积云	Ac cast

续上表

云种	云底高度	云类		主要云状	
		中文学名	国际简写	中文学名	国际简写
低云	2500m以下	层积云	Sc	透光层积云 蔽光层积云 积云性层积云 堡状层积云	Sc tra Sc op Sc cug Sc cast
		层云	St	层云 碎层云	St Fs
		雨层云	Ns	雨层云	Ns
		碎雨云	Fn	碎雨云	Fn
		积云	Cu	淡积云 碎积云 浓积云	Cu hum Fc Cu cong
		积雨云	Cb	秃积雨云 积雨云	Cb calv Cb cap

云的外形特征千变万化,形成原因各不相同,但是它们又有着共同的特点。通常根据其共有的特点,结合实际需要,按云的底部高度把云分为高、中、低三种,然后按云的外形特征、结构和成因划分为11类及若干主要云状。

2．云与天气

(1)卷云多在好天气出现,但如果天空出现钩卷云,云量逐渐增多、变厚,变成卷云、高层云,表示将有天气系统影响本地(云的这种演变,称为系统性发展)。随着这种天气系统移近,就可能出现阴雨天气。所以民间中流传着"天上钩钩云,地在雨淋淋"的谚语。

(2)卷层云加厚、变低并系统发展时,多预示天气系统影响要地,故民间中有"日晕三更雨,月晕午时风"等说法。

(3)卷积云如果与卷云、卷层云相伴出现,并且系统地发展,表示将有天气系统影响本地,常常带来阴雨或大风天气。天气谚语有"鱼鳞天,不雨也风颠"的说法。

(4)高层云中,一种云层较薄,呈灰白色,透过云层看日月轮廓模糊,好象隔了一层毛玻璃,叫透光高层云。另一种云层较厚的呈灰白色,隔着云层看不见日月轮廓,底部可见明暗相间的条纹结构,叫蔽光高层云。蔽光高层云有时能下小雨,所以有"毛玻璃增厚,未来有小雨"的说法。

(5)薄的高积云稳定少变,一般预示晴天,天气谚语有"瓦块云,晒煞人","天上鲤鱼斑,晒谷不用翻"的说法。厚的高积云如继续增厚,融合成层,表示天气将会变化,甚至产生降水。

(6)层积云一般表示天气比较稳定。白云层加厚,融合成层,则表示天气将有变化,低而厚的层积云往往产生降水。

(7)层云有时会降毛毛雨。

(8)雨层云往往造成较长时间的连续性降水。谚语说:"天上灰布悬,雨丝定连绵",就是指雨层云带来的降水情况。雨层云底常伴有碎雨云。

(9)积云一般不产生降水。孤立、分散,形如馒头状的积云出现,是晴天的征兆。

(10)积雨云亦称雷雨云，云内有强烈的上升、下沉气流，云底起伏不平，呈滚轴状或悬球状。它是云垂直发展的极盛阶段，常有较强的阵性降水，并伴有大风、雷电等现象，有时还会降冰雹，偶尔有龙卷风产生。

3. 云量

表示天空云所遮蔽部分的多少叫云量。云量以把全天分成十等分，被云遮蔽的部分占全天的十分之几来计算。

气象学上规定：云量少于 1/4 为晴天；大于 1/4 少于 1/2 为少云；大于 1/2 少于 3/4 为多云；大于 3/4 为阴天。

云量又有总云量和低云量的区别。低云量是指天空被低云遮蔽的部分，总云量度指天空被所有的云遮蔽的部分。

六、雾

雾(Fog)是影响能见度(Visibility)的主要因素之一。雾的变化性大，地区局限性也显著，所以较难预报。雾对船舶的活动有着直接的影响，特别是浓雾会使能见度变得十分恶劣，有时即使应用雷达等助航仪器，仍有可能发生偏航、搁浅、触礁和碰撞等海事。因此，船舶驾驶人员必须具备有关雾的知识。

1. 雾的形成

当贴近地面或水面的低层空气达到饱和的状态，而空气中又有吸湿性的凝结核存在时，空气中的水汽就开始凝结成无数小水滴悬浮在空中。当空中的水滴增大，数量增多到影响能见度时就形成了雾。若气温低于零度时水滴就可冻结成冰晶，形成冰雾。

在一定的温度下，空气中所能容纳的水汽量是有限度的。随着气温的升高，空气中所能容纳的水汽量也就增多，如表 6-3 所示。当空气中容纳的水汽量达到最大限度时，空气即达到饱和。如果空气中所含的水汽量超过了当时温度条件下的饱和水汽量时，多余的水汽就会凝结出来变成小水滴或冰晶。这就是产生雾的根本原因。

饱和空气的水汽密度表　　表 6-3

温　度(℃)	水汽密度(g/m^3)	温　度(℃)	水汽密度(g/m^3)	温　度(℃)	水汽密度(g/m^3)	温　度(℃)	水汽密度(g/m^3)
0	4.9	8	8.3	16	13.7	24	21.8
1	5.2	9	8.8	17	14.5	25	23.1
2	5.6	10	9.4	18	15.4	26	24.4
3	6.0	11	10.1	19	16.4	27	25.8
4	6.4	12	10.7	20	17.3	28	27.3
5	6.8	13	11.4	21	18.4	29	28.8
6	7.3	14	12.1	22	19.5	30	30.4
7	7.8	15	12.9	23	20.6	31	32.1

2. 雾的种类

雾既能产生在气团内部，也能产生在锋线附近。下面按雾的成因和特点，介绍河船上常见的几种雾。

1)辐射雾

在晴朗微风而又比较潮湿的夜间,由于地面辐射冷却,使气温降低到露点以下而形成的雾,称为辐射雾。晴夜、微风、近地面气层中水汽充沛是形成辐射雾的三个主要条件。辐射雾主要出现在内陆、沿海地区的秋冬季节。一般水平范围不大,厚度较小,并以近地面层的浓度最大。如果遇到合适的风向风力,沿江或沿海地区产生的辐射雾可随风移往附近的水面,会给内河或沿海航行的船舶带来影响。

辐射雾的特点:

(1)辐射雾一年四季都能产生,但以秋季和冬季最多。夏季辐射雾比较少见。

(2)辐射雾具有明显的日变化。它通常在夜间形成,日出前最浓,日出后低层气温升高,导致雾的消散。

(3)风力增加雾易消散,静稳天气不利于雾的消散。

(4)晴天是产生辐射雾的有利条件,有云时不利于辐射雾的产生。但雾产生后,晴天也最有利于雾的消散,云则阻碍雾的消散。

(5)冬季消散慢,夏季消散快。

2)平流雾

暖湿空气流经冷的下垫面,从而使水汽发生凝结而形成的雾称为平流雾。平流雾多发生于江面上或河岸附近,大陆上的平流雾,常是平流与辐射两种作用共同形成的,因此称平流辐射雾。我国沿海,春夏多雾,即是这种平流雾。

平流雾的特点:

(1)浓度和厚度大,水平范围广,持续时间长。

(2)平流雾发生的时间不一定在一天中气温最低的早晨,任何时刻都可能发生。

(3)平流雾通常在阴天有云层时出现。

(4)平流雾的出现必须有风,但风力以2~4级为宜。风力增大或减弱会使雾消散。

(5)平流雾出现的频率有明显的年变化,即:春夏多,秋冬少。

3)蒸发雾

冷空气流经暖水面时,由于水温高于气温,水面不断蒸发,水汽进入低层而形成的雾,称为蒸发雾。它看起来象是从水面冒出的热气。冬季在河湖上形成的蒸腾的烟雾,即是这种蒸发雾。

蒸发雾的特点:

(1)发生的时间多在早晨,持续时间不长,日出后随气温上升而慢慢消散。

(2)浓度和厚度不大,范围较小,多数情况贴近水面几米,常常不能遮蔽较高的桅杆。

(3)发生季节以晚秋和冬季为最多。

4)山谷雾

夜间冷空气沿谷坡下沉至谷底,当谷底湿度较大时,便发生凝结而形成雾。这种雾慢慢流出沟谷口而到达江面时便成为妨碍航行的雾称山谷雾。如果谷口河面比较宽阔,由谷口移来的冷空气温度又低,江面水温相对地比较高,这样就形成了蒸发的条件而出现蒸发雾。在这种情况下,山谷雾和蒸发雾将掺合在一起,形成浓雾,弥漫河面,严重妨碍船舶航行。

5)锋面雾

暖锋前暖气团产生的水汽凝结物,在往地面降落时要穿过较冷的气团。水汽凝结物在冷气团中产生蒸发,当蒸发出的水汽不能被冷空气完全容纳时,就会有一部分又凝结成小水滴或小冰晶悬浮在近地面的低层空气中而形成雾,称为锋面雾。因为这种雾是随降水同来的,故又称水雾或雨雾。

锋面雾对航行的影响仅次于平流雾。锋面雾最常出现于锢囚气旋中和气旋中暖锋接近中心的部分。有时在冷锋前后也可能产生。锋面雾随锋面和降水区的移动而移动,因此在局部持续时间一般较短。但当锋面和降水区移动缓慢或停滞不前时持续时间也会延长。此外,锋面雾出现的时刻和强度变化均不受气温日变化的影响。

3. 雾的预测

1)干湿球温度表法

当空气没有达到饱和时，湿球温度表的读数总是低于干球温度表的读数。当空气处于饱和状态时，干、湿球温度表的读数是一样的。空气中水汽含量越少即空气越干燥，干、湿球温度表的读数差值越大。当水汽含量增多时，差值就会变小。如果气温降低，由于它容纳水汽的能力减少，原来未饱和的空气就可能达到饱和或接近饱和，此时干、湿球温度表的读数就会趋于一致或接近。根据干、湿球温度表读数的差值的变化可以估计出水上雾的生消趋势。当干球温度表读数高于湿球温度表读数，并且这种差值向增大的趋势发展时，则不会出现雾；如差值越小，说明向成雾的趋势发展。当两读数达到一致时出现雾。雾形成后，如干球温度计的读数与湿球温度计的读数差增大时，雾就趋向消散。但实际上有出入，实验证明只要大气中具有吸湿性凝结核，当相对湿度达到 90% 以上就有出现雾的可能，作预报时应考虑到这一点。

这种方法虽简便,但在下雨时干、湿球温度也会趋于一致而水面却没有雾。因此需要与天气形势预报等方法结合起来应用。

2)露点对比法

此法的实质是利用干湿球温度表和查表的方法找出露点,然后估计未来的气温以预测雾的发生。其法如下:

例:干湿球温度差 = 20℃ − 18℃ = 2℃

按湿球温度 18℃和干湿球温度差 2℃,查表 6-4 得:绝对湿度 = 14.46≈14.5g/m^3。

用干、湿球温度差求绝对湿度及相对湿度 表 6-4

湿球温度(℃)	干湿球温度差																			
	1℃		2℃		3℃		4℃		5℃		6℃		7℃		8℃		9℃		10℃	
	绝对	相对	绝对	相对	绝对	相对	绝对	相对	绝对	相对	绝对	相对	绝对	相对	绝对	相对	绝对	相对	绝对	相对
15	12.28	90	11.77	81	11.26	73	10.75	65	10.24	58	9.73	52	9.22	46	8.71	41	8.20	37	7.09	32
16	13.13	90	12.62	81	12.11	73	11.60	66	11.09	59	10.58	53	10.07	48	9.56	43	9.04	38	8.53	34
17	14.03	91	13.52	82	13.00	74	12.49	67	11.98	60	11.47	54	10.96	49	10.45	44	9.94	39	9.42	35
18	14.98	91	14.46	82	13.95	75	13.44	68	12.93	61	12.42	55	11.90	50	11.39	45	10.88	41	10.39	37
19	15.98	91	15.46	83	14.95	75	14.44	69	13.93	62	13.41	56	12.90	51	12.39	46	11.38	42	17.35	38
20	17.03	91	16.52	83	16.01	76	15.50	69	14.98	63	14.47	57	13.96	52	13.44	47	12.93	43	12.42	39

以 14.5g/m^3 查表 6-3 得:饱和温度 17℃,即露点。

如果明晨气温至 170C 以下,则可能出现雾。

此法虽简便,但仍应注意阴雨天的干扰。因此也需要与天气形势预报等方法结合起来应用。

3)雾的预兆

(1)久雨初晴,夜晚天气晴朗。

(2)日落西山晚霞红。

(3)夜晚万里无云,星斗发银光。

(4)白天南风大,夜晚风息。

(5)深夜肌肤湿润、寒意浓、露水大。

(6)夜航中,远处地形地物呈一团团黑蒙蒙现象。

(7)夜航中,水面冒烟,航标灯发毛。

七、能见度

1. 能见度的概念

正常目力所能见到的最大水平距离,称为能见度。以 n mile 或 km 为单位表示。所谓"能见"就是能把目标物的轮廓从天空背景上分辨出来。大气透明度是影响能见度的直接因素,其次是目标物和背景的亮度以及人的视觉感应能力。

如前所述,雾是影响能见度最主要的因素。其它如沙尘暴、烟、雨、雪和低云等也能使能见度变得恶劣。例如,在长江下游地区,秋冬季节船舶航行常见因沙尘暴而使能见度变坏的情况。

2. 能见度的等级

根据能见距离的大小,将能见度分为 0~9 共 10 个等级,见表 6-5。能见度好等级大,能见度差等级小。但在气候资料和世界各国发布的天气报告中,通常能见度不用等级,而以能见度恶劣(Poor visibility)、能见度中等(Moderate visibility)和能见度极好(Excellent visibility)等用语来表示。

能见度等级表　　表 6-5

等级	能见距离		能见度鉴定	海上可能出现的天气现象
	海里(n mile)	公里(km)		
0	<0.03	<0.05	能见度低劣	浓雾
1	0.03~0.10	0.05~0.2		浓雾或雪暴
2	0.10~0.25	0.2~0.5		大雾或大雪
3	0.25~0.50	0.5~1	能见度不良	雾或中雪
4	0.50~1.00	1~2		轻雾或暴雨
5	1~2	2~4	能见度中等	小雪、大雪、轻雾
6	2~5	4~10		中雨、小雪、轻雾
7	5~11	10~20	能见度良好	小雨、毛毛雨
8	11~27	20~50	能见度很好	无降水
9	≥27	≥50	能见度极好	空气澄明

复习思考题

1. 何谓气象要素？

2. 简述气温的日变化与年变化及气温与天气的关系。

3. 简述气压与天气的关系。

4. 试述风的定义、单位和表示方法。

5. 风是怎样产生的？什么是船风、真风和视风？三者关系怎样？

6. 什么是季风、海陆风和山谷风？

7. 什么是湿度？表示方法有哪些？

8. 云有哪几种？什么是云量？晴天、少云、多云和阴天是怎样规定的？

9. 简述雾的成因。

10. 什么是平流雾、辐射雾、蒸发雾、锋面雾和山谷雾？各有何特点？

11. 雾的常用预测方法有哪些？怎样预测？

12. 哪些现象预示可能有雾？

第三节 气团与锋

一、气团

1. 气团的概念

地球表面被一层大气包围着，人们从长期的观测和分析实践中发现在这层大气里，不论在水平或垂直方向上，各处的大气物理性质（主要指温度、湿度、稳定度）是不一样的。但从广大区域着眼，常常还存在着在水平方向上物理性质分布较均匀的大块空气，它的水平范围可达几百以上至上千公里。垂直范围可达数公里至10多公里。这样一大块空气，称它为气团（air mass）。

2. 气团的分类

气团是在一定的地理环境中形成的，所以它的属性带有地球性特征，根据气团形成的地区不同，有地理分类、热力分类等。

按地理分类可将气团分为：冰洋气团、极地气团、热带气团和赤道气团。前3类又分别有海洋性和大陆性之分，而赤道气团其发生源地几乎全为海洋，故没有再加区分的必要。

按热力分类可分为冷气团和暖气团。形成于冷源地并在移动过程中能使所经之地变冷，而本身却逐渐变暖的气团叫冷气团（cold air mass）。形成于暖源地并在移动过程中能使所经之地变暖，而本身却逐渐变冷的气团叫暖气团（warm air mass）。两气团相遇，温度较低的是冷气团，温度较高的是暖气团。

冷气团移向暖的下垫面时，由于气团低层最先增温使空气稳定度变小，通常会出现不稳定性天气。夏季，冷气团中常出现对流性云和雷阵雨天气，低层的能见度一般较好。冷气团多来自干燥的大陆，湿度较小，冬、夏两季是干冷天气。在它移动过程中，如果前半部风力较大，可出现风沙天气，使能见度变坏。冷气团的天气有明显的日变化：中、下午低层增温，对流发展，不稳定性加强；夜间低层因辐射冷却，气层稳定，如果湿度较大，在清晨还能形成辐射雾，地面风速随着乱流的日变化，白天加强，夜间减弱。

暖气团在移向冷的下垫面时，气团低层变冷，热力对流不易发展，出现稳定性天气。由于气怪稳定，水汽、尘埃、烟粒等杂质常聚集于低层，所以暖气团中低层能见度较差。暖气团的湿度一般较大，当低层降温较多时，常形成雾，有时出现层云、层积云及毛毛雨天气。

3. 气团的变性

气团在源地形成以后，就要随着整个大气的运动，移到新的地区。由于下垫面的性质及大范围空气的垂直运动等情况的改变，它的性质也将发生相应的变化。如气团移到冷的地区时，会逐渐变冷；移到比较暖的地区时，则会逐渐变暖。我们把气团在移动过程中性质的变化称为气团的变性。不同的气团，其变性的快慢是不同的；即使是同一个气团，其变性的快慢也不一样。它同所经过的下垫面的性质与气团性质差异的大小有关。一般来说，冷气团移到暖的地区变性较快，而暖气团移到冷的地区则变性较慢。从大陆移入海洋的气团容易取得海面蒸发的水汽而变湿，而从海洋移到大陆的气团，则要通过凝结过程才能变干，所以变性较慢。影响我国的各种冷、暖气团，严格说来都是变了性的气团，注意到这一点是必要的。

二、锋

1. 锋的概念

在大气中将两个气团之间的狭窄过渡带称为锋(front)。如图 6-7 所示。锋的宽度在近地层中约数十公里，在高空可达 200 ~ 300km 或者更宽。这个宽度与气团的范围相比就显得很薄了。因此常把锋近似的看成一个面，称为“锋面”。锋面与地面的交界线称为“锋线”。锋线长的有数千公里，短的只有几百公里。锋所伸展的高度从几公里至十几公里不等。

锋面是向冷气团一侧倾斜的。这是因为冷空气比暖空气重，当冷暖空气相遇后，冷空气沉在底层前进，形如“楔子”，暖空气沿着冷空气向上滑升，于是锋面倾向冷气团一侧。

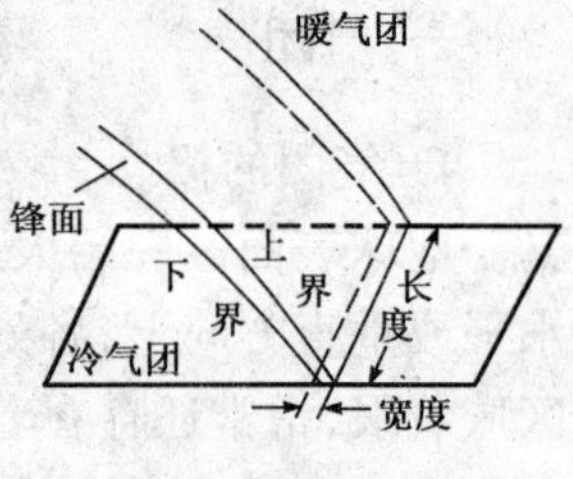

图 6-7 锋在空中的形状

2. 锋的分类

随着冷暖气团的移动，锋在移动。处在冷气团推走暖气团之间的锋叫做冷锋(cold front)，如图 6-8 所示。处于暖气团推走冷气团的锋叫做暖锋(warm front)，如图 6-9 所示。冷、暖气团互不相让，锋的位置移动不多或来回摆动的锋叫做静止锋(stationary front)，如图 6-10 所示。当冷锋移速快于暖锋，冷锋追上暖锋后把暖空气抬离地面，近地面层冷、暖锋合并而形成的锋叫做锢囚锋(occluded front)。有时由于某些原因，例如地形作用，使两条冷锋相对而行，也可形成锢囚锋，如图 6-11 所示。

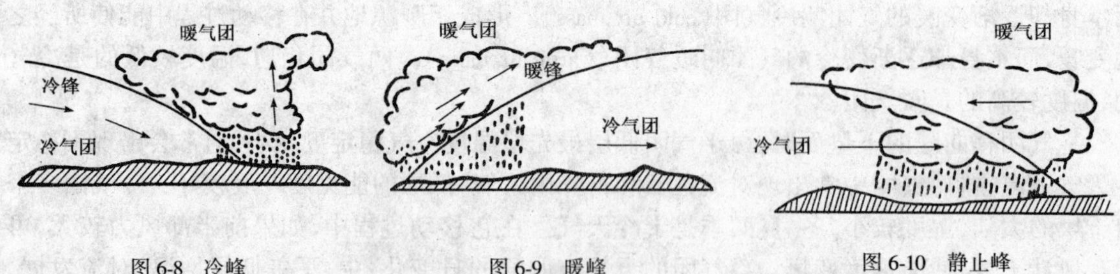

图 6-8 冷峰　　图 6-9 暖峰　　图 6-10 静止峰

3. 锋面天气模式

可以证明，锋面是一个物质面，始终由同样的空气质点所组成。因此，锋面两侧冷暖空气可以沿锋面作相对运动而不穿越锋面。锋附近常存在大尺度的垂直运动，常见的有如下三种情况：对暖锋来说，通常是冷暖空气两侧均为上升运动，如图 6-12a)所示。对于冷锋来说，冷空气一侧通常为下沉运动，只是在低层有微弱的上升运动；而在暖空气一侧，有时整层皆为上升运动，如图 6-12b)所示，有时是高层为下沉运动，低层为上升运动，如图 6-12c)所示。

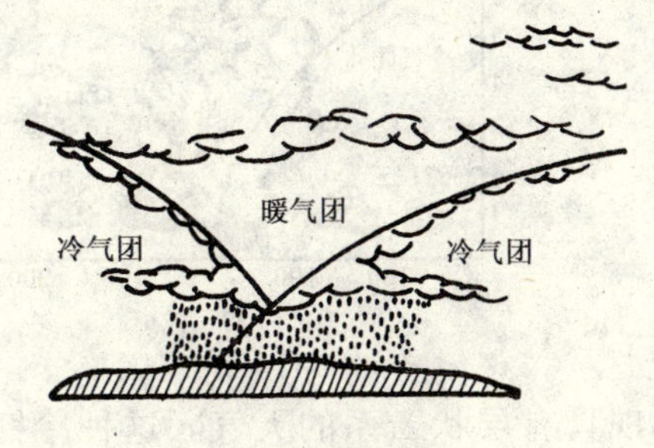

图 6-11　锢囚峰

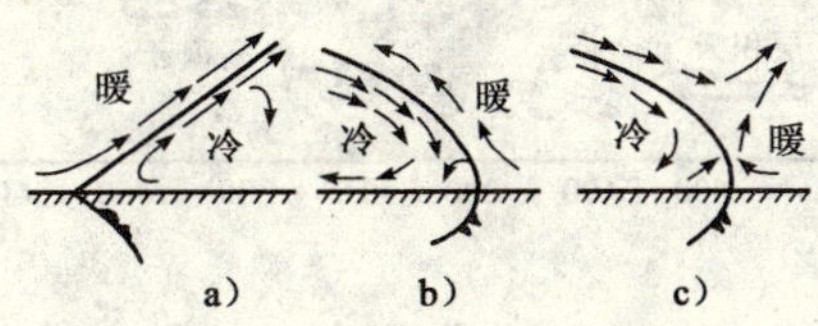

图 6-12　锋附近垂直运动示意图

(1)暖锋天气

在暖锋上，由于暖空气一般有沿锋面的上升运动。如果暖气团是稳定的，水汽又较充沛，可以形成包括卷云、卷层云、高层云等层状云系，如图 6-13 所示。雨层云的下方有降水，位于暖锋锋前，范围可达 300～400km。在锋下靠近地面锋线的冷气团中，由于雨层云和一部分高层云的降水在空中蒸发，水汽较多，加上低压槽中空气的辐合和乱流抬升作用，常常形成一些层积云、层云和碎层云等低云，甚至可以形成锋面雾(在锋前约 50n mile 范围内)。在高锋线较远的冷气团中，则只有一些发展程序不同的积云，能见度较好。

如果暖气团处于对流性不稳定状态，则暖锋上也可能出现积雨云、阵性降水或雷暴等不稳定天气。出现这种天气时，积雨云往往“潜伏”在深厚的雨层云中。

如果暖气团来自干燥地区，水汽很少，锋上也可能只出现一些高云甚至无云。

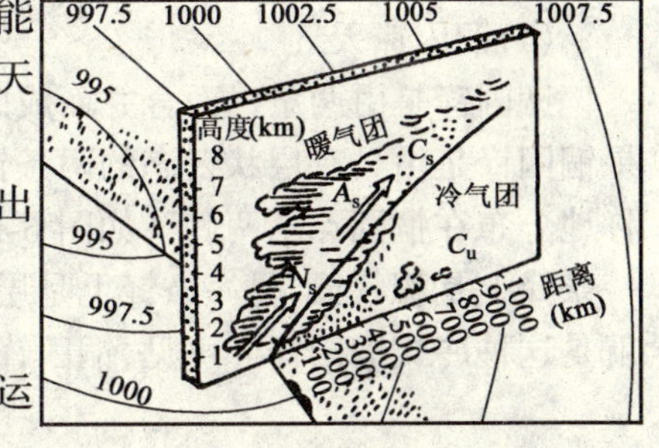

图 6-13　暖峰天气

(2)冷锋天气

根据冷锋和空中槽的配置、移动快慢以及锋上垂直运动等特点，可以将冷锋分为第一型冷锋和第二型冷锋。

1)第 I 型冷锋天气

这种冷锋的地面锋线，一般位于空中槽的前方，移动较慢，故又称为缓行冷锋。如果暖气团是稳定的，水汽又较充沛，则云系和降水的分布和暖锋大体相似，只是排列次序相反，如图 6-14所示。但因冷锋坡度通常比暖锋大，所以云区和降水区的范围比暖锋窄一些。降水区的宽度平均约为 150～200km。在冷锋下靠近地面锋线的地方，也常有层积云、层云、碎层云和锋面雾形成。

当暖气团处于对流性不稳定状态时，也会在锋线附近发展起浓积云和积雨云，出现雷阵雨天气。

2)第 II 型冷锋天气

这种冷锋的地面锋线一般位于空中槽线附近或槽后，移动较快，故又称为急行冷锋。因此冷空气强烈冲击着前方的暖空气，使地面锋线附近产生激烈的上升运动；当暖气团比较潮湿而又不稳定时，在靠近地面的锋段上，由于冷空气的冲击，形成了强烈发展的积雨云；而在高层锋段上，通常无云，如图6-15所示。这种冷锋来临时，往往是狂风骤起，乌云满天，暴雨倾盆，雷电交加，然而为时短暂，锋线过后不久，天气就豁然开朗。

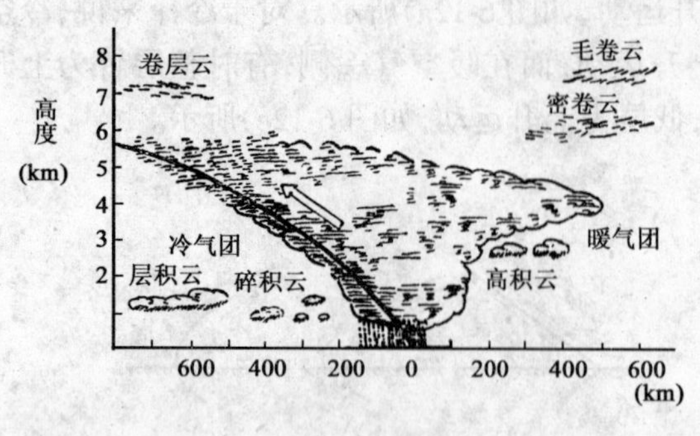

图6-14 第I型冷锋

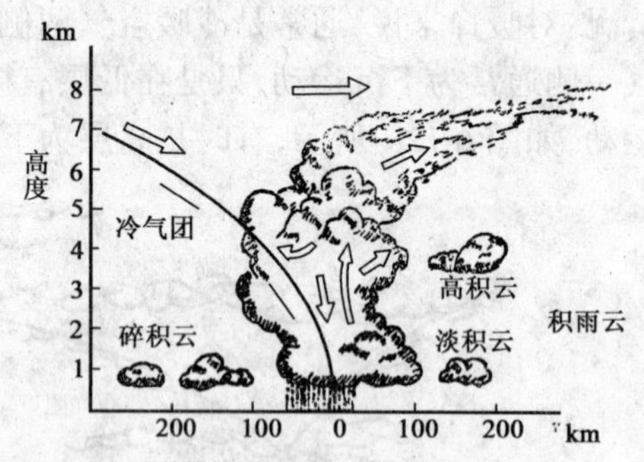

图6-15 第II型冷锋

冬半年，暖气团比较稳定，第II型冷也可以出现具有层状云系的天气。这种冷锋的天气主要出现在锋前，云系分布和暖锋云系相似。锋面来临时，也是先见高云，后来云层逐渐增厚、降低，到了锋线临近时还可能有降水。锋线一过，云消雨散，但风速却迅速增大，常出现大风。

(3)准静止锋天气

由于准静止锋大多是由冷锋演变而成的，所以，准静止锋天气与第I型冷锋天气相似。但由于准静止锋的坡度通常比较小，沿锋上滑的暖空气可心伸展到距离地面锋线更远的地方，故云区、降水区都比冷锋宽得多。降水强度较小，但持续时间很长，经常绵绵细雨连日不断。准静止锋移动慢，有时在某一地区来回摆动，使这些地区出现持续的阴雨天气。如果暖气团湿度大而又不稳定，准静止锋上也可能形成积雨云和雷阵雨天气。

(4)锢囚锋天气

锢囚锋是由两条锋面合并而成的，它的天气也必然会保留原来的两条锋的一些特征。如果锢囚锋是由具有层状云态的两条锋合并的，那么，锢囚锋的主要云系也是层状云，它近似对称地分布在锢囚点的两侧。如图6-16所示的就是具有这种云系的暖式锢囚锋。如果原来的一条锋上是积状云，另一条锋上是层状云，锢囚后，积状云便和层状云相连。如图6-17所示的就是这种冷式锢囚锋。可见，锢囚锋天气与原来的两条锋的天气是有密切联系的。

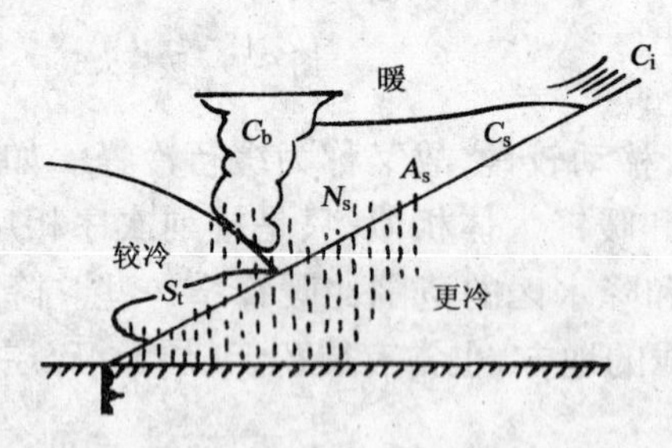

图 6-16

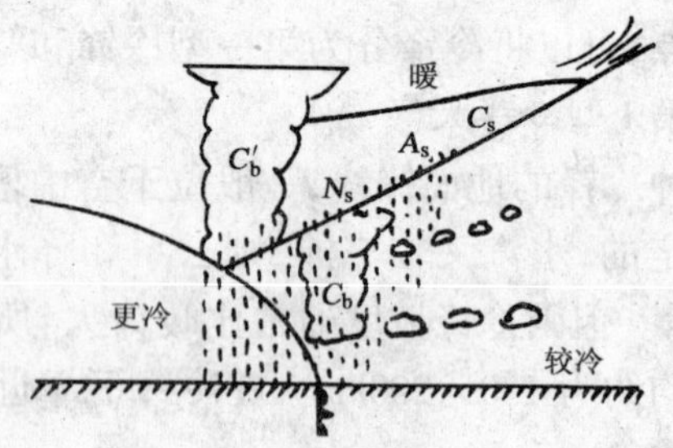

图 6-17

但是，锢囚锋天气又不是原有两条锋天气的简单合并，它与原来锋的天气既有联系，又有区别。当锢囚锋形成后，一方面，锢囚点以上的上升运动进一步发展，云层增厚，降水增强，降水区更加扩大；另一方面，锢囚点以下的锋段上还会有云新生，暖型锢囚锋一般出现层状云，冷型锢囚锋则一般出现积状云。可是，比起单独的冷暖锋来，锢囚锋天气要复杂一些。然而，随着锢囚锋的发展，暖气团就会被抬得越来越高，其中的水汽也会因降水消耗而越来越少，结果，锢囚点以上的云层就会逐渐变薄、消散。此时，虽然锢囚点以下的云可能有些发展，但总的来说，天气是要好转了。

复习思考题

1. 说明气团的概念和变性过程。
2. 试比较冷、暖气团的主要天气特征。
3. 简述锋的概念及分类。
4. 说明锋面附近的垂直运动情况。
5. 简述各锋面的天气模式。

第四节　气旋和反气旋

大气中存在着各种各样的空气涡旋，其中大型的水平涡旋称为气旋和反气旋。它们大都是重要的风暴天气系统。因此研究它们的发展演变、天气特征、移动规律等具有重要的意义。

一、气旋

1. 气旋的概念

由闭合等压线包围起来的中心气压低，四周气压高的水平空气涡旋，在北半球，风从四周呈反时针方向向里吹；在南半球，风从四周呈顺时针方向向里吹，这种空气涡旋称为气旋（cyclone），又叫低气压，简称低压，如图6-18所示。

在气旋区域里，空气从四周汇合到中心，产生上升运动，在上升过程中冷却，使水汽发生凝结，形成云、雨等天气现象，所以气旋是坏天气的象征。

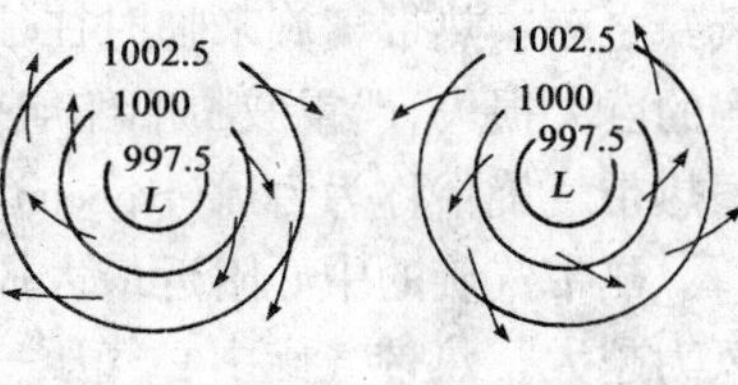

图6-18　气旋

在气旋区中，气压最低的地方，称为气旋中心，人们常用它的气压值来表示气旋的强度，中心气压值愈低，气旋强度愈强，反之气旋强度愈弱。地面气旋中心气压值一般在1012～970hPa，发展强大的气旋有低于935hPa的。有时人们也用气旋区中的最大风速来表示它的强度，风速大表示强度强，风速小表示强度弱。在强的气旋中，地面最大风速可达30m/s以上。

气旋的强度是不断变化的。当气旋中心的气压随时间降低或气旋区内水平气压梯度增大时，称为气旋在加深或加强（deepening）。当气压升高或水平气压梯度减小时，称为气旋在填塞或减弱（filling）。气旋可分为温带气旋（extratropical cyclone）和热带气旋（tropical cyclone）。温带气旋可分为锋面气旋、无锋面气旋、热低压（heat low）和龙卷（spout）。

2. 龙卷

龙卷是一种小范围的强烈的空气涡旋，当天气特别闷热的时候，有时从浓厚的积雨云底会伸出一个类似"象鼻状"的云柱。当它伸达地面或水面的时候，常常能吸起大量尘土和水，像神话所说的"龙吸水"，因而取名为龙卷，如图6-19所示。按其出现的地点不同，分为陆龙卷和水龙卷两种。产生在陆上的叫陆龙卷，产生在水面的叫水龙卷。

龙卷产生在强烈发展的积雨云底部，出现时往往不只一个。在同一时间里，从同一块云中,可以出现两三个甚至五六个。它们并不是同生同消的,往往是有的刚开始下伸,有的却已经伸达海面或地面,也有的伸伸缩缩,始终不下垂到地面。

图 6-19 龙卷风

龙卷出现的时间很短,从开始出现到最终消失,一般只几分钟,最多也不过数小时。龙卷的移动路径多为直线;移动速度平均为 15m/s,最快的曾达 70m/s;所经的路程较短,短的为 30m,长的约 4~5km,最常见的是 2.5km 左右。

龙卷的范围一般比较小,但其中心的风速却极大。其内部的风速自中心向外增大,通常在距中心 40m 的区域,风速达到最大,有时超过 100m/s,甚至达到 175m/s 以上。

龙卷中心的气压非常低,可低于 400hPa,甚至达到 200hPa。由于气压很低,内外气压差很大,因而龙卷内水平气压梯度也很大,最大的可达 210 Pa/m,而一般的气压系统中,水平气压梯度只有 100~200 Pa/100km,二者相差很大。

由于龙卷内部气压很低,空气上升运动很强,使进入其中的水汽迅速凝结,所以龙卷变为象鼻状云柱。这种云柱一般是垂直向下的,但有时因空中风比地面风大,其上部会顺气流方向倾斜。因此根据象鼻状云柱的倾斜方向,可以判断龙卷的移动路径。

据飞机观测,龙卷内部的云雨分布与台风很相似,好象缩小了的台风。龙卷伸达地面或海面时,有很大的破坏力,暴风能将大树拔起,车辆吹翻,一些建筑物被摧毁。由于龙卷范围小而破坏力大,对它进行细致的观测和分析还比较困难。随着科学的发展,气象卫星,尤其是地球同步气象卫星的应用,对于龙卷这个严惩灾害天气的认识,一定能得到进一步深化和提高。

3. 热带气旋

热带气旋是发生在热带洋面上的一种暖性气旋性涡旋,是对流层中最强大的风暴,被称为风暴之王。热带气旋来临时往往带来狂风暴雨天气,海面上产生巨浪和暴潮,容易造成生命财产的巨大损失,严重威胁船舶航行安全。因此,掌握其发生、发展及活动规律极为重要。在我国热带气旋俗称为台风(typhoon)。

热带气旋的中心附近最大风力与热带气旋中心气压有密切关系,中心气压热低,中心附近风力越大。热带气旋中心气压一般都在 950hPa 以下。历史上最强的一次台风其中心气压值为 887hPa(5827 号台风),风速达 110m/s。台风的范围通常以系统最外围近似圆形的等压线为准,直径一般为 600~1000km,最大可以达 2000km,称为超级台风。

1)热带气旋的等级和名称

国际上根据热带气旋中心附近最大风力对其进行分级,并且按其产生的区域给予不同的名称。我国采用西北太平洋(包括南海)的分级标准,将热带气旋分为 4 级;当风力≤7 级(风速≤33kn)时,称热带低压 TD;当风力 8~9 级(风速 34~37kn)时,称热带风暴 TS;当风力 10~11 级(风速 48~63kn)称强热带风暴 STS;当风力≥12 级(风速≥64kn)时,称台风 T。

我国中央气象台将发生在西北太平洋(180°E 以西,赤道以北)上风力≥8 级的热带气旋,从每年 1 月 1 日起按其出现的先后顺序进行数字编号,如 9306 号台风表示 1993 年出现在上述海域的第 6 个台风。

2)热带气旋的结构和天气模式

一个发展成熟的台风,按其结构和天气现象大致可分为 3 个区域,即外围区、涡旋区和台风眼,见图 6-20。

外围区：也称为外圈。台风是一个强大的暖性低压系统，中心气压很低。当接近外围区时，当时气压开始缓缓下降。风力逐渐增强，风向转变为受台风环流影响的方向温度升高，湿度增大，使人产生闷热的感觉。天空出现辐射状的高云和积状的中、低云，还有塔状的层积云和浓积云，特别在台风前进的方向上，塔状云更多，而且云体往往被风吹散，成为所谓的“飞云”。偶尔会出现积雨云，产生阵雨。

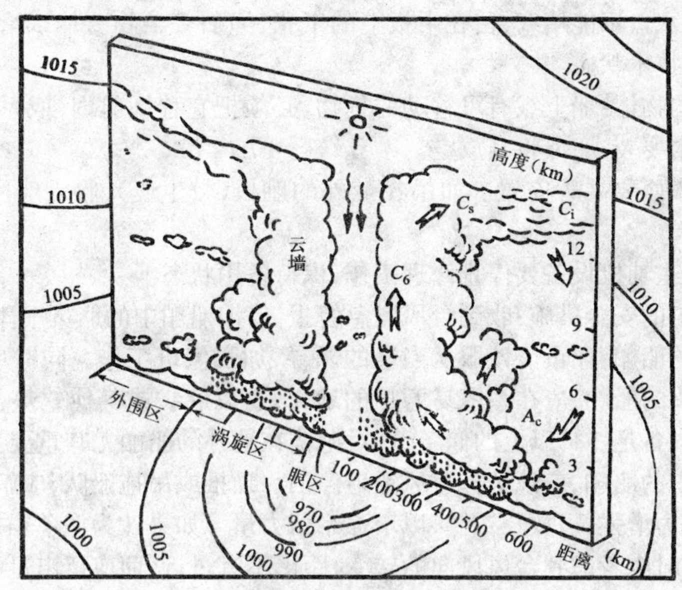

图 6-20　台风天气结构

涡旋区：也称为中圈。气压急剧下降，风力在开始时比较对称，以后变得不对称，通常在向西移的台风右面是副热带高压，气压梯度较大，风力较强，故有“危险半圆”之称。特别是发展中的台风前进方向的右前方，气压梯度最大，风力最强。一般在台风我外围 200 ~ 500km 半径内，平均风力突然增大，风力可达 12 级以上，近中心最大风力甚至超过 100m/s。此区由于上升气流强烈，常造成宽数十公里，高达 8 ~ 9km 的垂直云墙。云墙下常出现狂风暴雨，这是台风中天气最恶劣的区域。构成云墙的主要是多呈螺旋状的直展云带。

台风大风能产生巨大的波浪，波高可达十几米甚至 20 多米，给船舶航行带来很大的威胁。当台风登陆时，可造成巨大的海啸，使海水翻越堤坝，汹涌上岸，淹没城镇和农田。有人形容此区的天气是昏天黑地、狂风怒吼、暴雨倾盆、海浪滔天、电闪雷鸣。此区是破坏力最大的区域。

台风眼区：也称为内围，其直径约 10 ~ 60km。气压停止下降，降水停止，风力减小到 4 级以下，且眼中有微弱的下沉气流，是少云微风的好天气，但当台风趋于减弱时，台风眼区会出现上升气流，天气反而转坏、云层密布，有时出现降水，台风眼区的海况十分恶劣，常产生金字塔浪，对船舶航行十分不利。

应当指出，在海上台风眼比较明显，到了内陆就看不到台风眼了。台风眼过去后，气压开始上升，又是另一半圆涡旋区的恶劣天气。当气压开始稳定，风速减小，降水停止，才算摆脱了台风的影响。

3）河船防台措施

（1）收到台风警报后，应加强组织领导，布置工作。

（2）在航船舶应研究沿途锚地和停泊地，做到心中有数，以便随时就近驶入避风。

(3)港内作业船舶,在能及时作好防台准备工作的原则下,争取风来之前装卸完毕。否则,应停止装卸,集中力量作好防台工作。

(4)防台的准备工作

①加强水密措施:货舱口舱盖布四周要压牢,而且在上面交叉压上绳索或钢丝绳;通风筒要拿下,插上木或用盖盖牢;通行舱口要关好;测水管、污水管等管道螺盖要检查,不使其漏水。

②排水措施:排水口不能堵塞,留在甲板上的纸张、绳屑等杂物要加以清除。检查排水设备,使其保持良好的技术状态。

③固定可移动的物体:船上载有可移动的货物,必须把它移卸舱内,或系绑在船上牢固的物体上。水柜内的水要装满,或将其放空。

④易受破坏的东西要妥为安置。如吊在舷外的舢板(救生艇),收入船内架上,并系缚牢固。

⑤机舱的措施:主辅机设备要停止修理工作,保持备用状态。

⑥停泊和航行中的安全措施:收到台风紧急警报,停泊船舶中的船员一律不准离船。停泊在船厂或港口码头的船舶,船员应该服从当地的领导,加强值班工作。同时应备妥主机,保证随时能启动。靠码头的船舶,应在系缆易磨损的地方,卷以麻袋或其他软垫,以免磨断。抛锚的船舶,要补充食品,备足3日以上的储备,这对抛锚在港外的船舶尤其重要。

在港外或在途中的船舶,应该选择避风锚地停泊。顶推或吊拖船队,应解队逐个锚泊。当抛单锚锚泊时,如风力增强,可放长锚链,以增强系留力量。如果认为抛单锚抓力不足时,应抛双锚。此外,在抛锚时应考虑到台风风向的转变,距岸不宜过近,而应留出足够的回旋余地。

如果发现已经走锚,应放链或加锚,增加系留力量,若已采取的措施无效,则应开动主机,这是要敏捷的起锚,更换位置。如走锚形势急迫,万不得已也可弃锚开航,转移到安全的地方去。

在航行中的船队,万一遇到强风袭来,船长应亲自掌握船队的驾驶,尽力采取各种措施确保安全。如船驳之间加强缆绳的系结和靠把的衬垫,顶推船队必要时可改为单排一列式吊拖,尽量赶到安全避风锚地等。当无法赶到安全锚地时,要立即解队单独抛锚,舱面人员工作,应抓住船上固定物体,稳步慢行,避免被狂风刮落江中。

二、反气旋

1. 反气旋的概念

由闭合等压线乌黑起来的中心气压高,四周气压低的水平空气涡旋,在北半球,风以顺针时方向从中心向外吹,在南半球,风以反时针方向从中心向外吹,这种空气涡旋称为反气旋(anticyclone),又叫高气压,简称高压,如图6-21所示。

在反气旋区域里,空气从中心向四周幅散,上空的空气产生上沉运动,空气下沉要增温,故反气旋控制的地区是晴朗少云的天气。

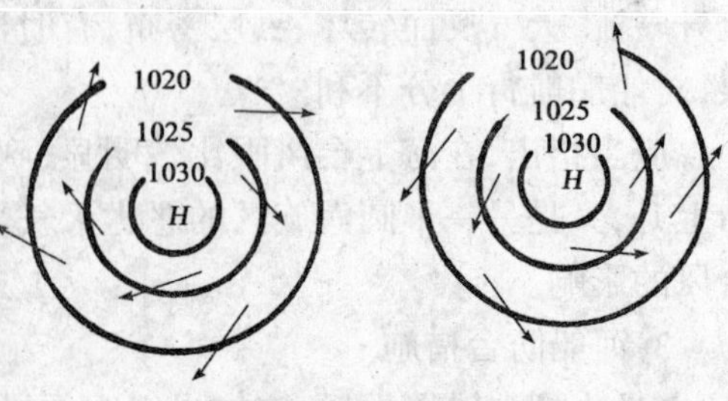

图6-21 反气旋

在反气旋区域里,气压最高的地方,称为反气旋中心。其中心气压愈高,反气旋的强度愈强,反之则弱。反气旋中心气压值一般在1020~1030 hPa,最强的可达1080 hPa以上。地面最大风速可达20~30m/s。

反气旋的强度随时随地在变化，当其中心的气压随时间升高或水平气压梯度增大时，表示反气旋加强，当气压随时间降低或水平气压梯度减小时，称反气旋在减弱。

2. 寒潮（Cold Wave）

寒潮是一种规模较大、势力较强、温度较低的冷空气活动。由于这种冷空气来热凶猛，如汹涌澎湃的潮水一样，所以我国气象工作者称其为寒潮。国际上也有称为寒流或冷波的。过去国家气象局发布寒潮警报的标准是一次冷空气活动，使气温在24h以内下降10℃以上，同时最低温度在5℃以下时，称为寒潮。后来国家气象局又根据冷空气的强度和影响，作了补充规定：长江流域及其以北地区，48h内最低气温下降10℃以上，长江中下游最低气温达到4℃或以下，并且陆地上有三个区域伴有5～7级大风，海上有三个海区伴有6～8级大风，称为寒潮，未达以上标准者，则称为较强冷空气或一般冷空气。

寒潮是大规模冷空气的南下活动。一次寒潮冷高压的活动过程，平均为7天左右，对某一地区或海区，寒潮入侵前，吹偏南微风，天气温暖，一旦寒潮冷锋过境，便转为偏北风，天气寒冷，海上有大浪产生，逐步进入冷高压中部，又是晴朗微风的天气，然后气温又略回升。我国东南沿海所谓“三寒四暖”天气，便是对东亚冬季冷空气活动规律的极好写照。

我国一年四季都有冷空气活动，全国各地几乎都会受到冷空气活动的影响，其中冬半年最为频繁，势力最强，影响范围最广。全年平均约4天有一次冷高压活动，这是东亚天气过程的一个特点。

冬季，当强大的冷性反气旋侵入我国时，在它的前面形成的冷锋称为寒潮冷锋。当寒潮冷锋经过我国北方时，气温骤降，风向转为偏北，风速猛增，一般可达10～20m/s，甚至达到25 m/s以上。有时由于锋前低压的出现和发展，造成强大的气压梯度，锋前风速就突然增加起来，大风持续时间可达一天以上。冷锋过淮河以后，移速减慢，尤其到达长江以南，由于锋后的冷气团经过长途跋涉，低层空气变性增暖、增湿，冷性反气旋的强度也减弱，这时可出现对流云和阵性降水。冬季寒潮引起海上的大风比陆上大得多，台湾海峡风力更大，大风持续时间，长者达48h以上。

春秋两季冷空气带来的天气是大风、降温、霜冻、扬沙和沙暴等现象，尤其是春季更为严重。当冷空气到了华南，特别是当冷锋转为静止锋时，引起大范围阴雨天气。春秋季的雷雨绝大部分产生在冷空气南下的时候，并出现在冷锋附近。

夏季，冷空气的强度减弱，不可能达到寒潮标准，但是夏季仍有冷空气南下。由于夏季空气温度高，水汽条件充分，只要有冷空气活动，就很容易造成降水现象，有时甚至产生暴雨。寒潮带来的大风降温天气，对船舶运输生产影响极大，为保护船舶和船员、旅客的安全，应采取一些预防措施。大风大雪会使能见度降低，同时使船舶操纵困难，产生严重的偏转和偏移，对船舶安全构成威胁，为此，船舶（队）应根据各自抗风能力，及时选择安全地点停泊“扎风”，并按规定显示信号，鸣放声号，采取各种安全措施。对工作地点应及时清扫冰雪，甲板、过道、跳板应铺设防滑物垫，以免发生工伤事故。对船舶管系应用保暖材料包扎，并放完余水，防止在管内结冰而胀裂管壁。在北方河流，船舶应早作出坞卧冬准备，防止船舶冻结在航道中。

复习思考题

1. 什么是气旋？有何特点？影响我国的气旋有哪几种？
2. 何谓“龙卷”，简述其特点。

3．为什么热带气旋被称为风暴之王？

4．我国对热带气旋是怎样分级和命名的？

5．简述热带气旋的结构和天气模式。

6．试述河船如何防台？

7．什么是寒潮？国家气象局发布寒潮警报的标准是什么？

8．船舶运输生产中，对寒潮应采取哪些预防措施？

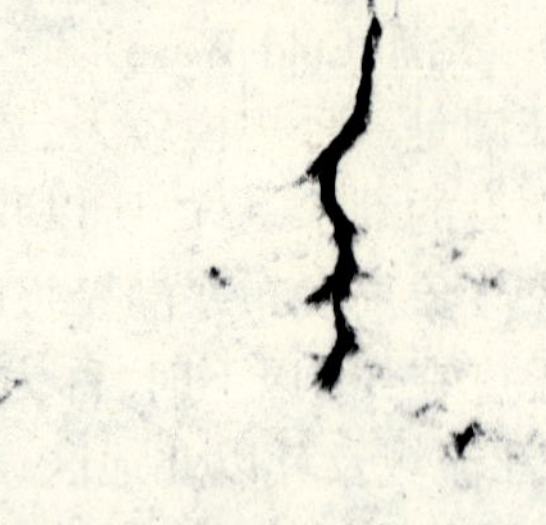

第五节 天气预报

当船舶在航行中，船长和驾驶员总是时刻警惕地注视着航区内的天气变化，考虑航行中是否会遇到风暴、浓雾、雨雪等恶劣天气，以及这些天气给船舶航行安全可能导致的危害和应采取的对策。为此，作为驾引人员掌握一些天气预报的知识是很有必要的。

一、天气预报的内容

气象台用无线电通信方式向各地(或船舶)发播的天气情报，称为天气预报。其内容包括天气形势预报和气象要素预报。天气形势预报是对天气系统的移向、移速和强度变化的预报。气象要素预报是对风向、风力、降水、气温、能见度及天气状况的预报。

天气预报按时间可分为短期、中期和长期预报。短期天气预报通常是对未来 1～3 天的预报。中期天气预报是对未来 3～10 天的预报。对未来 10 天以上的预报称为长期预报。在预报时，气象台通常是按地区、各类警报、时间、天空状况、降水、风向、风力、气温依次进行广播的。

1．时间用语(以北京时间为准)

早晨　0400～0800　　上半夜　2000～2400

上午　0800～1100　　半　夜　2200～0300

中午　1100～1400　　下半夜　0000～0400

下午　1400～1700　　白　天　0400～2000

傍晚　1700～2000　　夜　间　2000～0400

2．预报项目：24h 的预报项目，包括晴、阴、雨、风力、风向、最高最低温度。48h 的预报项目，只报晴、阴、雨，不报温度。

3．降水：分雨和雪两种，强度分大、中、小；标准分 12h 降水量和 24h 降水量(表 6-6)。

表 6-6

	12h 降水量	24h 降水量
小　雨	<5.0mm	<10.0mm
中　雨	5.1～14.9mm	10.1～24.9mm
大　雨	15.0～29.2mm	25.0～49.9mm
暴　雨	30.0～69.9mm	50.0～99.9mm
大暴雨	70.0～140.0mm	100.0～199.9mm
特大暴雨	>140.0mm	>200mm
小　雪	<1.0mm	<2.5mm
中　雪	1.1～3.0mm	2.5～5.0mm
大　雪	>3.0mm	>5.0mm

如雨夹雪，以雨为主的，按雨的情况预报；以雪为主的，以雪的情况预报。“零星小雨”指大部分时间不下雨或下雨时间很短暂，且雨量极小。

4. 风向、风力

风向按8个方位N、S、E、W、NE、NW、SE、SW预报。

风力按平均风力预报。阵风则以最大瞬时风速预报。

5. 最高、最低温度

指一天中气温可能出现的最高值和最低值。

6. 灾害性天气预报

(1)大风：预计在未来48h之内，本地平均风力可达6级或6级以上，最大风力在8级以上时，发布大风消息。

(2)消息：是指大范围灾害性天气(例如台风、寒潮)将于24h后，有可能影响本地区，即发布“消息”。

(3)警报：预计灾害性天气在24h至48h以内，将影响本地区，即发布“警报”。

(4)紧急警报：预计灾害性天气将在24h内影响本地区，如“台风紧急警报”。

(5)解除警报：如台风已离开本地，或它的强度已显著减弱，对本地区不再有威胁时，即发现“台风解除警报”。

二、天气谚语

我国劳动人民在与自然作斗争中，积累了丰富的预测天气的经验，常以谚语的形式表示，以便记忆。这些经验在天气预报中有重要参考价值，当然，应注意谚语的时间和地区的局限性。必须通过实践验证，恰当运用，才能收到较好的效果。

1. 天象

1)关于云状，云的移动和变化方面的谚语

(1)云状：如“天上钩钩云，地下雨淋淋”，钩钩云是指天空出现的一端呈钩状的洁白云丝，气象上叫钩卷云。这种云一般产生在暖锋前部。因此，天气中出现这种云，意味着暖锋即将到来，也就是将有降水现象出现，即“地下雨淋淋”。

“天上鲤鱼斑，明天晒粮不用翻”。“鲤鱼斑”是指天空中的透光高积云。产生这种云的空气团性质稳定，到了晚上，一遇到下沉气流，云体便迅速消散，次日将是晴好天气。

“炮台云，雨淋淋”。“炮台云”指堡状高积云或堡状层积云，多数出现在低压槽前，表示空气不稳定，一般隔8~10h左右有雷雨。

(2)云的变化：如“日落乌云涨，半夜听雨响”。日落之处乌云顿起，说明西方的阴雨正在迅速移来。所以有“半夜听雨响”的说法。

2)关于雾出现的时间、频率和程度以及它同云的关系等方面的谚语

(1)出现的时间：如“久晴大雾必阴，久雨大雾必晴”。天气久晴，空中水汽含量一般很少，因此不易形成大雾。如有大雾，说明有暖湿空气自外地移来，天气可能转阴。反之，天气久雨时，虽然空气潮湿，但因云层覆盖上空，气温不会急剧下降，仍然不易形成大雾。如果出现大雾，说明已有冷空气移来，阴雨天不久将会结束，转向晴好。

(2)出现的频繁和程度：如“连起三场雾，小雨下不住”。连续几日有雾，说明本地正处于冷暖空气交锋地带，暖空气中水汽充沛，冷空气又导致降温，是成雾的极好条件。而冷暖空气的交锋往往带来阴雨天气。

(3)同云的关系：如“云吃雾阴，雾吃云晴”。雾多见于高气压中，天气晴朗；云多见于低气压中，天将阴雨。“云吃雾”表示高气压将过，低气压将临，是下雨先兆；“雾吃云”表示低压将过，高气压降临，天气可望转好。

3)关于大气中光的现象方面的谚语

如“东虹明，西虹雨”。虹是太阳光经过雨滴的折射、反射后形成的。虹在西方，说明西边的大气里有大量雨滴存在，并随着天气系统的运动，自西向东移来，未来本地会下雨。虹在东方，说明东边的大气里有大量雨滴存在，但是东边的雨滴已随着天气系统东移过去，未来本地就不再下雨。

“日出胭脂红，不雨便是风”。日出时如呈胭红色，说明空气中水汽甚多(太阳经过水汽时发生散射，只有红光能够投射到我们眼中而成胭红色)。如此丰富的水汽一般是阴雨天气系统所造成的，故为风雨降临的征兆。

“日晕三更雨，月晕午时风”。晕是日、月光经过卷层云中的冰晶时折射而成的光圈。而卷层云位于低压的前部，它的出现常是低气压即将来临的先兆。所以看到日、月晕，就意味着风雨即将到来。但是并不是说，出现日晕将有雨，出现月晕将有风，在时间上也不象谚语中那么严格。

“星星眨眼，离雨不远。天气中星光闪烁，说明天气气流扰动激烈，或者远处有不同性质的空气移来。这样，未来天气将转为阴雨。

2. 物象

指某些生物和非生物由于天气变化而出现的反应。

(1)关于动物活动方面的谚语：如“燕子低飞要下雨”。大雨前，高空风大，空气潮湿，地面小虫翅膀受潮变软不能高飞，燕子因此低飞以便寻到大量的食物。同时，下雨前气流较乱，燕子得不到合适的风力抬升它高飞，因此飞行时忽高忽低，掠水剪波，翻飞不定。

“鱼跳水，有雨来”。在正常的晴好天气下，因为气压较高，水中溶解有一部分包括有氧气在内的空气，鱼类等水生动物就靠着这部分溶解在水中的氧气呼吸而生活。天气转阴雨前，因为气压剧降，新溶入水中的氧气大大减少，且原来溶入水中的氧气也渐渐逸出水面，鱼在水中感到氧气不足，故跳出水面或浮到水面上来进行呼吸。所以“鱼跳水”表示天气将要下雨。

“蚯蚓路上爬，雨水乱如麻”。有些生物性喜低湿肥沃的泥土。天气将下雨时，空气潮湿，气压降低，它们多爱出穴活动。

(2)其它方面的谚语：如“盐出水，铁出汗，雨水就要见”。雨前空气湿度大，水汽被盐料吸附，便呈现出“盐出水”现象，水汽凝结在较冷的铁器上，便发生“铁出汗”现象。

“屋里不出烟，眼前无晴天”。天将雨，空气潮湿，烟粒吸收了空气中的水份，密度大于空气，烟就不能上升，而往往下沉铺地。

复习思考题

1. 天气预报的形式有哪些？

2. 天气预报中对时间用语和降水有何规定？

3. 灾害性天气如何预报？

4. 你掌握了哪些天气谚语？试解释之。

第七章　引航基本要领

[内容提要]　无论内河航行条件有多复杂，在引航基本要领上也具有共性和规律。从引航角度上讲，船舶航行始终存在着必须解决的船舶定位和船舶避让的共同问题，而前提条件是航行条件综合分析和判断。即知条件明对策。本章从航路、船位、转向点、吊向点四个方面重点阐述了在内河航行条件下船舶定位的一般方法，同时也简单介绍了船舶避让原则和方法。

引导船舶在内河水道中安全航行的技术，称内河引航技术(inland waterway navigation and pilotage)。它是驾驶人员根据航道、水文、气象、助航标志等条件和有关规定，结合本船航行与操纵性能，及时对复杂多变的航行条件，作出符合客观规律的分析，准确而迅速地判定船位，采取正确的引航措施，驾驶船舶安全航行。

每条河流或一条河流的不同类型河段，其航行条件和引航方法虽有其特殊性，但在引航原理上也有其共性，即存在共同的引航要领。所谓引航要领，是指船舶航行时，对航行条件进行准确分析，对航路、船位、转向点、吊向点等引航要素的选择与控制原则，其中也包括船舶避让方法。其实质为船舶航行的准确定位(fixing position)和避让(avoidance collision)。

第一节　航行条件的综合分析

航行条件(navigation condition)是指船舶行驶水域内的航道、水文、气象、航标，船舶会让等客观因素的综合构成情况。这些因素虽然表现错综复杂，但都存在互相联系和互相依赖的关系，并在一定条件下发生变化，且变化都有一定规律性。它们的变化与船舶引航密切相关。驾驶人员必须准确掌握各因素变化规律，了解各类船舶在各种水域中的运动特征，从而拟定正确航路，及时准确定位，注意船舶会让，以确保船舶安全航行。航行条件分析，归纳为下列几个方面的综合分析，综合分析的目的是为了科学引航。

1. 航道特征

包括河段的地形地貌、河床形态、航道尺度、支汊河与捷水道的分布及开放水位，汛期漫坪地段及水位，河槽内碍航物分布及碍航程度，滩槽特点，桥梁、船闸限制性航道情况等。

2. 水文特征

包括比降、流速、水位(深)大小，主流、缓流分布，不正常水流特征、分布及其对船舶航行的影响；潮汐变化特征及其对船舶航行的影响等。

3. 助航标志

广义地指可供利用的天然和人工助航标志。包括航标种类、特征、配布原则、方法，设标水深及移动规律；在天然标志中，包括树木、山头、岸嘴、突出的建筑物等。这些标志均可用来作为船舶选择航路、确定船位的参照物。

4. 船舶动态

是指相遇船舶的种类、性质、大小、操纵性能，活动规律，相遇地点、态势、以及相应的避让原则与方法等。以期在引航的同时正确避让。

5. 气象特点

包括河段气象要素，降水、雾、风等天气发生和变化特点对船舶航行的影响。

如上所述，内河航行条件存在着多样性和复杂性的特点，但同时也存在着某些共性特征。根据不同的航行条件，我们将内河水道将归纳为不同类型河段分节讲述其引航技术。无论如何，驾驶人员只有在充分掌握航行条件的基础上，才能正确制定相应的引航操作方案，确保船舶航行安全。

复习思考题

1. 内河引航为什么要对航行条件进行综合分析？
2. 内河航行条件应包括哪些方面内容？

第二节 引航基本要领

一、航路的选择

航路(route)是指船舶根据河流的客观规律或者有关规定，在航道中所选择的航行路线。航路选择正确与否，关键看是否符合河流的客观规律或者有关规定。从根本上讲，"有关规定"也要遵循河流的客观规律。

航路的选择，贯穿于船舶航行的始终，是内河引航技术的重点。船舶如因航路选择不当不仅导致航速降低，引航操作被动繁杂，而且还可能导致触礁、搁浅事故发生；同时，因错走航路而占据他船航路，造成会让困难，而导致碰撞事故的发生。

航海中有计划航线与航迹线之分。内河航行受风、浪、流及船舶会让等因素的影响，实际航线与计划航线也有较大的区别。我国内河航道基本是天然水道，部分是限制性水道。航道、水文等航行条件不同于海况，所以决定了内河引航技术不同于航海，它不是预先在海图上拟定的航线航行，而是凭驾驶人员的直观感觉、经验判断引领船舶按习惯航线航行，因此称为视觉引航法(visual piloting technique, VPT)。其优点是方便灵活，快速应变能力强，缺点是随意性大，定位误差大，在恶劣条件下表现出一定局限性。随着航道条件的逐步改善，以及新科技、新定位设备的推广和应用，部分船员已逐步掌握了新定位导航方法。从整体上讲，这些新的导航方法，仍然遵循视觉引航的基本原则。

内河的船舶航路，根据其实际情况的航线差异，包括水域、航向、位置的差异，习惯与规范间的差异等，可分为顺、逆流航路，过河航路，规定航路(包括平流航路)与推荐航路。不论哪种航路的选择，都必须依照航行条件而决定，而航行条件受水位涨落影响而变化，所以，不同水位期的航路是有差别的，故也有枯水、中水、洪水航路之分。

1. 顺、逆流(顺航道行驶)航路

顺流航路(downstream route)的选择，其基本原则是以主流为依据，将航路选择在主流范围内或航道中间行驶，俗称"找主流，跟主流"。如图 7-1 所示。目的是充分利用流速，提高航速，充分体现既经济又安全的原则。所以，在航道条件许可的情况下，顺流航路尽可能选择在定向距离长的主流位置上，少做折线航行，减少用舵次数，避免航迹线扭摆而增大船舶阻力。对主流中的礁浅等碍航处,航路作阶段性的调整,绕避碍航物,以保证在利用主流的同时又能保证船舶航行的安全。

逆流航路(upstream route)的选择,其基本原则是沿缓流或航道一侧行驶,俗称“找主流,丢主流”。如图 7-2 所示。目的是避开主流提高航速。而在主流两侧均有缓流区可供利用,需要选择哪一侧缓流区就应综合比较,优化选择。一是比较缓流区的水深、范围、流速、流态差异;二是比较上、下缓流区之间是否衔接,以尽量减少过河航行。总之,选择缓流仍然要遵循安全、经济的原则。

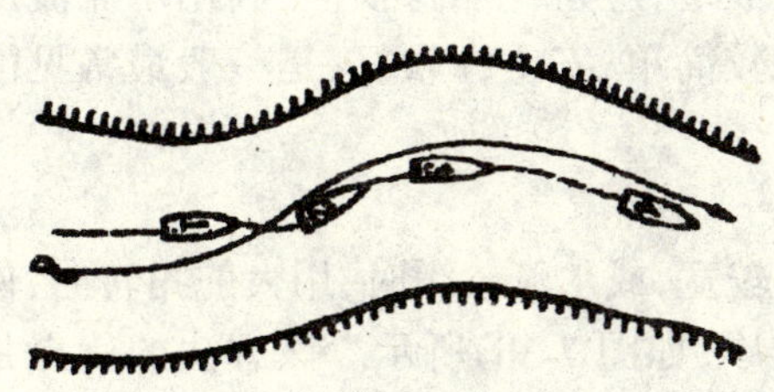

图 7-1　顺流航路示意图

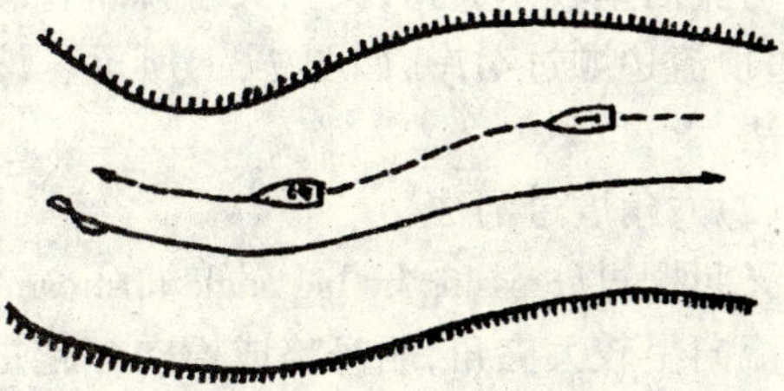

图 7-2　逆流航路示意图

不同类型、大小、吃水的船舶在顺流航路上倒没明显区别,而在逆流航路上则表现出了很大的差异。吃水越小的船舶,缓流利用度越大,由此决定了小型船舶在逆流航路选择上的自由度也随之增大,反之,吃水越大的船舶,在逆流航路上的自由度相对减小,所以,大型船舶在航路选择上所受到的限制,包括航道尺度、操作性能、避让等因素的影响和限制,决定了其航路选择需要尽可能控制得精准些。

另外,顺、逆流航行要保证在既定的最佳航路上,还要充分估计风、浪、流航道情况和周围环境的影响,尤其是注意横风横流推压作用、碍航物分布和他船动态等因素的影响。所以,顺、逆流航行,对横向不利因素的作用,要随时消除流压差和风压差,一旦偏离正常航路是非常危险的。例如:山区河流由于航道弯曲、狭窄,主流带窄,横流强,无论顺、逆流航行,船位应置于主流横向分速的上侧,即高流势的一侧航行。不仅如此,顺、逆流航行还应处理好在自身预定航路上与横越船、掉头船、靠(离)泊船、渔船等他船的会让。总之,保证预定航路,克服横向干扰。

2. 过河(横越)航路

顺航道行驶(sailing in direction of fairway)的上行船从航道一侧穿过主流,过渡到航道的另一侧称为过河(crossing river)。把过河的起止点称为过河点(crossing river point),有全年过河点和季节性过河点。把季节性过河点对应的当地水位习惯称为过河水位(范围值)。船舶过河航行是由航道的自然条件所决定的,也是从经济性上合理满足上行船航路选择的需要。山区河流比平原河流过河点的数量多,密度大,且过河水位和过河航行十分复杂。

1)过河条件

船舶上行是否过河?总的原则是取决于对航道两侧缓流区航行条件的利弊权衡、优化选择的结果。过河条件具体如下:

(1)沿航道一侧行驶的上行船,当前方航道流速较大,无缓流可供利用,或水深不足,而彼岸航道前方有较长距离的缓流区时,为提高航速应引导船舶过河行驶。

(2)沿航道一侧行驶的上行船,前方有礁浅碍航,或有不正常水流,而彼岸航道顺直,且无障碍物或无严重的不正常水流,为确保航行安全,应考虑过河。

(3)在上、下行航线交叉的狭窄航道，其上、下游有宽阔的水域，为避免船舶在此航段相遇，上行船应提前过河到航道的另一侧，主动避让下行船。

2)过河方法

在过河航段，因航道、水流条件不同，其过河方法也不同。一般有下列几种常用的过河方法(图 7-3)：

(1)小角度过河法

又叫顺过(crossing by small angle upstream)。当航道较窄，或水流较急时，用小舵角转向，使航向与流向呈较小夹角，夹角大小视航宽和水流流速而定，应避免船身横向，利用水流流压作用，边顶流边顺过对岸，如图 7-3a)所示。该方法操作较简单，安全性较好，是一般最常见的过河方法。

(2)大角度过河法

又叫摆过(crossing by big angle upstream)。当航道较宽，或水流较缓时，用大舵角转向，使航向和流向呈较大夹角，船身略成横向穿越主流摆到彼岸，如图 7-3b)所示。该方法的优点是穿越动作较快，缺点在于驶过彼岸扬出船首、调顺船身的操作较难。

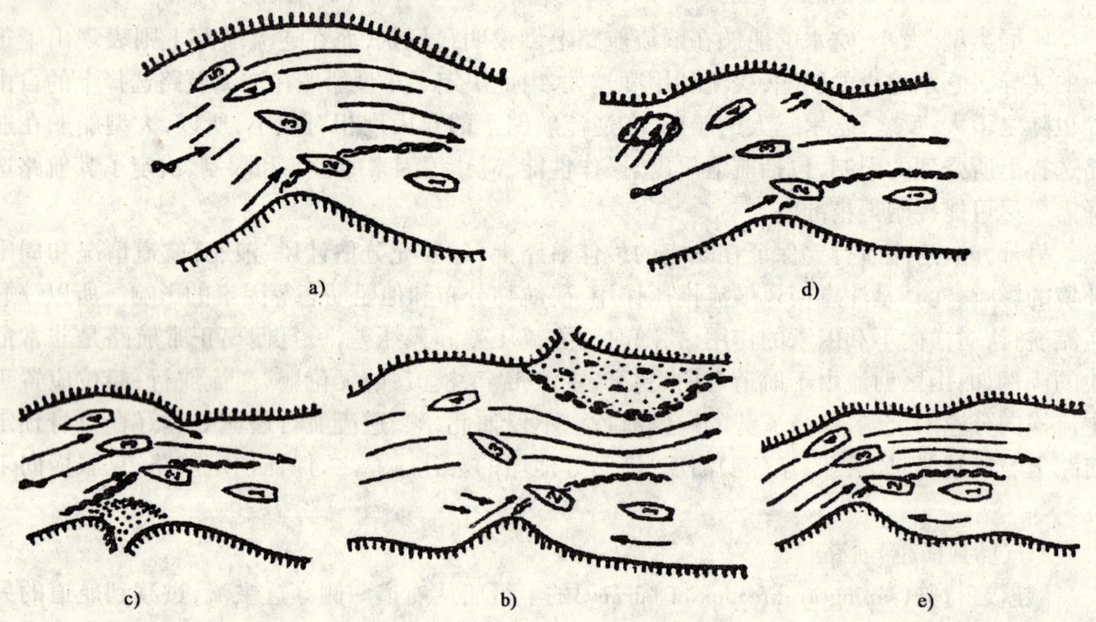

图 7-3 过河方法(式)示意图

a)顺过法；b)斜过法；c)盖过法；d)恰过法；e)借势过河法

(3)指定目标点过河法

当彼岸过河终止点下方有障碍物或强力急流、内拖水、滑梁水时，为避免过河漂移困岸，摆脱其下方不利影响，要求过河船必须斜向提升过渡到障碍物或险恶流态流上方的指定目标点，该方法叫盖过法(crossing by keeping ship above irregular flow)，如图 7-3c)所示。

当彼岸过河终止点上、下方均有障碍物或险恶流态流时，要求过河船必须过渡落位于其间的恰当位置上，该方法叫恰过法，如图 7-3d)所示。

指定目标点过河法，要求准确性高，难度大，所以采用该方法时要格外小心。

(4)借势过河法

若过河起点的上方突出岸嘴有强斜流，从岸嘴下方驶出的上行船可利用斜流冲击船舷的水动力与船首前进方向的惯性力构成的上升合力，带动船舶向上游方向横移过河，这种借水动力过河的方法称借势过河(river crossing with help of oblige flow)，如图 6-3e)所示。

该方法是山区河流较特别的一种过河方法，上行船在出角迎流过河时，横移外张迅速，如操作不当，不注意控制斜流的冲击，极易造成"打张"事故。

3)过河时机

每种过河方法，都应该恰当掌握过河时机。在过河时机上，一方面要根据航道、水流特点决定；另一方面，由于过河是"横越"行为，所以，过河时还应考虑以不妨碍顺航道行驶船舶为前提。为兼顾船舶避让，过河时机要灵活掌握，必要时提前过河或者延迟过河。由此可知，过河点的位置并不是恒定不变的，过河早迟、高低要灵活运用。

船舶过河穿越主流后，驶近对岸时，也要适时掌握扬出船首时机。如扬出船首过早，不仅损失航速，而且船身难以落位；如扬出船首过迟，就会陷入逼近河岸无出路的困境，即使大角度扬出了船首，也难保船尾不扫岸。所以，船首一旦驶近对岸，要根据岸形、岸距、船岸角度、流态、航速等情况及时外扬，连伸带稳，调顺船身。

3. 规定航路与推荐航路

规定航路(provision route)，是指水上法规对某些规定水域的船舶航路作出的专门规定。规定航路既有原则性的，也有具体的。例如，《内河避碰规则》第八条"航行原则"对船舶航路作出了原则性的规定。其中，特别指出"在潮流河段、湖泊、水库、平流区域，任何船舶应当尽可能沿本船右舷一侧航道行驶"。即主、缓流无明显区分水域的"靠右行驶"航路，或称为平流航路。再如，《长江下游分道航行规则》根据长江下游的航宽大小，按船舶类型、等级分层次地对船舶航路实行分道通航制、分边通航制、单向通航制；并规范了船舶横驶、穿越行为；对受吃水限制的海轮(Seagoing vessel constrained by her draught)，如水深不够实行"海轮推荐航路"，对小型船舶，如上行困难还实行了"小型船舶上行推荐航路"。其中，这些规定航路都是很具体的。规则中的推荐航路(Recommendation route)实际上是针对特定船舶在特定情况下的专用航路，是规定航路的一种特殊形式。如"海轮推荐航路"是航道部门以航行通告的形式为进江海船推荐的深水航行路线，其宽度为 200m。此外，有不少港口的"港章"对航经港口水域的航路也有专门规定。

法规中的规定航路是在充分研究了河道的航行条件后的基础上进行的，不但遵循了河流客观规律，而且规范了船舶航行与避让行为，减少了船舶航行的盲目性、随意性，这对防止水上交通安全事故的发生起到了重要作用。

二、船位的摆置

1. 船位的定义

船舶在航道中的座标位置，称船位(ship position)。在航海中，船位是指船舶所在地球的经纬度，而在内河中，船位是指船舶距某航道起点的公里数，离左(右)岸的横距，以及船首线与计划航线(或岸线)的夹角。

船位是判断船舶是否处于预定航线上、是否安全的依据，又是测算航速的依据，也是继续航行时，选择航线、叫舵时机、用舵多少等决策的前提。所以船位对于航行船舶具有极其重要的意义。不能判明自己船位的船舶，将迷失航向，安全无保障，此时，为保证安全应立即减速、停车，必要时选择安全地点锚泊。只有在适航的条件下，待判明船位后，方能继续航行。正因为如此，无论白天或黑夜，能见度好或能见度不良，驾引人员必须充分熟悉航道，这样才能明确航道大坐标中的船位。

2."落位"的衡量标准

"落位"是指驾驶人员根据航行条件和船舶性能,采取符合客观实际的引航操作方案,将船位摆在既安全又能提高航速的合理位置。它是判定船位摆得正确与否的引航专业术语。就顺、逆流航路而言,"落位"应同时满足下列条件。

(1)航向与流向间的夹角要小

航向(course)与流向间的夹角要小,尽可能做到航向与流向的平行顺向(steering keep fore and aft lines parallel to course axis)。一方面相对提高了上、下行船航速,体现了航行的经济性;另一方面,从安全上讲,可以减小因水流作用而发生的漂移和航向不稳定性,确保船舶航行在预定航线上。反之,因夹角增大而不及时修正,不仅损失航速,而且因流压作用产生的漂移危及本船安全,甚至危及他船的安全。故航向与流向间的夹角大小,是衡量船舶落位的基本要素。

(2)岸距要适当

岸距是指船舶离岸横距大小。一般地,下行船要参照两岸岸形和船岸横距,而上行船则重点参照沿岸岸形及横距。岸距如何"适当"应以顺向为前提,以主流、缓流的合理利用为依据,如果主流、缓流利用合理,自然这种岸距也就合理。主流、缓流合理利用,不仅是船位问题,也关系到顺、逆流航路的选择问题。以岸距衡量船位,可以看出船位与顺、逆流航路的相互有机统一关系。

岸距的大小,在内河引航中,一般用目测法估计。下行船通常根据河道类型与主流位置,按河宽比表示船位,如"正中分心",意即船舶沿河心行驶;"四六分心","三七分心",意即船舶在河心略偏航道左(右)一侧四成或三成,依此类推。上行船则常以船宽或船长来度量,如离左(右)岸几倍船长或几倍船宽驶过。上行船岸距如结合航标的作用距离,在某些河流是有量化规定的。如长江上游岸距为30m,中游规定为50m,长江下游规定为100m。随着雷达等助航设备在内河船上的运用推广,驾驶员可以运用雷达准确测定纵横距离。

(3)尽量延长定向航行距离

在航行条件允许的情况下,船舶尽量作较长距离航行。这样操作可减少用舵次数,缩短航程,提高航速,还可以简化操作,为驾驶员腾出时间考虑安全和避让问题。当然,定向航行距离要长也是相对的,在引航中驾驶人员应尽量解决好定向与转向的对立统一矛盾,做到定向不输向(deviating from course),转向是必须的原则。

3. 雷达定位

在夜航或能见度不良航行的情况下,驾驶人员单凭目测法确定船位,看不清天然和人工物标的准确位置时,定位的准确性就会受到一定影响,所以借助雷达定位与引航技术十分重要。雷达定位(radar fixing)就是驾驶人员跟踪观察雷达航道图像的变化,根据变化的岸线特征,利用水上固定物标图像和岸上固定物标图像,测定荧光屏上雷达扫描中心点的相对位置(船位)和扫描船首向(呈光亮线)。船位和船首向一旦确定后,驾驶人员凭视觉比较航行图上的实际船位和常规航路,判明船舶是否航行在预定航路上。如果有偏差,根据船舶"落位"的上述要求,应即时调整航向驶入正轨。

三、转向点与吊向点的选用

为了满足船舶选择航路、确定船位的需要,船舶在航行中,用以取向、观向或衡量船舶当时当地所处位置的固定物标称为"点"。这些"点"常指内河引航中的航行参照物,根据不同的用法,可用作为引航中的转向点和吊向点,供船舶航行抓点、吊向所用。

1. 转向点

在内河水道中,由于航道走向的变化,船舶通常是分段定向航行的,从整体上看,航线呈折线。转向点(turning point)就是船舶利用某固定物标改变航向的转折点。转向点常用一些具有显著特征的物标或流态作参照(转向参照点),如岸嘴、山角、航标等;在水流条件较复杂的河段,也可用各种流态为参照目标,如夹堰水、横流、泡水等,以利用水力支点使船体能圆滑地转向,驶达预定的航路上。从解释看上,转向点虽与转向参照点有一定联系,但二者并不等同。

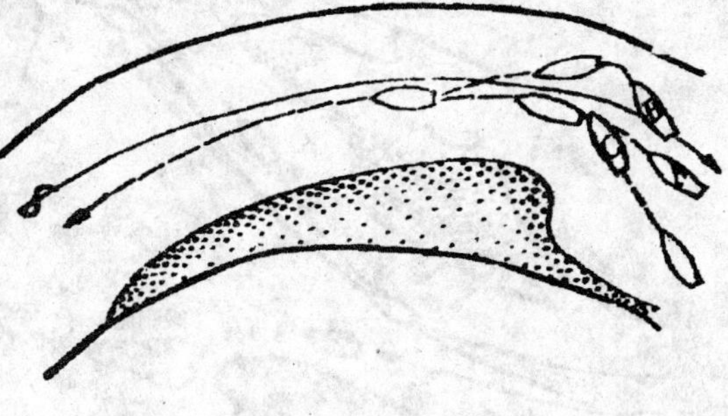
图 7-4 转向点与船位

转向点选择正确与否,对船舶能否"落位"关系较大。在正常航线上航行的船舶提前或滞后转向,均会使船舶不"落位",有时甚至会导致困难局面,危及船舶安全。故选用转向点,应考虑航道、水流、和船舶(队)大小以及操纵性能等因素以确定转向的时机、横距、角度、速率等,从而保证船舶的航迹线在预定的航线上。当发现船舶不落位时,应通过调整转向时机及时纠正,如图 7-4 所示。正确航路应处于 *A* 船的航线上,但行驶于不正常航路上的 *B*、*C* 船,因航向、横距不当,如要回到正常航路上,横距小的 *C* 船可延迟转向,横距大的 *B* 船可提前转向。

2. 吊向点

船舶在定向航行时,船首向(heading ,Hdg)所对准的物标,称吊向点(course reference point)。船首对向某物标航行,称"吊向"。如图 7-5 所示。

操舵人员通常利用吊向点作为稳向航行的一种可靠依据,检验船舶是否偏离航线。配有罗经的船舶,也可用罗经来校核航向。

所选用吊向点,应是容易辨认物标,轮廓清楚,色泽鲜明,如山头、岸嘴、树木、烟囱、航标等,也可选用流态作吊向点。如所选用的吊向点在夜航也能发挥作用,就更为理想。如果船首对准的正前方缺乏明显的物标时,也可选用附近明显的物标,但须说明将该物标偏置左(右)舷多少度。平时常说:"将某物标放在船首左(右)舷多少度",也是指船首的吊向点位置。

3. 点向结合的运用

点向结合,是指船舶航行时船位与航向相结合,转向点与吊向点相结合,以满足船位和航路的正确需要。转向与吊向的引航操作术语较多。例如,转向术语常有"驾驶台平(过)某物标时转向","船首达某物标时转向","开门转向","担腰转向"等,同时要考虑横距的大小,如"丢"、"挂"、"紧沿"、"紧抱"等。一旦转向到适当位置时,需稳舵吊(定)向航行,在术语中也常有"吊向"、"挂向"、"置某物标于左(右)舷方多少度"等。因点向结合的需要,故转向与吊向引航术语常结合在一起运用,下面介绍点向结合的具体实例。

柴盘子航道是川江枯水期著名险漕河段,下行引航操作要点如下:

下行至骑马桥循河心下;至骑马桥尾,左转向吊向螺丝口上面的白瓦屋;将达大沙坝分界水,右微舵抬向,以牛肋巴 4# 红浮为点,达 4# 红浮外斜流,右转向紧沿红浮;至 3# 红浮稍下掩塘稳向提尾;达 2# 红浮,右舵紧沿转向,以右舷挂夹堰,左直舵提尾,回舵右转向,骑夹堰泡水,吊向大来裕沉船红浮。如图 7-5 所示。

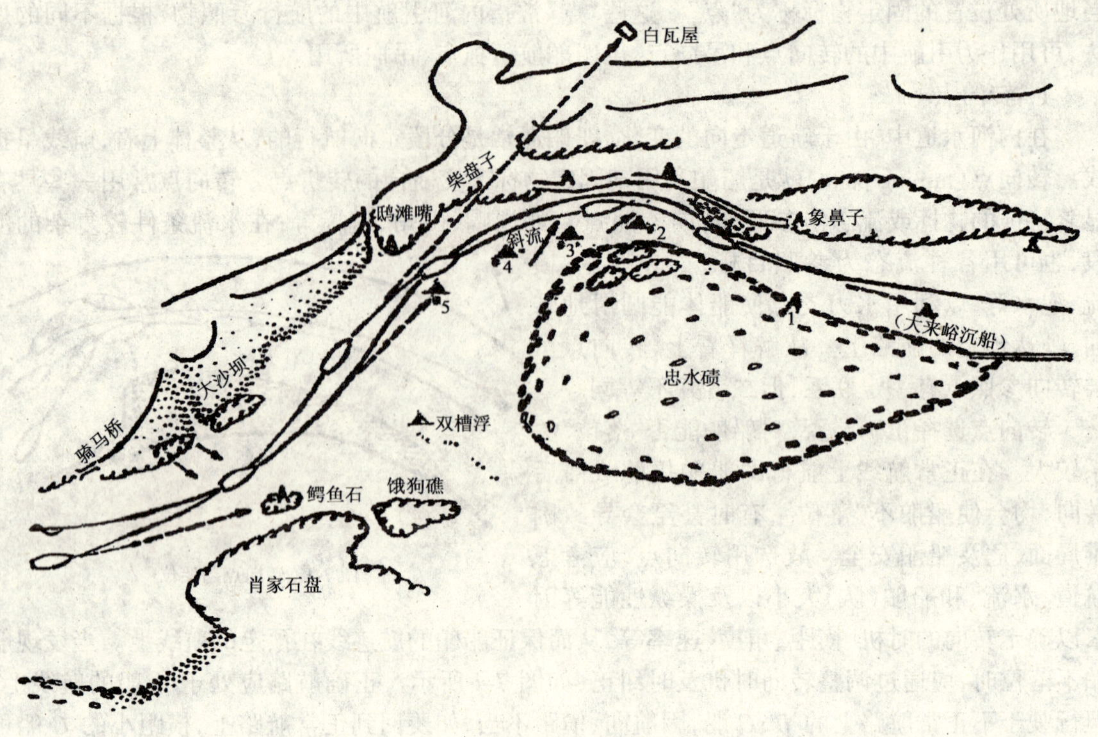

图 7-5　柴盘子航道示意图

在山区河流点向结合特别紧密。类似于“柴盘子”的急弯航道，因流态紊乱，叫舵频繁，船位及航向需要随时改变，不允许较长时间或较大的距离作定向航行，因而吊向是短暂的，只能作为参照校核条件，常有走一标，抓一标；平一标，吊一标等操作方法。在这方面，平原河流的点向结合更侧重于罗经航向。所以，船舶所处的航道、水流条件不同，对于转向点和吊向点的具体应用也不完全相同。

综上所述，在内河引航中，航路、船位、转向点、吊向点四要素是有机联系在一起的。一般地，航路本身就是运动船位的轨迹。船位描述是船舶航行的位置，航路描述是船舶航行的路线，不同的运动船位构成了不同的航路。转向点和吊向点也要紧密结合，没有单纯的转向点，也没有单纯的吊向点，转向后要吊向，吊向后又要转向，如此反复进行，都是为了正确选择航路和摆正船位，二者都必须服从于航路和船位的需要，而实质为船舶在内河水道的定位航行操作，并且，无论哪种类型河段的引航操作都需要定位航行。因此，引航技术核心在于船舶如何定位航行，掌握了船舶定位航行技术，在很大程度上也就掌握了引航基本要领，引航基本要领运用到各种类型河段的引航具有普遍指导意义。

四、船舶避让

随着船舶技术和航运事业的发展，船舶趋向快速化、大型化，通航密度逐年增加，船舶间的相遇更加频繁，发生碰撞的机率也就更大。据资料统计，内河船舶水上交通事故，船舶碰撞(Vessel collision)事故总件数占 50% 以上，某些河段甚至高达 70% ~ 80%。船舶发生碰撞事故，轻则船舶受损，重则船沉人亡，其危害极大。俗话说：三分走船，七分避让。说明了引航与避让的有机联系，避让在安全航行中占有重要位置。那么，怎样才能保证避免碰撞呢？这就要求驾驶人员除了具有高度的工作责任感和良好的驾驶技术外，还应正确理解和熟练掌握《内河避碰规则》,根据水上复杂多变情况,严格按照避碰规则的要求进行操纵、避让。

1. 船舶碰撞主要原因

船舶发生碰撞事故,虽有客观上原因,但更多是船员主观上的原因,从主观过失上看,主要有下列3方面的疏忽(neglect):

1)对遵守"避碰规则"的疏忽

是指对遵守"避碰规则"各条规定时,玩忽职守或对应引起注意的问题却疏忽大意,或者片面理解条文,没有严格按规则条文规定执行。这方面的疏忽比较多,譬如:

(1)未按规定保持正规瞭望(Look-out),因而难对以碰撞危险作出充分的估计。

(2)未在任何能见度情况下使用安全航速(Safe seed)。

(3)未按航行原则行驶,没有走自己应该走的航路上。

(4)未遵守避免碰撞的行动和原则,该让路的没有主动让,让路时又没有做到明确、及早、有效地进行。被让路船没按当时情况采取行动协助避让。

(5)未认真遵守能见度不良(Restricted visibility)时的行动规则。

(6)未按规定显示号灯、号型或未鸣放声号;或者错误显示或鸣放;或者损坏而未及时发现或没及时修复等等。

2)对船员通常做法所要求的任何戒备上的疏忽

船员通常做法是指船员传统的合乎常理的习惯做法,是船员在长期的航行实践中积累的行之有效的做法。它的内容十分广泛,有些已被制订为规章制度。它是一个船员所应具备和航行知识和基本技能。这方面上的疏忽,例如:

(1)擅离值班岗位,或航行值班时思想不集中。

(2)叫错舵令或听错舵令,对舵令不复诵、不核对以致出错。

(3)在避让过程中交接班,或对当时环境和情况不了解的情况下匆忙接班。

(4)对风、浪、流的影响估计不足,对本船性能心中无数。

(5)雾航中盲目摸航等。

3)对当时特殊情况要求的任何戒备上的疏忽

内河通航条件差异很大,各类船舶千差万别,船舶相遇十分复杂,不可避免地会遇到规则条款没有规定到的特殊情况。例如:

(1)对突然遇雾和暴风雨缺乏戒备。

(2)在狭窄航段或通航密度大的水域行驶,为避让他船而与另一船造成紧迫局面而缺乏戒备。

(3)对另一船可能背离条款的行动缺乏思想准备。

(4)锚泊中不注意他船动态,发生走锚,也危急到他船。

(5)没有注意浅水效应或船吸现象的产生等。

2. 引航中的避让原则

(1)保持正规的瞭望,提高警惕,加强联系,及早统一会让意图。

(2)按"航行原则"规定航路行驶。各行其道,分道行驶,不可侵占他船航路,避免形成对遇或接近对遇而发生碰撞。

(3)正确控制安全航速,安全航速必须适合当时情况和环境。如:能见度不良时不宜高速行驶;在港口、锚地等通航密度大的水域行驶,应当控制航速灵活避让;当对来船动态不明产生怀疑或者声号不统一时,应当立即减速、停车、必要时倒车。

(4)采取任何防止碰撞的行动,应当明确、有效、及早地进行,并应用良好的驾驶技术,直至驶过让清为止。在避让上留有足够的时间和距离，始终把驶过让清作为避让的宗旨。

(5)明确让路船和被让路船的避让关系和责任，正确处理好各类船舶在各种相遇情况下的避让。例如：机动船对驶相遇、追越、横越和交叉相遇；机动船与人力船、渔船相遇；快速船相遇等，这些常见的相遇与避让，驾驶员必须善于熟练处理。

(6)按规定显示号灯、号型和鸣放声号。

3. 避让方法

落实在船舶避让操纵方法上，一般有转向让、减速让和转向减速并用让3种方法。具体采用哪种避让方法，以当时的情况和环境来决定。

(1)转向让

该方法以改变船舶航向、增大会让横距为手段进行避让。一般在两船形成对遇或接近对遇时，一船正挡另一船航路时，或者两船横距过小时采用。转向让要控制转向时机和角度，转向角度越大，所占航宽越大，且漂移也增大，加之航宽的限制，所以对此要特别小心谨慎。在紧急转向避让时，转向要迅速果断，同时兼顾船首和船尾。

(2)减速让

减速让就是根据当时情况和环境减速、停车、必要时倒车，以此留有充分的时间和距离完成避让。即使发生碰撞，也能最大程度减小损失。当对来船动态不明或声号不统一时，或两船由于距离逼近时，应立即减速让。其减速制动冲程与航速、排水量、操纵性、风、流等因素有关。

(3)减速转向并用让

该方法汲取了上述两种方法的优点，统计资料表明，船舶采用减速转向并用避让效果最佳。但在具体操作中应考虑到减速后，将导致船舶操纵能力迅速降低，甚至丧失操纵能力。故减速时应保证维持一定舵效。

船舶避碰的内容远不止这些，结合引航的需要，上述仅介绍了船舶避让的基本知识，因为引航过程也是船舶避让过程。引航和避让是一个有机整体的两个侧面，相互影响，相互制约，如不善于避让，则不能正常引航。因此，驾驶人员在引航中应始终考虑到船舶避让的问题，它也是引航基本要领的重要方面。

复习思考题

1.什么是航路？船舶如何选择顺、逆流航路？

2.什么是过河？船舶在哪些情况下应考虑过河？

3.简述船舶常用过河方法。

4.什么是船位？船舶航行“落位”的含义是什么？

5.什么是转向点？船舶如何运用调整转向时机的方法落位？试举例说明。

6.什么是吊向点？其作用是什么？

7.在引航过程中，落实到船舶避让方法上一般有哪三种方法？

第八章　平原河流引航技术

[**内容提要**]　平原河流与山区河流相比，航行条件较好。但其河床冲淤变化剧烈，航道不稳定，多分汊，多浅滩，蜿蜒型河段多，受风和潮汐影响大，也是其不利因素。本章从分析平原河流不同类型河段的航行条件出发，研讨其引航操作的基本方法和注意事项。

平原河流(plain river)相对于山区河流而言，航行条件较好。航道尺度较大，水位变幅小，比降缓，流速小，流态平稳，但由于两岸地势低平，河床多为沙土质组成，河床冲淤变化剧烈，多边滩、暗滩及江心洲，航道不稳定，多分汊，多浅滩，蜿蜒型河段多，受风和潮汐影响大。为了便于研讨平原河流的引航技术，根据河床平面形态和航行条件，将平原河流大致分为顺直、弯曲、浅滩和河口不同类型河段。

平原河流除个别河段水流急，流态紊乱外，大多数河段水流平缓，水流对船舶作用力小。其引航技术的关键是：如何根据不同类型河段的航行条件，结合本船的操纵性能和有关法规，正确地选择安全、经济的航路，从而最大限度地提高航运经济效率。

第一节　顺直河段的引航技术

一、顺直河段的航行条件

顺直河段(straight reach)一般是指在较长距离内其走向顺直或微弯的航道。从船舶驾驶的角度来说，顺直河段在内河水道中，它的航行条件是最好的。

1．顺直河段的有利因素

(1)河道顺直，避免了驾驶操作的复杂性；

(2)航道宽度大，水深大，能够充分发挥船舶的效率；

(3)水流平顺，主流一般在河槽中间，水深、流速分布较对称，有利于船舶稳向航行。

2．顺直河段的碍航因素

(1)河槽中偶尔也有礁石碍航。它们有的潜伏水下，有的耸露水面，只是它们仅在受丘陵地带影响的河段里出现。在岸边也可出现山角、岩脚等石质冲积物。

(2)河槽中常存在着江心洲。它将河槽分隔为几条汊道，航道尺度变小，在其上、下端出现横流，甚至会使行经此处的船舶受不正常水流的影响而发生偏移。

(3)在顺直河段，风的影响比较显著。当大风的风向与水流流向一致时，就会在整个河面上翻起大浪。这对抗浪能力较弱的船舶或船队来说，是一个很大的威胁。

总之，顺直河段内可供引航利用的因素很多，而妨碍航行的主要是风浪问题，引航操作时，应围绕这两个方面来考虑。

二、顺直河段的引航技术

内河船舶在航行中的引航方法，是在判明自已船位的基础上，根据客观条件正确选择航向与航路位置，然后根据当时当地的具体情况和本船性能，将船舶驶入并保持行驶在预定航线上。

1．确定航路的基本方法

1)上行船航路

(1)在顺直河段，航路选择在缓流范围大，岸线整齐，无障碍物，有适航水深(seaworthiness water depth)一侧航行。

(2)在微弯河段，以主流为依据，沿主流上侧，凸岸一侧缓流上行。在平原河流中，若因凸岸一侧有宽平边摊，水浅流急，横流水势强，而凹岸一侧在陡岸外有缓流带，且有船舶适航的范围，也可沿陡岸(steep coast)，俗称“老岸”一侧上行，如图 8-1 所示。

2)下行船航路

(1)在顺直河段，航路应选择在河心流速、水深最大的主流带，如图 8-2(1、2 船位)所示。

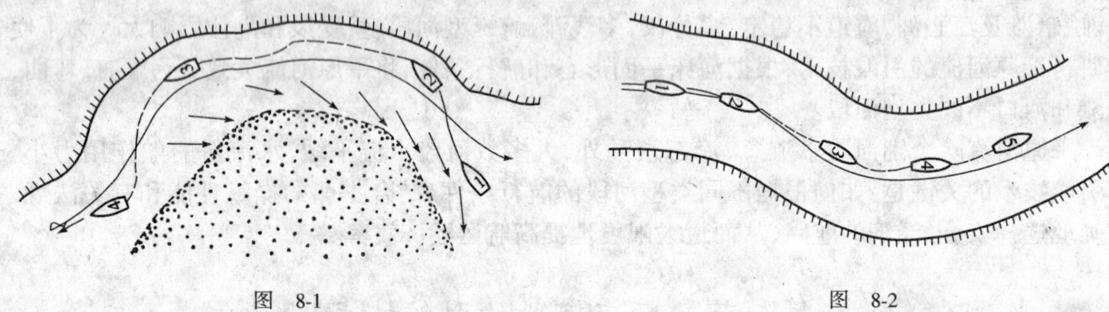

图 8-1　　　　图 8-2

(2)在微弯河段中，将船位稍置于主流上侧，顺主流线，随弯转向行驶，力求船向与流向间夹角最小。如图 8-2(船位 3、5)所示。

2．引航基本方法

1)恰当用舵，少用舵，用小舵角

船上舵设备是用来操纵船舶转向的，当舵转到一侧后，可使船舶向一侧旋转，但同时产生附加阻力(additional resistance)，加大了船舶在航行中的阻力，降低了航速。因此船舶在循直线航行时，即使作短时间的转舵或只转一个很小的舵角，船舶的航速都会因此而有所损失，而旋转与侧移的结果，又必然使航迹形成弯曲。顺直的河槽，弯曲的航线，既延长航时，又降低平均航速，可能形成不得不多操舵进行纠正的恶性循环。同时，增加操舵次数无异增加了操作复杂性，这对航行安全是不利的。因此，在航行中，应少用舵，用小舵角，防止用急舵或大舵角。

2)摆正船位，取好航向

船舶在顺直河段下水航行中，最理想的是把船位(ship position)放在主流范围内并使船舶航向(course)与主流流向平行，得到的航速就将是船的对水航速和主流流速之和。这时可以认为船在充分利用了航道水流条件下，达到最大的对岸航速，故符合营运对船舶的要求。如果航向选择不当，使船舶航向与主流流向有一个夹角，这时的航速显然要比上一种情况时的小。不仅如此，在船舶航向与主流流向间有了一个夹角后，还会使船舶的实际航迹也与主流流向成一夹角。这种情况如持续相当时间，船舶将则不可避免地离开主流范围，而驶入流速较小的缓流区。这对下水船来说是不利的。因此必然随之要操舵转向，以保持在主流内航行，而操舵又将进一步引起航速的损失。

在正确选择航向的问题上，也包括适当拉长定向航距的要求。但在实践中，要求既拉长定向航距，又使航向与流向一致，有时会遇到困难。因为在天然河流中，即使是顺直河段，主流流向与河槽形势有时也不一定完全一致，以致不能做到同时兼顾。这时就应遵循以下原则去处理：在拉长定向航距后，船舶航向仍能基本平行于流向或只有在很少一段时间未能处于平行状态。当河槽的具体形势未具备拉长定向航距的条件时，不宜勉强拉长，以免损失航速。

对于上水航行的船来说，就不宜象下水航行的船那样强调拉长定向航距。因为上水船一般以抱滩走夹(sailing along shoal and sailing on branch channel)找缓流的方式航行，若过份强调拉长定向航距，将会丢掉许多缓流区，对提高航速不利。但在尽可能的条件下，相对地拉长定向航距是必要的，不必每逢缓流区都去利用，而应适当拉直走。当然船小就更要充分地利用缓流，走得更靠近航道边界一些。对小船来说，适当拉长定向行距的可能性也是存在的。

3)岸距要适当

船舶航路的离岸距离，一定要取得恰当，这是船舶"落位(on position)"的主要要求之一。顺直河段的下水船要紧紧抓住主流，循主流航行；上水船则应尽量避开主流，在缓流中航行。不论上下水船舶，对主流位置的判别都很重要。判明主流位置后，下水船可据之以确定离岸距离。或正中分心，或四六分心或三七分心下驶；上行船就能正确的利用缓流，体现出"抓主流，丢主流"的要求。在充分利用缓流时，上水船也应根据本船的具体情况，恰当地选择岸距。沿岸航行时，引航操作上应充分考虑：岸边障碍物和航标配布情况，风、流压和岸吸、岸推的影响，单船转向时，船尾扫岸(stern sweeping to shore)等情况。

4)充分利用缓流航道

顺直河段的两岸旁多为缓流航道(weak stream channel)，是上水船的理想航路位置。但事物总是一分为二的，缓流区内流速虽小，然而水深也小。船舶在浅水航道中航行时，其阻力与在深水航道中航行时的阻力截然不同。这种由于外界条件的变化而引起的阻力差异主要表现为两个方面。其一是由于流场的变化，水深受限制，使得船底与河底之间的间隙变小，当水流流向船舶时，根据伯努利方程可知，船底与河底之间的流速必然增大。其二由于船底部的阻塞。使一部分水流被挤向船的两舷侧方向流动，从而使船两舷侧流速也增大。总之浅水区船舶周围的流速比深水区船舶周围的大。流速的增大必然使船舶的阻力增加。同时还产生两种现象：其一是由于船底的流速增加，压力降低，从而使船的吃水增加，出现船体下沉现象。因而船底和河底之间的距离，对于在浅水区行驶的船是一个很重要的数据，必须引起重视。其二是由于船体周围的边界层厚度是自船首向船尾增加，显然在船底底部和河底的间隙比船首处为小，因此产生尾倾(trim by the sterm)现象。另外还有兴波的变化。由船舶阻力理论我们知道，浅水波和深水波不同，在相同的船速或波速情况下，浅水波的波高比深水波的波高要大。因此航行于浅水中的船舶兴波阻力要比深水中的船舶兴波阻力大。

因此在充分利用缓流时，对于吃水较大的船舶，应注意浅水航行时船舶动吃水的增加及浅水阻力的影响，决不可因贪求缓流而造成得不偿失的结果。

5)少作过河航行

在顺直河段中选择上水航路时，应尽量少过河。因为过河航行时必须驶过主流区，而横驶会增加航程，增加行驶阻力，增加操作难度。然而由于河槽形势和水流情况等的限制。要完全不作过河航行是不现实的，因此其原则应该是：可过河可不过河时坚决不过河；如果过河后所取得的效果小于因过河航行所受到的损失时也坚决不过河；如果必须过河时，应选择既安全又经济的地点过河。

6)风天引航方法

大风虽常出现在海上，但5、6级以上的风在内河还是常常遇到的。它们对于内河船舶航行也有很大的影响。风使船发生偏转、摇摆或漂移;风使水面掀起大浪,影响船舶的驾驶操作,威胁航行安全;特别在顺直河段,常可迫使一些吃水浅,受风面积大的船舶抛锚避风。更有甚者,在风浪区,风的作用大于水流,船舶根本掉不过头来,甚至迫使极少数船队作"蛇脱壳"式的顺流逆风解队。

下水船在驶过顺直河段的大浪区时,影响最大的是顶浪航行(steaming beat to sea)。当航向与浪峰接近垂直时,船舶的航向稳定性尚较正常;当航向与浪峰间有偏角时,船舶的航向就不易保持稳定。同时顶浪航行时,船体前部受波浪的猛烈冲击,震动很大并发生猛烈纵摇,对强度较弱的船可能引起渗漏、变形等事故。

上水船在驶过顺直河段,遇到大浪时,影响显著的是顺浪航行(running with the sea)。风浪从后方过来,容易推动船尾,引起偏转摆动。当波浪速度大于或等于船速时,就将进一步严重地影响船舶航向的稳定性。

船舶在大风大浪掉头(turning in heavy sea),操舵旋转时因作曲线运动将受到离心力与侧向水阻力所构成的力偶的作用,使船体向外舷倾斜,转舵越急,舵角越大,航速越高,则倾斜越显著。此时若船正处于横浪中,船身还要向波谷一侧倾斜,且还要受到风的压力,于是这种倾斜就将大大加剧。当倾斜超过一定限度,船舶就有倾覆的危险,可能造成严重事故。

因此,船舶在大风大浪航行时,应采取以下引航操作方法:

(1)尽早了解风情选好避风锚地,根据本船的抗风能力及时抗风。

(2)选择上风岸和风、流相对速度较小区域航行。

(3)顶浪航行时,应适当调整航向和航速,保持船首与波浪成20°~30°交角偏浪航行,既能抑制横摇又可减少纵摇;可大大减轻风浪对船首的冲击。

(4)顺浪航行时,一般采取调整船速的措施,使船速略高于波速有比较平稳的效果。对一些尾部突出,舵面积较小的船舶,顺浪航行时不易保持航向,这时使航向与波浪成30°左右航行,可以减少尾部淹水和保持舵效。

(5)船在风浪中掉头,开始时慢速操中等舵角(15°左右),掉头过程中适时使用快车满舵。从顶浪转向顺浪时,转向应在较平静水面到来之前开始操舵,以求较平静水面来临时正好转到横浪;从顺浪转向顶浪时,比较危险,须先慢车减速,等待时机,以求后半段掉转在较平静水面来临时正好转到横浪。

复习思考题

1. 简述顺直河段航行条件。
2. 简述顺直河段引航基本方法。
3. 简述船舶沿缓流区航行的注意事项。
4. 试述船舶在大风大浪航行时的引航操作方法。

第二节　弯曲河段的引航技术

弯道是天然河流普遍存在的河型。是水流与河床长期相互作用的结果。河流的弯曲程度,以弯曲系数(coefficient of curvature)表示。当弯曲系数等于或大于1.5时,称为弯道(curved channel)。弯曲系数愈大,河身愈弯曲。有的河段在洪水期呈顺直外形,到枯水期或中水期,依附在两岸的边滩、心滩和伸入河心的石梁等障碍物露出后,河槽变得左右弯曲而成为弯道。

一、弯曲河段的航行条件

1. 弯曲河段的水流特性

为了便于研究不同弯曲半径的弯道水流特性,根据弯道平面形态、弯曲半径、水流特性将弯曲河段(curved reach)分为平弯河段、急弯河段和特殊弯道。

1)平弯河段的水流特性

平弯河段系指弯曲半径较大,主流流入角偏靠凹岸的弯曲河段。如图 8-3 所示。这种弯曲河段一般凸岸较平坦,多为边滩(山区河流为碛坝),岸形圆顺。其水流特性为:主流进入弯道后,由于水流运动惯性,主流沿凹岸深槽随河弯下流,弯道越弯曲,主流越靠近凹岸。这类弯道的凹岸水势扫弯,但扫弯水力量弱,凸岸一侧水势平缓,流态平稳,流线圆顺。

2)急弯河段的水流特性

急弯河段系指弯曲半径较小,主流流入角偏靠凸岸的弯曲河段。如图 8-4 所示。其水流特性为:

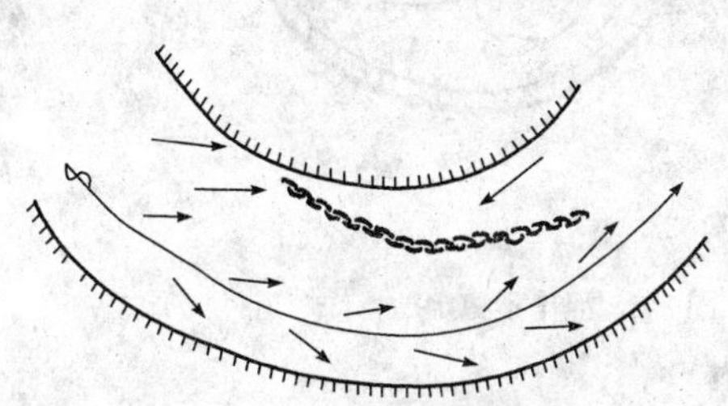

图 8-3 平弯河段流态分布示意

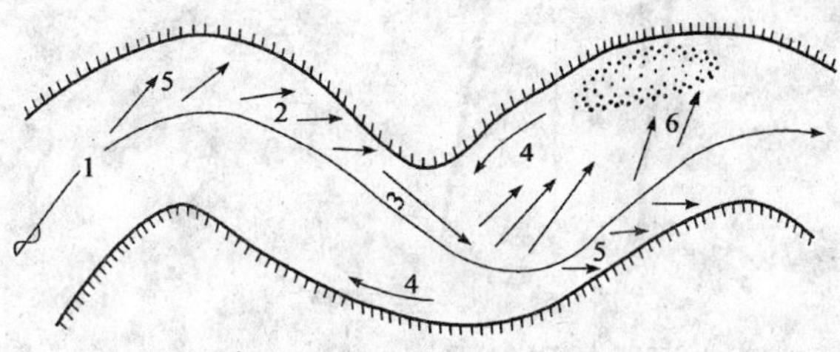

图 8-4 急弯河段流态分布示意

1-主流,2-背脑水,3-斜流,4-回流,5-扫弯水,6-内拖水

(1)主流特性:在凸岸上半段主流偏靠凸岸,过凸嘴后逐渐趋向凹岸,并沿凹岸下半段扫弯而下。其原因为:凸岸形程比凹岸短,比降较大,因此在凸岸上段主流偏靠凸岸;深槽处水深受阻力小,由于河槽最深处沿程偏向凹岸,所以主流也逐渐偏向凹岸;水流惯性作用,导致主流在一段距离内沿凹岸下半段扫弯而下。

(2)左右岸流态特性:在凸岸的上半段,主流进弯道后逼近凸岸侧,尤当两弯道紧密毗邻没有明显过渡段的弯道,水流的流带窄,流速大,横流强,并向突嘴上方冲压形成"背脑水"。水流受突嘴所阻而收敛成斜流束,汇合主流向凹岸下半段冲压,形成强力的"扫弯水"。斜流束的强弱与水流流力、凸岸嘴迎流角的大小、凸岸嘴迎流面的陡缓有关。凸岸的下半段,水流受岸嘴所阻变形分离,分离面内形成"回流区(return flow area)"(或缓流区)。其范围大小及水势好坏,与岸嘴伸入河心程度、嘴下河床的边界条件、斜流夹角及流力强弱、负比降大小等有关。凸岸的下半段,通常地形凹陷开阔,水域宽广,水流扩散迅速,且因弯道环流的作用,形成大面积横向水流即"内拖水"。

3)特殊弯道水流特性

在平原河流中,河槽宽度大,航道较为稳定,曲率半径特别小的弯道,因水流的运动惯性作用,主流出现"撇弯切滩"而迫近凸岸,缓流区出现在偏靠凹岸的附近,这种弯道称为特殊弯道。凸嘴一侧由于河床质不同,水流"切滩"可能出现两种情况。

(1)河岸较为稳定的特殊弯道

这类弯道,不具有因水流漫坪后出现串沟或切滩的条件。但因主流靠近凸岸嘴,并冲刷河床,使凸岸侧沿岸水深较大,主流线虽挨近凸岸,但流经的距离不长,在其上、下方均为缓流区,凹岸一侧虽有大面积的缓流,但出现泥沙淤积现象,如图 8-5 所示。

(2)河岸不稳定的特殊弯道

凸岸嘴外有大面积低平沙滩,河岸不稳定的弯道,当水流漫滩后,主流出现“撇弯切摊”,甚至迫近凸岸沙嘴,凸嘴沙滩上方出现强横流向滩脑冲压,过凸嘴后主流流向凹岸,并沿凹岸下半段扫弯而下。凹岸下半段有扫弯水,凹岸上半段有缓流。如图 8-6 所示。

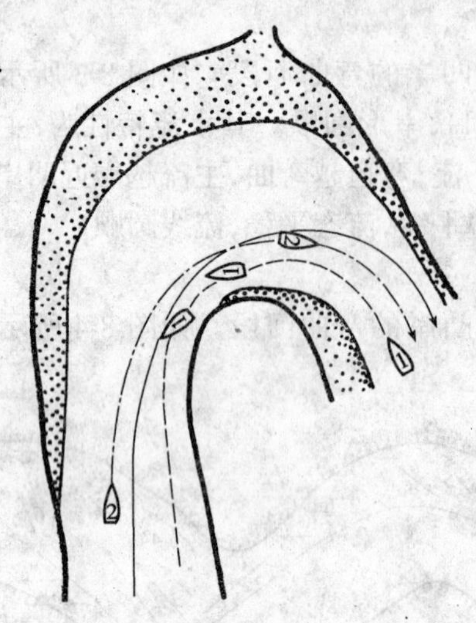

图 8-5　河岸稳定的特殊弯道

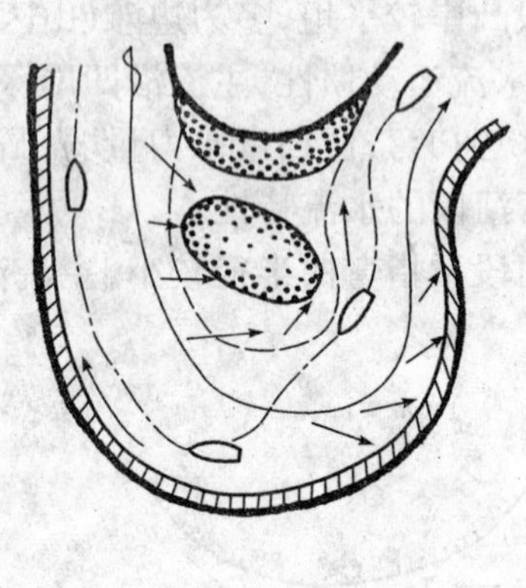

图 8-6　河岸不稳定的特殊弯道

2.弯曲河段的碍航因素

(1)航道尺度受到限制。弯曲河段航道弯曲,有的甚至狭窄,限制了船舶过弯道的尺度,增加船舶操作难度。

(2)水深分布不均匀。一般凹岸一侧水深较大,凸岸一侧水深较小。凸岸常淤积边滩,并附有沙嘴、沙角等淤积物,有的潜伏水下伸入河中甚远,上行船舶沿岸航行不慎易吸浅。

(3)流态紊乱。根据前面所述弯道水流特性可知,弯曲河段主流流线弯曲,两岸水势有高低之分,常伴有背脑水、扫弯水、斜流和回流不正常水流,对船舶航行安全不利。

二、弯曲河段引航技术

1. 弯曲河段引航的基本要点

(1)挂高(ship position keeping at upper of transverse flow)

船舶在弯道中航行,不使船舶落弯是通过“挂高”来实现的。挂高是弯曲河段引航的关键。挂高的含义主要是:

以主流为依据,使沿程船位置于主流线的上侧,即高流势一侧航行。其目的:一是为了船舶行经前方航道提高船身,乘迎横流腾出舷角,以求有足够的能力抵御各种水流横推力对船体的影响;二是为了克服船舶在弯道航行作曲线运动时所产生的惯性离心力,水流的压力以及转舵时船体所产生的反移量等影响不致于船舶背脑和落湾。

船舶在弯道中航行,在不同的弯道,应采用不同的漂角(β)(drift angle)去克服不同强度的横流影响。船舶运动轨迹上各点的漂角(β'),应等于平流中的漂角(β)加上横流场中各点所取的流压差角(θ),如图 8-7 所示。航线的曲率越大,航速转向的角度也越大,故在弯道横流场中转向，转向角与流压差角叠加，使航迹线上的漂角大于顺流场中的漂角，漂角越大，航迹带宽度也越大。由漂角产生的航迹带宽度必有一定限值，这就限制了船舶过弯道的尺度和通过能力，增大了大型船队的操作难度，通常船舶过急弯时，总是加车迎流，以减小流压差角，从而缩小漂角，避免航迹带过分增宽。船舶过弯道时的离心力，下行船舶大于上行船舶，所以“挂高”对于下行船舶(队)更为重要。

(2)开门叫舵(rudder turning when two objects separate after overlapping)

开门叫舵就是指船舶在刚驶抵能看清前面转弯航道的具体情况即“开门”的地点时，就叫舵转向。它既可应用于上水航行，也可作下水航行参考。

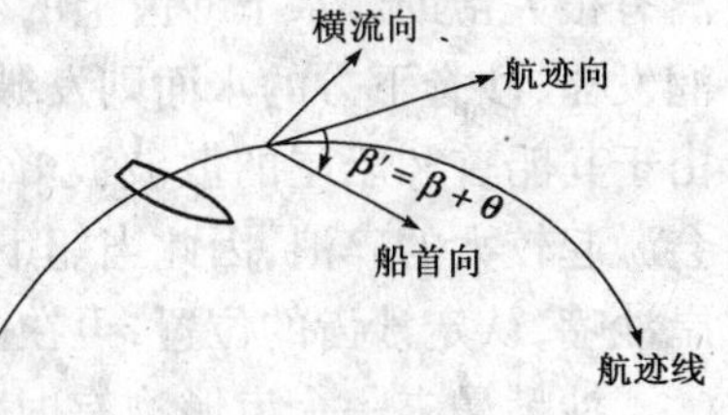

图 8-7　船舶在弯道中的运动轨迹及船向示意图

具体操作如图 8-8 所示。当船舶上行至弯曲河段下端时，其航向基本与浮标 1#、2# 之连线平行。这时驾驶人员只能看到航向 a 前方的航道情况，虽知即将向右转向，但是无法观察到应转多大角度，也难分清弯曲度的缓急，所以称此时的船位正处在“未开门”状态，但当继续行驶抵达浮标 2# 时，驾引人员将清楚地看到航道右转的缓急和其它全部有关情况，并获得浮标 2#、3# 的连线，此时为“开门”状态。于是就可结合本船回转性能，适当用舵，使船绕 2# 浮标回转至浮标 2#、3# 之连线的平行线上航行。按此法就能以一定距离逐个地驶过浮标，并在它们所标示的航道界限内安全航行。

对于下水船来说，由于船舶航速高，不可能逐次地应用上述航法，但是驶过弯曲顶点时，则可利用驾驶台与凸嘴顶点浮标所连成的方位线在航行中不断变化的情况，作为选择操舵时机的具体参考因素。使回转角速度能掌握得更恰当、更正确，也就是说当船舶下行至图 8-8 中 E 的位置时，驾引人员能很清晰地看到驾驶台对凸岸嘴的切线 Ee 以左的这段航道的全部情况既开门后，就可选择最合理的回转角速度，从预定的航路下驶。

2. 平弯河段的引航技术

(1)上行船舶引航操作方法

平弯河段，在平原河流中，凸岸多为平坦的边滩，水流平缓，设有侧面浮标，为缓流航道。上行船舶一般选择沿凸岸一侧航行。白天多采用“分段平行航法”，即船舶首尾线与两浮标连线平行航行，航道开门就叫舵，转向后又让船舶首尾线与下两座浮标连线平行航行的方法。如图 8-8 所示。夜航时，就根据前方两航标灯的视角(visual angle)由大到小的变化，判断是否驶抵转向位置，当视角为零时即可转向。

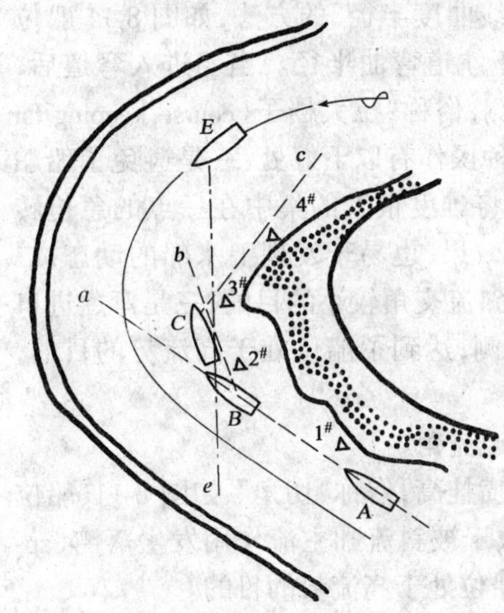

图 8-8　开门叫舵示意图

上行船舶沿凸岸边滩航行时，必须注意：凸岸的沙嘴(sand spit)常附有沙齿，这些伸入水下的沙齿对船首排开的水会产生回波，能使船“跑舵(run-out of rudder)”，偏离原航向。吃水较深的船舶还可能发生擦浅事故。因此当船舶上水驶经弯曲河段凸岸时。必须仔细观察有无沙齿，如有的话，就应提高警惕，保持足够的离岸距离和随时注意船头动态。对沙齿的位置和形状可按下面方法辨认。

首先,根据水沫线的形状判定沙齿之概位,如图 8-9 所示,一般情况下,当水面有反光时,则在沙咀上反光消失,并呈暗色,所以在星夜也能利用水沫线的形状来判别沙齿之概略位置。然后进一步仔细观察沙齿上隆起最高的沙脊线走向,我们就能判定沙齿在水下延伸的方向,其次,根据沙齿淹水部分的倾斜程度,概略估计其入水深度,这对选择航路的离岸距离有很大帮助。水下沙齿上的水面情况也有其特色。在沙脊上方水面光润发亮,沙脊下方的水面则发皱,水色较暗。第三,当下行船通过这里时,由于其船首和船尾的散波波峰常与沙齿脊线呈平行之势,在沙齿附近将会激起较大的碎浪,因此当船下行驶过时,就可事先留意观察有沙齿的凸岸沙嘴,认定沙齿的位置,再在上行航行中应用。

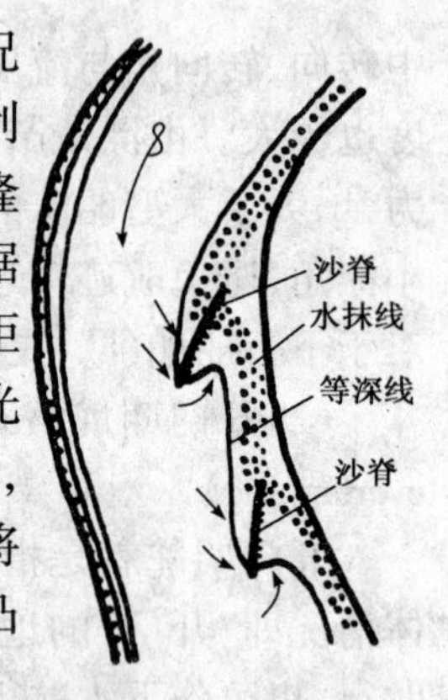

图 8-9　沙齿示意图

沙嘴最末一个齿形物有时能向下延伸很长的距离,这个沙嘴尾部称“沙角”,如图 8-10 所示。由于沙角上有横流,下方深潭里又有回流,因此当上行船循缓流驶至沙角附近时,受回流影响,会以较大的速度,进入里面搁浅,而且搁得很高,不易脱浅,这种事故称为“钻套(going into waters withont outlet forward)”。

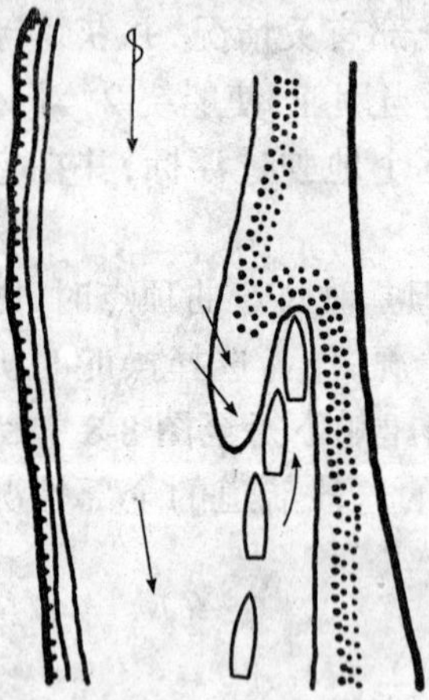

图 8-10　钻套示意图

(2)下行船舶引航操作方法

这类型弯道,凹岸一侧常设有沿岸标。下行船舶以凹岸沿岸标为吊向点,以凸嘴顶点侧面浮标为转向点,开门转向,转向的角速度根据航道弯曲程度和水流情况确定。航路选择,一般抓主流跟主流,沿程船位略处于主流上侧,随弯不落弯。

3. 急弯河段的引航技术

1)下行船舶的操作步骤及引航操作要领

(1)扩大航迹线的曲度半径

船舶在弯道中航行,为了克服航道弯曲半径的限制和缩小水流横推力的影响,一般采取“扩大航迹线曲度半径”的方法,如图 8-11 船位 1 所示。以使航迹线曲度半径大于航道弯曲半径。当船进入弯道后,将船位置于凸岸上半段主流的外侧,俗称“拉大档子(course keeping far away from shore)”简称“拉档”。这种操作有以下好处:一是避免了船舶在凸嘴顶点处的有限水域中进行大角度急迫转向的困难,将难度很大的集中在一点的急迫转向分散到凸嘴上方沿程逐步转向,取得了将“弯道走直”的效果,也易于发现上水船的动态;二是为下步迎接凸嘴斜流腾出了角度,以满足船舶首尾线与斜流交角较小的目的;三是弯道进口处水流是向凸岸上半段及凸嘴冲压的,将船位置于主流外侧,达到了船位处于高流势的目的,不致于发生背脑险情。

(2)船向与凸岸嘴取恰当的夹角并与斜流取相适应的迎流角

船舶扩大航迹线曲度半径后,行至凸嘴上方逐渐向凸嘴挂高,俗称“切角” 如图 8-11(船位 2)所示。其目的:一是保证船舶航向与斜流交角较小,不致于被斜流和主流作用发生落湾(approaching to bank indentation and bow sagging) ;二是达到了船位处于高流势的目的。

转向的早迟,应视船舶穿越主流时,船向与主流交角的大小以及凸嘴处航道的弯曲度,船向与凸嘴的夹角是否恰当而定,如二者交角大,航道弯曲度大,则转向应早些,转向角度要大些,船位要挂得高些。

在乘迎斜流时,视斜流的强弱及与船向交角大小,取好相应的迎流角。如船向与斜流的交角大,斜流流力强,则迎流角应取大;反之迎流角则取小。

(3)缩小航迹带宽度

船舶进入弯道后经过以上两个阶段,漂角增大,航迹带随之增宽,使船体在航道中几乎成横向航行,对安全极为不利。解决这个问题的方法是,当船过凸嘴后,以内舷挂嘴下夹堰(或回流、慢水)利用这一瞬间由反流势所增加的阻力,操外舵以提高船尾、调顺船向,称"直舵(keeping steady by using backing rudder)提尾",达到"缩小航迹带宽度"之目的。随后,将船位置于主流上侧,保持船向与流向及岸形顺向,驶出弯道的下半段,称"挂月"。如图 8-11 船位 3、4 所示。

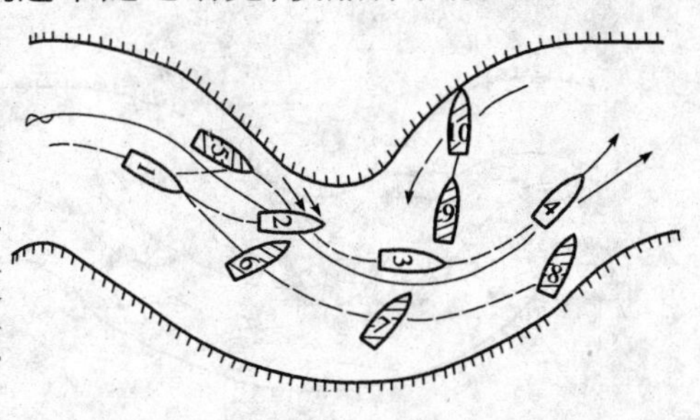

图 8-11 急弯河段下行航法示意图

上述各个步骤的操作要领可归为"拉档、切角、直舵、挂月"八个字。

2)下行船舶通过急弯河段的注意事项:

(1)"拉档、切角、直舵、挂月"几个步骤都是为了达到挂高船位这一目的,它们既各有其特点又相互关连,若上一步处理不当,将影响下一步操作。如第一步偏离主流过多,受扫弯水流的影响,而在凹岸困边,如图 8-11(船位 6 ~ 8)所示;随之,则不能在第二步骤取好与岸嘴恰当的夹角而导致偏航;在第三步骤即至船位 6 时,只能用大舵角转向,使船成横向,造成吊钩打枪的恶果,如图 8-11(船位 9、10)所示。若紧跟主流过多,受到向凸岸冲压的横向水流(背脑水)的影响,缩小了航迹线由度半径,如图 8-11(船位 5)所示,在上半段将背困岸嘴,称"背脑(drifting off regular course to convex bank)";船临岸嘴将转向时,为了避免因触岸嘴反而操外航绕避,而使航迹圈增大,到第三步骤时其结果也将是落湾或吊钩打枪;又如第二步骤转向早迟不当,会造成挂高不当或输向败弯,至第三步骤时就不能摆好船位,造成先背脑后落湾的结果;若在第三步骤,内舷挂回流多了,舵力不足而直舵无力;挂少了,则不能利用水力调顺船身,而使船舶随流漂移,也将造成落湾事故。

总之,船舶在弯道中航行,必须克服船舶受航道尺度过小的限制及各种不正常水流的影响,减少和制止船舶的横向漂移量,确保船舶的航迹线与计划航线吻合。

(2)下行船舶通过急弯河段为了提高回转能力,常调整车速。

船舶在通过急弯河段时,应保持有一定的储备回转能力,因为在操作中很可能对转舵的时机掌握得不够恰当,也可能对该河段的流速估计不足,使得回转中不得不临时要求增加回转角速度,如此时无舵角可加,这就将不可避免地发生事故。这在河槽狭窄无法扩大航路曲度半径的情况下,本操作更为重要。具体方法为:先松车再适当加车。

在弯曲河段凸嘴以上慢车,降低航速,待船即将达凸嘴前,加大车速,提高舵效。螺旋桨排出流(discharge current)的作用,舵力的加大要比航速的加大来得快,来得早,这就为提高舵效与缩小旋回圈直径(final diameter)提供了极为有利的条件。先松车再适当加车的操作方法,有利于通过弯道的最弯部分。

3)上行船舶航路确定原则和引航操作要领

航路确定的基本原则是:以主流为依据,即找主流、丢主流,使沿程船位置于主流内侧,高流势一侧航行,合理利用缓流,既有足够水深,又能避开乱流与急流,以提高航速。

上行船引航操作要领:在船舶进入弯道凸岸的下半段,使船位沿程处于凸岸主流内侧的缓流航行。根据航道水流条件确定岸距。(即使该侧航道、水文条件较差,也只能傍靠主流,防止穿越主流，进入凹岸扫弯水势中航行)，不断修正航向，以缩小船向与流向的夹角。至凸嘴以适当方式迎流出角。船顺向后，摆过凸岸上半段主流外侧上行，如图 8-12a)所示。若因该侧的航道、水流条件较差，则越过滩头急流后仍摆回凸岸上半段上行，如图 8-12b)所示。

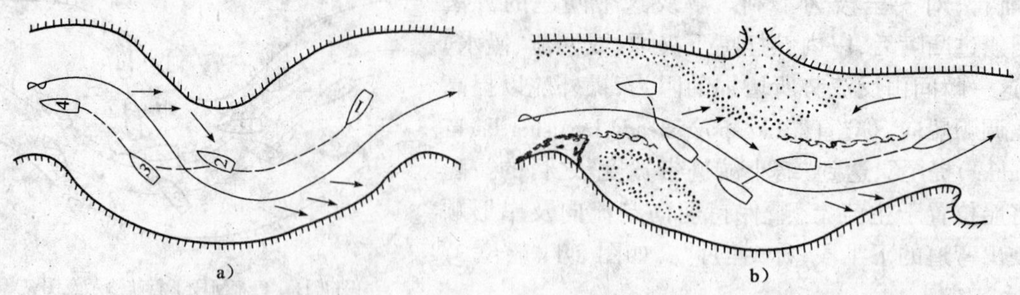

图 8-12 急弯河段上行航法示意图

4．特殊弯曲河段的引航技术

前面已述特殊弯道的水流特性，下面根据其水流特性介绍其引航方法。

1)河岸较为稳定的特殊弯曲河段引航方法

(1)上行船引航方法：此类弯道主流流入角偏靠凸岸，按一般航路的选择原则，船至凸嘴下方应穿越主流，利用凹靠缓流带上行，但这种航法却增大了航程并因两次过何(crossing river)降低了航速，且凹岸因泥沙淤积，航道界限不清，故上行航路选择沿凸岸一侧更为有利。如图 8-5(船位 1)所示。

(2)下行船引航方法：船进入弯道后，将船位置于主流外侧航行，扩大航迹线的曲度半径后，逐步向凸嘴挂高，操内舵转向，过凸嘴穿越主流，置船位于主流上(内)侧，顺主流驶出弯道下半段。如图 8-5(船位 2)所示。

2)河岸不稳定的特殊弯曲河段引航方法

(1)上行船引航方法：可仿一般弯道原则，即船由凸岸下半段主流内侧缓流上行，至凸嘴下方穿越主流，置滩嘴急流及脑部背脑水势于内舷，穿越主流摆过凹岸侧扫弯水势上方的缓流上行，如图 8-6 船位线所示。若此时紧沿凸嘴上行，则会因嘴外急流及浅水效应双重阻力，大大降低航速，又受滩脑强横流的影响，易导致船身内移而发生搁浅(stranding; grounding)事故。如因凹岸航道、水流条件不良，则应以外舷挂流水，渐走渐转，待不受滩脑强横流影响时，收回船身沿凸岸一侧上行。

(2)下行船引航方法：因"撇弯切滩"主流偏靠凸岸，故下行船引航方法与河岸较为稳定的特殊弯曲河段下行方法相同。

5．弯曲河段船舶避让注意事项

弯曲河段为困难航道之一，船舶在避让(avoidance collision)操作时必须特别注意。驾驶人员必须熟悉和掌握弯曲航道的特点与上、下行航路的各自位置。下行船除竭力保持在主流区内侧航行外，还应特别警惕和密切注意上行船的动态(dynamic of ship)与船位(ship position)，多发信号联系。根据《内河避碰规则》中"逆流船应让顺流船"的规定，上行船应尽量向内侧靠拢，把外侧的下行航道(主流区)让出来，再衡量当时本船离凸嘴滩翅外方的距离，能否在下行船到来之前赶过去，如有把握赶过去，那就设法尽快赶过去，因为一驶过滩翅之后，就能按《内河避碰规》要求，把舷灯正确地显示给来船，这对安全避让更有保障。如按当时情况已无法赶过去，那就应在滩翅下方稳船等候，并将自已的措施用信号通知对方，以防止因不能正确显示舷灯而引起混乱,直到下行船驶过以后,再继续上驶。

对只能单向通航的狭窄弯道,不可盲目抢航,应加强联系。上水船如发现了下水来船,应及早在弯道下口等候,要考虑下水船的困难,慢车让道。下水船如发现上水船已进入弯道,应及早慢车稳船,必要时掉头等候,尽量避免在弯道内会船。

复习思考题

1. 试述急弯河段水流特性。
2. 弯曲河段碍航因素有那些?其中最突出的是什么?
3. 什么是挂高、开门叫舵、钻套?
4. 如何判断沙齿的位置?
5. 简述急弯河段下行引航操作要点以及引航操作注意事项。
6. 简述急弯河段上行航路确定原则及引航操作要领。
7. 驶经弯曲河段时,如遇对驶船,应如何避让?
8. 简述特殊弯道的水流特性及引航方法。

第三节 浅滩河段的引航技术

浅滩河段(shoal reach)系指平原河流的局部河段,如宽阔、分汊等水道,往往整个河面上水深都不大,这些河段上的航道自然水深如果不足或接近于航运要求时。

一、浅滩河段的航行条件

1. 浅滩河段的碍航因素

(1)"浅"——浅滩河段水深较小。沙脊横亘河槽,隔断了上、下深槽,沙脊上水深不足过船,有碍船舶航行。

(2)"坏"——浅滩河段流态坏,一般均有横流存在,上下沙嘴刚露出水面时,会产生局部性横流。如果上下沙嘴已淹没水中,而沙脊与河槽中心线的交角又较小,则横流将影响到整个鞍槽,对航行更为不利。

(3)"弯"——浅滩河段的航道常常是弯曲的。只是弯曲程度不同而已,当弯曲度较大而弯曲方向又多变时,就增加了操作上的困难。

(4)"变"——有的浅滩经常是在变化的。如散乱型浅滩的高程、深泓线(thalweg)的位置等经常发生变化,所以这种浅滩航道的特点是多变而不易掌握;浅滩在变迁过程中,活动的泥沙往往在航道中形成沙包(sand heap),这些都会影响安全航行。

不论哪个浅滩,其碍航特点都与上述四个字有关,故对于船舶驶过浅滩河段的基本操作方法,也就应紧紧围绕它们来考虑。

2. 判断浅滩位置的方法

(1)查阅资料:查阅航道图、航路指南、航道公报、航行参考资料等,了解和分析浅滩的组成情况及历年来的变化规律,初步掌握浅滩类型结构及碍航程度。

(2)根据河槽形势与航标配布,实地观察,以掌握泥沙堆积体的分布,河槽的变化与发展,上、下沙嘴的对峙位置。一般航标多设置于上、下沙嘴最窄、最浅、最突出的连线上。既标示出水下的碍航物,也标示了航道的界限。

(3)根据不同的水文、流速、流向等特异的表面流态,判断浅滩的河床形态与水深。如沙脊象一道溢流坝,它使浅滩在其上段壅水,水面比降及流速减小,在沙脊处,比降及流速逐渐增大,水面光滑如镜,到沙脊的后坡,比降增大,水流下切成横轴副流(回波),水面发皱,水色较暗。如有风时,浅区水面呈现的波纹较深水小,成麻花浪或鱼鳞状浪。

(4)采用测深的方法以校核浅滩中碍航物的位置与高程,掌握浅滩水深的实际分布情况,使船舶能及时调整航向与船位及采取应急措施,同时也可为下次航行提供依据。

3. 船舶进入浅水区的征兆

长期以来,驾引人员在生产实践中对于船舶是否进入浅区,可从一些征兆观察出来,从而及时采取措施,谨慎操作,防止发生意外。

(1)船首分水声(啸声)显著减小。

(2)船速降低,有走不动的现象。

(3)船体下沉并拌有抖动及顶驳跳动。

(4)出现拖浪。

(5)航效明显降低,有向深水一侧跑舵的现象。

(6)主机负荷增大,转速降低。

(7)吸浅或擦沙包。

二、浅滩河段的引航技术

1. 浅滩河段引航基本要点

1)过沙脊的引航操作要点

沙脊是船舶过浅滩时的主要得航因素。因其处水深最小,而流速最大,加之后坡的回波对船舶产生的横推力,使船体偏转,故驶过沙脊时,应掌握以下引航和操作方法。

(1)交角要大——船在驶上沙脊时,要尽量使船舶首尾线与沙脊的夹角大些,最好使之处于垂直状态。其目的:一是减小了因后坡回波而引起的偏航。二是可以保证船舶以最小的航迹带通过鞍槽。

因此上行船在将驶进后坡之前,要及时调整船位,如图 8-13 所示。当船驶至下沙嘴外缘,在船位 1 时,用外舵杨头,让开下沙嘴外内拖横流水势,拉大档子,逐步调整船向,至船位 2,将达上、下两过河标连线时,逐步转向,落位于鞍槽中线(即两过河标连线)航路上。当船至沙脊时,使船首尾线与沙脊棱线近乎处于垂直状态,如在船位 3 通过沙脊。若沙脊棱线与流向存在一定夹角,应引导船舶位于高流势一侧,以克服横流的影响,尤其是大型慢速船队,受流时间长,影响更为显著。

下水船舶通过沙脊时对所取交角的要求,没有象上水那么严格。因下水船航速较大,惯量也大,沙脊后坡的回波影响不如上水船显著。因此,下水船舶应着重考虑横流的影响,可采取斜交的状态驶过沙脊。

(2)力求航向平行于流向——在正常浅滩中,水流流经沙脊时,流向与沙脊棱线几乎垂直,在这种条件下,要求航向与流向相平行,并不存在多大的困难。但是当沙脊由于某种原因而产生局部扭曲,或沙脊棱线与河槽轴线存在着较小的夹角,从而出现横流时,这时力求航向平行于流向,这样既减小航行阻力,也减小横流产生的流压差,以避免航行船舶变向及避免在沙脊处受后坡"回坡"的作用,使船体偏转或横移,甚至倒头而发生搁浅事故。

一般来说,满足了(1)点就能满足(2)点,因为水流经过沙脊时的流向,大致总是与沙脊棱线垂直。当(1)和(2)点相矛盾时,先满足第(2)点。

(3)控制车速和测深——沙脊是整个浅滩水深最小的部位,船舶通过时必须采取减速和测深。因为从深水进入浅水区时,如果航速快,惯量大,浅水效应(shallow water effect)显著,动吃水增量也大,船舶易吸浅。船舶过浅脊后,则应加大车速,以提高舵效,利于乘迎横流和转向。这种"早减速,早加车"是船舶过浅区的用车原则。通过测深,可随时掌握浅滩水深变化情况,以利于船舶及时调整船位,行驶在水深最大的鞍槽上。

船舶过浅滩时,如何正确处理好航道、水流、航线三者之间的关系是极其重要的。对航道水流条件等的了解不够或判断失误,引起操作不当是造成事故的主要原因,如图 8-14 所示。

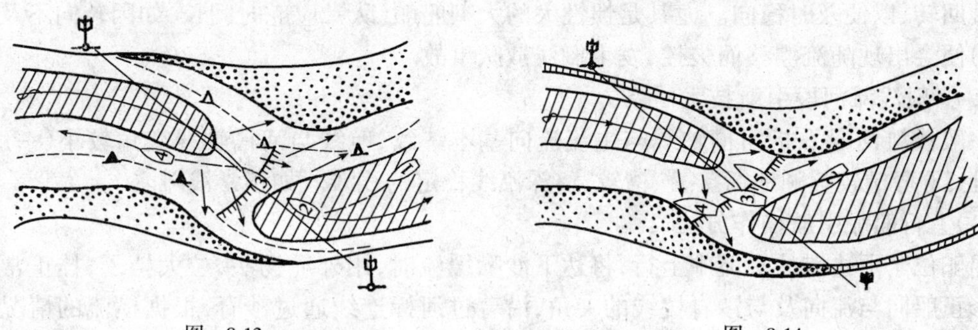

图 8-13　　　　图 8-14

为了贪图下沙嘴外的缓流,当船至船位 1 时,未及时将船身引上正常水流,拉大档子,至船位 2 时,船虽已部分驶入常流,但船尾部受下沙嘴横流所牵制,船向与流向间夹角过大,以致船到船位 3 时,船向与流向及与脊线的夹角太大,船首上舷(受流一侧)在沙脊上受高速水流的冲击,下舷(背流一侧)在后坡受"回波"的影响,在这两种外力的共同作用下,使船体急速偏转,如果船舶的主机功率较大,回转性能较好,可用大舵角及变换车速助舵的方法,强行使船转向,船位虽有一定偏移,但可待驶过沙脊之后,再调整船位,回到正常航线上来;若是船舶主机功率小或操纵性能很差,即使采取了上述的应急措施,也不能使船转向,船舶必然横向地顺着后坡滑至上沙嘴尾部,在沱口处搁浅,如船位 4 所示。另外当船舶至船位 2 时,航向不正,与水流或沙脊线的交角不当时,应及时采取扬头顶流及减速的措施,以延长船舶的受流时间,并增长调向时间和距离。若采取以上措施仍达不到要求时,只有尽量取好较合理的交角及保持船舶有足够的剩余水深,不一定强求船位落在鞍槽处,如船位 5 的位置。待驶过沙脊后,再驶回到正确的航线上来。

2)过横流时的引航操作要点

一般浅滩河段航槽都弯曲狭窄,船舶通过时,在横流的作用下,极易偏航而超出航道界限,发生搁浅事故。

(1)浅滩河段的横流特点

当浅滩的上、下沙嘴在水下延伸较远且与水下江心滩交错时,水流在其面上扩散分歧,各支水流的流向与河槽轴线均存在一定的夹角,此类浅滩的横流一般从三个方向流动:即在鞍槽的上端,一支水流向上沙嘴尾部推压,注入下深槽的倒套。交错和复式浅滩或有潜滩存在时,其横流夹角增大,流力增强,有时会出现局部强横流,如图 8-15 ①所示;在鞍槽中部,一支水流自上深槽纵向下流,向凹岸冲刷成强力扫弯水流,如图 8-15 ②所示;在鞍槽下端的一支水流向下沙嘴上方的尖潭推压而成横流,如图 8-15 ③所示。

(2)引航操作要点

船舶航行于有横流的浅滩河段的引航操作要点，主要是确定航路与航向。在横流中航行时，航路应置于横流的上方；为使航迹线与计划航线相一致，应预先使船首向横流上方偏转一个角度，以抵制横流的作用。

当整个鞍槽为强横流所控制时其操作要点为：首先是船位必须处于横流的上方，航向虽可有一个偏航角以抑制偏移，但绝对不宜过大，必须谨防陷入“逼向（sailing into waters without sufficient turning area）”的困境；其次在行驶过程中，横流的推压作用将自这一舷转到另一舷侧，驾驶人员稍不注意，就可能形成失去控制的危险局面，因此用舵使偏航角由这一舷转换到另一般的过程中，当偏航角接近零度（船首尾线与流向一致）时，就应及时回舵控制转势，决不任其自由继续回转，以便及时稳向。尤其是惯性大的大型船舶（队），应舵时间长，如因转向不及时，船舶（队）便会出现随流漂移而失控，发生搁浅散队事故。

2．一般浅滩河段引航技术

一般浅滩河段系指河槽轴线与主流流向基本一致，航线与河槽轴线交角较小（一般小于30°），上、下弯槽较圆顺地衔接，鞍槽较宽，深泓线稳定的浅滩。如正常浅滩。

(1)上行船舶引航操作方法

船舶位于下边滩的缓流中上行，将达下沙嘴缓流时，用外舵扬头，拉大档子，挂正常流水，逐步修正船向与流向及与沙脊棱线的夹角，沿着过河标连线通过沙脊，根据横流的情况，使船略挂流势较高一侧通过沙脊，穿越主流，顺过上沙嘴的外缘，沿上深槽主流的上侧，即上边滩外缘缓流。取适当的横距上行，如图 8-16 所示。

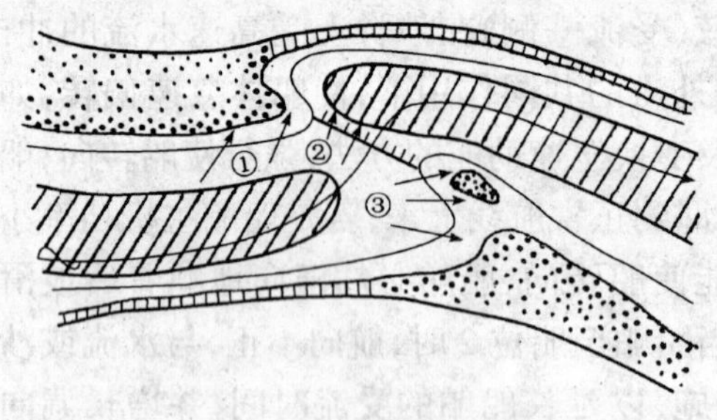

图 8-15 浅滩横流示意图

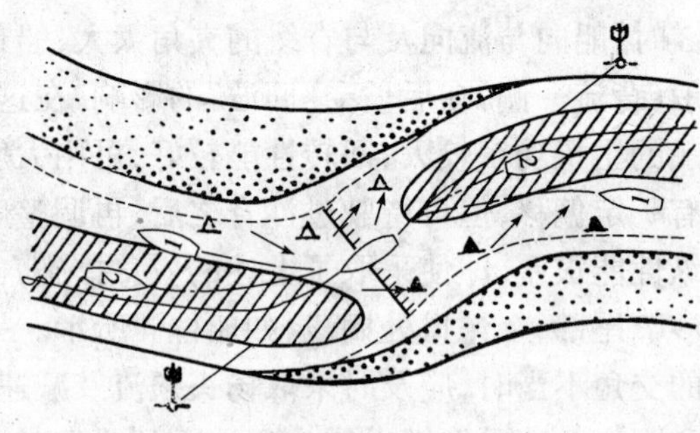

图 8-16
1-上行船航线；2-下行船航线

(2)下行船舶引航操作方法

船舶至上深槽，船位置于主流的上侧，即上边滩外高流势一侧下行，至沙脊上流适当拉大档子，略挂上沙嘴浮标外缘，视横流强度取适当夹角进槽，从鞍槽驶过沙脊，及时迎流转向，提高船身，置船位于主流上侧，顺流向下驶出槽，如图 8-16 所示。

3．大交角浅滩河段引航操作技术

大交角浅滩河段系指船舶过沙脊时，航线与河槽轴线的交角较大（一般大于 30°）的交错浅滩或复式浅滩河段，其特点是鞍槽弯曲狭窄，浅滩上有强横流，或整个鞍槽为横流所控制。

(1)上行船舶引航操作方法

当浅滩上为横流所控制时，船舶沿下边滩外缘上行，将至下沙嘴，适当拉大档子，缩小船向与流向的夹角，渐走渐迎流转向，过渡到上边滩尾部外缘，挂横流的上方，使船舶与水流顺向，沿上边滩外缘上行，如图 8-17 所示。

(2)下行船舶引航操作方法

沿上深槽主流上侧,将近上沙嘴时,及时拉大档子,迎上沙嘴外横流,挂高船位,然后逐步转向迎下沙嘴外横流,使船位落于下深槽主流上侧,顺流向出槽。当船舶从上深槽高流势一侧通过浅脊过渡到下深槽高流势一侧时,就是从一舷受流转移到另一舷受流,因时间和距离均短,横流较强,夹角也大,故所取的迎流角及转向角速度要恰当。过浅脊时既要防止转向过早,背困下沙嘴,又要防转向迟了,船随流漂移,扬不起头而垮困下深槽凹岸,特别是大型慢速船队更要谨慎操作,如图 8-17 所示。

4. 变迁中的浅滩河段引航操作技术

变迁中的浅滩河段系指具有相当大范围且正在变迁中的浅水河段而言,一般为浅滩成型的前一个阶段,如游荡性浅滩。这类河段的主要特点是:当汛末水位下落至中水期,水流未归槽前,河槽形势随水位下落而处于急剧变化之中,时有沙包出现,时而移位,时而被冲毁。致使深泓线位置,流向等变化无常,无规律性可循,河段普遍水深不足,难以正确地选定航路。船舶通过此类浅滩时,一般应采取下列措施:

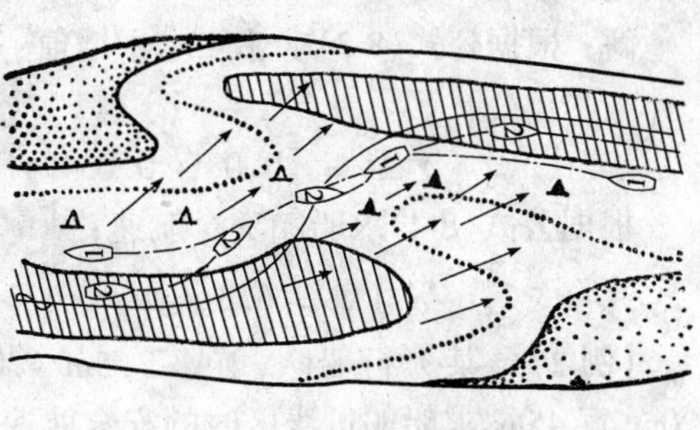

图 8-17
1-上行船航线;2-下行船航线

(1)减速(reduction of speed)

船舶于浅水区航行时,除上水船应保持一定进速或冲沙包时需要加速外,一般采取减速操作方法。其目的:一是防止过大的吃水增值;二是在浅水区慢速航行,还可降低航行阻力,避免主机功率无谓消耗。船舶在航行中的阻力,当航速小于临界速度时,大致与对水速度的二次方成正比。当船进入浅水区后,船底流速大增,阻力也大增,因此船舶进入浅水区后,常产生走不动的感觉。在这种情况下,继续开足马力,一般是徒劳的。为了保护机器和避免燃料的无谓消耗,故应降低车速。三是减速后有充裕的时间观察航道、水文等实际情况,可及时采取应变措施,调整船位,若一旦发生搁浅事故,可减少事故的严重程度。

船舶通过浅区航段的安全航速,国外学者对此进行了大量研究。现介绍(俄)B.Γ.巴莆连推荐的经验公式

$$\Delta t = \alpha V^2/2g \tag{8-1}$$

式中:Δt——吃水增值(船舶在静水中的剩余水深与船舶航行中的剩余水深之差);

V——航速(m/s);

g——重力加速度($g=9.81\text{m/s}^2$);

α——与 d/H 有关的数字系数,对于内河船舶采用下列公式:

$$\alpha = [0.08 + 0.034(d/H)] \tag{8-2}$$

将式(8-2)代入式(8-1)得:

$$\Delta t = [0.08 + 0.034(d/H)]V^2/2g \tag{8-3}$$

船舶通过浅区的安全航速,可采用 H.Φ.沙拉辽夫推荐的经验公式求取。

对于排水量小于 2000m^3 的单船:

$$V_{单} = 6.3\sqrt{\Delta t} \tag{8-4}$$

对于排水量大于 2000m^3 的单船和顶推船队:

$$V_{队} = 22.2\sqrt{\frac{\Delta t}{16.5 - L/B}} \tag{8-5}$$

式中：L——船舶或船队长度(m)；

B——船舶或船队宽度(m)。

下面举例说明航速、水深、吃水、吃水增值与船舶安全过浅滩航速的关系。

【例1】 某下行货船，排水量 $1800m^3$，船速 6.5m/s，吃水 4.5m，航经水深 5.5m 的船道，应以何速度航行为宜？

解：根据公式(8-3)求船舶吃水增值：

$$\Delta t = [0.08 + 0.034(4.5/5.5)] \times 6.5^2/2.981 = 0.23(\mathrm{m})$$

根据公式(8-4)求船舶安全航速：

$$V_{单} = 6.3\sqrt{\Delta t} = 6.3\sqrt{0.23} = 3.04\mathrm{m/s} = 10.94\mathrm{km/h}$$

【例2】 某上行船队，航速 3.5m/s，吃水 3.5m，航经水深 4.1m 的浅滩航道，船队长度 220m，宽 45m，求船舶过浅区时的安全航速。

解：根据公式(8-3)求船舶吃水增值：

$$\Delta t = [0.08 + 0.034(3.5/4.1)] \times 3.5^2/2.981 = 0.068(\mathrm{m})$$

根据公式(8-5)求船舶安全航速：

$$V_{队} = 22.2\sqrt{\frac{\Delta t}{16.5 - L/B}} = 22.2\sqrt{\frac{0.068}{16.5 - 220/45}} = 1.70\mathrm{m/s} = 6.12\mathrm{km/h}$$

由例1、例2可见，船舶(队)航速对吃水增值有明显影响。剩余水深越小，所允许的安全航速与船舶在深水航道的航速差值全愈大，为方便使用，建议各类船舶设定相关变量，将计算结果以图表形式绘出，便于在引航实践中查找。计算数据如表 8-1 所示。

表 8-1

船舶类别	深水航速(m/s)	3	5	7	9
单船 $d/H = 0.8$	吃水增值(m)	0.049	0.136	0.267	0.441
	安全航速(m/s)	1.39	2.32	3.26	4.03
船队 $d/H = 0.9$	吃水增值(m)	0.06	0.14	0.27	0.45
	安全航速(m/s)	1.46	2.42	3.36	4.34

(2)测深(sounding)

船舶(队)通过测深，使船舶能随时了解浅滩上水深变化情况，以便及时调整船位和选择航路。对于大型船队，若仅靠拖轮测深也不能满足要求时，船队两舷边驳均应派人测深。

(3)冲沙包(rushing through movable sand heap)

沙包是在浅滩河段急剧变化的过程中产生的。因它地质松软，一般承受不起船舶的冲击。

船舶在航行时，若判明前方航路上有沙包时，可采用冲沙包的方法通过。冲沙包时，应在船舶接近沙包之前，减速或停车，借船舶的余速，使船首轻微地接触沙包，若感到船体有蠕动，船前跳跃或人体有前倾等征象时，表示已接触沙包，此时应立即开车加大冲击力，将沙包冲毁，可使船舶拖底勉强通过。如果驶近沙包前未减速而以较大前进速度接触沙包，沙包虽然更易被冲毁，但当船体触及沙包的一瞬间，由于惯性太大，船体将发生剧烈震动，可能使船体受损，货物倒塌,人身撞伤等事故。如是大型船队,则可能造成断缆、散队、搁浅,以致阻塞航道而造成断航。如果冲沙包时的冲击力太小,即与沙包阻力相当,不但不能冲毁沙包,反而使船体搁置在沙包上。船舶在急变的河槽中,一旦搁浅,后果将不堪设想。

冲沙包,只能对体积不大的活动沙包方可采用。如果是体积较大,质地较坚实或是潜洲的堆积体等,如果加大车速冲击,其结果会造成船舶严重搁浅。另外,由于沙包多产生于沙质河床,经常改变,遇有多艘船舶(队)尾随行驶时,常有吃水相同的前船已顺利通过,而后船则发生吸浅或搁浅事故。这是因为急变中的浅滩,当前船通过时,河床受船体运动和螺旋桨排出流搅动等影响,引起航道剧变。同时,当前船通过时,引起水流紊动,波浪未息,分辨不出新形成沙包的位置,如选择航路不当,极易造成事故。因此,在此类浅滩中,尾随行驶的船舶宜与前船保持较远距离航行。

5. 船舶通过浅滩河段注意事项

(1) 船舶沿浅滩或边滩行驶时,如发现因浅水效应而自动偏转跑航现象时,如偏转一侧有足够水深和航宽,应让其自由偏转到一定程度后才稳向;若在窄、浅槽内发现跑舵现象时,应及时变换车速助舵纠正,以防跨越航道范围而搁浅。

(2) 船舶下水过浅滩河段时,除保持一定剩余吃水外,最好尾倾 3 ~ 5cm,这样不仅便于操作,而且剩余水深不足时,仅船尾擦浅,不会造成横拦航道。上水过浅滩河段时,最好首倾 3 ~ 5cm,这样当剩余水深不足时,仅首部擦浅,不易造成船舶搁浅。

(3)浅滩河段在出浅碍航期间,一般都属单向航道,不能在此会让船舶。不论上下水航行,当发现对驶船已进入槽口(difficult river canal)(泛指狭窄、弯曲、浅水、急流、礁区等航行条件较差的各类航段),就应慢车或停车在槽口等候。如浅滩河段碍航不很严重,航道尺度较大,尚能作双向航行时,对驶时下水船位宜选在横流的上方,上水船则从其下方驶过。在浅滩河段,一般不准追越。

复习思考题

1. 浅滩河段有何碍航特点?最主要的碍航因素是什么?
2. 如何判别浅滩在河床中位置?
3. 入浅有那些征兆?
4. 简述过浅脊引航操作要点。
5. 试述浅滩河段横流的特点。
6. 简述船舶通过大交角浅滩的引航操作方法。
7. 船舶通过浅滩时减速和测深的目的何在?
8. 如何冲沙包?
9. 如何计算船舶通过浅区的安全航速?

第四节　河口段引航技术

河口段(river mouth reach)系指河流与其汇入水域相连接的区域。它包括流入海洋的入海河口、流入干流的支流河口、流入湖泊的入湖河口、流入水库的入库河口。由于入湖和入库河口水流平缓,航行条件变化不大,下面只讨论支流和入海河口段的航行条件和引航方法。

一、支流河口段引航技术

支流与干流的汇合处,称支流河口(tributary inlet)。

1. 支流河口段的航行条件

(1)支流河口流态紊乱

由于干流和支流不同流向的水流相汇,致使支流河口流态紊乱。尤其当水位干流低于支流,支流又逢陡涨水时,支流的流量激增,其强流挤迫干流主流流路,使干流泄水断面急剧收缩,支流河口下方的回流区增大,在两股水流的交界面上,产生了夹堰、泡漩、回流等流态,如图8-18所示。这些不正常流态的强度、范围随干支流水位和流量的变化而变化,随支流与干流的交汇夹角大小而变化。支流河口的流态变坏,增大了船舶操作难度,并危及船舶安全。如嘉陵江河口,遇嘉陵江陡涨水时,水流直冲长江右岸的夫归石,逼长江的主流偏靠右岸扫弯而下,而左岸木关沱的扫边回流旺盛,紊动区内的夹堰水、泡水、旋涡不断产生,分裂扩散迅速,旋涡一个比一个大,最后发展为大漩坑,严重碍航。

(2)支流河口流速变化大

干支流交汇水域的流速随干支流水位的变化而变化。当干流水位上涨,支流没有涨水,则支流受干流顶托而水流平缓,干流水面比降增大,流速加大,可能形成急流(俗称吊口水);当支流水位上涨,干流没有涨水,则干流受支流顶托产生壅水,支流流速增大,可能形成吊口水。如洞庭湖水系,在发水时,长江荆河口以上的河段产生壅水,有时回水可达百余公里以外。当长江发水时,在洞庭湖口产生滞流或倒流现象。当洞庭湖水系春汛发水季节,而长江尚未涨水时,湖口的水流特别湍急,出现吊口水。

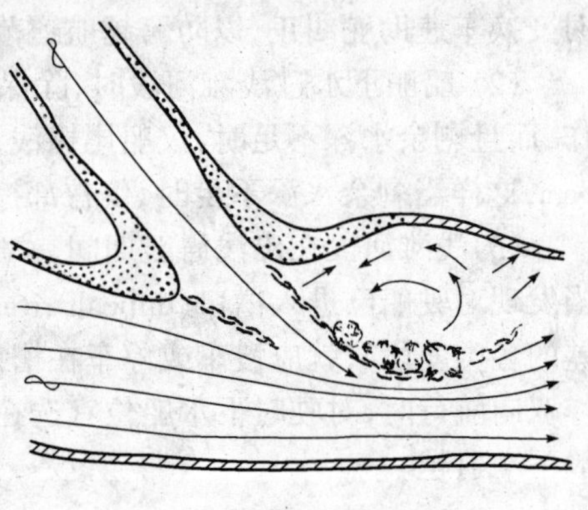

图 8-18 支流河口流态示意图

(3)支流河口易淤积泥沙

流量一般干流大于支流,当干流水位上涨时,支流河口段在一定范围内形成滞流现象,大量泥沙沉积于河口两岸,如图8-19所示。其淤积程度与水流的含沙量及输沙能力、洪峰(flood period)发生频率、洪峰稳定时间长短,特别是末次洪峰后的水位退落急缓等有关。如最后一次洪峰发生后,水位急退,来不及冲刷河口,则淤积较严重,尤其是水流含沙量大的支流,有时还需进行疏浚,才能保证通航。如京杭运河苏北段六圩口就是这种情况。

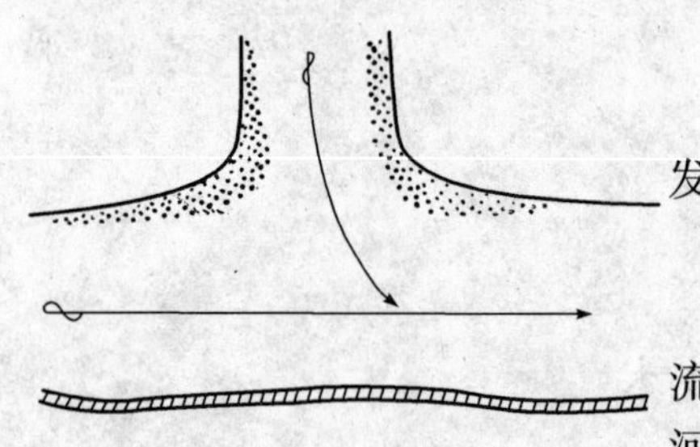

图 8-19 支流河口淤积示意图

(4)支流河口航行船舶密度大

支流河口航行通视较差,过往船舶多,会让船困难,极易发生碰撞事故。

2. 支流河口段的引航方法

根据上述对支流河口航行条件的分析可知,如果干、支流的交角不同,干、支流流量比率及水位变化不同,那么支流河口的流态及泥沙淤积程度等肯定不相同。一般平原河流的支流河口航道尺度大,交汇水域较宽广,水流条件比山区河流的支流河口优越。因此,船舶进出各个支流河口段的航路及航法也不相同。

1)从支流进入干流

(1)出支流进入干流上行

当两河的水流成小夹角交汇时,如图 8-20a)航线 1 所示。船舶循支流的主流下行,至船位 1 时鸣笛示警,稍拉大档子,至口门能见到上沙嘴以上整个水城时,船首达干流水流,迎流转向,以外舷挂常流,丢夹堰乱流于内舷,待整个船身驶上正常水流后,边走边内转向,进入干流上行。

当两河的水流成大夹角交汇时,如图 18-20b) 航线 1 所示。船至船位 1,以外舷靠主流下驶,拉大档子后,及时调顺船身,缩小船向与流向夹角迎流出角顺向后进入干流。

(2)出支流进入干流下行

当两河水流成小角度交汇时,主流流入角偏靠下岸嘴,船舶应避开下角内拖背脑水势及上嘴夹堰、回流区。船舶循支流下行至河口下角上方,置船位于主流外侧,避让支流口下角背脑水势及沱区紊动水流,循主流流线边走边内转向,进入干流随主流带下行,如图 8-20a)航线 2 所示。

当两河水流的交角较大时,主流线扫弯,下沱区大,夹堰内侧及沱内流态紊乱。船位应置于主流上侧高流势一侧下行,船首达河口下角挑流,操内舵迎流转向,将内舷挂上夹堰水,操外舵提尾顺向,以外舷挂主流,顺流向驶出交汇水域,如图 8-20b)航线 2 所示。

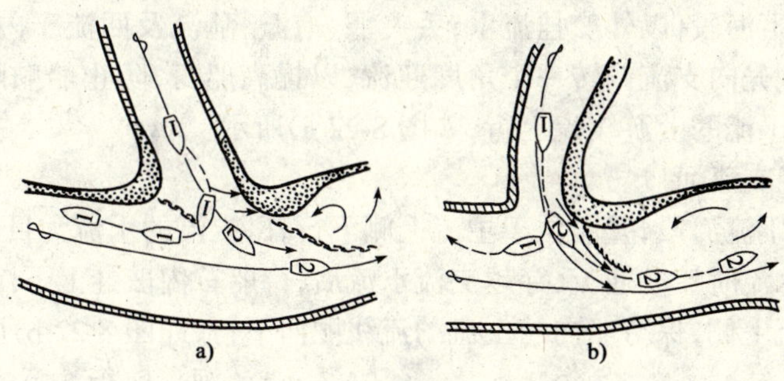

图 8-20

a)小交角交汇;b)大交角交汇

2)自干流进入支流

(1)自干流上行进入支流

当两河的水流成小夹角交汇时,船舶自干流以外舷挂流水上行,达支流来的水流时,操内舵迎流转向,避让河口下角内拖水势,顺向后穿越主流进入支流上方靠岸一侧的缓流上行,如图 8-21a)航线 1 所示。

当两河水流成大角度交汇时,船在干流时,以外舷靠主流内侧弱流,丢夹堰内侧泡水、漩涡及沱区强回流于内舷侧,船首达支流来的水流时,操内舵迎流转向,待下岸嘴背脑水不影响时,边走边转向进入支流缓流带上行,如图 8-21b)航线 1 所示。若下沱区水流较平稳,可利用沱区缓流,以外舷挂夹堰上行,出角迎流顺向后沿主流上侧缓流上行,如图 8-21b)航线 2 所示。

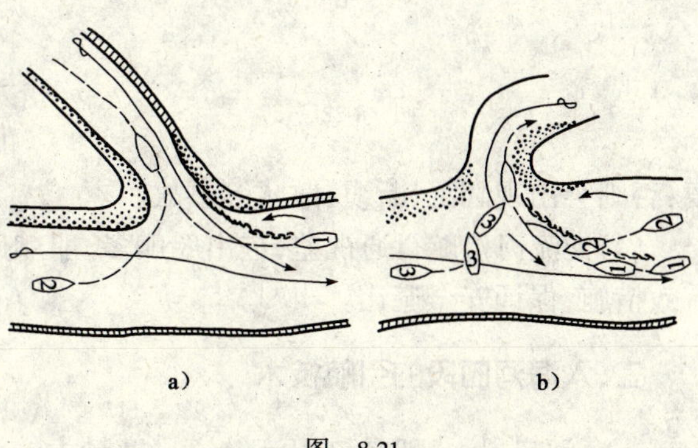

图 8-21

a)小交角交汇;b)大交角交汇

(2)自干流下行进入支流

当两河水流成小角度交汇时，自干流循主流下行至岸嘴上方，逐步向上方岸嘴挂高转向，以上嘴外夹堰为目标，船首挂上夹堰时回舵稳向，待船体进入支流正常水流后，调正船向，穿越主流，沿主流上侧缓流上行，如图 8-21a)航线 2 所示。

当两河水流成大角度交汇时，干、支流两种不同流向和不同流速在上嘴外交汇，夹堰流带的水流紊乱。如支流口的河面较为宽阔，水流条件尚好，可仿 a)航法 2 进入支流，顺向后，顺过下岸侧，循缓流上行；若支流口狭窄，支流的水流力量强，交汇水域的流态紊乱，自干流下行的船舶，将船置于主流外侧，拉大档子，至上岸嘴上方，向上嘴转舵稍顺成斜向，即“下尾”(turning with stern downstream after crossing river)(通常指上行船舶过河后，将船头外扬，船尾顺向下游，调直船身的操作过程)，降低船舶冲量，落位于夹堰水外侧，然后再操反舵转向，穿越夹堰流带，进入支流口正常水流后，回舵内转向，顺过下岸侧缓流上行，如图 8-21b)航线 3 所示。

3)航行于干流的上、下行船舶通过支流河口

当干流航道宽阔，交汇水域水流平稳，船舶可按正常航路航行，驶经支流河口时，适当绕开，以避让进出支流口的船舶。如果交汇口航道狭窄、水流条件差，尤其遇到支流涨水，且水流以较大的夹角进入干流时，应当作为局部强横流的条件进行操作。

(1)自干流上行经支流河口

船舶在支流口以下河段，以外舷挂流水，丢夹堰、泡漩、乱流及回流于内舷上行，船首将达来自支流的水流时，预先向支流偏转一个角度迎流，以提高船身，防止船舶随流漂移。迎流稳向后，驶过河口，进入干流的上游缓流上行，如图 8-22 a)所示。

(2)自干流下行经支流河口

船舶至河口上游干流河段，置船位于主流上侧下行，以支流的水流为目标，逐渐转向，取适当的迎流角，达支流水流时转舵迎流，穿越支流水流后，待船首内舷挂上下沱区夹堰时，操外舵提尾顺向，落位于主流上侧，保持船向与主流的流线顺向下行，如图 8-22 b)所示。

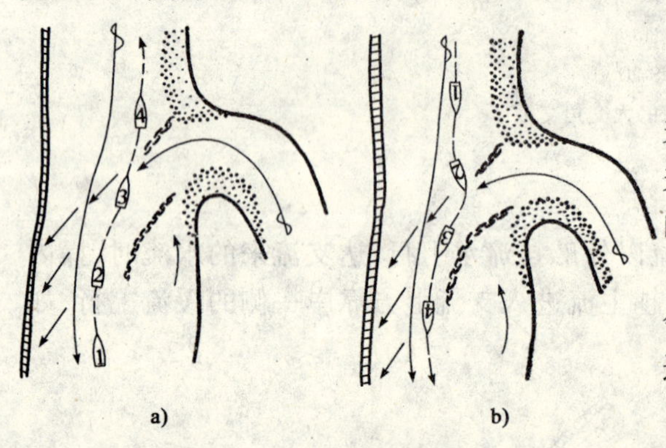

图 8-22

3. 支流河口航行注意事项

(1)航行于支流河口的船舶应遵守当地有关规章。由于支流河口航行条件特殊，当地有关部门会对进出干、支流船舶及经过支流河口的船舶作出特殊规定。

(2)支流河口常常流态紊乱，船舶通过时，会掀起大浪，威胁他船航行安全，应适量减速通过。

(3)进出干、支流航行时，船舶调向幅度很大，各类船舶均应根据本船操作特点采取合理的方法，特别是水流较强的支流河口尤为重要，否则会出现翻沉、断缆、散队等事故。

(4)支流河口航行通视差，进出船舶多，船舶航行时应加强瞭望，谨慎驾驶，及早采取明确有效措施，保证安全避让。

二、入海河口段的引航技术

入海河口段，一般是该河流航道尺度最大的河段，但由于受径流、潮流和风浪等因素的影响，航道多淤善变，致使个别河槽水深不足，同时航行条件比较复杂，给船舶航行带来一定困

难。

1．入海河口段的航行条件

1)入海河口分类

入海河口依其形态可分两类

(1)三角洲河口

当河流的含沙量较大，河口的异重流作用较强，潮流又无力将河流挟带的泥沙带走时，泥沙便在含盐量大的海水絮凝作用下落淤。海岸较平坦，水深不大的河口，很容易淤积成沙堆，随着沙堆的逐渐增高、扩大，老河道逐渐淤塞，水流势必冲出新路。这样，河口将被冲成许多放射状的汊道，而每一汊道口外，又会出现新的沙滩，从而不断地向外放射延伸，成为扇形的分汊河口，称为三角洲河口。在汊河口门处，常因拦门沙阻塞，妨碍船舶航行，为改善航行条件，一般都需整治，如长江、珠江、黄河等。图 8-23 所示为长江三角洲河口的情况。

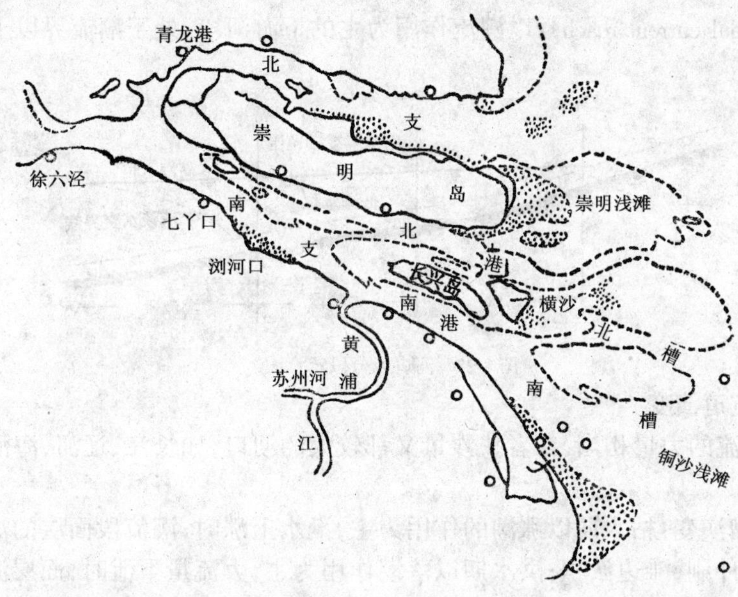

图 8-23　长江三角洲河口

(2)三角港河口

含沙量较小的河流，若河口外的海岸陡峻，水深较大，有强大的潮流能将泥沙带走，就形成了水深向海外逐渐增大，河面也逐渐放宽的单一河口，称三角港河口。这类河口口门比较宽浅，主流常摆动不定，且因潮流较强，对两岸的冲刷比较强烈，一般也需进行整治，以改善航行条件。如钱塘江，闽浙沿海一带的小河口，如图 8-24 所示为杭洲湾的情况。

无论是三角洲河口或三角港河口，都有碍航的浅滩。在三角洲河口，浅滩多在口门，形成拦门沙(bar)，而三角港河口的浅滩，则在口内形成突然高出河底的高坎，称为沙坎。由于沙坎的存在，会出现涌潮现象。

2)河口区的分段

根据径流和潮流在河口相互影响的特性，一般将河口区分为三段，如图 8-25 所示。

(1)河流段(river reach)：以径流作用为主的上游河段，处于潮区界与潮流界之间。

(2)过渡段(transition reach)：潮流与径流强弱相当，相互转换、消长，使潮流界摆动、变化不定的河段，是潮流界的变动范围。

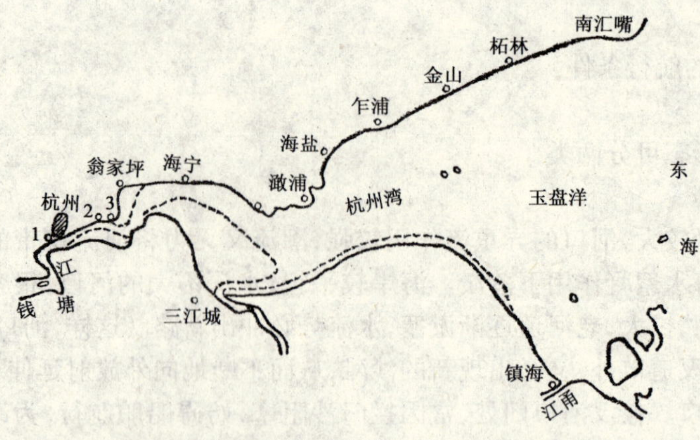

图 8-24　杭州湾三角港河口

(3)潮流段(tidal current reach):以潮流作用为主的下游河段,处于潮流界以下。

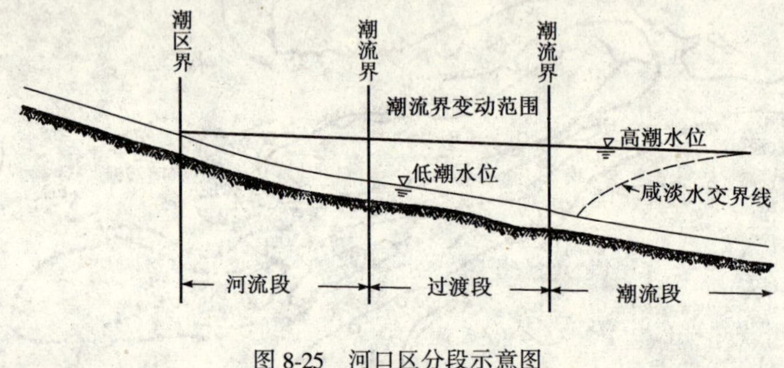

图 8-25　河口区分段示意图

3)河口区的航道演变

(1)潮流和径流的力量相当,二者扶沙量又都较大的河口,如长江、辽河、海河等,各段的冲淤情况大体是:

潮流段的河槽演变:枯水期以涨潮的作用为主,潮水上涨时,潮流段面层的流速小,底层的流速大,造成深槽冲刷,滩边淤积;洪水期以落潮作用为主,大流量下泄时,面层流速大,底层流速小,河床冲淤与枯水期相反,即滩边冲刷,深槽淤积,表现为洪淤枯冲。水文年周期的冲淤基本趋于平衡。因此潮流段的河槽是比较稳定的。

过渡段的河槽演变:过渡段一般为泥沙淤积的地段。淤积位置决定于潮流和径流的力量的对比,并随着洪水期冲刷,枯水期淤积,出现淤积幅度变化剧烈,淤积部位变动无常的现象,致使过渡段的河槽极不稳定。

河流段的河槽演变:河流段的冲淤主要取决于径流量及挟沙能力的大小。一般在枯水期,因受潮水顶托而淤积的泥沙或由潮水挟入而淤积的小部分泥沙,在汛期到来时被冲走,表现为枯淤洪冲,其冲淤变化幅度不大,故河槽一般也较稳定。

这类河口,其口门和过渡段的河底均较高。过渡段泥沙的淤积,一般来自径流和潮流,而口门处的拦门沙,则是由径流输沙和沿岸飘沙等共同落淤而形成,成为该类河口的碍航地带。

(2)潮流很强,泥沙主要来自潮流的河口,如钱塘江等河口。

在强潮流的作用下,海水与径流的强烈混合,又由于河槽容积大,进潮量也大,除特大洪水期外,涨潮流的流速都大于落潮流的流速,海域来沙大量上溯,至口门流速减缓,下沉而淤高河槽,形成突然隆起陡峭的沙坎,成为航行的主要障碍。口门外,涨落潮潮流的流速均较大,泥沙不致在此落淤。因此,口门不出现拦门沙。当涨潮潮流沿河上溯时,潮流流速的递减率较大,过水断面和河宽迅速缩减，致使河口平面轮廓呈喇叭形，成为三角港河口。

这类河口涨潮时，水深虽增大，但由于潮流强，涌潮汹涌，使河槽变迁不定，给船舶航行带来严重威胁，如钱塘江。

(3)潮流较弱，泥沙主要来自径流的河口。

这类河口，径流挟带的泥沙，因受潮流顶托和海水的絮凝作用，以及过水断面突然扩宽的影响，泥沙大量淤于口门，形成拦门沙。拦门沙逐渐扩大后，原航道受到阻塞，迫使水流另辟新路，出现分汊现象，成为三角洲河口。这类河口航道往往变迁不定，水深不足而碍航，如珠江口。

4)河口区的水流特征

入海河口的水流特征，主要表现在潮流界范围内，每一个水质点的流速，都在不断地变化着，而且周期性地变为零，并在其后又向相反的方向变化。因水流的转向，不是在整个断面上同时发生，而是逐渐由河底到水面，从岸边到中泓发生的，所以，在转流的时刻，在河流同一断面上，将同时存在方向相反的两种水流，从而产生转潮浪，当有风的影响时，此现象更为显著。

在单向水流中，流速从底部向表面逐渐增大，并在水面下某个深度达到最大值，如图 8-26 a)所示。而在潮汐水流中，流速在垂线上的分布，随时间的变化而异，形式是多样的，如图 8-26 中的 b)、c)、d)所示，分别为落急(maximum ebb)、转流(turn of tidal current)、涨急(maximum flood)时的流速垂线分布曲线。

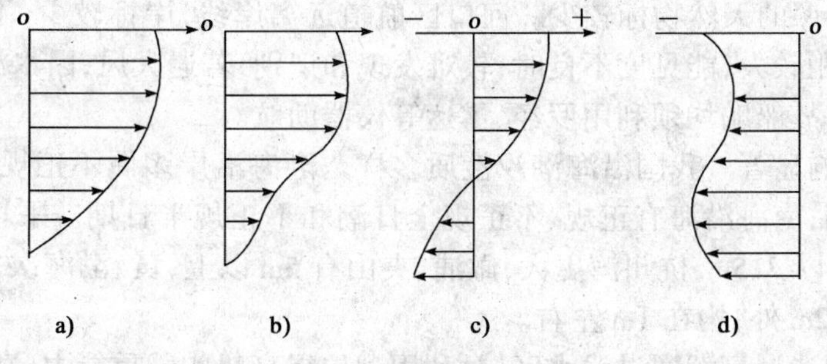

图 8-26

流速在时间上的变化，在多数河口上，涨潮流(flood stream)的最大流速是在达到平均水位稍后的时间出现，落潮流(ebb stream)最大流速是达到平均水位稍前的时间出现，在水流转向时间则稍迟了最高、最低水位出现时间。涨落潮的一个过程可分为四个时期。如图 8-27 所示。

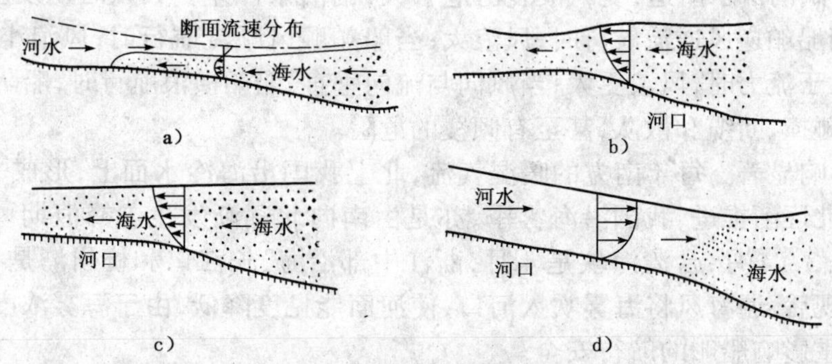

图 8-27　河口潮流涨落特征示意图

a)涨潮落潮流；b)涨潮涨潮流；c)落潮涨潮流；d)落潮落潮流

第一时期：当潮波侵入河口之初，水位开始上涨，落潮潮流的流速递减，但水流方向仍指向海洋，称为涨潮落潮流。此时，在同一过水横断面上，可能出现上下两层方向相反的水流。如图 8-27 a)所示。

第二时期：随着潮位不断上涨，涨潮流速渐渐大于河水流速，水面呈逆比降，断面上水流全都转向上游方向，称为涨潮涨潮流。如图 8-27 b)所示。

第三时期：当海洋已开始落潮，河口内的水位随之下降，涨潮潮流的流速逐渐减弱，但仍大于河水流速，水流方向指向上游，称为落潮涨潮流。此时水面比降仍向上游倾斜，但随后却逐渐趋于平缓。如图 8-27 c)所示。

第四时期：河口水位继续下降，涨潮潮流的流速递减，流向从指向上游转为指向下游，水面比降也转为向下游倾斜，称为落潮落潮流。如图 8-27 d)所示。

在整个涨潮过程中，由于加速度的作用，水流流速方向与水面比降方向不一致。如在落潮涨潮流的最后阶段，水面比降已转为向下游，而水流仍朝上游推进，在涨潮落潮流的最后阶段也有类似情况。

5)河口区碍航特点

(1)河面辽阔，航道宽广，个别河段水深不足。河口区一般是每条河流航道尺度最大的河段，河宽、水深，受径流、潮汐和风浪的共同影响，江心洲丛生，且变化多端，深泓线经常摆动，河槽冲淤不定，某些地段泥沙易淤积形成浅区。

(2)可凭借、参照的天然物标较少。河口区航道远离岸线，岸标较少，不易被利用，多以浮标助航，但航标间距较大，能见度不良时，较难发现和识别，若遇大风，因水深、流急、浪高，浮标极易移位和漂失。故船舶均须利用罗经、雷达等仪器助航。

(3)受潮汐影响显著。我国沿海潮汐性质多样。渤海沿岸多属不正规半日潮；黄、东海沿海多属正规半日期；南海沿海有正规、不正规全日潮和不正规半日期。平均潮差分布趋势，东海最大，长江口 2.4～3.5m，杭州湾更大，澉浦、夹山有 5m 以上，黄、渤海次之，塘沽 3.5m；南海最小，除湛江大于 2m 外，均在 1m 左右。

潮汐可供船舶选择高潮通过浅水区域，利用潮位提高船舶载重能力；潮流可供上行船舶利用涨潮流提高航行速度，缩短航行时间。但是，在潮水初涨时刻，潮波拥入狭窄、浅水的河床，使大量水体集中，流速加快，由于河底的地形抬升，波峰增高加速，峰速赶上谷速，波峰挤压波谷，形成潮浪，称转潮浪或暴涨潮。大潮时的暴涨潮会严重影响船舶的航行安全，如遇大风，并在大风的共同作用下，其危险更大。

(4)河面开阔的深水航道，受风浪袭击危害大，锚泊条件差。大风时期发生的风浪与风向及流向有关，当船舶逆风逆流航行时，风浪大；当船舶顺风顺流航行时，风浪小；当船舶逆风顺流航行，风力大于流力时，风浪更大；当风向与流向垂直，船舶横浪航行时，船队颠簸摇摆激烈，会使船队发生碰撞、断缆和散队，甚至有倾覆的危险。

(5)海雾影响显著。每年南方的暖湿气流，北上我国沿海冷水面上，形成平流雾。随着暖湿空气由南向北逐渐推进，我国沿海雾季，亦是由南向北逐渐发生。峰值期粤西沿海是 2～3 月，粤东沿海是 3～4 月，台湾海峡是 4 月，浙江中部沿海、长江口和杭州湾是 4～5 月，北黄海是 7 月。雾出现后，遇海风将海雾吹入河口，使河面能见度降低，由于海雾浓度大，发生的范围宽、雾时长，严重影响船舶的航行安全。

(6)大型船舶的通航密度大，操纵能力受到限制的船舶数量日益增加，限于吃水的船舶需等候高潮时刻才能航行，使航道浅区在高潮时限内通航船舶的密度增大。

2. 入海河口段引航方法

河口区水面广阔，主要依靠浮标指示航道界限，较少岸形可循，船舶必须按罗经或雷达定向航行，否则易迷失方向，偏离航道，造成事故。加之潮汐、风浪等影响显著及航道条件复杂，因此应特别注意。除参照上述有关典型河段的引航操作方法外，还必须掌握下列引航要点：

1)充分利用潮汐

(1)利用潮汐提高航速

只要掌握河口区沿途各地有代表性的潮汐要素，如高低潮时、潮高、流速变化以及该地涨潮流与落潮流的出现时间和持续时间等，就能从以下几个方面加以利用。

首先，要合理掌握开航时间，使船舶在开航后能长时间地顺着潮流航行，最大限度地缩短逆流航行时间。即开航前应当掌握始发港的高低潮时，向上游航行的船舶应在低潮或低潮前开航。若驶向下游则宜在该港的高潮或高潮之前开航。

其次，要合理掌握航速，即从甲港的高潮时向下游乙港开航后调整航速，使船舶在驶到乙港时恰为乙港的高潮时间，这样又可顺落潮流继续下驶，总之，若航速掌握得当，不论上下水航行都能利用潮流的有利因素，对节约能源，降低运输成本，具有重大作用。

第三，慢速船队应合理掌握转流时刻的流速分布规律，调整航路位置，如图 8-28 所示。

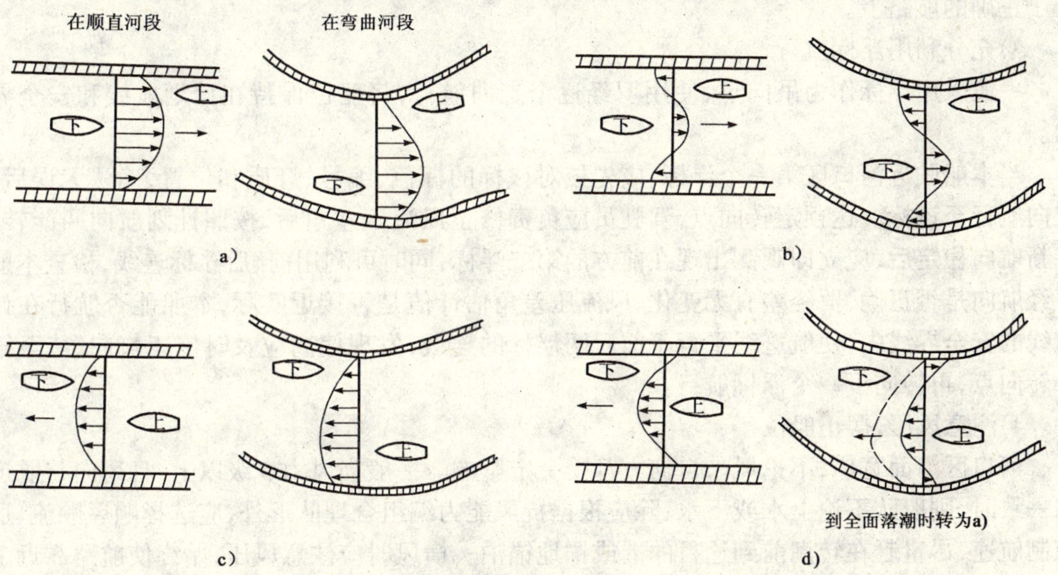

图 8-28
a)落潮流；b)低潮转流时；c)涨潮流；d)高潮转潮流

船舶在落潮落潮流航行时，因落潮流的最大流速，顺直河段在河心一线，弯曲河段在河心偏向凹岸处。所以，上行船的航线应选择岸边或凸岸一侧。而下行船的航线应选择在河心或河心偏向凹岸一侧，如图 8-28a)的所示。

船舶在低潮转流时航行，因落潮流的最大流速值已降低。而涨潮流先出现在顺直河段的两岸和弯曲河段的凸岸边。故上行航线应选择在岸边或凸岸一侧，下行航线应选择在河心或稍靠凹岸一侧，如图 8-28b)所示。

船舶在涨潮涨潮流时航行，因涨潮流的最大流速，顺直河段在河心一线，弯曲河段在河心偏向凹岸处。故上行航线应选择河心或偏向凹岸一侧，下行航线应选择岸边或凸岸一侧，如图 8-28c)所示。

船舶在高潮后转流时航行，因涨潮流的最大流速值降低，落潮流先在顺直河段的两岸与弯曲河段的凸岸边出现。故上行航线应选择河心或稍靠凹岸一侧,而下行航线应选择岸边或凸岸一侧,如图 8-28d)所示。

慢速船队选择上、下航线时,与河岸或障碍物的横距,应根据本船队的吃水、拖带的长度、队形、航速、航道的剩余水深、风向与风力、流向与流速等因素确定,切忌贪图提高航速,所取横距太小,而造成船队擦浅、搁浅、落弯或扫岸等事故。

慢速船队选择转流时刻航行,对转潮浪的影响应有充分估计,并采取相应的措施,以防发生碰撞、断缆、散队以及散队后造成搁浅等事故。

(2)利用潮高通过浅水道,发挥船舶最大载重能力,对不同尺度的船舶均有实际意义。合理利用的关键在于正确掌握潮时、潮高及当时当地的气象条件。

2)正确掌握流速流向

由于河槽平面形状的限制及涨落潮的影响,流向作有规律性的改变,特别是在弯曲河段或分汊口,一般流向与航路的交角较大,遇潮流急涨急落,对船舶推压影响很大,掌握不当,极易偏离航路,造成扫标、触浅甚至碰撞等事故。因此必须掌握关键河段的流向。特别是慢速船队应根据流向、流速的影响,选好转向点,并利用前后浮标观测船位,随时加以修正,使船位始终处于正确的航路上。

3)充分利用浮标航行

一般采用浮标作为吊向点,使用罗经逐个走向航行,将船位保持在计划航线和安全界限内。

当本船驶近河口区第一个浮标,应先核对该标的标色、编号、灯质和位置,确认无误后,才定向航行至该标。达预定转向点,驾驶员应负责修正风流压差角后,按照计划航向叫能转向,待新航向稳定后,应立即观测出现在前方的第二浮标,同时可利用前、后浮标连线,检查本船的罗经航向是否正确,罗经差有无变化、风流压差角估计值是否接近实际,本船能否航行在计划航线的安全界线内,使航迹线平行于前后两浮标的连线,发现偏离应及时修正航向,待至第二个转向点,再转向下一个浮标航行。

4)注意风压,摆正船位

河口区河面宽广,不论风来自何方都受一定影响。一般当风力 5 级以上,且风向与航道走向一致时,则船队不论上水或下水,除应根据抗风能力编组合理队形外,应选择顺风顺流,适当控制航速,尽量赶在转潮前到达目的港或锚地锚泊。横风时应注意风压,始终使航路靠近上风一侧,特别是空载船队更应该注意修正船位,防止困向下风,偏出航道。其他可参照大风浪中航行的操作。

5)航行注意事项

(1)应使助航仪器始终处于正常状态。特别是罗经、雷达应准确可靠,不致在视线不清时因误差而走出航道。

(2)熟悉航道,熟知航标特征及各标间的航向、航程。

(3)通过每一标志时都应认真核对,防止错认或漏认,应正确估计横距,记录经过时间及航向,并根据本船航速,预先估计出到达下一标志的时间。

(4)经常查看前后标志方位,及时判明本船是否偏离航道。

(5)航行时除以前后两标判断船位外,还应注意观察其它浮标或岸标的相对位置,应尽量利用岸上显著的标志核对浮标,以防在浮标发生异常情况或视线不清时,走出航道。

(6)驾引人员应注意在平时积累经验,摸出规律,方能在特殊情况下,做到心中有数。

复习思考题

1. 简述支流河口的碍航因素。
2. 简述船舶进出支流河口引航操作要点。
3. 简述船舶通过支流河口引航操作注意事项。
4. 入海河口如何分段？各段演变有何特点？
5. 试绘图说明河口潮汐涨落潮过程的四个时期。
6. 简述入海河口的碍航因素。
7. 如何利用潮汐提高航速？
8. 简述船舶通过入海河口航行注意事项。

第九章 山区河流引航技术

[**内容提要**] 山区河流河槽形态复杂,航道尺度小,水位陡涨陡退,比降、流速大,流态紊乱,航行条件差。因此,要引导船舶在山区河流安全航行,必须依据山区河流不同类型河段的航行条件,结合本船的航行性能和操纵性能,对复杂多变的环境作出正确的判断,才能得以实现。本章根据山区河流不同类型河段航行条件的特点,重点介绍了急流滩、险槽河段、碛坝型河段和峡谷河段的引航要点和注意事项。

山区河流河槽形态复杂,碍航礁浅星罗棋布,航道弯曲、狭窄,水位变幅大,水流湍急,流态紊乱,滩险密布,多雾瘴,航行条件差。其引航技术的基本要领是:上行船舶应正确选择航路,以主流为依据,使船位沿程处于主流水势较高一侧的缓流区航行,保持适当岸距,在保证船舶航行安全的前提下尽量提高航速;注意船舶首尾线与航道轴线或水流流向顺向(steering by keep fore aft lines parrel to course axis)航行,使船体两侧水动力基本平衡,保持航向稳定,避免船位偏移(sag);合理掌握船舶出角转嘴(sailing along shore indentation and rock corner)的时机和方法,合理掌握船舶过河的时机和方法。下行船舶航路的选择,应以主流为依据,在面流无横向分速水流时,循主流航行;面流存在横向分速水流时,应挂高取矮(ship position keeping at upper side of transverse flow and course keeping near concave bank),使航向与航迹向保持恰当的偏航角(drift angle, gan angle),在推力和水动力作用下落位于计划航线(intended track)(或称预定航线)上;合理选择转向点与吊向点,注意转向时机和方法;保持船舶顺向航行。

根据山区河流航行条件,通常将山区河流航道形势概分为急流滩河段、险槽河段、碛坝型河段和峡谷河段。

第一节 急流滩河段的引航技术

一、急流滩河段航行条件

1. 急流滩的成因

急流滩(rapids)是山区河流特殊类型的航道,由于两岸有突出地形,河心有障碍物或河床突然地升高等原因,形成卡口,使滩段过水断面(water-carrying, active cross-section)过小,水流无法自行将其调整扩大,因而形成急流(rapid stream)、比降陡,滩嘴下流态紊乱而严重碍航。急流滩河段过水断面之所以过分压缩,基本原因有以下几种:

(1)原生基岩压缩河床

原生基岩压缩河床,有的是石梁、石嘴由一岸或者两岸伸向江中,使河床大幅度压缩;有的河道较窄,两岸是基岩,河底又有石埂隆起,断面平均水深较上、下游显著减小;有的峡谷河段,整个河宽较窄,泄洪断面明显小于上、下游宽谷河段。

(2)山溪或者河流本身造成的堆积

山溪或者河流本身造成的堆积,有的山溪积水面积较大,坡降又陡,山洪暴发时产生的大量泥石流，堆积在溪沟口，压缩干流过水断面；有的是由于洪、枯水期水流动力轴线（dynamic axis of flow axis of channel, line of maximan current velocity）不一致，在枯水河槽一侧造成卵石淤积体，而另一侧又为不可冲刷的礁石，也会使过水断面过分缩小。

（3）地质因素造成的堆积

地质因素造成的堆积，即临江发生崩岩或滑坡，造成大量崩塌物质进入主河槽，在江中形成大体积堆积物，有的主要从一侧压缩过水断面，有的在河心形成拦门坎，而压缩过水断面。

2．描述急流滩碍航程度的术语

在一个水文年内，急流滩的形成、发展和消失与其河床形态和流量的变化密切相关，通常按水位及其涨落趋势来描述急流滩滩势的强弱，即分为“成滩水位”、“当季水位”和“消滩水位”，如图 9-1 所示。

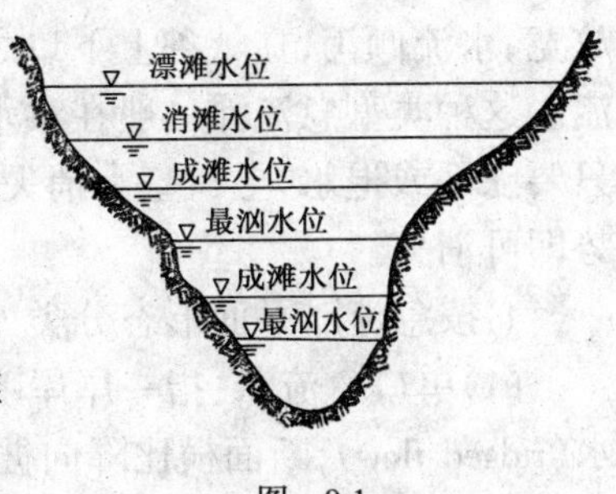

图 9-1

（1）成滩水位（rapids-forming water level）：急流滩特征水位。当达到此水位时，开始出现滩势，船舶航行感到困难，称为成滩水位。

（2）当季水位（seasonable water level）：某一滩槽适逢碍航的水位期，当急流滩的滩势达到最急、最凶时的水位或水位范围，称为当季水位。

（3）消滩水位（rapids weakening water level）：当水位上升或下降至某一高程，急流滩滩势逐渐减弱，此时的临界水位高程，称为该滩的消滩水位。

3．急流滩的分类

1）按河床组成分类

（1）石质急流滩（pedestal rock rapids）：河床及两岸均为基岩或河床上有较薄的沙、卵石层覆盖，河床较稳定，滩情变化不大，基本是河床控制水流。这种类型急流滩主要分布在山区河流的峡谷河段，如长江上游的火焰石、黑石滩等急流滩。

（2）沙卵石急流滩（sand and pebble shoal）：基岩潜伏较深，床面有较厚沙、卵石层覆盖，床面较松软，在不同水位期有冲淤变化，使河床局部变形或在山洪暴发时，滩体变形，形成冲积扇。这种类型急流滩主要分布在山区河流的宽谷河段的溪沟口处，如长江上游的二道溪、东洋子等急流滩。

2）按急流滩的成因分类

（1）基岩急流滩（pedestal rock rapids）：由于岸边石嘴、山脚、石角伸入江中，当水位淹没后，使其过水断面不适应其通过流量，形成急流滩。

（2）崩岩或滑坡急流滩（brook outlet rapids）：由于两岸或一岸山岩崩塌坠入江中，堵塞江流，使其过水断面骤减，不适应上游来水量，成为急流而碍航。

（3）溪口急流滩（rock-fall rapids）：由于两岸溪沟，在山洪暴发时冲出大量泥石，沉积于溪沟口，形成洪积扇伸入江中，堵塞江流而形成急流滩。

（4）石梁急流滩（ledge rock rapids）：由于河床上的纵向、横向石梁或者河底上凸，在中、枯水位期堵塞江流，而形成急流滩。

3）按成滩水位期分类

（1）枯水急流滩（low water rapids）：河底的浅脊岩坎，在枯水期阻滞水流的作用明显，水流从浅槽流入深槽时，如下堤坎，形成急流，特别是在有基岩嘴或溪沟冲积堆的卡口地区，束流成滩的现象更加严重。这类急流滩的特点是，在枯水期时成滩，水位越枯，滩势越凶险；水位上涨，深槽与浅脊之间的水面比降趋于平缓或束流卡口被淹没，河槽断面逐渐扩大，滩势即消失。

(2)中水急流滩(mean water rapids)：在中水期，随着流量的增大，水位的上升，水流受到阻束，产生急流而成滩，特别是该障碍物适淹时，阻水更严重，滩势最凶险，待水位增高，淹没障碍物，其上能过船，河槽放宽，水势畅通，滩势即消失。这种类型急流滩，通常在中水位时成滩，在当季水位期滩势最凶险，高于该水位即漂滩，低于该水位时，滩势消失。

(3)洪水急流滩(rapids of flood period)：在洪水期，由于流量猛增，因峡谷河段河床狭窄，泄水不畅，使峡口上方壅水(dammed water)陡增，迫使水流在峡内加速通过，在峡口下方又因河槽放宽，水流倾泻，在峡谷上下口之间形成较大落差，当峡内有岸嘴突出或礁石阻流时，则出现急流。这种类型急流滩一般在洪水期成滩，水位越高滩势滩势越凶，尤其是在涨水头，滩势更凶，只要涨平或退水，上口壅水消失，峡内落差减小，滩势便能减弱，水位退到成滩水位以下时，滩势即可消失。

4)按急流滩平面形态分类

(1)单口急流滩：指一岸岸嘴或石坝、石梁伸入河床，缩窄过水断面，凸岸一侧产生急流埂水(ridged flow)，断面横比降向彼岸倾斜，形成水流扫弯的急流滩。如图 9-2a)所示。

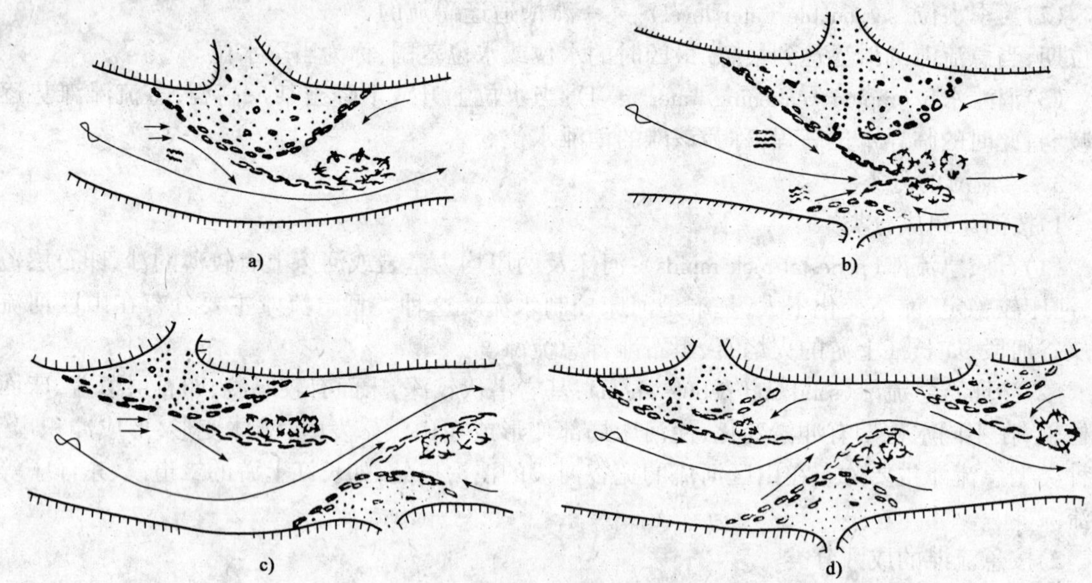

图 9-2　急流滩河段平面形态

a)单口急流滩；b)对口急流滩；c)错口急流滩；d)多口急流滩

(2)对口急流滩(opposite rapids)：指两岸岸嘴互相对峙伸入河槽形成卡口；或一岸凸嘴，另一岸有岩脚、卵石坝伸入河槽，形成两岸均有急流埂水，断面横比降由两岸指向河心的急流滩，如图 9-2b)所示。

(3)错口急流滩(stagger rapids)：指两岸上、下方相距不远，各有岸嘴伸入河槽，形成急流、埂水上下交错，呈反向弯道水流特征的急流滩，如图 9-2c)所示。

(4)多口急流滩：由两个以上的基本滩型紧密连接所组成的滩段，如图 9-2d)所示。

4．急流滩水流条件

1)纵比降与急流滩阻力

(1)纵比降及流速分布：急流滩的纵比降及流速的分布情况，基本可分为 3 个特征河段，如图 9-3 所示。

第一区段(壅水区):水流受下游两岸突出地形阻束,在滩口上方,产生壅水,纵比降及流速减小而成缓流,如图 9-3(I)以上区段。

第二区段(陡比降段):因滩口以下河床下切河面放宽致使水流在滩口上受阻壅高后,又急剧下泄,形成局部陡比降,如图 9-3(I)~(II)之间所示。

第三区段(急流段):由于两岸突嘴挑流,主流收缩呈一束,习称“滩舌”(shoal head)或“剪刀水”(shear flow),河心流速达到最大值,两岸出现大面积回流区,如图 9-3(II)~(III)之间所示。

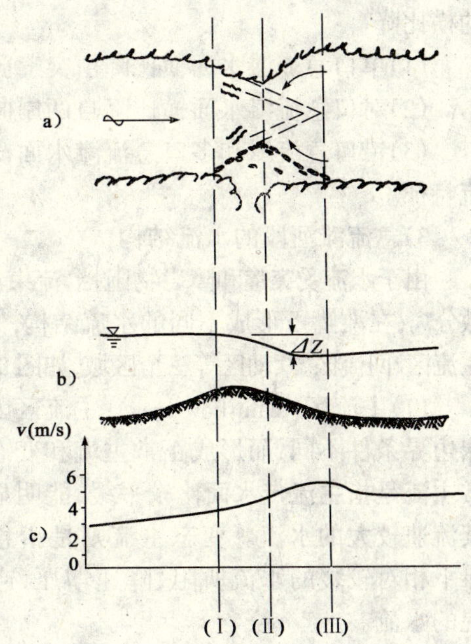

图 9-3　急流滩河段纵比降及流速图
a)平面图;b)纵断面图;c)流速分布图
ΔZ 水面落差;(I)以上壅水段;(I)~(II)陡比降段;(II)~(III)急流段

(2)急流滩阻力:上行船舶(队)通过急流滩所受到的阻力由坡降阻力(grade resistance)和水流阻力(water resistance)构成。由于不同类型急流滩水流结构各有其特点,因此,坡降阻力和水流阻力所占总阻力的比例也有所不同。如,根据长江上游若干急流滩的航行阻力实测分析表明,一般突嘴型急流滩,两种阻力分别占总阻力的 50%左右;峡谷型急流滩则以水阻力为主,约占总阻力的 70%以上;潜埂型急流滩则以坡降阻力为主,约占总阻力的 70%以上。急流滩阻力表达式如下:

①急流滩水阻力(R_v):急流滩水阻力包括水流对推轮的阻力和水流对驳船的阻力。

推轮阻力公式:
$$R_{V1} = 9.8(f\Omega V^{1.83} + \xi\delta A_{\Phi} V^{1.7+4F})$$

驳船阻力公式:
$$R_{V2} = 9.8(f\Omega V^{1.83} + \xi\delta A_{\Phi} V^{1.7+0.3F})$$

式中:R_{V1}、R_{V2}——推轮、驳船阻力(kN);

f——摩擦阻力,取 0.17;

Ω——船舶浸水面积(m^2);

V——船水相对速度(m/s);

ξ——剩余阻力系数;

δ——方型系数;

A_{Φ}——船中剖面积(m^2);

F——佛汝德数,$F = \dfrac{V}{\sqrt{gL_w}}$。

②急流滩坡降阻力:

$$R_i = 9.8\gamma\Delta I$$

式中:R_i——急流滩坡降阻力(kN);

γ——坡降阻力系数;

I——船队长度范围内的局部纵比降(‰);

Δ——船队总排水量(kg)。

2)横比降

急流滩水流受突出岸嘴阻挡而收缩集中,在滩口形成斜流束状的强横流,断面上出现较大的横比降。

(1)单口急流滩水面横比降由突嘴向彼岸一侧倾斜;

(2)对口急流滩水面横比降自两岸向河心倾斜;

(3)错口急流滩和多口急流滩水面横比降,由凸岸一侧向对岸倾斜,并具有弯曲河段的水流特征。

3)急流滩河段的水流结构

由于水流受突嘴和障碍物阻挡,流束集中后又扩散分离,在滩嘴下形成不同的水流结构,大致可分为主流区、回流区、紊动区等三个区域,如图9-4所示。

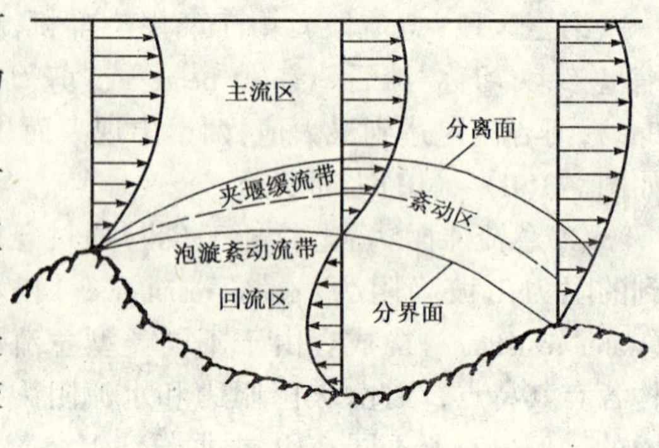

图9-4　急流滩河段水流结构图

(1)主流区(main flow area):主流区因滩段内河床边界条件不同,而形成正常主流和变态主流。正常主流是指主流带水面比较平缓,能明显的辨认出其流速较大的水流。变态主流则是指急流下切受滩下相对较缓的水流所阻,降速增压,产生泡漩交混的水流。

(2)紊动区(夹堰区)(disordered current at junction of two flows of different directions):即主流区与回流区之间的水域。由于水流相互摩擦、交混,水体扰动较大,流速、流压不均匀,流向多变,泡漩混杂,水面高差悬殊,水流高度紊动的流场,称之为“紊动区”。其水流条件与岸嘴突入河床的倾斜程度有关。

①滩嘴突出且具有较大倾斜角的紊动区:水流在断面垂直方向各水层分离点的连线不是一条垂线而是一条斜线,反映在水面上,变成为一条流速较缓,流带较宽的夹堰缓流带。该流带的水流流向是向下游沱区内压的,在其内侧不断产生泡水,并向纵、横方向分裂、扩散,成为泡漩紊动流带,如图9-5所示。

②滩嘴岸形陡峭的紊动区:水流断面垂直水深方向的分离点连线成垂直线,两种不同流向、流速大小悬殊的水流,在交界面上摩擦,不断产生泡水、漩涡,水流高度紊动,在紊动区内不存在夹堰缓流带,例如长江上游的铜锣峡、黄草峡急流滩,如图9-6所示。

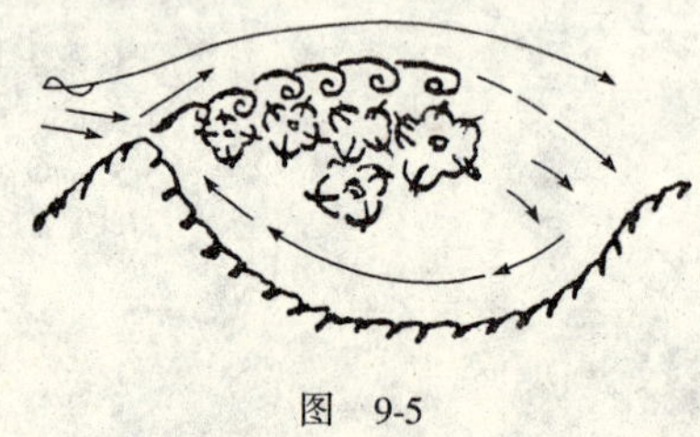
图　9-5

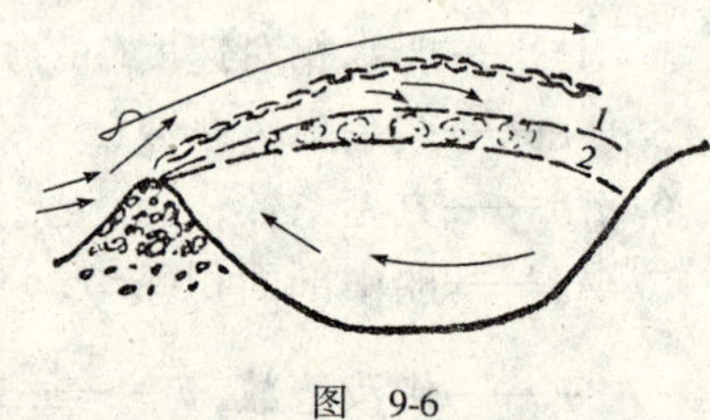

图　9-6

③滩嘴下方沱区面积大的紊动区:则紊动区内侧泡漩分裂扩散迅速,水势趋于平稳,有较宽夹堰缓流流带,为船舶进滩提供有利条件,如图9-7所示。

(3)回流区(return flow area):急流滩的水流集中而又扩散后产生变形分离,其流速、流压发生变化,在滩嘴下方凹进沱区内形成的与主流流向相反的回流,其范围大小、回流的强弱与断面流速及流压梯度、河床糙度、沱区水深等因素有关。

4)急流滩河段面流流态分布及航行水域划分

(1)急流滩面流流态分布:因滩形不同,急流滩河段的面流流态及其水力特性也不尽相同。但面流流态分布规律大致如图9-8所示。

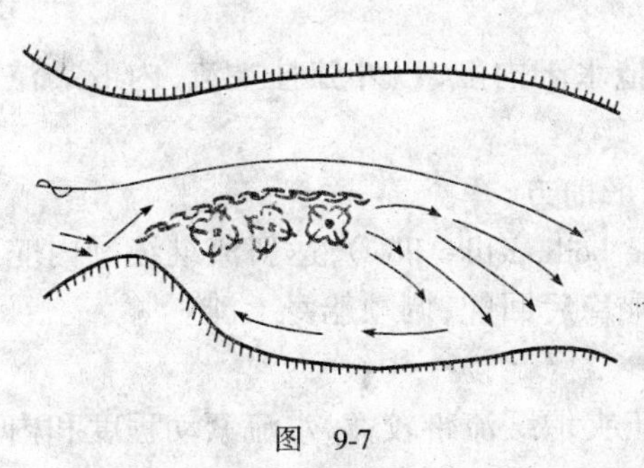

图 9-7

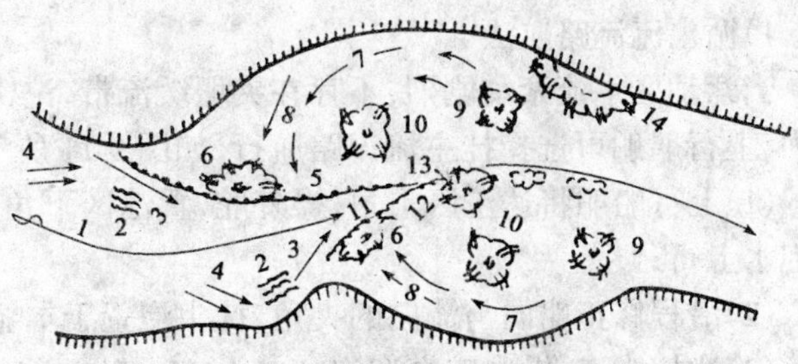

图 9-8　急流滩河段面流流态分布图

1-主流；2-埂水；3-斜流；4-披头水；5-夹堰水；6-枕头泡；7-回流；8-回流出水；9-分界泡；10-困堂泡；11-滩舌；12-剪刀夹；13-拦马泡；14-出泡

(2)急流滩河段航行水域的划分：如图 9-9 所示。

①三角水(triangalar waters)，即滩嘴水流边界层的脱离处，由斜流、枕头泡和回流出水 3 种不同流向的水流交汇所形成的三角形静水区，又称“三叉水”；

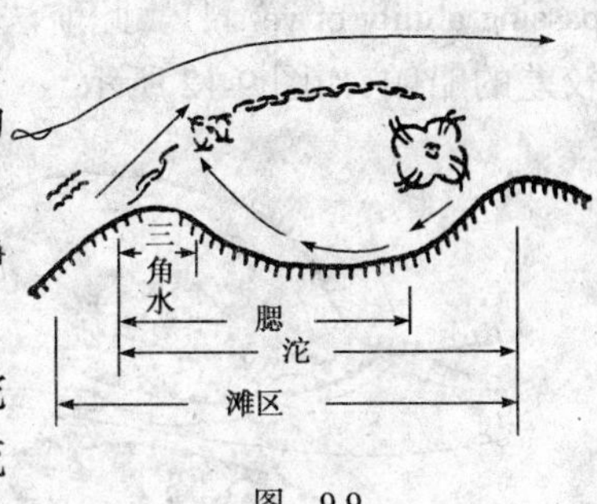

图　9-9

②沱(river bend)，即滩嘴以下，河岸凹陷的整个回流、静水、缓流区域；

③沱楞(smooth flow beside slack stream)，即滩嘴下方的沱内，位于夹堰水与回流边缘之间的一束较缓水流，因该束水流位于沱的边缘，故称沱楞；

④腮(swirling flow)，即滩嘴下端位于分界水以上夹堰内侧的局部水流，称为“腮”。

二、急流滩河段引航技术

1. 上行

急流滩河段上行航路及航法的确定，不论单口急流滩、对口急流滩或错口急流滩主要根据主流区、回流区和紊动区三个水域的条件而定。一般有循主流流带航法、循夹堰流带航法(大包小、外穿里航法)、挂半沱出半腮航法(半腮出角航法)、里穿外航法和循回流航法(满腮出角航法)，如图 9-10 所示。

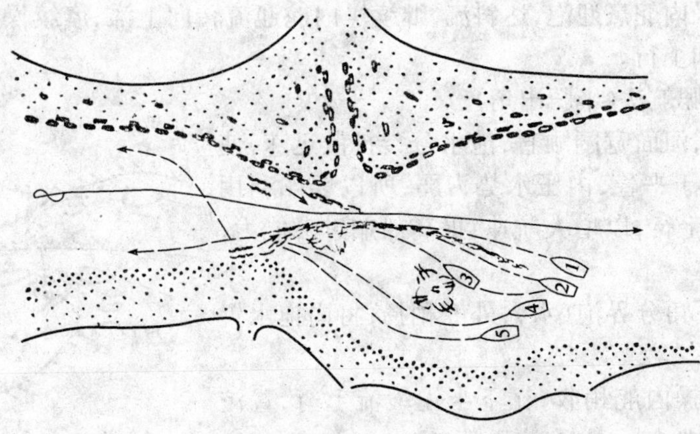

图 9-10　急流滩河段基本航线示意图

1-循主流流路航法；2-循夹堰流带航法；3-挂半沱出半腮航法；4-里穿外航法；5-循回流航法

1)循主流流路航法

当紊动区水流紊动剧烈，不存在夹堰缓流带，沱楞上泡水汹涌，枕头泡内压力强，回流出水无力，上行船舶可选择挂主流流路航行，如图9-11所示。

(1)上行船舶将达沱区下角，操外舵，置沱区下角内拖水于内舷，以外弦挂主流，内舷靠沱楞泡水上行；

(2)沿程修正船向与流向的夹角，枕头泡置于本船内舷前方；

(3)达枕头泡，操内舵烹迎泡(bow inside passing beside boiling-like flow)，达斜流继续操内舵迎斜流驶上滩头，赓续操外舵领住内压水势，尾抵斜流，乘稳后回舵，调顺船身上滩。

2)循夹堰流路航法(大包小、外穿里)

外穿里(sailing into obligue flow from return flow)适用于夹堰缓流带较宽，水流紊动程度和内压力较弱时，上行船舶可利用此缓流带进滩以减小航行阻力，提高上行船舶过滩能力(rapids-passing ability of vessel)。此航法适用于一般急流滩河段，尤其适用于大型船舶(队)及操纵性能较差的船舶，如图9-12所示。

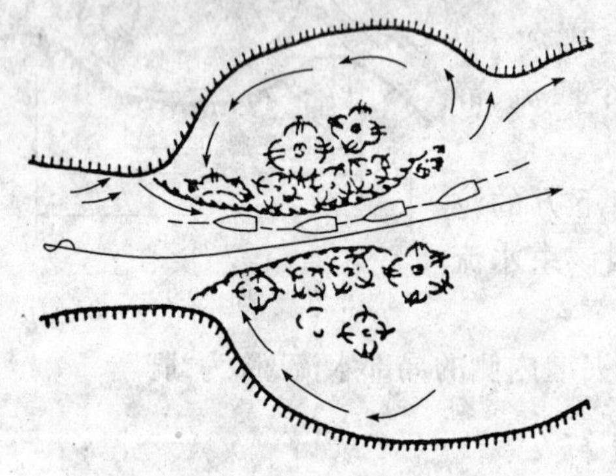

图9-11　挂主流流路航法

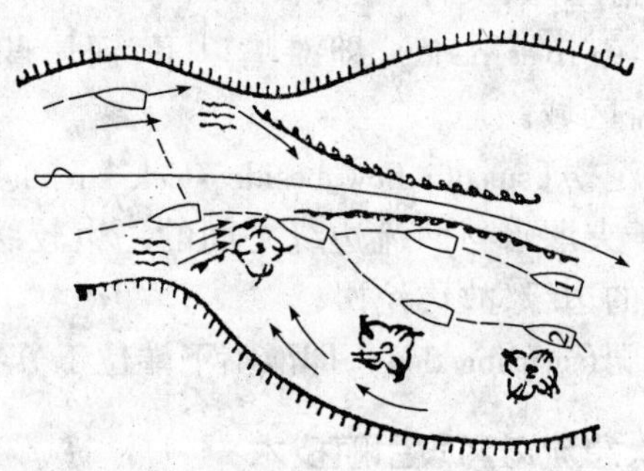

图9-12　挂夹堰流路航法

(1)船首达沱区下角分界泡(水)操外舵扬头，船首达夹堰操内舵顺向，以外弦挂夹堰，置回流出水及枕头泡于本船内舷前方上行；

(2)渐行渐内转向，逐步缩小船向与流线的夹角，顺向上行，并时以外舵领住沱楞内压水势；

(3)达枕头泡操内舵烹迎泡，达斜流，继续操内舵迎流转向上滩，赓续操外舵领住拔头水，尾抵斜流，回舵稳向上行。

3)挂半沱出半腮航法(半腮出角)

因滩口下游段，河面宽阔顺直，泡水分裂扩散迅速，使沱区下半部水势趋于平稳，内压水势力弱，所以船舶利用下半沱的缓流取道上行，以增大航速，提高船舶过滩能力，如图9-13所示。

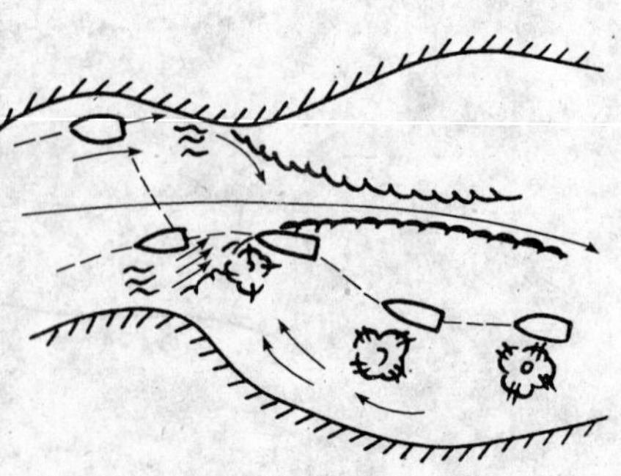

图9-13　挂半沱出半腮航法

(1)船达沱区下角分界泡(水)，外舵稍扬，将内拖水置于本船内舷；

(2)过内拖水，操内舵稍收，循下半沱缓流上行，置沱心困堂泡于内舷前方；

(3)将达困堂泡，操外舵扬头，置回流出水和枕头泡于本船内舷前方，循夹堰流带上行；

(4)渐行渐内转向，逐步缩小船向与流向的夹角，并时以外舵领住内压水势；

(5)达枕头泡，操内舵烹迎泡，达斜流，继续操内舵迎斜流转向上滩，投稳水后，操外舵领迎披头水，稳向上行。

4)里穿外航法

里穿外(sailing outward from bend inside)适用于紊动区及沱楞上泡漩交混，流态险恶，分不清主流流路，而回流沱区大，回流流带宽，又有适航宽度和深度，且回流出水无力，则可选择里穿外航法，以避开主流区的高速水流和紊动区的险恶流态，如图9-14所示。

(1)船过分界泡(水)后，操内舵稍收进沱，置光面回流于内舷(内舷不沾扫边回流为宜)，时以外舵领住内压水势；

(2)达沱腰操外舵扬头，置回流出水于内舷前方，枕头泡于外弦前方上行；

(3)达回流出水，操内舵迎流摺开船尾，调顺船身，乘稳水后回舵，借出水的支撑力，用舵外扬，利用船舶的惯性抵迎枕头泡，待船腰至泡流时回舵，借泡力并操内舵迎流斜转向，待船腰平积宽，流线较顺直，三角水域有适航宽度和深度，斜流及披头水与滩嘴的交角较小时，可采用循回流流路进滩，如图9-15所示。但此航法，由于是从回流出水与枕头泡之间驶出迎斜流上滩，易造成窝凼、困边、出角大张或挖岸等事故，故一般不采用此航法。

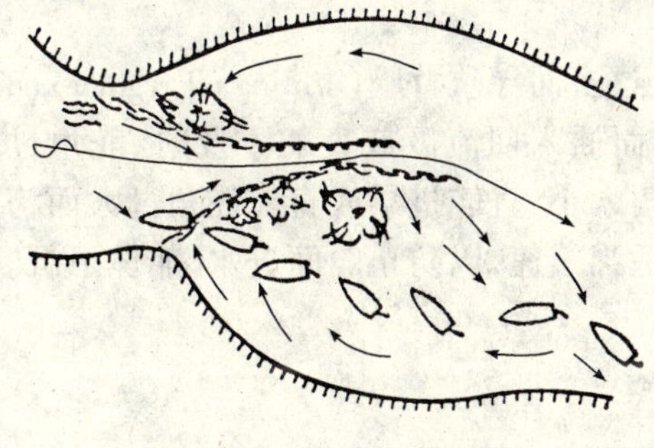

图9-14　里穿外航法

图9-15　满腮出角航法

5)满腮出角航法

满腮出角适用于沱区回流面积大，流速小，沱楞及内压力弱和小型船舶上滩使用，如图9-15所示。

(1)船过分界泡(水)后，操内舵将船收进沱区，以外舷挂光面回流，置枕头泡于外舷前方，随回流流线渐走渐操外舵扬头；

(2)达回流出水操外舵多扬，与出水保持适当舷角，船首达外射水势时，操内舵迎流摺开船尾，调顺船身，随之借外射水力并操外舵去抵迎枕头泡，稳住船后回舵；

(3)船首达斜流时加操内舵迎流转向，调顺船身上滩。

2. 下行

由于急流滩的形势及水流特点，下行航路及航法的选择也与一般航道有所区别。原则上应根据急流滩上、下河槽形势和当时的水位、流向、流速来判断河岸水势的高低，下行船则应挂高水势一岸下行，使船位落位于预定航线上。

1)单口滩

(1)船至滩嘴上方应使船位处于主流上侧，高流势一侧，并与滩嘴斜流取得一个适当的夹角；

(2)船首达斜流，操内舵乘迎斜流，斜流担腰，回舵提尾抓枕头泡为点，内舵迎泡，以内舷挂沱楞，直舵提尾，稳向后使船位落位于枕头泡外侧，沿主流内侧边缘下滩出槽。

2)对口滩

(1)若对口滩两岸滩嘴大小相当，且上、下段河槽较顺直，两岸横流强弱相当，滩嘴的水面是两岸高，河心低，主流在河心，下行船舶可循河心主流下滩。

(2)若滩嘴大小不相等，且上、下段河槽弯曲，急流滩河段不相等，下行船舶应挂高，其引航要点是：在滩嘴以上将船位摆在水势高的一岸，主流置于外弦，抓水势高的一岸突嘴为点；临近滩嘴前，与滩嘴斜流取得适当的迎流角，达斜流内舵乘迎；当内舷挂上沱楞，直舵(keeping steady by backing rudder)提尾，将船位置于主流内侧下滩。

3)错口滩

错口滩主流流向呈连续反向弯曲，主流经上滩嘴阻束后，直冲下滩嘴迎流面，受下滩嘴挑移再折回本岸。其引航要点是船至上滩嘴上方应使船位处于主流上侧，高流势一侧，并与上滩嘴斜流取得一个适当的夹角，船首达斜流，操内舵乘迎斜流，当内舷挂上沱楞，直舵提尾，借势乘迎下滩嘴斜流，当内舷挂上下滩嘴沱楞时，直舵提尾顺向，将主流置于本船外舷下滩。

4)多口滩

由于河槽弯曲，滩嘴交错相连，水势曲折，主流时而靠近此岸，时而折向彼岸，形成了多口滩的复杂流态。其引航要领，可仿照错口滩引航方法。

注意事项：下行船舶通过急流滩要防止挂高过早、过多而导致背脑(drifting off regular course to convex bank)、困角；要防止乘穿枕头泡、挂回流过多而插入回流区或直舵不及时、舵角过小等原因而导致吊钩打枪；要防止乘迎斜流不及时或舵角太小、直舵过早或直舵舵角过大而跨入低水势落弯；下滩或挂沱楞时，若夹堰浪大，应视情况适当减速，以防止舱面进水，船体下沉。

三、危险处境和应急措施

1. 打张

(1)打张的原因

打张(bow outward deflection)是指上行船舶由滩嘴、碛坝下方出角时，未调顺船身或乘迎斜流用舵不当，使船首尾在斜流与回流作用下，因回转力矩超过转船力矩，船舶失控，产生船首向下游偏转的危险转态，称“打张”；若上述两力矩相当，船舶不能顺向而射出河心，称“打半张”。发生打张的原因有多种，一是船舶上驶过急流滩或突嘴时，航法选择不当。如船舶操纵性能较差，却错误的选择满腮出角的航法，以致在出角时，船首受斜流冲压，船尾受回流或泡水顶托，虽用满舵，但其舵压力转船力矩不能抗衡水动力转船力矩，而发生打张；二是用舵不当。如上行船舶出角时，内舵烹枕头泡或斜流用舵不当，致使水动力转船力矩大于或等于舵压力转船力矩，船首向河心下游偏转或稳向冲向彼岸，或者上行船舶在滩嘴下放已形成逼向的不正常局面，为防止窝凼，而向河心操舵过多也会导致打张。

(2)打张的应急措施

上行船舶发生打张危险时可采取如下应急措施：滩口处，若航道宽阔，航宽大于船舶(队)长度，可加大车速并操内满舵，迫使船尾外移，当船腰达斜流时，因水动力作用点移至船舶转心以后，船首会急速向内侧转向，从而扭转打张的局面，但此时应及时回舵，并用反舵，以防止挖岸。在狭窄的滩段，当河面宽度没有船舶回转的余地时，船舶出角发现有打张趋势，若采用加车助舵的方法，这样不仅不能挽救危局，反而会增大冲向队岸的碰撞力，而扩大损失，此时应果断停车、倒车，控制船舶惯性，使船尾在回流区，船首在主流区，利用水动力转向力矩的作用，向下掉头改为下行，待驶至宽阔航道再掉头上驶。若上行船队发现有打张趋势时，应令驳船帮舵，以增加转船力矩，又可以扭转打张的危险局面。

2. 挖岸

(1)挖岸的原因

挖岸(bow collision against bank)是指上行船舶在滩嘴迎流转向时，用舵过多，转势过猛，船首受披头水冲压，船尾受斜流推压，用舵顶流失效，产生船首剧烈朝岸转动的危险转态。挖岸往往由于顾虑上行船舶发生打张，在乘迎斜流时用舵过多，未及时回舵推船尾斜流所造成。

(2)挖岸的应急措施

当上行船舶发生挖岸险情时，应设法保证车舵的完好无损，控制船舶，使船首搁于岸边，船尾处于安全水域，然后再采取妥善的脱险方法，退离岸边。

3. 吊钩打枪

(1)吊钩打枪的原因

吊钩打枪(broaching and rushing obliquely to shore or return flow area)是指下行船舶挂高后，船首插入回流区受回流顶托，船尾受斜流和主流冲压，若此时操作不当，致使舵压力转船力矩不能抗衡水动力转船力矩，船身打横，有掉头之势，称“吊钩”；若上述两力矩相抗衡，不能调顺船身，以致船舶(队)斜向直冲岸边的险情，称“打枪”。其原因是下行船舶通过急流滩，用舵乘迎斜流时，舵角过大，船首插入回流过多，直舵不及时或用舵过小，不能调顺船身而造成。

(2)吊钩或打枪的应急措施

当发现下行船舶在挂沱楞后，直舵不当造成“吊钩”或“打枪”事故的隐患时，如航道水流条件允许，可采取加车助舵的措施来扭转败局，若估计加车措施不能奏效，应紧急停车或倒车，控制船舶惯性，借船体所受异向流力所构成的转船力矩，原地掉头为上行，驶至航道宽阔地段再掉头下行。

4. 背脑

(1)背脑的原因

背脑(drifting off regular course to convex bank)是指下行船舶航经弯曲航道或急流滩，船位偏离正常航线而逼近滩嘴上方或其他障碍物上首，有困触礁之势的一种险情。其原因是：下行船舶过急流滩时，怕落弯，挂高过早，船舶受背脑水的推压所致，如图 9-16 所示。

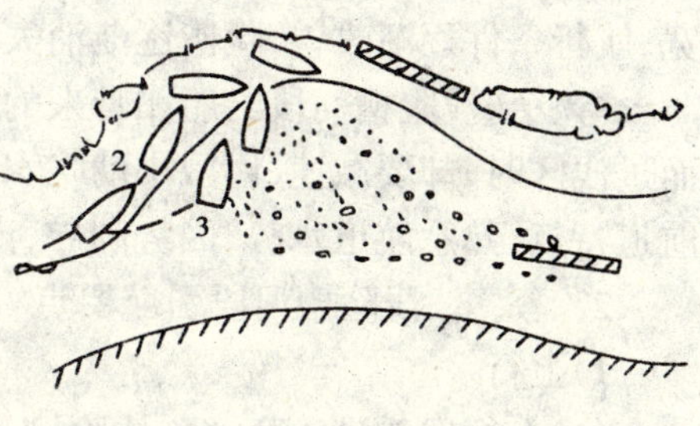

图 9-16

(2)背脑的应急措施

当发现下行船舶有向滩嘴背脑的趋势时，应及时用舵抬向避让。

复习思考题

1. 解释：内河引航、急流滩、成滩水位、当季水位、消滩水位、漂滩水位、壅水、三角水、沱楞、腮、背脑。

2. 试述急流滩过水断面束窄的原因。

3. 按急流滩的成因或平面形态如何分类？

4. 试述急流滩纵、横比降分布特征。

5. 试绘图说明急流滩面流流态的分布规律。

6. 上行船舶过滩总阻力如何估算?

7. 试述急流滩的水流结构。

8. 船舶上行通过急流滩有哪些基本航法? 并叙述之。

9. 试述下行船舶通过对口滩和错口滩的引航操作要点。

10. 试述上行船舶发生“打张”和“挖岸”的原因以及应急措施。

11. 试述下行船舶发生“吊钩打枪”的原因以及应急措施。

第二节　险槽河段的引航技术

在山区河流中,通常将狭窄、弯曲、水浅、流急、礁石区等河段上水深较大的可供船舶航行的那部分河床,成为“险槽”或“槽口”(difficult river canal)。险槽河段主要是由于航道尺度小,河槽弯曲、狭窄、产生急流和乱流,槽内流态险恶,航行条件复杂,给船舶航行造成极大的困难。因此,险槽与急流滩组成了山区河流多险阻的航道特征,是船舶引航技术最复杂的航段,驾驶员通常将急流滩和险槽称之为“滩槽”。险槽按水位划分,有枯水险槽、中水险槽和洪水险槽;按碍航特征划分,有弯、窄、浅险槽、航槽流态恶劣的险槽和滑梁险槽。

一、弯、窄、浅险槽河段引航技术

1. 弯、窄、浅险槽河段航行条件

弯、窄、浅险槽河段一般出现在枯水期的宽谷河段,尤其是宽浅型河段内,而且多出现在两个反向弯道的过渡段,或因碛坝、礁石等障碍物伸入河槽,相互交错而成。在槽内明暗礁石星罗棋布,有时河面虽较宽阔,但可供船舶航行的航道却甚狭窄,浅区连亘,背脑水、斜流和扫弯水强劲,流态复杂。一般水位越枯航槽越险,但随着水位的上升,因礁石、碛坝的淹没,航道放宽,航行条件逐渐改善,险槽逐渐消失。

弯、窄、浅险槽河段给船舶带来的主要困难是,为了克服船舶的偏转和漂移,虽加车助舵。而过浅区时,却要减速,以减小动吃水,两者之间相互矛盾,这就要求驾驶人员应根据各险槽的航道特点,熟悉航道水势,因势利导,谨慎操作。

2. 弯、窄、浅险槽河段引航要点

1)上行

(1)上行船舶进入弯、窄、浅险槽河段时,应将船位置于凸岸高水势一侧的缓流上行;

(2)遇横流时要及时用舵乘迎,使船航行于深槽;

(3)注意由深水进入浅水前应适当减速,即要保持足够的舵效,又要减少船舶动吃水,防止因惯量过大而造成吸浅(touch ground, touch bottom)和搁浅(stranding, grounding);

(4)发生跑舵现象时,若航道、水深条件许可,可让其向深水一侧偏转,尔后再调整船位,必要时可进一步采取减速或停车等措施,待船向稳定后,再逐步开车;

(5)若沿碛坝(暗碛或明碛)行驶,仿碛坝型航道航法,碛尾伸早点、碛翅走开点、碛脑收慢点,以防困碛搁浅或垫舵倒头。

2)下行

(1)船舶沿高流势一侧顺向进槽,在达到浅区前先摆正船位,然后减速,以降低其前进惯性;

(2)仿碛坝型航道的下行航法，采取"有碛抱碛，无碛抱月"或下行急弯航道的航法，拉大挡子，扩大航迹线曲度半径，采取"挂高"的操作方法，以克服航道曲度半径不足和斜流、扫弯水的影响；

(3)船向与横流流向取适当夹角，既防背脑，又防落湾，以保证船舶的船位沿深漕下行；

(4)船过浅区后，见船体下沉(squat)后又抬起，啸水声变大等现象，说明已到深水，即可恢复常车(通常在弯顶处可恢复常车，必要时加车)，调整船向，摆正船位下行。

二、流态恶劣险槽河段引航技术

1．流态恶劣险槽河段航行条件

流态恶劣的险槽多出现于宽谷河段的枯、中水期，主要因航槽内礁石密布，或因有狭长石梁、石盘顺岸边或伸入河槽而缩窄其过水断面，并使航道弯曲、狭窄，产生泡水及强横流、扫弯水势，如长江上游的叉鱼子航道；有的险槽一侧为明暗礁浅，另一侧为碛浅、乱石，水流受阻形成急流或险恶流态，急、乱、险并存，如长江上游的烟邱子航道，如图9-17所示；洪水期的峡谷航道，因流量大，泄水不畅或水流受阻，产生强横流或险恶流态，成为洪水险槽，如长江上游的石板夹航道。

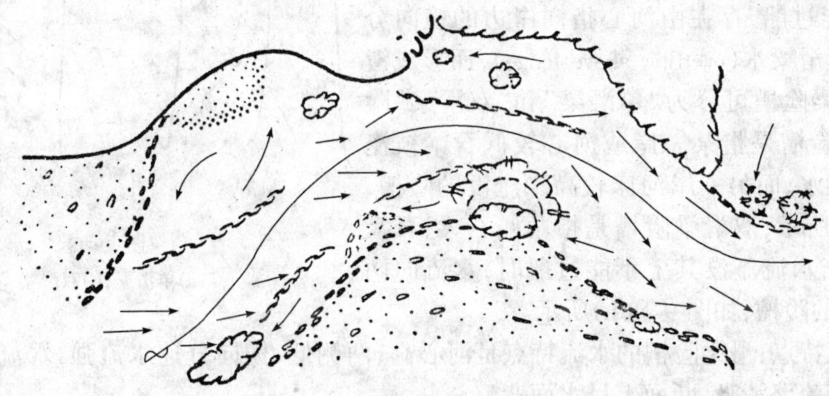

图9-17　流态恶劣险槽示意图

流态恶劣的险槽除航道尺度较小以外，主要是流态复杂，船舶受各种不正常水流作用，极易偏离航向。由于航道尺度水域小，不允许船位有较大偏移，且调整船位和拨正航向的自由度均较小，但其有利因素是航道水深较大，可加车助舵，提高船舶操纵灵活性。

2．流态恶劣险槽河段引航要点

1)上行

(1)抓主流流路，挂高流势一侧的缓流上行，并以外舷靠主流，内舷靠镶水或护岸泡，随岸形、流线转向；

(2)避开急流、埂水及险恶流态，恰当地选择航路；

(3)遇横流、泡喷，用适当的舵力乘迎，既防乘穿泡喷而窝凼困边，也防乘迎不及时或用舵太少而造成打张或陷入卧槽歪船；

2)下行

(1)以主流为依据，挂高流势一侧，随岸形、流线转向，并随时为下方航道乘迎横流、泡喷，取好舷角，以抵迎横流的冲压，防止船位偏移；

(2)遇泡水阻挡航路时，应骑泡(steaming through the boiling like water)或亨迎泡(bow inside passing beside boiling-like flow)而下。乘迎斜流或挂沱楞夹堰时，防止乘迎上泡或插入上荡，造成吊钩打枪或成顺水舵而陷入卧槽乱水歪船；也防乘迎不及时或未挂上沱楞夹堰而被横流、泡水冲压船体，造成落弯、触礁或陷入卧槽水(flow at sag between two bubbling currents)、漩水中；

(3)若遇卧槽、漩窝阻挡航路时，应尽量绕开，待丢脱后再调整船位下驶；

(4)引航、操舵应密切配合。谨慎操作，随时保持船位处于高流势一侧，乘迎横流、泡喷或转向时，注意用舵时机，必要时加车助舵。

流态恶劣的险槽航道的下行引航操作与峡谷河段洪水期的下行引航操作基本相同。实际上峡谷航道洪水期某些航段就是流态恶劣的险槽。

三、滑梁险槽河段引航技术

1．滑梁险槽河段航行条件

(1)河床特点：滑梁险槽是山区河流的宽谷河段的特殊河床之一，在峡谷河段中也偶有出现。由于河床两岸石梁、碛坝、台地或山脚伸入河床，河心的石梁及孤石、岔道的上口及卡口处的尾部等淹没，其上不能过船，存在由河心指向岸边的横向分速水流，产生滑梁水(overflow above ledge)，而形成滑梁险槽。滑梁险槽可分为“单滑梁”和“双滑梁”险槽。单滑梁险槽是指某一岸或河心较低石梁被淹没，形成滑梁水，而另一岸河床较高未淹没的险槽，如图 9-18 a)所示；双滑梁险槽是指两侧石梁、石盘高程相当，当水流淹没其上不能过船时，水流向两侧漫坪滑梁的险槽，如图 9-18 b)所示。

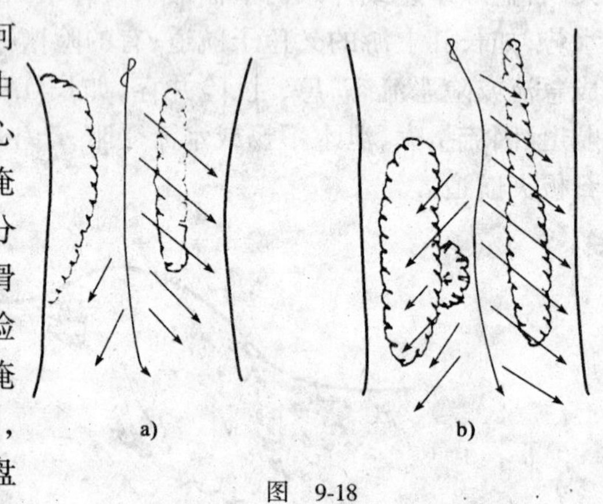

图 9-18

a)单滑梁；b)双滑梁

(2)水流特点：滑梁险槽的水流特点是河心高，两侧低，横向分速水流强，水流淹到那里滑到那里，主流流路清晰，断面上呈水面背流。

在“单滑梁”地段，滑梁一侧横向分速水流较强，未淹没一侧水势高，而且平稳。在“双滑梁”河槽中，水流向两侧滑泻，端面上存在水势高低之分，一般凸岸一侧或地形较高一侧为高水势一方。

在有些较顺直的“双滑梁”河段，因水面背流水底对流的双向环流作用，河心产生上升流，呈现连串泡喷(称“分迳泡”)，是上、下行船舶引航必须抓的重点水势。有些石梁刚淹没而其上又没有适航水深时，呈现一线夹槽水纹(又称“镶水”)，在石梁未淹没部分，由于反击出水与主流的横向水流相互撞击，也呈现一线夹槽水，水面呈下凹曲线，流速较缓，也是上、下行船舶引航所抓的重点水势。有的滑梁险槽河段，在地形凹陷处，水流向其扩散，产生强力内拖水，如图 9-19 所示。

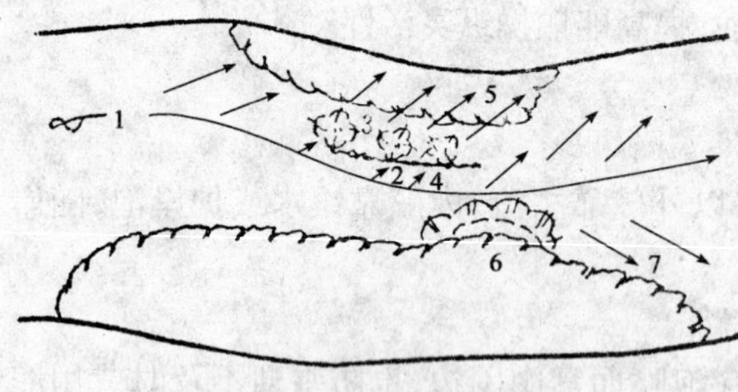

图 9-19　滑梁险槽面流流态示意图

1-主流；2-主流横向分速水流；3-下坎泡；4-夹槽水；5-滑梁水；6-反击出泡；7-内拖水

2．滑梁险槽河段引航要点

无论“单滑梁”或“双滑梁”险槽，上、下行船舶航路基本一致，均应避开滑梁水势强的一侧，选择水势较高一侧航行。

(1)船舶进槽后应抓主流流路或分迳水(泡),参照岸形、流线,使船位沿程处于凸岸高流势、横流上方一侧航行;

(2)滑梁水势越强的地段,越要抓住分迳水,顺主流流线取直分心,保持大向,勤拨小向,防船舶向连岸滑困;

(3)在刚淹没地段高水势一侧呈下坎泡花(或有出泡)时,其外缘呈夹槽水(镶水),应以外弦挂主流,内舷靠镶水上行;

(4)当有强力反击出泡挤迫主流,阻挡航路时,应以适量的舵力乘迎保向,防偏离航路,滑困另一岸;

(5)操作中避免用急舵或大舵角,防船体左右偏摆,增加阻力,降低航速,造成失控;

(6)适当加车助舵,增强船舶的控制力,减少船舶受滑梁水的作用时间。

复习思考题

1. 何谓“槽”,按其碍行特征险槽可分为那几种?
2. 弯、窄、浅险槽航道有何特点? 简述其引航要点。
3. 流态恶劣的险槽航道有何特点? 简述其引航要点。
4. 试述滑梁险槽的航道、水流特征。
5. 试述滑梁险槽的引航要点。

第三节 碛坝型河段的引航技术

碛坝型河段是山区河流丘陵宽浅型河段的主要河床特征。碛坝型河段通常两岸地势开阔、平坦,谷坡发展较为缓慢,边滩、心滩发达,台地常见,通常将河床上形成的沙卵石淤积体,洪水期淹没,枯水期露出水面的,称为“碛”(moraine);洪水期不能淹没的,称为“坝”(dam),统称为“碛坝”。迎流部分,称为“碛脑”(hand of moraine);碛坝中部伸入河床中最远的部分,称为“碛翅”(wing of moraine);碛坝尾部分,成为“碛尾”(tail of moraine)。

枯水期,河床内碛坝及其他障碍物淹没不能过船时,航道变得弯曲、狭窄,有些河段变得水深不足;中、洪水期,水位升高,碛坝等障碍物大部分被露出水面,航道放宽,主流改向,有的副航道(sub-channel)穿浩(flowing through branch)通航,主流分支,流向紊乱,流速相应增大。枯、洪水期岸线变化明显,主流随水位高低变化而摆动,河流动力轴线(dynamic axis of flow)具有“枯水傍岸,洪水趋中”(main flow running along shore indentation in dry, and main flow running downstream near river in flood period)的特点。河床纵断面形态呈现不规则的凸凹曲线,深槽与浅槽相间,集中落差处坡度陡,水流急。横断面呈抛物线形或 W 形等。山区河流碛坝河段按碛坝形态特征可分为单一碛坝型河段和急弯型碛坝河段。

一、单一碛坝型河段引航技术

1. 单一碛坝型河段航行条件

单一碛坝型河段,在山区河流碛坝型河段中占多数,它的河床平面形态发展缓慢,坡度平坦,碛坝范围宽,外形较为完整、平顺,航道弯曲半径大。

在中、枯水期，因碛坝外缘平坦，航道弯曲半径大，主流稍偏凹岸，顺岸形而下；碛翅没有明显的斜流；碛尾无回流区。由于碛脑、碛尾地形凹陷，水流扩散迅速，且在主流横向分速水流的作用下，形成背脑水和内拖水。因碛坝发展平缓，外缘水浅，在碛翅浅区外缘形成一线“眉毛水”(weak and slow oblique flow in turbulent water)，它标志着深水区与浅水区的界限。凹岸侧，因碛坝河道弯曲半径较大，所以扫弯水力弱。这种类型航道的水流特点是水势较平稳，主、缓流界限分明，没有明显的缓流可供上行船舶利用，在碛尾部分地形收缩，内拖水力强，在眉毛水内侧有静水或弱回流，俗称“掩塘水”，如图 9-20 所示。

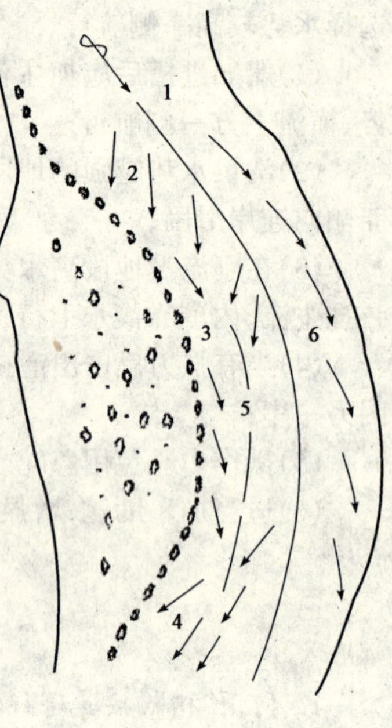

图 9-20 单一碛坝型河段面流流态示意图

1-主流；2-背脑水；3-掩塘水；4-内拖水；5-眉毛水；6-扫弯水

2．单一碛坝型河段引航要点

1)上行

上行船舶应以外舷挂主流，内舷以微弱夹堰(眉毛水)为限，循主流内侧缓流带上行，根据碛坝的弯曲程度，采取连转带稳(rudder turning and stabilizing)的方法，保持适当岸距上行，切忌贪走缓流，防袭浅或垫舵倒头等事故发生。

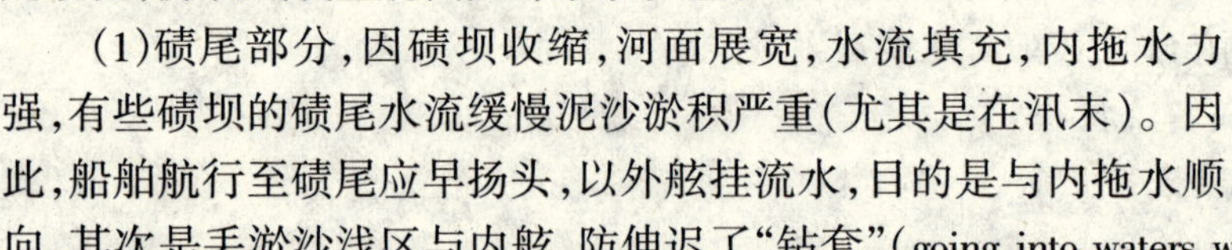

(1)碛尾部分，因碛坝收缩，河面展宽，水流填充，内拖水力强，有些碛坝的碛尾水流缓慢泥沙淤积严重(尤其是在汛末)。因此，船舶航行至碛尾应早扬头，以外舷挂流水，目的是与内拖水顺向，其次是丢淤沙浅区与内舷，防伸迟了“钻套”(going into waters withot outlet forward)、吸浅。

(2)碛翅部分，因碛翅发展平缓，延伸较开，有“水位涨一米，淹没一大片”的特点。因此，航路选择在主流内侧，挂主流，沿碛翅外深水区上行，不宜贪图慢水，防用舵转向盔(steering by lateral thrust as supporting point)不起船而困碛、吸浅。

(3)碛脑部分，常常是上弯道的下半段，也是上弯道水流条件的继续，主流逼近碛脑，横向分速大，背脑水强。因此，上行船舶应抓主流流线，渐走渐收，防收船过早，船向与流向夹角过大，受横向水动力作用，船体向碛脑偏移。

2)下行

下行船舶应以碛坝为目标，与碛坝保持一定的横距，挂高流势一侧，抱碛转向而下。防跟主流过多，用舵抬不起船向而造成落弯困边。即采取“有碛抱碛，无碛抱月”(running downstream near moraine and along weak and oblique flow in turbulent water)的引航操作方法。

二、急弯型碛坝河段引航技术

1．急弯型碛坝河段航行条件

急弯型碛坝河段，根据碛尾的形态特征可分为两种：一种碛尾无明显凹陷的碛坝型河段；另一种是碛尾呈沱区的碛坝型河段。

1)碛尾无明显凹陷的碛坝型河段

此类型碛坝型河段一般碛翅伸入河床较开，河道弯曲半径较小，平面形态呈“7”形，而且常常是两个反向弯道毗邻，在过渡段形成浅区碍航。在中、枯水期，主流进入弯道后逼向碛坝上半段，尤当两碛坝弯道紧密毗邻没有明显过度段时，主流带窄，流速大，横向分速强，并向碛坝上半段推压形成强力背脑水；水流受碛坝上半段所阻，在碛翅处收敛成斜流，迫使主流向凹岸下半段推压，形成强力扫弯水；碛翅斜流内侧有夹堰，有的夹堰内侧呈连串泡喷，内压力强。由于碛尾凹陷程度不大，回流 受碛面糙度的影响，回流水力弱，呈现大面积“掩塘水”；在“掩塘水”尾部有明显的分界水；分界水以下为内拖水，如图 9-21 a)所示 。

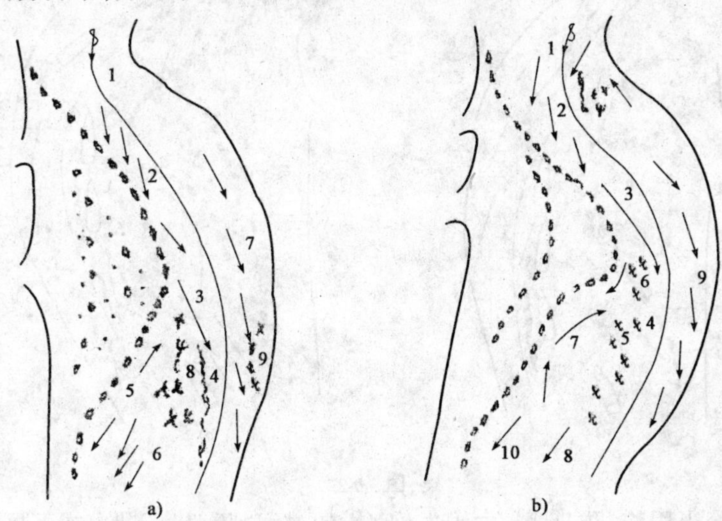

图 9-21　急弯型碛坝河段面流流态示意图

a)1-主流；2-背脑水；3-斜流；4-夹堰水；5-掩塘水；6-内拖水；7-扫弯水；8-出泡

b)1-主流；2-背脑水；3-斜流；4-夹堰水；5-枕头泡；6-困堂泡；7-回流水；8-内拖水；9-扫弯水；10-分界水

2)碛尾呈沱区的碛坝型河段

此类型碛坝型河段弯曲半径小，碛翅伸入河床较远，呈碛翅卡口地形，碛尾明显凹陷，平面形态呈“∠”形，而且是两个反向弯道毗邻。在中、枯水期，主流进入碛坝弯道后，逼向碛坝上半段，形成强力背脑水；因碛翅伸入河槽较远、曲率大，挑流角也大，斜流力强，迫使主流收缩成一线，沿凹岸扫弯而下；碛尾因地形凹陷成沱，在沱区内形成扫边回流；在回流与主流的交界水域形成夹堰、泡喷，并在回流出水与斜流之间形成明显的三角水，如图 9-21b)所示。

2. 急弯型碛坝河段引航要点

1)上行

(1)航路选择的基本原则：以主流为依据，找主流，丢主流，使沿程船位处于主流内侧，高流势一侧航行，合理利用缓流，既有足够的水深，又能避开乱流和急流，以提高航速。

(2)引航要点：对于碛尾无明显凹陷的碛坝型河段，上行船舶进入碛坝凸岸下半段，使船位沿程处于凸岸主流内侧航行，根据水流条件确定岸距，即使该侧航道，水流条件较差，也只能傍靠主流，防止穿越主流，进入凹岸扫弯水势中航行；以外舷挂主流，沿程不断修正航向，缩小船向与流向的夹角，消除流压差(drift angle)；至碛翅以适当方式迎流出角(sailing out of smooth flow or return flow below shore indentation or rock corner)；船顺向后摆过(crossing by large angle)碛坝上半段主流外侧上行，如图 9-22 a)所示。

对于碛尾呈沱区的碛坝型河段：上行船舶可采用循夹堰流带航法。即船达沱区分界水，用舵外扬，以外舷挂夹堰，内舷靠回流沱楞，斜流内侧枕头泡置于内舷前方，连转带稳，挂夹堰流带上行；达斜流，操内舵迎流转向，赓续回舵调顺船身；顺向后，摆过主流外侧上行。过河宜采用“顺过”方式，防止横向过河，船身困扫岸边。如图 9-22 b)所示。

(3)引航操作注意事项：上行船至掩塘分界水时应及时用舵外扬，将掩塘水丢于本船内舷，防贪掩塘水而吸浅或窝凼；船首达主流内侧应及时用舵修正船向，减小流舷角；乘迎斜流时应

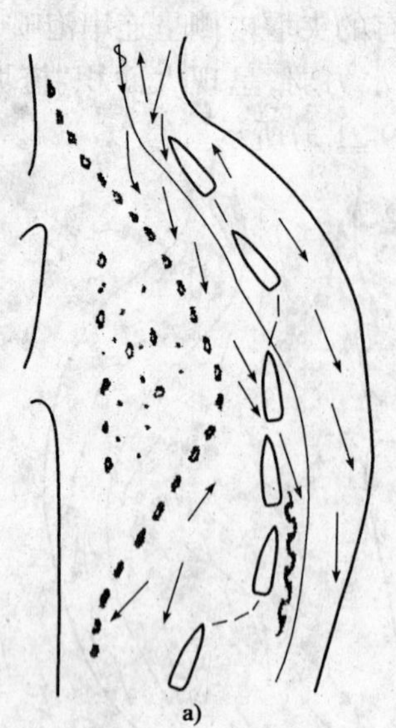

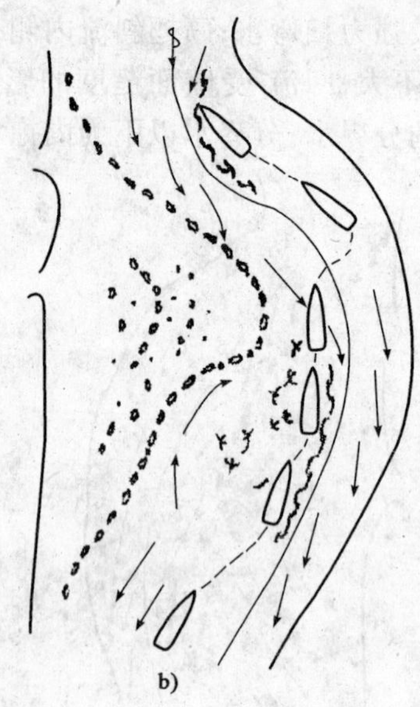

图 9-22

根据斜流的强弱恰当用舵,防打张;过河时不宜横向过河,防船身下跨,或下尾时,船尾扫边。

2)下行

(1)航路选择的基本原则:下行船舶航路选择的基本原则是"挂高",挂高时应注意留出相应的迎流角,为乘迎横流作准备,做到"高而不背",循主流时"跟弯而不落弯"。

(2)引航要点:当下行船舶进入急弯型碛坝河段时,将船位置于碛坝凸岸上半段主流外侧航行,以扩大航迹线曲度半径,若因该侧的航道、水流条件较差,也只能傍靠主流,不能跟主流;至碛翅斜流上方适当的位置抬向穿越主流,逐渐向碛翅斜流方向挂高,与斜流取恰当的迎流角,乘迎斜流;达斜流操内舵乘迎,以船舶内舷挂夹堰(或回流、掩塘边缘)回舵;继操外舵提尾顺向(直舵),以缩小航迹带宽度,使船位落位于主流上侧,船向与主流流线、航道顺向。若因下半段的航道、流线弯曲,当船稳向后即应回舵内转向,渐走渐转驶出急弯碛坝型河段的下半段。如图 9-23 所示。

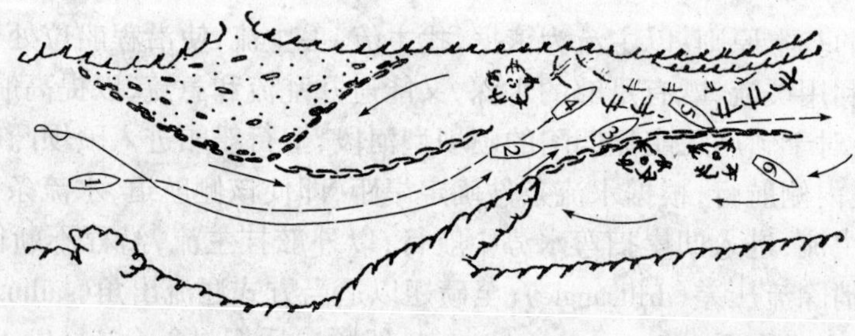

图 9-23

(3)引航操作注意事项:下行船舶进入碛坝上半段时一定要将船位置于主流外侧,即使该侧航道、水流条件较差,也只能傍靠主流,不能跟主流,甚至将船位摆在主流内侧,否则受碛脑背脑水的作用,而造成"背脑"(drifting off regular course to convex bank)、困碛,进槽时,若船舶偏离主流过多,受扫弯水的影响,易造成在凹岸困边,船舶穿越主流向碛翅斜流挂高的时机和所取的迎流角要适当,过早造成"背脑",过迟造成"落弯"(approaching to bank indentation and bow sagging),迎流角过大,船成横向,航迹带增宽,造成"吊钩打枪"的后果,迎流角过小,不能消除流压差,应根据碛翅的形状、斜流的强弱、船舶(队)的尺度、载量、操纵性能等综合因素的影响来确定;船首挂碛翅斜流内侧夹堰时要恰当,用舵过多,船首插入回流或掩塘区,直满舵不能调顺船身,但直舵的舵角不能太小、小了,舵压力转船力矩不能抗衡水动力转船力矩,会导致"吊钩打枪";向外直舵也不能过快、过早,一定要挂上后再直舵,否则会导致船舶"落弯"。

对于碛尾呈沱区的碛坝型河段,可仿"碛尾无明显凹陷的碛坝型河段"航法。但应注意,船达碛翅斜流用舵迎流,当船首进入缓流区时稍回舵提尾,待船首过下夹堰达沱区回流楞子时才能直舵,否则船身下跨,不能利用反流势作用,达不到提高船身,缩小航迹带的目的;其二是直舵时,不能一舵直跨,直稳后船身在斜流和三角区外挤水流的作用下,船身自然下跨,船位即落位于主流上侧,顺主流流向出槽。

因此,船舶在急弯型碛坝河段航行,必须克服航道尺度的制约和各种横向分速水流的影响,减少和防止船舶的漂移和偏转,确保船舶航行在预定航线上。

复习思考题

1. 解释:碛坝、穿浩、水流动力轴线、连转带稳、垫舵、钻套、盏、有碛抱碛,无碛抱月、掩塘水、直舵提尾。

2. 单一碛坝型河段航行条件有何特点?试述其上、下行船舶引航操作要点。

3. 急弯型碛坝河段有何特点?

4. 试述急弯型碛坝河段上、下行船舶航路选择的原则。

5. 何谓"挂高"?"挂高"的目的和注意事项是什么。

6. 试述急弯型碛坝河段的引航操作要点。

7. 下行船舶通过急弯型碛坝河段,若引航操作不当易发生哪些险情?并分析其原因?

8. 船舶通过急弯型碛坝河段应采取那些安全措施?

第四节 峡谷河段的引航技术

一、峡谷河段航行条件

1. 峡谷河段航道条件

峡谷航道是山区河流主要的航道形式之一,如长江上游渝宜段的瞿塘峡、巫峡、西陵峡等三大峡谷河段。河流穿梭于高山峡谷地段,河床主要由原生基岩组成,抗冲性能强,受水流长期作用,纵向下切,谷底较深,谷坡陡直,悬岩峭壁,景势壮观,两岸岩石裸露,谷身狭长,河床边界条件基本稳定;河床横断面呈"V"型或"U"型,两岸高山对峙,约束江流,枯、洪水位期岸线无明显是分界线;河床平面形态复杂,两岸常有山脚、岸嘴、巨石突出,犬牙较错,河心常有巨梁躺卧,岸线极不规则,多急弯卡口,河道狭窄、陡深、弯曲半径小,两岸高山环抱枯、航行通视差,水流随山形迂回曲窄。

2. 峡谷河段水流条件

峡谷河床,除少数急弯河道外,一般均较顺直,河床横断面深陡,中、枯期水位期,由于流量小,河床容量大,水流动力轴线深藏水面下,平面流速分布差异小,主缓流界限并不明显,流态平稳,航路易于识别,航行条件较为优越。洪水期流量大,过水断面与上游来水量不相适应,峡谷上口产生壅水,下口水流倾泻,上下口之间水面落差大,纵比降大,水流流速大,势能大,受不规则岸线的阻挡、挑移,在面流上出现汹涌激乱的泡、漩、横流和卧槽,主流改向、变态,航行条件极差。

二、峡谷河段引航要点

1. 上行

(1)上行航路应略靠一岸行驶,随岸形转向,并尽量使船首向与流向或岸形保持顺向航行,不走成"叉向"或"埋头向",否则船位必受流压影响而发生偏转。

(2)保持恰当岸距。其岸距的大小应根据船舶的类型、功率、载量、船队的队形、航速及风、流压而定。其横距不得小于1.5倍船宽,洪水期水流内压力强,应根据流态、岸形等情况,保持较开横距,并随时用外舵顶迎河心向岸边推压水势。

(3)遇泡流阻挡航路时,若航道条件允许,可从泡水中间"骑泡"驶过,以避免因泡水作用船舶一舷而产生航向、船位偏移;若航道条件不允许,应用适当的舵力"烹泡",即"一舵变三舵,四舵还原"的操作方法,即船首位于泡水一侧时,向泡水一侧用舵;当船舯位于泡水一侧时,回至中舵;当船尾位于泡水一侧时,向泡水所在的反方向用舵;船尾脱离泡水后,舵回正中,恢复正常航行。以避免航向发生较大改变和漂移,导致船舶困边或滑入河心;若遇两泡夹峙,而又无法绕过时,可从两泡之间"穿泡"而过,并视泡水的强弱,用舵烹迎较强的泡水。

(4)行经内拖水地段时,应及时向外河心调整船向,丢脱内拖水后逐渐调整船向使其与岸形、流向保持顺向。

(5)在利用凹近岸形的缓流时,应根据凹近沱区的长度、水深大小、回流的强弱、水势的紊动程度,并结合本船的操纵性能、推力和航速,在保证船舶安全的前提条件下,可以适当地利用凹进沱区缓流,以提高航速。在进入凹近沱区时,应注意回流向岸边向推压,可向外舷用小舵角抵御回流向内的压力,防止船舶困边;出角时,应用舵及时调顺船身,减小流压差角,切忌贪缓(回)流,防止出角打张。

(6)属于急流滩类型的峡谷河段,其航法仿急流滩航法。属于流态恶劣的险槽河段,其航法仿流态恶劣的险槽河段引航。

2. 下行

(1)抓主流流路,挂高流势一侧,随岸形、流线转向,并随时为下方航道乘迎强力横流、泡水取好舷角,以克服强力横流冲压,避免船舶发生偏转、漂移而偏离航路。

(2)遇泡水阻挡航路时,应"骑泡"或"烹泡"而过,乘迎泡水时,防止背向或插入上泡(逆向泡)而成枪势或顺水舵,陷入河心卧槽或漩水中歪船或枪困彼岸;也防乘迎不及时或用舵太小而被横流、泡水推压,造成落弯困边。

(3)遇漩涡阻挡航路时,若航道条件允许,应尽量绕避;若航道条件等原因的限制,船舶应及时调整航向和船位,让船首与漩水旋向一致作顺漩航行,称为上顺漩或撵漩(sailing direction with eddy edge),这样船速与漩水流速叠加,使船舶航速增大,加强船舶在漩水区作曲线航行时的惯性离心力,以便抵抗漩水区外高内低的水压力,有利于航行安全。船舶切忌上反漩作逆漩航行或从强力漩水中心通过,以免发生事故。

(4)遇卧槽阻挡航路时,应尽量避开,无法避开时应减速或骑泡、烹泡通过,切记将本船驶入低陷水域,防止造成船头钻水或船尾下潜,歪船扎驳、断揽事故发生。

(5)下行船航速快,引航、操舵应密切配合,谨慎操作,随时使船位处于高流势一侧。随岸形、流向转向。乘迎横流、泡水时，注意掌握用舵时机，必要时加车助舵，防止落弯、困边事故发生。

复习思考题

1. 解释：骑泡、烹泡、一舵变三舵，四舵还原、上顺漩、歪船扎驳。
2. 试述峡谷河段航行条件。
3. 试述峡谷河段上行船舶引航要点。
4. 试述峡谷河段下行船舶引航要点。
5. 船舶进入回流区如何引航操作？
6. 船舶在峡谷河段遇漩水区如何引航操作？
7. 船舶在峡谷河段遇泡水区如何引航操作？
8. 试述卧槽水的特点、出现的地方和引航操作要点。

第十章　特殊条件下的引航技术

[内容提要]　本章主要分析湖泊、桥区、船闸、流冰期、高洪水位期和能见度不良时航行条件，重点介绍湖泊、桥区、船闸、流冰期、高洪水位期和能见度不良时引航技术。

第一节　平流河段的引航技术

一、航行条件

1. 湖泊的航行条件

湖泊(lake)的水源来自降水、河水和地下水，以降水补给为主的湖泊，水位变化最大。以地下水补给为主的湖泊，水位变化最小。过流湖则与干流水位相适应，对干流水位起着调节作用。

湖泊水面一般较河流水面宽，在其中航行，常只能利用一些山角、河口、江心洲头(尾)以及人工设置的标志助航。由于这类物标为数不多，故不易定位，给航行带来了一定的困难。

湖泊流速缓慢，且水面宽阔，难以确认流向，特别是当各支流流向不一致时，湖泊内的流向更为复杂，故船舶航行容易偏离航路。

过流湖一般都有严重淤积，浅区甚多，水草也多，这些给船舶航行又带来另一种障碍。

在湖泊的滨湖地区，常有许多串沟，可供选作沿岸航道之用，这是对航行有利之处。

2. 水库的航行条件

水库(reservoir)航行条件基本上与湖泊相似，其不同点是：

(1)水库中的障碍物比湖泊中要多，如水库中常遗留有砍伐未尽的树木，未及时清理的建筑物残骸，及原来的低山沉入水中变成的暗礁等。

(2)水库中的水位变幅较大，这在以调节流量为目的的上游水库中最为突出，因而会引起航路位置的较大变化。

(3)流向与原来河流的流向一致，但水库中的流速大大降低，所以在水库上游的壅水消失处，会大量沉积泥沙。这种现象在长度不大的山谷水库更为显著。

(4)水库的温度下降到0℃以下时，开始冰冻。最初在岸边坞湾或浅水处结冰，尔后逐渐向深水处延伸。其冰冻程度与风向和风力的关系很大。

水库的水源一般是来自河流的汇合。为充分利用水利资源，在我国许多大小水库都建有水力发电站，因此泄水受到严格控制，水位有较大的稳定性。这是对航行有利的一面，但由于其水源主要依靠降水补给，因此随着旱季和雨季的出现，水位有较大幅度的变化。如浙江的新安江水库水位差就高达20～30m，它使航行条件产生很大的变化。现就洪水期、中水期和枯水期的航行条件分别介绍如下：

洪水期：由于大量拦蓄，水位很高，干出水面的滩均被淹没，水面形状改变，可供定位的天然标志也随着减少，航行条件变坏。此时如果走偏航道，就有触礁的危险。但是由于水位上升，航道增多，可选择经济航道，缩短航程，以提高船舶周转率。

中水期，在一年中历时最长。此时洪水期被淹没的小山已经露出，障碍物减少，可供助航的岸标明显，航行条件最好，但可利用的经济航道也相应减少。

枯水期，如久晴不雨，由于蒸发，水位将大为降低。此时有些原来不露出水面的小山也将干出水面，水库原来遗留下来的障碍物也隐隐出现，给航行带来很大的困难。同时可航水道大为减少，船舶或船队只能沿着航道航行。

二、引航技术

船舶在湖泊、水库中航行主要考虑的问题是如何准确地判定船位，随时注意气象变化，充分掌握船舶的抗浪性能和风浪中的操纵性能，保证航行安全。

1．航路选择

湖泊、水库中，常可分近程和沿岸两条航路。天气好、风浪小时，可走近程航路，径直驶过湖区，以最近航程驶往目的港，这有利于提高船舶营运效率，如条件允许，应尽量选择近程航路。天气不好，风浪较大或船舶条件较差，就应利用沿岸航路。它虽较为弯曲，航程较远，但由于水深不大，风浪较小，航行比较安全。在启航前，驾引人员应根据当时的天气情况和本船抗浪能力等因素，周密分析，妥善地选定航路。

2．船舶在湖泊、水库中的定位(Fixed position)。

(1)推算船位：推算船位是根据船舶的航向和航程，并考虑了风与流的影响，所得出的在某一时间的船位，它可用计算和图解法求出，现仅介绍图解法。

1)在无风浪的情况下，船舶的航迹与航向重合，因此推算船位可按航速的大小，在航向线上截取。例如：某轮9时自 *A* 地以20km/h的速度向东(真航向90°)航行。它在11时推算船位就在 *B* 点上，航程 *AB* = 40km，如图10-1所示。

2)在有风流影响的情况下，船舶的航迹线不一致。推算船位应在航迹线上截取。所谓航迹线，是指船舶在受风、流的影响下实际的运动轨迹。如图10-2所示，*AB* 为船舶的航向和航速，*AC* 是风、流合力的方向和速度，则平行四边形 *ABCD* 的对角线 *AD*，即为该船在受风、流影响下的航迹线。*D* 即为该时间的船位，角 α 就是风流合压差角。

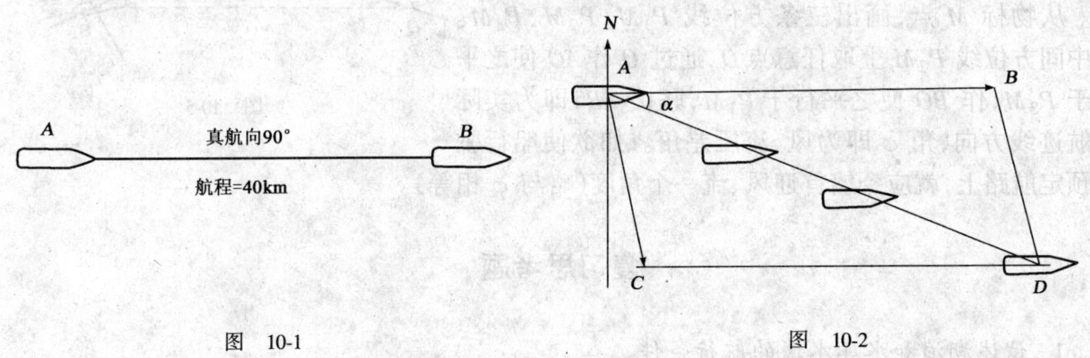

图 10-1　　　　图 10-2

在湖泊、水库中航行，风是影响船舶偏航的重要因素。在有流时，还要考虑水流的影响。为了提高推算船位的正确性，平时驾引人员应测出本船的不同车速，不同装载，不同队形时的航速及风、流合压差角以便在恶劣天气，视距不良时来确定船位。

(2)船位的测定

1)叠标及物标正横法

当船舶对准某一天然叠标组航行，如果某一时刻正横于某一标志时，则叠标方位线与该物标正横方位线的交点，就是此时的观测船位。如图 10-3 所示，当船位对准叠标 *AB* 航行时，于某时刻标 *P* 正横，则方位 *FAB* 和 *FP* 的交点 *F*，就是此时的观测船位。

2)两方位法

先选定两个分布恰当，便于观测的物标，在同一时刻观测它们的方位，所观测的两条方位线的交点，就是船舶在该时刻的位置。如图 10-4 所示。

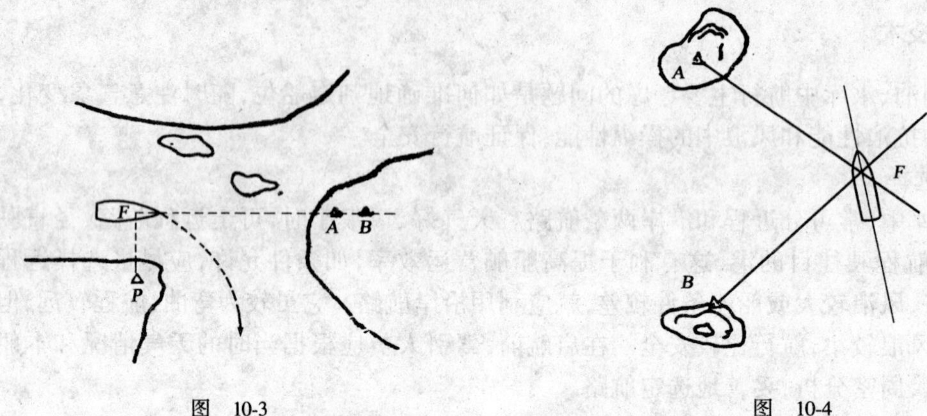

图 10-3　　图 10-4

"两方位法"在湖泊、水库中较为实用。如沿岸的灯塔，山头，岛屿，岸上的明显建筑物等，均可作为观测的物标。为使定位准确，在测定船位时，还必须注意，非固定的物标，如浮标、灯船容易移位，对不明显或易变动的物标不宜作定位之用，并应选择距离近的物标为宜，两物标方位的交角最好是 90°，避免使用交角小于 30°或大于 150°的物标方位，并且应先测方位变化较慢的物标(即靠近船首尾线的物标)，后观测方位变化较快的物标。

3. 风、流压差的测定

风、流压差可利用单物标方位测定：

船在等速行驶中，在相同的时间间隔 t 内，用罗经观测同一物标的三个方位，并在纸上作图，如图 10-5 所示。从物标 M 点，画出三条方位线 P_1M、P_2M、P_3M。在中间方位线 P_2M 上取任意点 O，通过 O 作 AO 使之平行于 P_3M，作 BO 使之平行于 P_1M，联接 AB，即为实际的航迹线方向，角 φ 即为风、流压差角。如欲使船行驶于预定航路上，就应令船首迎风、流一个角度(略与 φ 相等)。

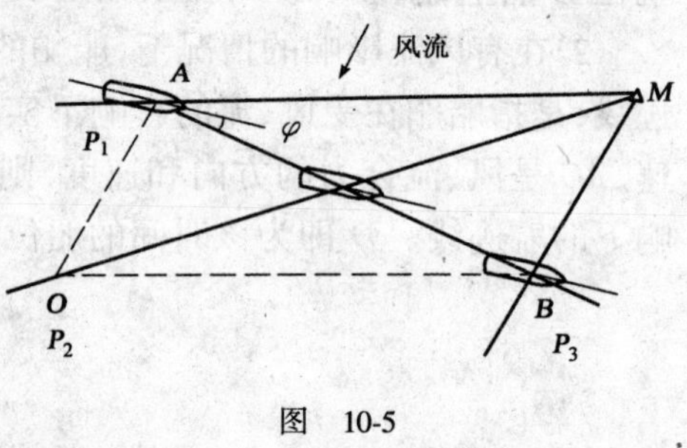

图 10-5

复习思考题

1. 试述湖泊和水库水域的航行条件。
2. 试述湖泊和水库水域的引航要点。
3. 在湖泊、水库水域中，如何测定船位？
4. 在湖泊、水库水域中，如何测定风、流压差？

第二节　桥区河段的引航技术

一、桥区河段的航行条件

随着社会主义建设的发展和需要，在天然河流上架桥梁的数目日益增多。它沟通了公路和铁路运输，但却给水路运输带来很多限制和困难。

1．原有航行条件起了变化

(1)缩减了航道尺度。航道尺度的缩减，主要表现为航道宽度与桥下通航高度的变化。从图 10-6 中可以看出，该河段未架桥前，具有设标水深的航道宽度为 B，但在架设为桥梁后，就被缩减到一个桥孔的宽度 b，常迫使一些大型船队(或木排)不得不解队分批通过。桥下通航高度是与水位的升降成反比的，在最高水位期通航高度被缩减到最小程度，常迫使过往船舶倒桅而过。

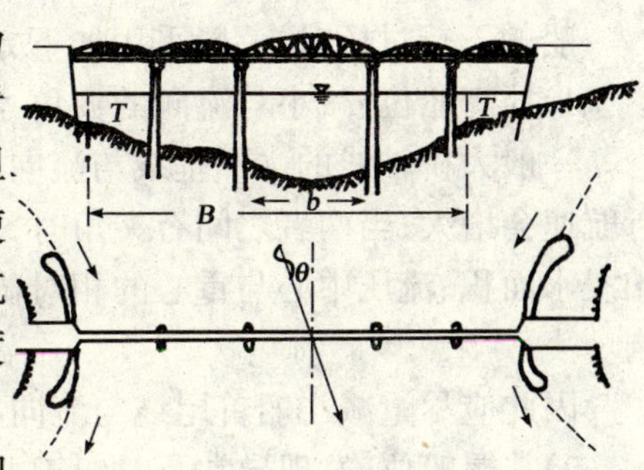

图　10-6

(2)在桥区范围内出现了不正常水流。由于桥墩和桥台的建筑，使河槽的过水断面有所缩减，水流不得畅泄，在桥台和每个桥墩的上方形成壅水，下方出现花水等不正常水流。有时由于桥台和矶头的挑流，还可能在桥区范围内出现较大的横流区。

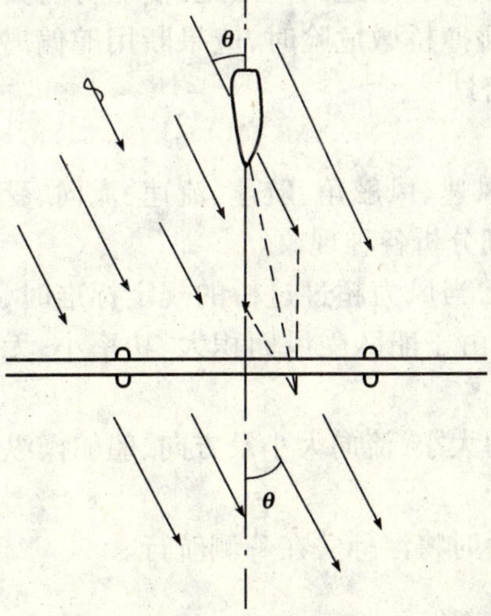

(3)流向与桥梁水平垂线交角的影响。桥梁水平垂线与主流流向的夹角(图 10-7)不宜太大，最好不超过 9°，否则主流就形成一股强大的横流，使船舶在驶过桥孔的过程中发生显著的偏移，甚至因此而发生事故。船舶在驶过桥孔时，因交角 θ 而引起的偏移距离，随横流速度、交角 θ、航速而变化。船舶实际航迹，是由航速与横流速度的合速度方向决定的，因此航速的变化也可以引起偏移横距的变化，即航速高时偏移量小，反之，偏移则大。

图　10-7

2．为保护船舶过桥安全，必须认真做好的工作

(1)完善航标。航标完善，有助于判明流向。桥区航道，常用一套专门的桥涵桥志来标明，它由桥涵标及上下游若干对浮标所组成。《内河助航标志》规定，当流向与桥梁轴线的水平垂线存在 10°以上夹角时，则桥墩上游几对浮标的中心线，应与流向平行。

(2)制定桥区交通安全管理规则。在通航河流建桥后，为保护桥梁建筑及船舶航行安全，必须制定有相应的交通安全管理规则，如运输生产发达的长江，现架有几十座大桥，都已分别颁布了安全管理规则。有些规则的某些竞争虽然安全系数过大，需要在生产实践中加以修改、完善，但对现行的规则，用船单位一定要严格遵守执行，以策安全。

二、桥区河段的引航技术

船舶下行过桥时的困难，主要是横流的影响不易控制船位。过桥时应充分了解有关的情

况，并掌握基本操作方法。

1．过桥须知

(1)桥区航道情况及通航特点。

(2)助航标志的相对位置、灯色、闪次及与桥、岸物标(灯光)在船前进中的相对位移。

(3)桥区航道内流速、流向及其对船队的影响。

(4)各种风向、风力对船队的作用。

(5)减小船舶输向横移，尽量从桥孔正中驶过。

2．基本方法

船舶下行过桥时，一般采用如下方法：

1)挂高船位、减小与流向的夹角

一般大桥轴线的水平垂线与流向均有一定的夹角。当船舶首尾线与水流方向一致时，下行航速会增大；当两者之间有夹角时，水流将使船位偏移。这种偏移与水位、流速、流舷角、船舶浸水面积、流压中心与重心的相对位置及船舶的航速等有关。在潮流段内，偏移还受潮汐影响。

因此应尽量减小船首尾线与流向的夹角，挂高船位，将航路选择在水势高的一侧。

2)掌握船位，发现异常及时纠正

在过桥过程中，必须密切注意各物标、灯光相对位置的变化，采用串视、开视(开门)、闭视(关门)等方法，结合航向和横距确定船位。一旦发现异常，应迅速判断船位偏移方向，及时纠正，如果船舶输向严重，无法纠正，过桥无把握时，应及时掉头，将船位提高后再掉头下驶。当船舶从大桥上游以一定夹角与大桥斜交过桥时，船头刚达桥墩，应迅速调向摆尾，使船身与大桥成正交通过。如因某种特殊原因，船位横移难以校正，有碰撞桥墩危险时，应果断用舵偏离桥墩，使船沿下流一侧的桥孔过桥，但必须及时报知大桥监督站。

3)风天过桥时的注意事项

在风力作用下，船舶向下风方向偏转漂移，漂移速度与风速、风舷角、航速、流速、流向、受风面积、船队队型等有关。因此驾驶人员必须认真观察，仔细分析各种现象。

(1)了解当地气象台站台的风情预报及当时的实际风力，当风力超过过桥的规定标准时，应选择安全锚地避风。当风力虽在规定标准的许可范围，但由于船队受风面积大、功率小，无把握过桥时，也应采取抛锚避风措施。

(2)紧沿桥区航道上风一侧。挂上风的松紧程度，视风力大小、流向大小及方向、船舶操纵性能、负载大小而定。

(3)发现船位漂移，应立即纠正，多向上风一侧调向，必要时将浮标关在一侧航行。

3．顶推船队的引航

顶推船队的引航操作中与单船相似，但由于它的尺度大、惯性大，应舵较单船慢，故存在一定困难和复杂性。特别是下行船队，除遵照上述单船过桥基本方法，以下几点值得重视：

(1)更要注意挂高船位

船队必须紧抱横流上侧驶入桥区航道，切不可把航路过早地选择在航道中线，对准桥涵标下驶，否则往往会由于偏转过大，造成船队横卧航道，碰扫浮标或桥墩的严重局面。

(2)提高航速以抑制偏移

船舶偏移与航速成反比变化的，提高航速可以减少船舶偏移，而且提高航速可加大舵力。因此船队在驶入桥区时，应增加车速，在横流影响不大的河流，也可保持常车或减速过桥。

(3)发现偏移及时采取紧急措施

当发觉船队在横流作用下偏离航路时，应立即采取措施，予以纠正，切不可存侥幸心理，犹豫不决，坐失时机。对船位的异常，发现得越早，采取紧急措施越及时，挽救危局的可能性就越大。船队下行过桥，当无风或风力较小时，应根据流压情况，挂高流势一侧行驶。当左侧来风，风的影响大于流的影响时，为避免船队向右漂移，左首应紧沿白浮，甚至将白浮置于船首右侧，临近白浮时松舵调向，船位落在上风一侧，经桥孔正中过桥。

在考虑水流、风力对船舶的横向作用力的同时，还应注意它们对助航标志的影响。虽然在桥区航道上的航标常抛设有首、尾锚固定标位，能减小其漂移量，但船队在桥区航道利用航标、物标之间关系确定船位时，也应考虑航标的偏移量。

4. 吊拖船队的引航

吊拖船队过桥时，必须缩短拖缆，增加车速，提高船队的操纵能力，吊拖船队过桥的引航操作，可分为上行和下行两种情况。

上行吊拖船队过桥时，如果因为不正常水流的影响使船队首驳发生偏摆，但不致引起整个船队偏离航路时，拖轮可仍按原航向前进，当首驳开始回摆时，拖轮应立即降低车速，减小拖缆牵引力，使偏摆减小，顺利上行。

下行吊拖船队过桥时，队形常为多排式，航速高、惯性大，操纵上是比较困难的要特别小心。应将船队带到横流的上方。为了保证驳船队能从桥孔正中通过，有时拖轮可能会暂时驶到浮标联线外方，如图 10-8 所示。

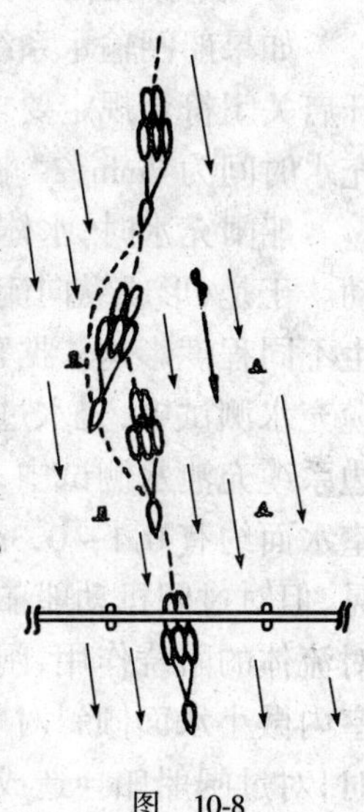

图 10-8

如果拖轮船队过桥时没有将船队挂高，而过早地对准桥涵标行驶，船队在横流作用下推压至下方一侧，这时应立即采取措施，但用“甩尾”方法不合适，根据情况可适当加车向上方转舵，把船队带回到主流的上方，再调顺船队，从桥孔中央通过。

如果船队过大，或横流过强，或有大风，为保证过桥时的安全，可解队分批通过。

复习思考题

1. 桥梁架设后对航道有何影响？
2. 过桥前应了解哪些情况？
3. 桥区引航的基本方法是什么？
4. 风天过桥应注意什么？
5. 简述顶推船队过桥的方法。
6. 简述吊拖船队过桥的方法。

第三节　船闸河段的引航技术

一、船闸上、下引航道水文特征

水利枢纽工程的兴建，改变了坝区水域原来天然航道的河床和流态。大坝上、下游水流、水深及流速等均发生了较大变化。

1．上引航道水文特征

船闸上引航道，因处在大坝上游，一般情况下属静水航道。受上游冰雪融化、干支流地区暴雨、山洪及降雨量变化的影响，入库流量呈突发性波峰变化。为调节库区水位，泄洪闸相应打开时，库区水位变化明显。上引航道与干流交汇的上口门处会出现横流和其它不正常水流区，如果上引航道内有支流注入，河口及其下方随支流水位涨落会出现明显斜流。如长江葛洲坝三江上引航道内，有黄柏河支流注入长江，当黄柏河涨水时，河口处有明显斜流由左岸向江心防淤堤推压。

船闸充泄水时，对上引航道水位无明显影响。

2．船闸充泄水期间的水文特征

如果船闸输水系统的廊道及出水孔分布合理，消能设施齐全，水流分配均匀，各种机械的开启关闭符合规定要求，充泄水期间水面平均升降速度衡定（如长江葛洲坝 3# 船闸每次平均充水时间为 7min，2# 船闸为 10.5min；平均水面上升速度为 3.85m/min），水位会平稳升降。

船闸充水时，水体虽经消能，但其残余势能仍可能导致闸室内水流紊动与非恒定波浪运动。于是，形成纵向流压力和波浪力以及水流紊动作用力等，对闸内停泊的过闸船舶（队）会产生不同程度影响。据葛洲坝 2#、3# 船闸有关实船测试结果表明，长江 2074 船队在船闸单边系缆充水测试中，充水过程最大系缆力 $P_{max}=7kN$，超灌时 $P_{max}=24kN$；东方红 37 轮在 3# 船闸双边系缆充泄水测试中，充水时 $P_{max}=9kN$；超灌时 $P_{max}=14kN$，超泄时 $P_{max}=25kN$。充水时，闸室水面约有 0.1～0.3m 高的散碎波浪和翻花。这种散碎细浪能使小划子前后颠簸及左右摇晃，但对过闸机动船舶影响甚微。至使上行船舶系泊中有向闸墙倾斜的趋势。泄水时，因闸墙对流体的阻绕作用，闸室中部比两侧泄水快，至使下行船舶有向闸室中心倾斜的趋势。这种闸室内微小水面倾斜对船舶型宽大于闸室宽度（B_M）2/3 的船舶影响不大。但是，当 $b\leqslant0.5\ B_M$ 时，对过闸船舶会造成影响。

3．下引航道水文特征

下引航道一般水流平静。当船闸泄水时，航道尺度受限，水流下泄成波浪，波峰波长会造成局部区段水深下降（葛洲坝船闸下引航道落差为 0.4m 以上）。汛期泥沙易沉淤，尤以下口门段，受异重流的影响，淤积更为严重。枯水期葛洲坝三江下引航道口门处，常疏浚挖泥拓深拓宽航道，保证船舶正常航行。

二、船闸引航

船闸因其建筑位置、尺度大小、允许过闸船舶（队）尺度大小、上下引航道尺度以及航行条件各异，船舶过闸引航方法亦有所不同。但其基本航法是相同的。本教材将以长江葛洲坝水利枢纽工程船闸河段为例，介绍航道概况及船舶上、下行过闸引航方法。如图 10-9 所示。

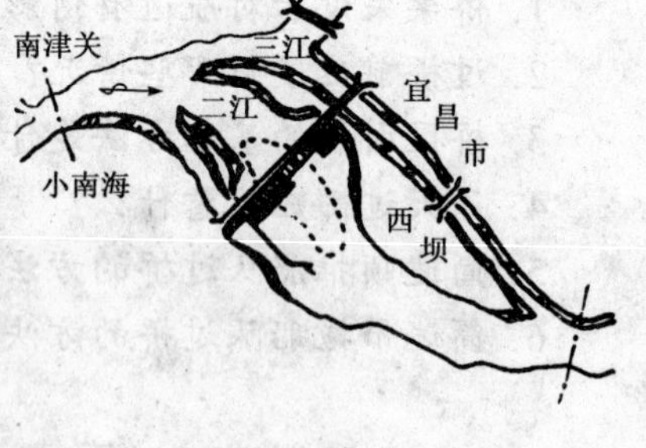

图 10-9

葛洲坝水利枢纽工程船闸河段包括三江上、下引航道及 2#、3# 船闸；大江船闸航道包括大江通航水域和 1# 船闸，枢纽工程设计坝上最高水位为 66m（吴淞高程，下同），最低水位为 63m，坝上下最大水位差为 27m，最小水位差为 6～8m。

1．葛洲坝三江船闸河段

1)三江上下引航道概况

清凉树至防淤堤头为三江上口门区域,宽 230m,自上口门至上闸首为三江上引航道,长 2.5km,航道宽 180m,底高 55m(吴淞高程)。引航道右侧为防淤堤,长约 1870m。中段有黄柏河汇入。

下闸首至三江下口门为三江下引航道,长 3.9km,航道底高 34.5m,最小宽度在中段 1100m 范围内为 120m。2#、3#船闸下闸首右侧分别设有导航墙,而 3#船闸导航墙尾下有长 124m,宽 40m 的导流墩。3#船闸中心线与坝轴正交,出 3#船闸经 360m 直线段后向右转向约 10°~11°连下引航道直线段。2#船闸中心线与坝轴成 81.5°的交角,出 2#船闸,经 650m 直线段后向右转向约 18°~19°连下引航道直线段。在直线段中有一公路桥,桥墩净跨 150m,在坝下行位 54.5m时,中间 100m 范围内净空高度为 18m。三江下口门宽 150m,底高 34.5m。下口门中心线与长江主流轴线设计夹角为 25°,实测大于 35°。下引航道内水流平静,汛期泥沙易淤积,尤以口门段受异重流影响,淤积更为严重。

2)2#、3#船闸尺度及通过能力

2#船闸位于三江冲沙闸的右侧,闸室长 280m,宽 34m,槛上最小水深 5m,一次可通过总载货量为 12000~16000 吨的船队。

三江航道左侧为 3#船闸,闸室长 120m,宽 18m,槛上最小水深 3.5m,可通过 3000 吨以下客货船及小型船队。

3)进出 2#、3#船闸的操作方法

(1)下行过 2#船闸操作要点

达清凉树右舵顺向吊向王家沟岸标下行;船身渐进左岸,渐行渐右顺向,分心稍挂左岸进入三江上口门,同时注意控制船速;待船身全部进入静水区,逐渐移向右岸,到 2#靠船墩时,保持适当横距,并使船身与靠船墩平行;以导航墙头为点,达导航墙头盔得起船时右顺向,沿导航墙一侧进入 2#船闸,按指定标位停靠,系好各缆。

出闸后,随岸形转向分心下驶至下口门。

(2)上行过 2#船闸操作方法

上行进入三江下口门后,分心稍挂左岸上驶至公路桥下方分心上行;过公路桥后,向右岸靠船墩渐移,达靠船墩外取适当横距上行;达 2#船闸导航墙头盔得起船时,左顺向调顺船身,与导航墙平行,缓缓进入闸室,按指定标位停靠。

出 2#船闸后,以黄柏河口上角为点,斜趋左岸,调顺船身沿左岸上行直至南津关囤船尾。如王家沟一带淤积,注意绕避。

(3)下行过 3#船闸操作

按过 2#船闸操作进入上口门后,挂左岸渐行渐右顺向,吊向黄柏河口下角稳向行驶;船首接近左岸,右舵渐次调顺船身,过黄柏河下口,与 3#靠船墩取适当横距,并以 3#船闸导航墙头为点,逐渐调顺船身,与导航墙平行,顺导航墙一侧缓缓进入闸室,按指定标位停靠。

出 3#闸后随岸形转向分心下驶至下口门。注意防触扫导航墙尾下导流墩。

(4)上行过 3#船闸操作

按过 2#船闸航法过公路桥后,渐趋左岸,以船闸下方第一靠船墩为点,逐渐将船收顺于靠船墩外,置导航墙于左舷;导航墙头担腰,左舵顺向后调顺船身与导航墙平行,取好两侧横距,缓缓进入闸室,按指定标位靠泊。

出 3#船闸,船尾过导航墙后,左舵外伸,置 3#闸靠船墩于右舷,以黄柏河上角为点,沿左岸取适当岸距上行至南津关囤船尾。

2. 葛洲坝大江船闸航道

1)大江通航水域概况

自长江左岸母猪嘴与右岸锁练子(12.5km)的联线至长江左岸庙嘴(5.0km)与右岸孝子岩(4.5km)的联线的水域为大江船闸通航水域范围。

大江航道全长1748m,其中上引航道长991.5m,其右侧是长江岸线,左侧是防淤堤,隔水墙和上游导墙,口门宽200m;下引航道长390m,由下游导航隔流墙形成,布置在船闸下游左侧,紧接下闸首左墙,它的主要作用是形成航道,以满足导航要求,改善口门区的航道条件,同时还起大江电厂下游导流隔水作用。下引航道下游设白浮6座,红浮6座,航宽140m,水深4m。由于葛洲坝发电机组泄水,主流偏右岸扫弯而下。

2)1#船闸尺度限制

1#船闸设在大江电站右侧,大江冲沙闸的左侧,闸室有效尺度及通过能力与2#船闸相同。船舶(队)集泊1#船闸闸室的尺度限制为:长266m,宽32.6m,闸前水位66m(吴淞高程)时,水面最大高度为17m。

3)引航操作注意事项

(1)无论上行或下行均应悬挂"T"和数字"1"旗号。

(2)上行船在母猪嘴以上应与南津关信号台及闸调联系;出闸后应与庙嘴信号台联系,了解三江下行船舶动态。上行船在镇川门以下应与庙嘴信号台和闸调联系;出闸后应与南津关信号台联系,并注意会让下行船舶(队)。

(3)上引航道向家嘴红浮已撤除,无论上行或下行均需转大点,防止新的淤积。

(4)下引航道下行防扫弯,无论上行或下行均需循河心偏左岸侧行驶,防船尾偏移右岸扫边。

复习思考题

1. 什么是船闸?其作用是什么?
2. 船闸如何分类?
3. 船闸船用安全设备有哪些?
4. 试述船闸及上、下引航道水文特征。
5. 试述船舶上行通过葛洲坝2#、3#船闸的引航要点。
6. 试述船舶下行通过葛洲坝2#、3#船闸的引航要点。
7. 试述葛洲坝大江船闸航道特点及引航注意事项。

第四节　流冰期的引航技术

一、流冰期的航行条件

北方河流,当气温降到一定程度时,便发生冰情,形成冰块,顺水漂流出现流冰。冰凌期航行条件具有如下特征。

1. 水位变化异常

在流冰畅通的河段，水位正常。当流冰因多种原因受阻时，局部水位开始上涨。流冰受阻严重时，形成冰坝，河流阻塞，坝上水位猛涨，坝下水位急落，形成数米的水位落差。

2. 船舶吃水增加

在严寒的气温下，水中的冰块附着船底，增加了船舶吃水和阻力，不仅直接影响船舶操纵，有时还会使船舶在浅水航道上搁浅。

3. 水面上有漂移的浮冰

春季的流冰，经常夹着大小不均的坚硬冰块。对船舶威胁较大的是半沉半浮的大型冰块，如航行中未被发现，船舶撞击后，会造成船舶破漏、进水、沉没等危险。

4. 航道易演变

在封冻的河流、冰雪覆盖的河床内，泥沙运动和浅滩演变仍然不停地进行。河床中洲滩位置按照河流工作的规律可能会发生较大变异。春季开江时，航道部门如果按原来未封冻前设标，可能会出现差错。船舶若按封冻前设置的导标行驶，将会有在航道上搁浅的危险。

5. 选择航路困难

由于冰块占据了水面，航道尺度变小，流冰沿主流漂移，而主流区正是船舶航行的深槽。船舶航行中为避开冰排，往往被迫离开航线。船舶在狭窄航道会让冰块，还有可能酿成事故。

6. 天气恶劣，视线变差

秋季流冰期经常出现暴风天气，能见度极低，视线不清。当航标被冰雪覆盖，难以辩认标志颜色。

二、冰区航行特征

冰区航行具有独特的航行特征：

1. 冰区航行船舶机动性能发生如下变化

(1)随冰层厚度的增大船舶回转倾角减小；

(2)船舶航速降低，回转速度减小，其结果回旋周期增大；

(3)最大舵角不是最佳回转舵角。在冰中航行，如果冰层厚度 $h \geqslant (0.6 \sim 0.7) h_{极}$（$h_{极}$ 为该船通航时冰的极限厚度），若采用大于最佳舵角的舵角回转，将导致航速和回转速度的急骤下降。

(4)航向稳定性差。尤其是倒航，稳向极为困难。

(5)船舶冲程减小。

2. 冰区航行定位

船舶在流冰中航行，定位存在着较大困难。因为驾驶员既要确定船舶相对岸边的位置和航道轴线的位置，又必须随时估算冰况，避免撞击冰排。冰凌期，航行标志有时会出现不正常状态：标志缺少、部分流失、发光不正常，甚至全部失常，给航行船舶带来危险局面，甚至迫使船舶停航。驾驶员应充分了解和掌握航道情况并根据天然和人工物标的特征进行定位。

从厚冰中开挖出的冰上通道(简称冰上运河)，给船舶定位提供了良好的条件。但必须确认冰层不会因船舶通行而移动。夜间可借助探照灯观察船舶周围冰的特征，依据近岸特征定位。在视线不良和黑暗的夜晚引航需要配置两部船用雷达，大功率探照灯和船首探照灯。并且保证岸上助航设施(如灯塔、岸标反射装置)工作的可靠性。在水库和湖区中，最好设立岸台雷达站，为船舶导航。

3. 航行值班

在恶劣的冰凌条件下航行，应按以下方法组织值班：驾驶台应不少于 2 名驾驶员，高职务者为工班长。船舶接队航行时，工班长的职责是准确、无误地执行指挥船的指令，按规定的通信频道，保持与指挥船的联系。严格按规定航路行驶，保持船舶之间的安全距离。随时掌握自身船位，定期监测船体有无潮漏。船体内生活用水及残存污水，必须每小时测取。如果有严重撞冰事故发生，应不间断的观测、量潮，直到无潮为止。

交接班时，值班长在航行日志上应记载航区冰况（形状、厚度、破损情况、坚韧性、浮冰数量及风的影响等等）、航速、距前船的距离、引航船交待的事项等。

在零下气温时的冰区停泊，为防止车、舵冰冻，必须不停的使用车、舵。

三、冰区航行

船舶由无冰水中驶入冰区，应仔细估计冰况，再次检查舵设备、自动化设备、堵漏和救生设施工作的可靠性和储备量。最好在视线好的情况下，或收到气候变好的预报之后进入冰区。避免在流冰、冰坝时进行冰区。

以最小航速、直角或接近直角驶近冰块的边缘。驾驶员应随时估算冰况，选择航道内冰层最稀少、结构尚不坚实的冰区。由冰块的厚度、船体结构强度和冰况确定允许的安全航速。应避免撞击冰堆。船舶转向时，因有漂角，船舷可能会撞击冰块，因此应谨慎地减速操作。特别是要警惕半沉半浮的超大冰块，其水下部分常有锋利的楞角，船舶以大速度触撞这类冰块，船体会发生破损。

冰区航行应注意以下事项：

(1)靠近大冰块行驶时，不可贴压，应避开凸嘴。当不可避免撞冰时，应避重就轻，使船首相擦，避免撞击船尾和机舱部位。

(2)避免操急舵或大角度转向，以减小船舶倾斜和撞冰。转弯时应靠近有突嘴的岸边。

(3)定向直线航行时，应定期转动 3° ~ 5°舵角，避免车、舵冻结。船舶倒航时，舵应放在正舵位置。

(4)流冰和冰塞对冰凌条件下工作的船舶有较严重的危险性，流动的浮冰能将船舶压向岸边、浅滩、礁石，致使船舶损坏。在天然河流中，当得到流冰的信息后，航行船舶必须尽快驶向最近的卧泊地、岸嘴、洲滩、岛屿的下方停靠。如果无法实现，必须尽快靠岸（最好是河弯的上半部），使船舶与岸线呈 20° ~ 40°夹角，向泊岸一方操最大舵角，并开小转速顺车。如果停车，船尾会被水流压向岸边，危及车舵设施。

(5)对冰区航行实施以上安全措施确有困难的船舶，要求驾驶员采取一切手段严防船舶在航道中冻结。具体操作是：先开小车速，停车，舵放置在“中舵”位置，开倒车后退 30 ~ 50m，最后再开小车速前进到原来位置。反复进行。船舶待航、过夜、等待援助等情况下的停泊，一般不抛锚。

四、船舶卧冬

封冻河流在“霜降”以后，一旦出现冰情，航行中的船舶就应考虑卧冬问题。尽量缩短航程，逐步向指定的船坞靠拢。如果途中遇到寒流袭击，被秋季流冰所阻，不得冒险行驶，应就近（或顺流冰下航一段），在河流沿岸寻找适当的卧冬地卧冬，以减少冰损。

1. 船坞

船坞是指有足够水深，能容纳一定数量船只的卧冬地。分自然坞和人工坞两种：

1)自然坞

老河槽上口被泥沙淤积堵死,只有汛期能过水,下口仍与河流相通。这种坞池较为理想。如图 10-10 所示。

2)人工坞

在船籍港附近,经周密设计开掘、修筑的卧冬地:

(1)挖掘式:沿河流某岸向岸边挖掘的宽阔水域,周围筑堤。如佳木斯船坞(图 10-11)。

(2)堤坝式:如哈尔滨船坞(图 10-12)。

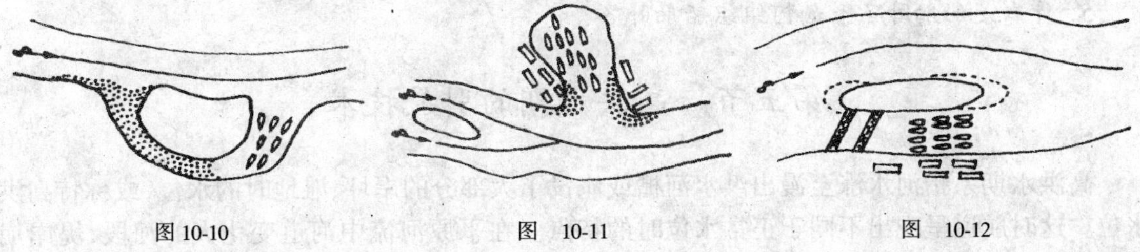

图 10-10　　图 10-11　　图 10-12

2. 船舶卧冬地

船舶卧冬地是船舶因故不能入坞,依靠有利的自然条件,能使船舶减少冰损的冬季停泊处。

一般卧冬地选择在下列地点:

(1)老河槽下口;

(2)小河下口附近;

(3)岛屿下端靠近岸边处;

(4)河岸突嘴下方;

(5)堤坝及水工建筑下方。

以上地点流速较缓,封冻早,岸冰外扩,可免受秋季流冰威胁;春季流冰也因受突嘴、堤坝影响而流向河心,同样能减少冰损。

3. 船舶进坞

1)入坞前的准备

(1)测量坞池水深,清理坞内障碍;

(2)扩挖坞口,安设标志;

(3)检查系缆桩、垅套等是否处于良好状态,必要时应更新;

(4)进坞船在坞外有流处清舱;

(5)安排捣坞船只。

2)进坞

(1)按指定船位,依次进坞;

(2)进坞后,掉头,逆流对正标志,船位偏上风一侧;

(3)入坞后,用缆绳固定卧泊位,并绘出卧泊位水深图;

(4)保持船舶间的安全距离(纵向 8 ~ 10m,横向 5 ~ 7m);

(5)坞内应设防火通道,便于在冰上打防火井,和消防车通行。

(6)港作船和捣坞船及交通艇卧在坞口附近,便于开江出坞,及时投入工作。

复习思考题

1. 冰凌期航行条件有哪些特点？

2. 试述冰区航行定位方法。

3. 冰区航行驾驶值班有哪些要求？

4. 冰区航行应注意哪些问题？

5. 什么是船舶卧冬？如何组织船舶卧冬？

第五节　高洪水期的引航技术

高洪水期系指河水涨至漫出洪水河槽或淹没了大部分的岸坪、滩地时的水位，或称特高洪水位。这时航道呈现出不同于正常水位时的特点。在平原河流中河道变化大的河段，堤岸崩塌，旧堤被毁后又筑新堤，形成“岸内有堤，堤外有坪”，使河道两岸出现高低不一，形态各异的岸坪、废堤、矶头及抛石物，成为高洪水期特殊的河床形态特征。高洪水期河水漫坪后，水面汪洋一片，给引航和船舶定位带来很大的困难。

一、高洪水期的航行条件

1. 航道水流特征：

(1)在山区河流的宽谷河段，局部谷坡被淹，河面宽阔，除有少数的石质急流滩外，一般水流条件相对较为缓慢；峡谷河段，洪水流速急增与河槽断面的增加不相适应，比降、流速增大，流态变坏。特别是水位猛涨时，流态险恶，使船舶的引航操作十分困难。

(2)在平原河段中，高洪水位期水流特点是：两岸低坪部分及滩地被淹没后，河槽与岸坡的界限不清。特别在弯曲河段，漫滩水流撇弯取直，更难于识别河槽地貌，极易错走航道。又因流程缩短，弯道出口的比降和流速均增大，且流向与船舶航向间的夹角增大，形成了强横流，增大了引航操作的难度。

2. 随着水位升高，部分河岸被淹没，岸形发生变化，使驾驶人员在选择航路、确定航向、摆正船位等方面失去可靠的依据。

3. 航标布置变化较大，在弯曲河段，尤其是两河弯相邻的航段，观察航标时会出现相互交错，容易引起混淆。夜航时，灯光远近难于辩识，如遇灯标流失，移位或熄灭，更难以准确地判断河槽的位置。

4. 随水位的增高，有些汊道，此时有了适航水深，可供船舶作为经济航道航行，但其流量也随着水位上升而增大。进出口处会产生强横流。

5. 过河建筑物的净空高度随水位升高而减小。

二、高洪水位期的引航要点

1. 随时掌握本船船位。高洪水位期，航行条件及定位目标均发生明显变化。此时定位的依据是：岸上的高大建筑、山头、树丛、支汊河交汇处的岸形特征等天然物标；浮标和泛滥标；被淹没岸线边缘和洲滩边缘的特殊水文特征等。借助目测、雷达、罗经等助航设施综合定位。

2. 及时修正流压差角。漫滩水流的流向与原河槽的轴线存在较大夹角，航行船舶应注意各种不正常流态的影响，及时调整流压差角，挂高船位，抑制漂移，确保船舶在河槽内安全航行。

3. 正确识别航标灯质，设标位置，避免远近灯光混淆。夜间航行应将航线选择在与漫坪堤岸相对的缓流航道一侧，防止上坪搁浅。两岸均为淹没河段，航行无足够把握时，宜选择白天通过该航段。

4. 航经支汊河口时，若遇到涨水急流时，应向来一方挂高船位。若遇到强吸入流时，应绕开航行。航经高洪水位期开放的副航道时，要切实校核航宽、水深及碍航物的高(深)度，能否满足本船安全通过的要求。注意减速过浅区和要求减速的河段，防波损的损坏堤防。

5. 航经山区河流高流速滩槽前，应仔细了解校核滩槽水位、流速和滩头水势，果断决策是否自行上滩或施绞上滩，或扎水待航，提前做好各项准备工作。

6. 通过跨河建筑物(如桥梁、架空管线)前，应按规定，准确计算有无剩余高度，必要时倒桅通过或停泊待航。

三、在水位猛涨、猛落时的引航注意事项

水位猛涨、猛落是山区河流的水文特征。山区河流比平原河流无论是年变幅还是日变幅均要大，各港对水位陡涨急退规定的标准不尽相同。如长江上游重庆港规定，猛涨水为15cm/h或4~5m/24h。据1973年记载，涨水日变化率最大为11.8m，退水最大值为6.25m。而处于中、下游交界的汉口港，1973年涨水日变化率最大值仅为0.72m，落水最大值仅0.27m。当水位陡涨，涨幅又较大时，不仅对船舶航行安全、引航操作、航道维护等增加了困难，而且还危及两岸人民的生命与财产。在水位猛涨、猛退时，船舶航行必须注意以下事项。

1. 注意水情预报，了解水位涨幅，洪峰传递及到达本河段与本船相遇时间，以便制订防范措施。

2. 洪峰来临，造成短时间内(如川江一般是1~2天，多则3天)流量急增，因径流量大，水面比降大，水流湍急，河中不正常水流到处存在。在峡谷河段，洪流渲啸，水势汹涌，翻腾成卧槽漩坑。上、下行船舶往往在特高水位时需扎水停航以确保安全。

3. 洪峰到达时，因水位陡涨，使堆积在两岸来不及转移的物资以及树木、杂草等随流倾泻而下。航行中若疏忽瞭望、避让不当，极易打损车舵或导致航行事故。

4. 洪水期某些急流滩段，在陡涨水位期，其流速急增，流态变坏，滩热恶化。设有绞滩设施的滩段，此时也不能施绞；有的滩段，平时船队原可自力过滩，但在此时则无法自力通过。因此，上行船舶(队)应充分估计滩情水热，确无把握时，应于滩下选择安全锚地“扎水”，切不可盲目冒进。否则，上滩后将进退两难造成事故。

5. 当某一水系中较大的支流，在山洪暴发、水位陡涨时，因径流(包括泥沙含量)量大，在干支流交汇口附近，水流发生急剧变化，支流口堆积物增大，滩体变形，堵塞了干流的水流，使其上游壅水，下游水流变急，流态变坏。如在滩段内则改变了同一水位期的水面曲线，加大了纵比降。船舶经过此处，舵力难以抗衡水力，出现失控而造成事故。

6. 水位陡涨会造成航标流失、移位、熄灭，而又不能及时等到恢复。此时，船舶，不能完全依靠航标助航。驾驶人员应参考岸形、物形、水文现象，正确选择航路和判明船位。

7. 水位急退时，水流动力轴线将会急剧摆动。在高水位期淤积泥沙的地带，此时被水流强烈冲刷会出现走沙水，船舶要注意在航道内可能会残留有沙坝或沙包，应避开航行。

复习思考题

1. 试述高洪水位期的航行条件。

2. 试述高洪水位期的引航要点。

3. 平原河流急弯河段漫坪后,船舶应如何选择吊向点、转向点?应怎样定位?上、下行应如何引航?

4. 试述水位猛涨、猛落时的引航注意事项。

5. 什么是"扎水"?船舶在什么情况下需要"扎水"?

第六节 能见度不良时的引航技术

能见度不良是指由于受雾瘴、下雪、暴雨、风沙等影响而使视距受到限制或因光照度差使夜间航行视程降低。由于视线较差,航行条件恶化,易使航行船舶失点迷向而造成事故。

一、夜航

1.夜间引航要点及注意事项

(1)驾驶人员接班前应重温本班夜间所航经河段的航道情况,熟知地形、地物、岸嘴、礁石等碍航物。同时还应根据水位的变化,熟悉航段内的主流、缓流及不正常水流的分布情况,以便选择航路。

(2)驾驶人员应熟记航向和航段标志的配布,能熟知物标(包括显著的天然物标)的位置及特征,并能合理地利用它作为夜航叫舵、转向、校核船位、航向的重要依据。

(3)值班人员在进驾驶台接班前,应于黑暗处闭眼停留片刻,使眼睛适应在黑暗中视物。待交班人交清航道等情况、摆正船位、稳定航向后再接班。禁止交接不清,盲目接班或在避让时交接班。

驾驶台内应避免其它灯光射人而影响值班人员视觉。如需用灯光时,应遮蔽灯光不使其外露,或采用不耀眼的弱光或红色灯光。

2.夜航中应掌握的要点

(1)要充分利用望远镜、罗经、雷达、VHF等助航设备加强了瞭望,在山区河流或狭窄河道,在不妨碍他船航行时,可利用探照灯助航。

(2)随时准确测定航位,掌握好夜航转向点和吊向点,使船舶始终保持在计划航线上或处于"落位"状态。

(3)通过突出的岸嘴、石梁、礁石、急流滩或险槽时,要准确掌握地势、滩情水势,正确使用车舵,安全措施稳妥。夜间绞滩,要分工明确,措施落实。遇陡涨水或本船系重载的上行船队,在航经未设绞滩站的险滩时,要充分考虑本船的过滩能力,以避免船舶吊滩、退滩或失控造成重大事故。

(4)宽阔河段(尤其是入海河口段)的物标、灯标稀少;支叉河口处,灯光混杂;洪水期的漫坪地段,灯标远近相互交错,辨认不清。要熟记每个航标的名称、灯质,两标间距和本船所需的航行时间及相对方位,以确定船位、航向和航道走向,避免失误。

(5)在漆黑的夜晚,近岸航行时,要及时抓住显著物标(地形、地貌)校正航位。船首线略与岸线保持平行,并根据地形特征,及时转舵扬头,岸距应大于日间航行岸距。

(6)在弯曲、狭窄、横流强的河段,切忌会让船舶,应选择在航道较宽,水流情况较好的地点会船。避让他船时应及早鸣笛，显示避让方向的闪光灯，统一会让意图，以便会让船舶双方安全互让。对实行分道航行的河段，严格按规定要求选择会让方向。

当前方航道情况不清，他船动态不明时，应及早停车等候，待弄清情况后，方能续航。尾随船舶应与前船保持较大距离，以防前船动态急变而措手不及，造成紧张的局面或发生碰撞事故。

二、雾天航行

雾天航行一般分为两种情况：一种是在轻雾中航行，另一种是在浓雾中航行。前者是指能见度在一级雾范围内，雾情变化缓慢，不会突然恶化的情况下航行。如在一般的水雾、雨雾、雪雾、瘴气等天气情况下，且航道宽阔，碍航物少，水流缓慢，前方有可供船舶锚泊的水域，或在湖泊、水库中，船舶仍能继续航行。如航道条件复杂，是多发雾的地区，即使是轻雾，也应认真对待，决不能冒险航行，应果断采取扎雾停泊的措施。后者是指在大型河流的中下游，非港区的宽阔航道内雾情已达到三级雾，配备有良好的导航设备，且操纵灵活的船舶，借助雷达等导航设备定位航行，或船舶本来按轻雾航法航行，经过山溪、沟口或浓雾区时，因突然遇浓雾，一时无法选择锚地抛锚而被迫在浓雾中航行。以下分别介绍两种雾中航行的引航要点及注意事项。

1．轻雾中航行要点

(1)驾驶人员应切实掌握各航段雾季的分布、特点、征兆及变分规律，随时注意雾情变化。

(2)减速行驶，按章鸣笛，并报请船长，同时通知机舱备车。抓岸形、航标和显著物标为点，运用罗经，稳住航向，摆正船位，勤测勤算，做好应变的准备。

(3)所有值班人员应坚守岗位，加强瞭望。大型船队应加派专人到首驳瞭望，并随时将情况报告驾驶台。

(4)开启雷达，派专人进行雷达观测，随时报告观测情况。

(5)运用 VHF 加强与信号台及附近船舶联系，远离避让。

(6)发现雾级有向浓雾转化趋势时，及早做好锚泊扎雾准备工作。山区河流下行船舶更应准确地掌握船位、航道特征及浓雾区，不能错失掉头的时机和锚地，及时选择锚地扎雾。

2．浓雾中航行要点

除应按照轻雾中航行要点进行操作外，还应做到：

1)驾驶人员应熟练使用雷达定船位、选航向。会使用雷达航行参考图，能准确从雷达荧屏上选择吊向点、转向占，按航道走向及时调整船位，使船舶航行在计划航线上。能从雷达荧屏上区别航道内外动静物标，区别船舶类型、大小、走向，有无碰撞危险。如发现有碰撞危险，应及时用车、舵，采取紧急应变措施。

2)雾航中使用雷达协助避碰时的注意事项：

(1)用雷达协助避碰及早发现来船是关键。海上航行一般要在 8n mile(15km)以外发现来船，6n mile(10km)以外判明情况，立即采取避让行动。采取避让行动后，要继续观测，验证避让效果。如果采取的行动未取得预期的效果，应认为对方的避让行动不协调。这时应及时重新作出判断，然后进一步采取避让行动。

(2)当能见度不良时(一般海上能见度低于 3～5n mile，内河低于 1.5km)，或接近雾区航行时，应开启雷达助航，并保持对其进行仔细和连续的观测，距离档应远、近交替使用。

(3)发现来船回波应作好观测记录，以判明与来船的关系，如与来船是否存在碰撞危险，来船有无明显的避让动作等。

(4)雷达避碰要求在远距离采用大幅度变向或变速的方法,目的是为了让来船能从雷达荧光屏上及时了解本船的意图,采取相应措施,即使来船没有雷达也能安全通过。一般转向角不应少于30°;减速应在50%以上。在海上不管采取什么行动,均应保证会让距离不少于2n mile。

(5)海上航行,突然在5n mile以内发现他船回波在本船正横前,应首先减速,以便能有更多的时间进行观测和判断。

(6)采取避让行动后,如发现对方采取不协调行动,距离越来越近,而形成紧迫局面,唯一的办法是立即停车,继续观测对方的动向。在相距2n mile(3.6km)时,把船停住,并鸣放相应的声号。

(7)在狭水道中遇雾,如本船雷达性能良好,船位正确,则可以谨慎沿航道右侧(或规定的航道一侧)航行。切忌在转向点与他船会遇,宁可停车等对方先过转向点。

复习思考题

1.哪些天气情况会使视线变差?

2.夜航中应做好哪些准备?

3.夜航中应掌握哪些要点?

4.试述轻雾中航行的注意事项。

5.试述浓雾中航行的先决条件和注意事项。

6.雾航中使用雷达协助避碰应如何进行操作?

第十一章　雷达引航技术

[**内容提要**]　船用雷达用于在船舶航行或停泊中观测周围物标的方位及其距本船的距离，故必须先弄清真运动与相对运动的关系，正确识别雷达图像，才能正确利用雷达测定本船与周围物标的相互关系，达到安全驾驶船舶的目的。

第一节　雷达引航基本原理

一、雷达工作原理和基本特征

雷达(radar)是利用无线电波对物标进行探测的一种装置。

由雷达天线(radar aerial)间断地向四周发射的电磁波束，具有直达、定速、反射等三个特性，其直达性可用于测方位，定速性可根据其传播需要的时间间隔来测距离，反射性可根据接收的回波，用于探索物标。船用雷达就是利用这三个特性来探索周围的物标，并测出物标的方位和距离。

在视线不良情况下，视觉定位困难，甚至无法定位。通常小于2km的视程，认为是在不能满足安全航行要求的能见距离。

船用雷达是装在船舶上驾驶员观测周围物标，特别是在能见度不良时，用以进行避让、定位及引航的一种无线电助航设备，其基本工作原理是：触发电路按一定时间间隔产生触发脉冲，使其发射机发射，同时使显示器开始扫描。发射机每受到一次触发，便产生一个特高频脉冲，并通过收发开关遣送到天线。由于雷达天线的定向特性，电磁波被聚成细射束向空中某方向发射。天线作360°连续环扫，搜索四周物标。射束扫到物标后的回波返回天线，此时收发开关自动将天线转接到接收机，经选取、变换、放大和处理后送至显示器。显示器显示物标图像，并可显示出物标的距离和方位。在某些船用导航雷达中，附有真运动显示、避碰装置等。

在雷达荧屏上的图像有以下形式：在荧屏中心出现一个光亮点或小圆圈，代表雷达自身所在位置。在其周围分布着的亮斑，对应于物标的形状，并以离中心点的远近，表征物标的距离。荧光屏上的瞬间回波图像，表征了船舶所在航段的区位平面图及各物标间的相对位置。在荧光屏上有雷达扫描线；有由中心点指向船首的船首线(呈光亮线)，表征船舶纵中线；有固定距标圈和活动距标圈，用以测量距观测物标的距离；有方位尺，供测量船舶中线与观测物标间的夹角或弧度。荧屏中心可以上下移动。为增大某一方向的观测距离，可将扫描中心点移至与观测方向相反的一侧。

船用雷达信息质量，与其自身的技术参数有关。其基本性能指标有：

雷达最大作用距离：雷达荧屏上刚能从接收机的噪声背景中将物标信号区分开来的距离，是雷达的主要性能指标之一，它表示雷达探测物标的能力。

雷达最小作用距离：雷达能够观测物标的最近距离。船用雷达的最小作用距离约5～

75m。当最小作用距离小于雷达盲区时，则以雷达盲区半径作为雷达的最小作用距离。

距离分辨力：雷达显示器上分辨同方位上两个相近物标的能力。

方位分辨力：雷达显示器上分辨两个等距离的相近物标的能力，船用雷达的方位分辨力约为1°左右。

二、相对运动显示和真运动显示

1．相对运动显示（Relative motion display）

假如以运动的船舶作为参考点，那么所观察到的周围的物体的运动都是相对该船而言的。

在相对运动显示方式里又可分为两种：一种叫相对方位显示，一种叫真方位显示。

所谓相对方位显示是指不论本船的航向是多少度，在显示器上所看到的本船航向永远指向0°，即雷达显示器上不能读出本船或物标的真实方位，而只能看到物标与本船之间的相对方位。这时雷达只显示物标的舷角，即左舷还是右舷若干度。

真方位显示方式，则把本船的航向数据加到雷达方位信号中去。这时机械方位盘0°真北，而船首线指向航向，并将随本船航向改变而改变，因此在真方位显示中看到的是物标和本船之间的真实方位。

（1）相对方位显示

相对方位显示是船用雷达中最简单也是最常用的显示方式之一，因为它可以直接读出舷角，这种显示方式的特点是：

①扫描中心代表本船，不管本船航向、般速多少，该点总是不动的。

②船首线始终指向方位盘0°，因此也叫做船首向上显示。如图11-1所示。

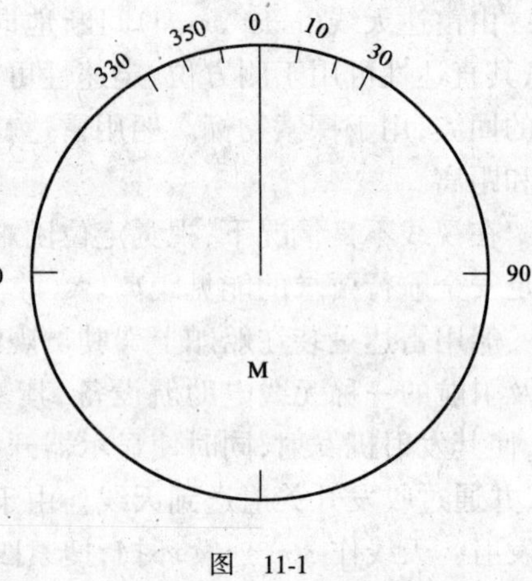

图　11-1

相对运动雷达荧光屏上所显示的图像和水面上所发生的真实情况是不一致的，如图11-2所示，假使A为一固定物标（如小岛或抛锚船），M代表本船，在时间t_1时测得与物标A的相对方位（舷角）为θ_1，距离为d_1。经过一段时间后，本船由M点航行到M_1点，与物标的相对方位变为θ_2，距离为d_2。但在荧光屏上所看到的情况与实际情况不同，如图11-3所示，本船位置固定在O点，而物标A则由A点移动到$A°$点。这样实际情况是本船在向前走，而荧光屏上看到的却是物标在向后退，这正如人们坐在汽车上，当汽车开动后，看到周围景物在往后退一样。

但是相对方位显示比较直观，它能直接看到本船左右两舷物标的动态，而不管它的真方位是多少。这种显示方式是船用雷达中最老的显示方式，驾驶员使用比较习惯，因此这是最常用的显示方式。

（2）真方位显示

真方位显示与相对方位显示的唯一区别在于加入了本船的航向信号。通常是在方位传送系统中加入了一个由电罗经所提供的本船航向信号，用一个罗径复示器通过同步机（或旋转变压器、或差动自整角机）输入本船航向。这样我们的荧光屏上看到的将是真北指0°，而船首线指示本船航向，即本船的真航向。

2．真运动显示方式(True motion display)

把地球作为参考坐标系，站在地面上来观察物体的运动叫做物体的真运动。要使雷达能够显示真运动，就必须把本船的航向和航速信号同时送入雷达，用来控制 M 点的运动，这种雷达就叫做真运动雷达。

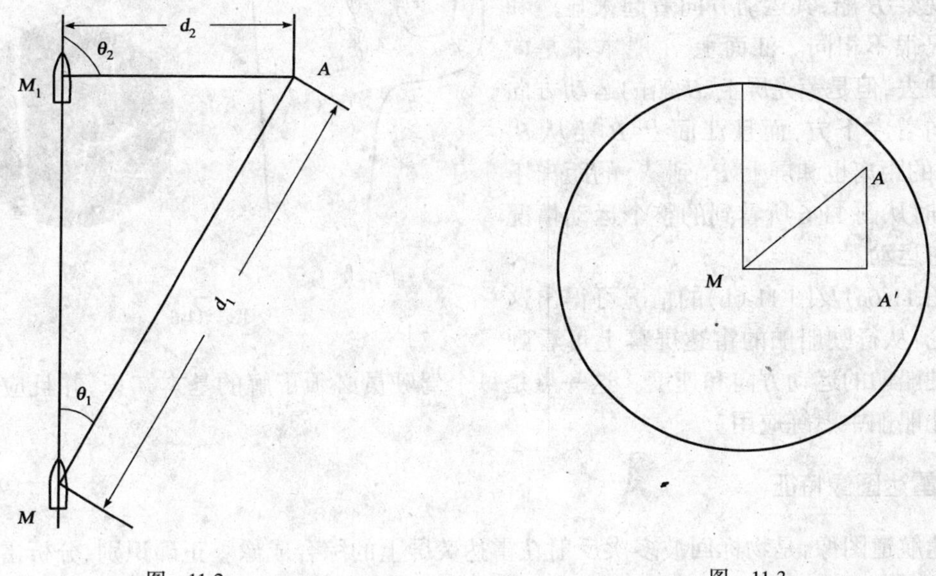

图 11-2　　图 11-3

关于船舶的真运动与相对运动的显示情况，由以下几个图形可以看出：

图 11-4a)是江面上的实况；图 11-4b)是在 A 船上看到的雷达荧光屏上的图像，和实际江面情况一样。

在图 11-5a)中，如果 A、C 不动，而 B 船沿图示方向前进。则在图 11-5b)A 船的雷达荧光屏上所反映的情况和 B 船的实际情况一样。

因此只要 A 船不动，那么在 A 船雷达荧光屏上所看到的图像就等于江面上的实际情况，即反映真运动。

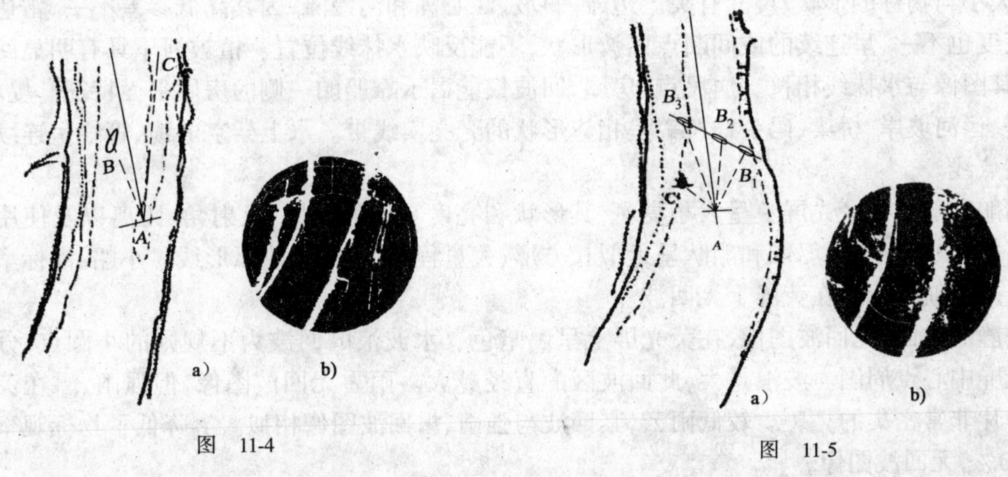

图 11-4　　图 11-5

在图 11-6a)中，A 船和 B 船都在运动。在相同的时间里，A 船从位置 A_2；B 船从 B_1 驶至 B_2；当 A 船从 A_2 驶到 A_3 时，B 船相应地从 B_2 驶至 B_3。由于荧光屏上表示 A 船位置的中心亮点(扫描中心)始终固定于荧光屏上的中心,故屏上其它的目标,如不动浮标、岸形等均向荧屏的下方移动,即向 A 船的反方向运动,其运动速度就等于 A 船的速度。在屏幕上三次观察 B 船,其运动方向看起来显然和实际情况很不相同。江面上 B 船本来是向左上方驶去,但是荧光屏上 B 船的运动方向却都是向着左下方,而且江面上 B 船从 B_1 驶至 B_3 的距离也和屏上 B_1 到 B_3 的距离不相符,此时从图 11-6 所看到的整个运动情况就是相对运动。

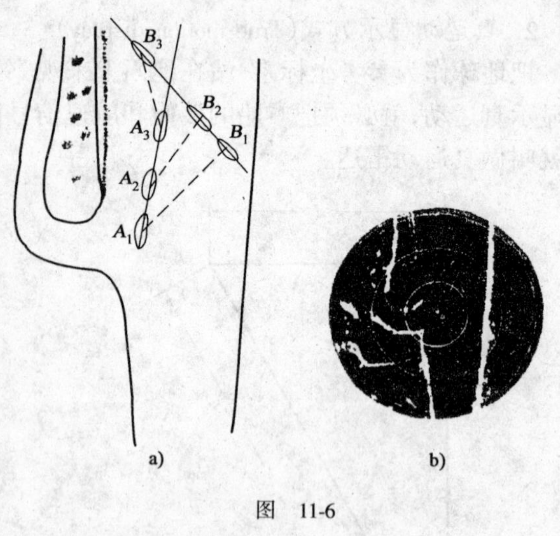

图 11-6

从图 11-6a)及图 11-6b)的情况可得出这样的结论:从行驶船舶的雷达屏幕上可看到其他行驶船舶的运动方向和速度。这一点是每个驾驶员必须了解的基本知识,并且应能在观察和避让船舶中熟练应用。

三、雷达图像特征

雷达航道图像,是物标回波多次反射在雷达荧屏上的综合成像。正确识别、分析雷达图像与驾驶员对雷达工作原理、雷达调试操作技术掌握的程度、观测物标的反向性能和驾驶员对航区航道的了解程度有关。雷达图像常与被观测物标的实际特征不完全相符。原因是,雷达天线无法取得反射较差和被遮挡的物标的回波信号。

船舶在航行中,船与物标之间的距离时刻都在变化,反射角也随之变化,其结果,整个航道雷达图像亦不断变化。因被观测物标特征存在差异,故其回波图像千变万化。若前方物标高且宽,其后物标回波图因被遮挡而无回波信号出现。物标的形状,对雷达成像影响明显。高陡河岸的回波图像为清晰的白色线条,标示河床岸线和水抹线的位置。这种岸线称作可靠的雷达定位物标。山脉、矶头、岸嘴的雷达回波为粗实白线、白块状。孤山、明礁、石梁为明显的白斑,其大小与物标的形状、尺寸有关。边滩、斜坡、江心洲和河漫滩,因其高低参差不一,雷达回波有亮度也不一,呈连续的或间断点回波形状,不能反映水抹线位置。植被河岸具有明显回波特征,其图像与水抹线相符。居民点、房屋,回波仅能揭示靠船舶一侧的房屋平面特征。堤坝、防波堤、运河坡岸、桥梁、码头栈桥等呈相应形状的光亮实线带。水上架空电缆、管线呈连续的虚实亮点线。

船舶和船队在荧光屏上呈大小亮斑,其形状和亮度与船舶尺度、反射角、距离以及使用的量程有关。小量程时,船舶和船队呈近似长方形;大量程时,呈圆点或弧形线。小船、浮标呈点回波。岸上航行标志在荧屏上无回波。

平静的水面,无回波图像,在荧光屏上呈黑暗色。水波浪的回波为不规则的小圆点,分布在荧光屏中心点周围。波浪越大,此回波区的直径越大。雨雪无回波图像,但强雨、雪在荧屏上呈一片非常密集的亮斑。较低雨云,其回波与强雨、雪回波图像相似。雾降低了物标观察视程近 10%,无回波图像。

雷达干扰或假回波,是雷达天线旁瓣曲线电波多次反向,或周围其它船舶雷达与本船雷达工作相互影响的结果,使部分物标回波不能回到天线接收器上。这些杂乱的回波,反映在雷达